中华传统美德

经典选编

主　编　杨正权
执行主编　谢青松　王　颢

中国社会科学出版社

图书在版编目(CIP)数据

中华传统美德经典选编／杨正权主编．—北京：中国社会科学出版社，2020.6

ISBN 978-7-5203-6623-6

Ⅰ.①中… Ⅱ.①杨… Ⅲ.①品德教育—中国—通俗读物
Ⅳ.①D648-49

中国版本图书馆 CIP 数据核字(2020)第 096698 号

出 版 人 赵剑英
责任编辑 韩国茹
责任校对 张爱华
责任印制 张雪娇

出　　版 中国社会科学出版社
社　　址 北京鼓楼西大街甲 158 号
邮　　编 100720
网　　址 http://www.csspw.cn
发 行 部 010-84083685
门 市 部 010-84029450
经　　销 新华书店及其他书店

印　　刷 北京君升印刷有限公司
装　　订 廊坊市广阳区广增装订厂
版　　次 2020 年 6 月第 1 版
印　　次 2020 年 6 月第 1 次印刷

开　　本 710×1000 1/16
印　　张 31.5
插　　页 2
字　　数 424 千字
定　　价 188.00 元

凡购买中国社会科学出版社图书，如有质量问题请与本社营销中心联系调换
电话：010-84083683

目　　录

一　公忠爱国

一　本篇导读

中华民族历来就有着“胸怀天下，公忠为国”的爱国主义传统。公忠爱国作为中华传统美德，是处理个人与社会、民众与国家、个体与整体之间关系的基本道德规范。

“公忠”一词出自《庄子·天地》：“必服恭俭，拔出公忠之属而无阿私，民孰敢不辑！”成玄英疏曰：“拔擢公平忠节之人。”“公忠”中的“公”乃公共、公平、公正之义。诸如，《礼记·礼运》曰：“大道之行也，天下为公。”《吕氏春秋·序意》曰：“夫私视使目盲，私听使耳聋，私虑使心狂。三者皆私设精则智无由公。”“忠”者，乃中正不邪，至公无私，诚实无欺，尽心竭力之谓，孔子因此将其列为四教之一：“文、行、忠、信。”在中国古代政治生活中，“忠”主要有三个维度，一是指忠于君王，事君以忠，事君尽忠，“事君能致其身”，在儒家看来，侍奉君主能尽忠职守，尤其是要一心一意，方可谓之忠心耿耿，正如《四书集注·论语集注》中朱熹所言：“尽己之谓忠”；二是忠于国家、忠于民族：“苟利国家，不求富贵”，“苟利社稷，生死以之”，“捐躯赴国难，视死忽如归”；三是忠于职守，勤于职事，如《诗经·采蘩》之“夙夜在公”，《诗经·烝民》之“夙夜匪懈”，《论语·颜渊》之“居之无倦，行之以忠”。《忠经·天地神明章》将“忠”界定为人伦关系中最重要的行为准则：“天之所覆，地之所载，人之所履，莫大于忠。忠者中也，至公无私。天无私，四时行；地无私，万物生；人无私，大亨贞。忠也者，一其心之谓也，为国之本，何莫由忠?”在中国古代社会，“精忠报国”可以说是对“忠”的最经典的诠释。就“公”与“忠”的关系而言，《左传》僖公九年曰：“公家之利，知无不为，忠也。”据此，“公忠”可以理解为以公为忠，强调的是为社会尽责、为天下献身、为人间正道尽忠的精神。就二者的关系而言，先有“公”后有“忠”，“公”为“忠”之源，“忠”乃“公”之流。

关于“爱国”。最早见诸《战国策·西周策》，其中有“周君岂能无爱国哉”的论述。汉代荀悦《汉纪·惠帝纪》中亦有“亲民如子、爱国如家”的表述，《晏子春秋·内篇谏上七》也说“利于国者爱之，害于国者恶之”，班固所做的《汉书》里也有“爱国如饥渴”。应当指出的是，中国古人所说的爱国，乃是人们对生养自己的故土家园的一种特殊情愫。诸如，孔子离开鲁国的时候，恋恋不舍地表示“迟迟吾行也，去父母国之道也”，可见，先秦时期的爱国主义还只是服从于民族、血缘和地域，尚是一种朴素的爱国主义精神。

“公忠爱国”，作为传统道德的一种要求和德性，总体上具有三层含义。

首先，克己奉公、舍己为公是公忠爱国的常规意蕴。《尚书》中的“以公灭私，民其允怀”，强调朝廷官员要克己奉公、舍己为公，以得到老百姓的信任和拥护。在《论语》中，孔子多次谈到忠德。他说：“与人忠。”又说：“臣事君以忠。”曾子所说的“三省吾身”中也包括“为人谋而不忠乎?”《左传》僖公九年载：“公家之利，知无不为，忠也。”诸葛亮《出师表》也说：“忠陛下之职分。”这都是从日常行为上来讲公忠爱国的，是指一个人每天在其具体实践环节中，要尽心为他人做事，或者尽心为公家服务。在这些活动中，一个人必须忠诚表现，恰如其分地履行和担当其责任。总之，忠于职守是公忠爱国的道德底线，克己奉公则是公忠爱国的常规意蕴。

其二，胸怀天下、忧国忧民是公忠爱国的道德表现。胸怀天下、忧国忧民，历来是中华民族精神的重要体现。所谓忧国，是对国家的兴衰无比关心；所谓忧民，是对人民的疾苦无比牵挂。忧国忧民，就是胸怀天下，爱国爱民。孟子说“乐以天下，忧以天下”，范仲淹说“居庙堂之高则忧其民，处江湖之远则忧其君，是进亦忧，退亦忧”（《岳阳楼记》），进退出处皆胸怀天下，忧国忧民。顾炎武在《日知录·正始》中提出，“保天下者，匹夫之贱，与有责焉耳”，也就是我们现在常说的“天下兴亡，匹夫有责”。中国历史中，上自著名的政治家、改革家，下至“山野村夫”“布衣之徒”，以及无数文人学士都怀着对祖国、对人民无比挚爱的情感，抒发了自己对祖国的诚挚热爱、对家乡亲人的无限眷恋以及国破家亡之时的悲切之情，都表现出为国分忧、立志报国的满腔深情。

其三，以身许国、报效祖国是公忠爱国的道德实践。古人云：“危身奉上，险不辞难曰忠。”在《孝经注》中，郑玄说：“死君之难为尽忠。”中华民族在悠悠五千年的历史长河中，出现过无数志士仁人，有“挽狂澜于既倒”“扶大厦之将倾”式的建功立业、驰骋沙场，也有“马革裹尸”“苟利国家，生死以之”式的以身殉国、视死如归，还有“将死不忘卫社稷”（《左传》襄公十四年）、“临患不忘国”（《左传》昭公元年）的奉公尽忠、英勇献身精神，他们以自己特有的方式体现了中华儿女讲风骨、重气节、舍生取义的献身精神，在中华民族的历史上写下了不朽的篇章，构筑了独立苍穹的民族之魂。

千百年来，公忠爱国的思想深深地融入了中华民族的民族意识、民族性格和民族气节之中，塑造着整个民族的精神品格和道德风貌，凝结成爱国的思想观念和爱国的人生观、道德观，成为全国各族人民共同的精神支柱和推动我国历史前进的巨大力量。应当指出的是，在封建社会，“忠”德被拔高到至高无上的地位。而且，不少爱国者的“忠君报国、忧国忧民”的思想是与封建主义思想或对封建王朝的忠诚献身精神混合在一起的，或者说，两者互相渗透，互为表里。为此，我们有必要辩证对待古代的公忠爱国思想，批判地借鉴，抛弃封建王朝的“忠君”思想，继承并发扬其中克己奉公、胸怀天下、为国分忧的精神，为当前中国的道德建设提供宝贵的理论资源。在当代中国，“公忠爱国”的含义已不同于古代社会，但仍然是为官从政者应当具备的基本德行。对于党员干部来说，“忠”主要是对党忠诚，对人民真诚。对党忠诚，就是要在党言党、在党忧党、在党为党，绝对忠于党、忠于祖国，无论面临什么艰难险阻，无论遇到什么大风大浪，都要始终坚持中国共产党的领导，始终坚定马克思主义的信仰，始终坚定共产主义理想和中国特色社会主义信念。“忠”还意味着要对人民真诚，始终保持对人民群众的忠诚，坚持以人民的利益为最高准则，坚持立党为公、执政为民，为了人民的利益尽职尽责、努力工作。党员干部要深刻认识到，权力是人民赋予的，只有对手中的权力心存敬畏，才能时刻恪守权力的边界，自觉做到严以用权、秉公用权、依法用权、廉洁用权。否则，就可能在人情世故的纠缠中，在形形色色的诱惑和糖衣炮弹的进攻中，丧失原则，滑向腐败的泥潭之中。

二　经典名篇

1 饰邪

【提要】本篇选自《韩非子》。该篇明确指出要把国家利益置于个人利益之上，要把公共利益和个人利益明确加以区分。此外在赏赐和鼓励爱国尽忠行为的同时，还必须禁止拉帮结派、营私舞弊的行为。要以健全的制度来保障国家利益。没有功劳就不应该得到利益，有罪过者不可逃脱惩罚，这是国家昌明的基本保障。韩非子站在法家的立场上，有推崇法治以保护道德的理论倾向，其中有一定的合理性，于爱国主义教育和保障公共利益的制度建设方面可资参考借鉴，但他所宣扬的严刑峻法颇有失当之处，应当予以扬弃。

【原文】

凿龟数筴[①]，兆曰大吉，而以攻燕者赵也。凿龟数筴，兆曰大吉，而以攻赵者燕也。剧辛之事燕，无功而社稷危；邹衍之事燕，无功而国道绝。赵代先得意于燕，后得意于齐，国乱节高，自以为与秦提衡，非赵龟神而燕龟欺也。赵又尝凿龟数筴而北伐燕，将劫燕以逆秦，兆曰大吉，始攻大梁而秦出上党矣，兵至厘而六城拔矣；至阳城，秦拔邺矣；庞援揄兵而南，则鄣尽矣。臣故曰：赵龟虽无远见于燕，且宜近见于秦。秦以其大吉，辟地有实，救燕有名。赵以其大吉，地削兵辱，主不得意而死。又非秦龟神而赵龟欺也。初时者，魏数年东乡攻尽陶、卫，数年西乡以失其国，此非丰隆、五行、太一、王相、摄提、六神、五括、天河、殷抢、岁星非数年在西也，又非天缺、弧逆、刑星、荧惑、奎台非数年在东也。故曰：龟筴鬼神不足举胜，左右背乡不足以专战。然而恃之，愚莫大焉。

古者先王尽力于亲民，加事于明法。彼法明则忠臣劝，罚必则邪臣止。忠劝邪止而地广主尊者，秦是也。群臣朋党比周以隐正道、行私曲而地削主卑者，山东是也。乱弱者亡，人之性也；治强者王，古之道也。越王勾践恃大朋之龟与吴战而不胜，身臣入宦于吴；反国弃龟，明法亲民以报吴，则夫差为擒。故恃鬼神者慢于法，恃诸侯者危其国。曹恃齐而不听宋，齐攻荆而宋灭曹。荆恃吴而不听齐，越伐吴而齐灭荆。许恃荆而不听魏，荆攻宋而魏灭许。郑恃魏而不听韩，魏攻荆而韩灭郑。今者韩国小而恃大国，主慢而听秦魏，恃齐荆为用，而小国愈亡。故恃人不足以广壤，而韩不见也。荆为攻魏而加兵许、鄢，齐攻任扈而削魏，不足以存郑，而韩弗知也。此皆不明其法禁以治其国，恃外以灭其社稷者也。

臣故曰：明于治之数，则国虽小，富；赏罚敬信，民虽寡，强。赏罚无度，国虽大，兵弱者，地非其地，民非其民也。无地无

① 凿龟数筴（cè）：指古人用龟甲蓍草来卜筮吉凶。

民，尧、舜不能以王，三代不能以强。人主又以过予，人臣又以徒取。舍法律而言先王明君之功者，上任之以国，臣故曰：是愿古之功，以古之赏赏今之人也，主以是过予，而臣以此徒取矣。主过予则臣偷幸，臣徒取则功不尊。无功者受赏则财匮而民望，财匮而民望则民不尽力矣。故用赏过者失民，用刑过者民不畏。有赏不足以劝，有刑不足以禁，则国虽大，必危。故曰：小知不可使谋事，小忠不可使主法。荆恭王与晋厉公战于鄢陵，荆师败，恭王伤。酣战，而司马子反渴而求饮，其友竖谷阳奉卮酒而进之，子反曰："去之，此酒也。"竖谷阳曰："非也。"子反受而饮之。子反为人嗜酒，甘之，不能绝之于口，醉而卧。恭王欲复战而谋事，使人召子反，子反辞以心疾，恭王驾而往视之，入幄中，闻酒臭而还，曰："今日之战，寡人目亲伤，所恃者司马，司马又如此，是亡荆国之社稷而不恤吾众也，寡人无与复战矣。"罢师而去之，斩子反以为大戮。故曰：竖谷阳之进酒也，非以端恶子反也，实心以忠爱之，而适足以杀之而已矣。此行小忠而贼大忠者也。故曰：小忠，大忠之贼也。若使小忠主法，则必将赦罪以相爱，是与下安矣，然而妨害于治民者也。

当魏之方明立辟、从宪令行之时，有功者必赏，有罪者必诛，强匡天下，威行四邻；及法慢，妄予，而国日削矣。当赵之方明国律、从大军之时，人众兵强，辟地齐、燕；及国律慢，用者弱，而国日削矣。当燕之方明奉法、审官断之时，东县齐国，南尽中山之地；及奉法已亡，官断不用，左右交争，论从其下，则兵弱而地削，国制于邻敌矣。故曰：明法者强，慢法者弱。强弱如是其明矣，而世主弗为，国亡宜矣。语曰："家有常业，虽饥不饿。国有常法，虽危不亡。"夫舍常法而从私意，则臣下饰于智能，臣下饰于智能则法禁不立矣。是妄意之道行，治国之道废也。治国之道，去害法者，则不惑于智能、不矫于名誉矣。昔者舜使吏决鸿水，先令有功而舜杀之；禹朝诸侯之君会稽之上，防风之君后至而禹斩之。以此观之，先令者杀，后令者斩，则古者先贵如令矣。故镜执清而无事，美恶从而比焉；衡执正而无事，轻重从而载焉。夫摇镜则不得为明，摇衡则不得为正，法之谓也。故先王以道为常，以法为本，本治者名尊，本乱者名绝。凡智能明通，有以则行，无以则止。故智能单道，不可传于人。而道法万全，智能多失。夫悬衡而知平，设规而知圆，万全之道也。明主使民饰于道之故，故佚而则功。释[①]规而任巧，释法而任智，惑乱之道也。乱主使民饰于智，不知道之故，故劳而无功。

释法禁而听请谒[②]，群臣卖官于上，取赏于下，是以利在私家而威在群臣。故民无尽力事主之心，而务为交于上。民好上交则货财上流，而巧说者用。若是，则有功者愈少。奸臣愈进而材臣退，则主惑而不知所行，民聚而不知所道，此废法禁、后功劳、举名誉、听请谒之失也。凡败法之人，必设诈托物以来亲，又好言天下之所希有，此暴君乱主之所以惑也，人臣贤佐之所以侵也。故人臣称伊尹、管仲之功，则背法饰智有资；称比干、子胥之忠而见杀，则疾强谏有辞。夫上称贤明，下称暴乱，不可以取类，若是者禁。君之立法，以为是也，今人臣多立其私智。以法为非者是邪以智。过法立智，如是者禁，主之道也。禁主之道，必明于公私之分，明法制，去私恩。夫令必行，禁必止，人主之公义也；必行其私，信于朋友，不可为赏劝，不可为罚沮，人臣之私义也。私义行则乱，公义行则治，故公私有分。人臣有私心，有公义。修身洁白而行公行正，居官无私，人臣之公义也；污行从欲，安身利家，人臣之私心也。明主在上则人臣去私心行公义，乱主在上则人臣去公义行私心，故君臣异心。君以计畜臣，臣以计事君，君臣之交，计也。害身而利国，臣弗为也；富国而利臣，君不行也。臣之情，害身无利；君之情，害国无亲。君臣也者，以计合者也。至夫临难必死，尽智竭力，为法为之。故先王明赏以劝之，严刑以威之。赏刑明则民尽死，民尽死则兵强主尊。刑赏不察则民无功而求得，有罪而幸

---

① 释：丢掉，放弃。

② 请谒：请托。

免，则兵弱主卑。故先王贤佐尽力竭智。故曰：公私不可不明，法禁不可不审，先王知之矣。

2 道端

【提要】 本篇选自《鹖冠子》这部带有道家性质的经典。鹖冠子学派在战国晚期的影响非常大，其理论思想比传统道家更为务实。唐代文学家韩愈称赞："使其人遇其时，援其道而施于国家，功德岂少哉！"由此可见鹖冠子学派思想非常重视国家利益。所选《道端》一篇，指出治理国家的基本道路是什么。篇中认为，选拔人才尤为重要，绝不能只为自己。所谓"急于求人，弗独为也"，就是这个意思。文章指出了任用君子和小人所产生的截然不同的社会治理效果，以及如何辨别忠奸。这对于现代用人、选拔公忠爱国之才有参考价值。

【原文】

天者，万物所以得立也；地者，万物所以得安也。故天定之，地处之，时发之，物受之，圣人象之。夫寒温之变，非一精之所化也；天下之事，非一人之所能独知也；海水广大，非独仰一川之流也。是以明主之治世也，急于求人，弗独为也，与天与地，建立四维，以辅国政，钩绳相布，衔橛[①]相制，参偶具备，立位乃固。经气有常理，以天地动，逆天时不祥，有祟事，不仕贤，无功必败，出究其道，入穷其变，张军卫外，祸反在内，所备甚远，贼在所爱。是以先王置士也，举贤用能，无阿于世。仁人居左，忠臣居前，义臣居右，圣人居后。左法仁，则春生殖；前法忠，则夏功立；右法义，则秋成熟；后法圣，则冬闭藏。先王用之，高而不坠，安而不亡，此万物之本，天地之门户，道德之益也，此四大夫者，君之所取于外也。

君者，天也。天不开门户，使下相害也，进贤受上赏，则下不

---

① 衔橛：衔枚与马嚼子。

相蔽，不待事人贤士显不蔽之功，则任事之人莫不尽忠，乡曲慕义，化坐自端，此其道之所致德之所成也。本出一人，故谓之天，莫不受命，不可为名，故谓之神。至神之极，见之不忒[①]，匈乖不惑，务正一国。一国之刑，具在于身。以身老世，正以错国，服义行仁，以一王业。

夫仁者，君之操也；义者，君之行也；忠者，君之政也；信者，君之教也；圣人者，君之师傅也。君道知人，臣术知事。故临货分财使仁，犯患应难使勇，受言结辞使辩，虑事定计使智，理民处平使谦，宾奏赞见使礼，用民获众使贤，出封越境适绝国使信，制天地御诸侯使圣。夫仁之功，善与不争，下不怨上；辩士之功，释怨解难；智士之功，事至而治，难至而应；忠臣之功，正言直行，矫拂王过；义臣之功，存亡继绝，救弱诛暴；信臣之功，正不易言；贞谦之功，废私立公；礼臣之功，尊君卑臣；贤士之功，敌国惮之，四境不侵；圣人之功，定制于冥冥，求至欲得，言听行从，近亲远附，明达四通，内有挟度，然后有以量人。富者观其所予，足以知仁；贵者观其所举，足以知忠；观其大袢，长不让少，贵不让贱，足以知礼达；观其所不行，足以知义；受官任治，观其去就，足以知智；迫之不惧，足以知勇；口利辞巧，足以知辩；使之不隐，足以知信；贫者观其所不取，足以知廉；贱者观其所不为，足以知贤；测深观天，足以知圣。第不失次，理不相舛，近塞远闭，备元变成，明事知分，度数独行，无道之君，任用么么，动即烦浊，有道之君，任用俊雄，动则明白，二者先定素立，白蓼明起，气荣相宰，上合其符，下稽其实。时君遇人有德，君子至门，不言而信，万民附亲，遇人暴骄，万民离流，上下相疑，复而如环，日夜相挠，谏者弗受，言者危身，无从闻过，故大臣伪而不忠。是以为人君亲其民如子者，弗召自来。故曰：有光卒于美名，不施而责，弗受而求亲，故曰：有殃卒于不祥。夫长者之事其君

---

① 忒：变化。

也，调而和之，士于纯厚，引而化之，天下好之，其道日从，故卒必昌。夫小人之事其君也，务蔽其明，塞其听，乘其威，以灼热人，天下恶之，其祟日凶，故卒必败，祸及族人。此君臣之变，治乱之分，兴坏之关梁①，国家之阅也。逆顺利害，由此出生。凡可无学而能者，唯息与食也。故先王传道以相效属也，贤君循成法，后世久长，惰君不从，当世灭亡。

3 臣道

【提要】本篇节选自《荀子》。文章提出“从道不从君”的响亮口号，具有较深的理论趣味。战国时期各国君主为了争霸，都尽力争取有名望的士人，以增强自身的政治号召力，士人的社会地位自然也因此而得到提高，在这种情况下士人也能够更加忠于国家人民的普遍利益。文章提出即使是入世从政、为人臣者，也应该在依附王权和道德独立之间获得尽可能的平衡。随着社会的发展，忠君观念逐渐向公忠道德发展。然而本文出现在先秦时代，可谓具有理论前瞻性。不可否认，该篇是侧重公忠议题的优秀作品。

【原文】

人臣之论：有态②臣者，有篡臣者，有功臣者，有圣臣者。内不足使一民，外不足使距难，百姓不亲，诸侯不信，然而巧敏佞说，善取宠乎上，是态臣者也。上不忠乎君，下善取誉乎民，不恤公道通义，朋党比周，以环主图私为务，是篡臣者也。内足使以一民，外足使以距难，民亲之，士信之，上忠乎君，下爱百姓而不倦，是功臣者也。上则能尊君，下则能爱民，政令教化，刑下如影，应卒遇变，齐给如响，推类接誉，以待无方，曲成制象，是圣臣者也。故用圣臣者王，用功臣者强，用篡臣者危，用态臣者亡。态臣用则必死，篡臣用则必危，功臣用则必荣，圣臣用则必尊。故齐之苏秦，楚之州侯，秦之张仪，可谓态臣者也。韩之张去疾，赵

---

① 关梁：关键。

② 态：阿谀奉承。

之奉阳，齐之孟尝，可谓篡臣也。齐之管仲，晋之咎犯，楚之孙叔敖，可谓功臣矣。殷之伊尹，周之太公，可谓圣臣矣。是人臣之论也，吉凶贤不肖之极也。必谨志之！而慎自为择取焉，足以稽矣。

从命而利君谓之顺，从命而不利君谓之谄；逆命而利君谓之忠，逆命而不利君谓之篡；不恤君之荣辱，不恤国之臧否，偷合苟容以持禄养交而已耳，谓之国贼。君有过谋过事，将危国家殒社稷之惧也；大臣父兄，有能进言于君，用则可，不用则去，谓之谏；有能进言于君，用则可，不用则死，谓之争；有能比知同力，率群臣百吏而相与强君挢君，君虽不安，不能不听，遂以解国之大患，除国之大害，成于尊君安国，谓之辅；有能抗君之命，窃君之重，反君之事，以安国之危，除君之辱，功伐足以成国之大利，谓之拂。故谏争辅拂之人，社稷之臣也，国君之宝也，明君之所尊厚也，而暗主惑君以为己贼也。故明君之所赏，暗君之所罚也；暗君之所赏，明君之所杀也。伊尹箕子可谓谏矣，比干子胥可谓争矣，平原君之于赵可谓辅矣，信陵君之于魏可谓拂矣。传曰："从道不从君。"此之谓也。故正义之臣设，则朝廷不颇；谏争辅拂之人信，则君过不远；爪牙之士施，则仇雠不作；边境之臣处，则疆垂不丧。故明主好同而暗主好独，明主尚贤使能而飨其盛，暗主妒贤畏能而灭其功，罚其忠，赏其贼，夫是之谓至暗，桀纣所以灭也。

事圣君者，有听从无谏争；事中君者，有谏争无谄谀；事暴君者，有补削[①]无挢拂。迫胁于乱时，穷居于暴国，而无所避之，则崇其美，扬其善，违其恶，隐其败，言其所长，不称其所短，以为成俗。《诗》曰："国有大命，不可以告人，妨其躬身。"此之谓也。

恭敬而逊，听从而敏，不敢有以私决择也，不敢有以私取与也，以顺上为志，是事圣君之义也。忠信而不谀，谏争而不谄，挢然刚折端志而无倾侧之心，是案曰是，非案曰非，是事中君之义

① 补削：两字同义，弥缝其缺。

也。调而不流，柔而不屈，宽容而不乱，晓然以至道而无不调和也，而能化易，时关内之，是事暴君之义也。若驭朴马，若养赤子，若食喂人。故因其惧也而改其过，因其忧也而辨其故，因其喜也而入其道，因其怒也而除其怨，曲得所谓焉。《书》曰："从命而不拂，微谏而不倦，为上则明，为下则逊。"此之谓也。

事人而不顺者，不疾者也；疾而不顺者，不敬者也；敬而不顺者，不忠者也；忠而不顺者，无功者也；有功而不顺者，无德者也。故无德之为道也，伤疾、堕功、灭苦，故君子不为也。

有大忠者，有次忠者，有下忠者，有国贼者：以德覆君而化之，大忠也；以德调君而辅之，次忠也；以是谏非而怒之，下忠也；不恤君之荣辱，不恤国之臧否，偷合苟容以持禄养交而已耳，国贼也。若周公之于成王也，可谓大忠矣；若管仲之于桓公，可谓次忠矣；若子胥之于夫差，可谓下忠矣；若曹触龙之于纣者，可谓国贼矣。

4《尚同》上

【提要】本篇选自《墨子》的《尚同》上篇。"尚同"是墨子的十大主张之一，在本篇中墨子对其集中予以阐发。可以说，尚同是公忠爱国的另一个面向，不应被忽视。墨子认为，地位居下者应逐层服从居上者，如家君服从国君，国君服从天子，从而达到"一同天下之议"的治世。如果人人各有主张，坚持不下，不仅做事没有效率，还会有安全隐患。一个健康的社会必须注重对主流意识形态的把控，才能够实现长治久安。墨子的这一思想对于当今爱国主义教育不乏启示之处，应该予以深入挖掘和研究。

【原文】

子墨子言曰：古者民始生，未有刑政之时，盖其语"人异义"。是以一人则一义，二人则二义，十人则十义，其人兹众，其所谓义者亦兹众。是以人是其义，以非人之义，故交相非也。是以内者父子兄弟作怨恶，离散不能相和合。天下之百姓，皆以水火毒药相亏害，至有余力不能以相劳，腐臭余财不以相分，隐匿良道不以相教，天下之乱，若禽兽然。

夫明呼天下之所以乱者，生于无政长。是故选天下之贤可者，立以为天子。天子立，以其力为未足，又选择天下之贤可者，置立之以为三公。天子三公既以立，以天下为博大，远国异土之民，是非利害之辩，不可一二而明知，故画分万国，立诸侯国君。诸侯国君既已立，以其力为未足，又选择其国之贤可者，置立之以为正长。

正长既已具，天子发政于天下之百姓，言曰："闻善而不善，皆以告其上。上之所是必皆是之，所非必皆非之，上有过则规谏之，下有善则傍荐之。上同而不下比者，此上之所赏，而下之所誉也。意若闻善而不善，不以告其上，上之所是弗能是，上之所非弗能非，上有过弗规谏，下有善弗傍荐，下比不能上同者，此上之所罚，而百姓所毁也。"上以此为赏罚，甚明察以审信。

是故里长者，里之仁人也。里长发政里之百姓，言曰："闻善而不善，必以告其乡长。乡长之所是，必皆是之；乡长之所非，必皆非之。去若不善言，学乡长之善言；去若不善行，学乡长之善行，则乡何说以乱哉?"察乡之所治何也?乡长唯能壹同乡之义，是以乡治也。

乡长者，乡之仁人也。乡长发政乡之百姓，言曰："闻善而不善者，必以告国君。国君之所是，必皆是之；国君之所非，必皆非之。去若不善言，学国君之善言；去若不善行，学国君之善行，则国何说以乱哉?"察国之所以治者何也?国君唯能壹同国之义，是以国治也。

国君者，国之仁人也。国君发政国之百姓，言曰："闻善而不善，必以告天子。天子之所是，皆是之；天子之所非，皆非之。去若不善言，学天子之善言；去若不善行，学天子之善行，则天下何说以乱哉?"察天下之所以治者何也?天子唯能壹同天下之义，是以天下治也。

天下之百姓皆上同于天子，而不上同于天，则灾犹未去也。今若天飘风苦雨，溱溱而至者，此天之所以罚百姓之不上同于天者也。

是故子墨子言曰："古者圣王为五刑，请以治其民。譬若丝缕之有纪，罔罟[①]之有纲，所以连收天下之百姓不尚同其上者也。"

5 文王官人

【提要】 本篇节选自西汉学者戴德所编的《大戴礼记》。文章假借周文王和姜太公对话的手法，概括了考核人才的六大要点，称为"六征"，即观诚、考志、视中、观色、观隐、揆德。其中超过一半的内容是看该人是否忠诚。上述六种方法在使用时，需要综合考察。具体则"推其往言，以揆其来行；听其来言，以省往行；观其阳，以考其阴；察其内，以揆其外。是隐节者可知，伪饰无情者可辨，质诚居善者可得，忠惠守义者可见也"。把握六征，适才适用，把不同人才安置在九种不同职位上，称为"九用"。这些观人的细节和人事的分配原则对于当今人事部门选拔有德人才，仍然具有一定借鉴价值。

【原文】

王曰：太师，慎维深思，内观民务，察度情伪，变官民能，历其才艺，女维敬哉。女何慎乎非伦，伦有七属，属有九用，用有六微：一曰观诚，二曰考志，三曰视中，四曰观色，五曰观隐，六曰揆德[②]。

王曰：于乎，女因方以观之。富贵者观其礼施也，贫穷者观其有德守也，嬖宠者观其不骄奢也，隐约者观其不慑惧也。

其少观其恭敬好学而能弟也，其壮观其洁廉务行而胜其私也，其老观其意宪慎强其所不足而不逾也。父子之间观其孝慈也，兄弟之间观其和友也，君臣之间观其忠惠也，乡党之间观其信惮也。

---

① 罟：渔网，这里指法网。

② 揆德：度量人的品德。

省其居处，观其义方；省其丧哀，观其贞良；省其出入，观其交友；省其交友，观其任廉。考之以观其信，挈之以观其知，示之难以观其勇，烦之以观其治，淹之以利以观其不贪，蓝之以乐以观其不宁，喜之以物以观其不轻，怒之以观其重，醉之以观其不失也，纵之以观其常，远使之以观其不贰，迩之以观其不倦，探取其志以观其情，考其阴阳以观其诚，覆其微言以观其信，曲省其行以观其备成。

此之谓观诚也。

二曰，方与之言，以观其志。志殷如湙，其气宽以柔，其色俭而不谄，其礼先人，其言后人，见其所不足，曰日益者也。

如临人以色，高人以气，贤人以言，防其不足，伐其所能，曰日损者也。

其貌直而不侮，其言正而不私，不饰其美，不隐其恶，不防其过，曰有质者也。

其貌固呕，其言工巧，饰其见物，务其小征，以故自说，曰无质者也。

喜怒以物，而色不作；烦乱之，而志不营；深道以利，而心不移；临慑以威，而气不卑，曰平心而固守者也。

喜怒以物而变易知，烦乱之而必不裕，示之以利而易移，临慑以威而易慑，曰鄙心而假气者也。

执之以物而邀决，惊之以卒而度料，不学而性辨，曰有虑者也。

难投以物，难说以言，知一如不可以解也，困而不知其止，无辨而自慎，曰愚赣者也。

营之以物而不虞，犯之以卒而不惧，置义而不可迁，临之以货色而不可营，曰洁廉而果敢者也。

易移以言，存志不能守锢，已诺无断，曰弱志者也。

顺与之弗为喜，非夺之弗为怒，沈静而寡言，多稽而俭貌，曰质静者也。

辨言而不固行，有道而先困，自慎而不让，当如强之，曰始妒诬者也。

征清而能发，度察而能尽，曰治志者也。

华如诬，巧言、令色、足恭一也，皆以无为有者也。

此之为考志。

三曰，诚在其中，此见于外；以其见占其隐，以其细占其大，以其声处其气。初气主物，物生有声；声有刚有柔，有浊有清，有好有恶。咸发于声也。

心气华诞者，其声流散；心气顺信者，其声顺节；心气鄙戾者，其声斯丑；心气宽柔者，其声温好。信气中易，义气时舒，智气简备，勇气壮直。

听其声，处其气，考其所为，观其所由，察其所安；以其前占其后，以其见占其隐，以其小占其大。

此之谓视中也。

四曰，民有五性：喜、怒、欲、惧、忧也。喜气内畜，虽欲隐之，阳喜必见。怒气内畜，虽欲隐之，阳怒必见。欲气内畜，虽欲隐之，阳欲必见。惧气内畜，虽欲隐之，阳惧必见。忧悲之气内畜，虽欲隐之，阳忧必见。五气诚于中，发形于外，民情不隐也。

喜色由然以生，怒色拂然以侮，欲色呕然以偷，惧色薄然以下，忧悲之色累然而静。

诚智必有难尽之色，诚仁必有可尊之色，诚勇必有难慑之色，诚忠必有可亲之色，诚洁必有难污之色，诚静必有可信之色。

质色皓然固以安，伪色缦然[①]乱以烦；虽欲故之中，色不听也，虽变可知。

此之谓观色也。

五曰，生民有灵阳，人有多隐其情，饰其伪，以赖于物，以攻其名也。有隐于仁质者，有隐于知理者，有隐于文艺者，有隐于廉

---

① 缦然：杂貌。

勇者，有隐于忠孝者，有隐于交友者。如此者不可不察也。

小施而好大得，小让而好大事，言愿以为质，伪爱以为忠，面宽而貌慈，假节以示人，故其行以攻其名。如此者隐于仁质也。

推前恶，忠府知物焉；首成功，少其所不足；虑诚不及，佯为不言；内诚不足，色示有余；故知以动人，自顺而不让；错辞而不遂，莫知其情。如是者隐于知理者也。

素动人以言，涉物而不终；问则不对，详为不穷；色示有余；有道而自顺用之，物穷则为深。如此者隐于文艺者也。

廉言以为气，骄厉以为勇，内恐外悴，无所不至，敬再其说以诈临人。如此者隐于廉勇者也。

自事其亲，好以告人，乞言劳醉，而面于敬爱，饰其见物，故得其名，名扬于外不诚于内，伐名以事其亲戚，以故取利，分白其名，以私其身。如此者隐于忠孝者也。

阴行以取名，比周以相誉，明知贤可以征，与左右不同而交，交必重己。心说之而身不近之，身近之而实不至，而欢忠不尽，欢忠尽见于众而貌克。如此者隐于交友者也。

此之谓观隐也。

六曰，言行不类，终始相悖，阴阳克易，外内不合，虽有隐节见行，曰非诚质者也。

其言甚忠，其行甚平，其志无私，施不在多，静而寡类，庄而安人，曰有仁心者也。

事变而能治，物善而能说，浚穷而能达，错身立方而能遂，曰广知者也。

少言如行，恭俭以让，有知而不伐，有施而不置，曰慎谦良者也。

微忽之言久而可复，幽闲之行独而不克，行其亡如其存，曰顺信者也。

贵富虽尊，恭俭而能施；众强严威，有礼而不骄，曰有德者也。

隐约而不慑，安乐而不奢，勤劳之不变，喜怒之如度晰，曰守也。

置方而不毁，廉洁而不戾，立强而无私，曰经正者也。

正静以待命，不召不至，不问不言，言不过行，行不过道，曰沈静者也。

忠爱以事其亲，欢欣以敬之，尽力而不面敬以安人，以故名不生焉，曰忠孝者也。

合志如同方，共其忧而任其难，行忠信而不相疑，迷隐远而不相舍，曰至友者也。

心色辞气，其入人甚俞，进退工，故其与人甚巧，其就甚速，其叛人甚易，曰位志者也。

饮食以亲，货贿以交，接利以合，故得望誉征利，而依隐于物，曰贪鄙者也。

质不断，辞不至；少其所不足，谋而不已，曰伪诈者也。

言行亟变，从容谬易，好恶无常，行身不类。曰无诚志者也。

小知而不大决，小能而不大成，顾小物而不知大论，亟变而多私，曰华诞者也。

规谏而不类，道行而不平，曰巧名者也。

故事阻者不夷，畸鬼①者不仁，面誉者不忠，饰貌者不情，隐节者不平，多私者不义，扬言者寡信。

此之谓揆德。

6 景公问忠

【提要】 本篇对话选自《晏子春秋》，内容是齐景公和晏子的问答记录。这里晏子的回答更多的是就臣德而言，包含以下几方面：其一，能进善于君而不与君陷于难为忠；其二，忠臣主要是忠于社稷，而非仅仅忠君，忠君不过是忠于社稷的一个手段；其三，

---

① 畸鬼：只重祷祭鬼神而不自我修饰。

君臣关系是相互的，君可择臣而使之，臣亦可择君而事之；其四，忠臣最主要的义务是谏君。这四方面涉及君臣两方面的责任与义务问题，文字不多，却富有较深的哲理。晏子在这里讲到的忠于社稷的思想和现代公忠观念比较吻合。

【原文】

景公问于晏子曰："忠臣之事君也，何若？"

晏子对曰："有难不死，出亡不送。"

公不说，曰："君裂地而封之，疏爵而贵之，君有难不死，出亡不送，可谓忠乎？"

对曰："言而见用，终身无难，臣奚死焉；谋而见从，终身不出，臣奚送焉。若言不用，有难而死之，是妄死也；谋而不从，出亡而送之，是诈伪也。故忠臣也者，能纳善于君，不能与君陷于难。"

景公问晏子曰："忠臣之行何如？"

对曰："不掩君过，谏乎前，不华乎外；选贤进能，不私乎内；称身就位，计能定禄；睹贤不居其上，受禄不过其量；不权居以为行，不称位以为忠；不掩贤以隐长，不刻下以谀上；君在不事太子，国危不交诸侯；顺则进，否则退，不与君行邪也。"

景公问："佞人之事君如何？"

晏子对曰："意难，难不至也。明言行之以饰身，伪言无欲以说人，严其交以见其爱；观上之所欲，而微为之偶，求君逼迩[①]，而阴为之与；内重爵禄，而外轻之以诬行，下事左右，而面示正公以伪廉；求上采听，而幸以求进；傲禄以求多，辞任以求重；工乎取，鄙乎予；欢乎新，慢乎故；吝乎财，薄乎施；睹贫穷若不识，趋利若不及；外交以自扬，背亲以自厚；积丰义之养[②]，而声矜恤之义；非誉乎情，而言不行身，涉时所议，而好论贤不肖；有之已，不难非之人，无之已，不难求之人；其言强梁而信，其进敏逊

---

① 逼迩：亲信。

② 积丰义之养：表面上很讲礼仪修养。

而顺；此佞人之行也。明君之所诛，愚君之所信也。”

7 臣术

【提要】《臣术》篇选自西汉刘向的《说苑》。该篇提出了一些辨别人物忠奸的指标，即六正六邪。其中六邪为：一是“具”，指徒有虚名者，此种人若在其位必不谋其政。二是“谀”，阿谀奉承者。三是“奸”，表面示善以悦人，内心阴险者。四是“谗”，花言巧语，心存陷害者。五是“贼”，假借上之名，凌驾上之上者。六是“亡”，以歪门邪道陷人于不义者。这六种缺乏忠诚，不能爱国的人不应该被重用。应该说，本文涉及的问题还是比较实用的，对于我们今天全面理解忠德思想具有一定参考价值。

【原文】

人臣之术，顺从而复命，无所敢专，义不苟合，位不苟尊，必有益于国，必有补于君，故其身尊而子孙保之。故人臣之行有六正六邪，行六正则荣，犯六邪则辱。夫荣辱者，祸福之门也。

何谓六正六邪？六正者：一曰萌芽未动，形兆未见，昭然独见存亡之几，得失之要，预禁乎不然之前，使主超然立乎显荣之处，天下称孝焉，如此者圣臣也。二曰虚心白意，进善通道，勉主以体谊，谕主以长策，将顺其美，匡救其恶，功成事立，归善于君，不敢独伐其劳，如此者良臣也。三曰卑身贱体，夙兴夜寐，进贤不解，数称于往古之德行事以厉主意，庶几有益，以安国家社稷宗庙，如此者忠臣也。四曰明察幽，见成败早，防而救之，引而复之，塞其间，绝其源，转祸以为福，使君终以无忧，如此者智臣也。五曰守文奉法，任官职事，辞禄让赐，不受赠遗，衣服端齐，饮食节俭，如此者贞臣也。六曰国家昏乱，所为不道，然而敢犯主之颜面，言君之过失，不辞其诛，身死国安，不悔所行，如此者直臣也。是为六正也。

六邪者：一曰安官贪禄，营于私家，不务公事，怀其智，藏其能，主饥于论，渴于策，犹不肯尽节，容容乎与世沈浮上下，左右观望，如此者具臣也。二曰主所言皆曰善，主所为皆曰可，隐而求主之所好即进之，以快主耳目，偷合苟容与主为乐，不顾其后害，如此者谀臣也。三曰中实颇险，外容貌小谨，巧言令色，又心嫉贤，所欲进则明其美而隐其恶，所欲退则明其过而匿其美，使主妄行过任，赏罚不当，号令不行，如此者奸臣也。四曰智足以饰非，辩足以行说，反言易辞而成文章，内离骨肉之亲，外妒乱朝廷，如此者谗臣也。五曰专权擅势，持招国事以为轻重于私门，成党以富其家，又复增加威势，擅矫主命以自显贵，如此者贼臣也。六曰谄言以邪，坠主不义，朋党比周，以蔽主明，入则辩言好辞，出则更复异其言语，使白黑无别，是非无间，伺侯可推，而因附然，使主恶布于境内，闻于四邻，如此者亡国之臣也。是谓六邪。

贤臣处六正之道，不行六邪之术，故上安而下治，生则见乐，死则见思，此人臣之术也。

8 主术训

【提要】 本篇主要论述君主的治理之术，节选自西汉刘安主编的《淮南子》一书，是其中关于君主治术部分的精华。该篇认为，君主治理国家，不仅仅要继承道家的“无为”，还要将之与法治结合起来，如此，才能实现国家的长治久安。何谓“无为”？“所谓‘无为’者，私志不得入公道，嗜欲不得枉正术，循理而举事，因资而立功，权自然之势，而曲故不能容者。”“理”是指客观规律，要求人们在执行公道时尊重客观的事实和规律，排除个人私欲的干扰。“无为”并不是不为，而是在“循理”的前提下有所作为。要求君主顺应自然规律，在治理国家时不强求干涉和改变自然的发展。

【原文】

禹决江疏河，以为天下兴利，而不能使水西流；稷辟土垦草，以为百姓力农，然不能使禾冬生。岂其人事不至哉？其势不可也。夫推而不可为之势，而不修道理之数，虽神圣人不能以成其功，而况当世之主乎！夫载重而马羸，虽造父[1]不能以致远；车轻马良，虽中工可使追速。是故圣人举事也，岂能拂道理之数，诡自然之性，以曲为直，以屈为伸哉！未尝不因其资而用之也。是以积力之所举，无不胜也，而众智之所为，无不成也。聋者可令嚼筋，而不可使有闻也；喑者可使守圉[2]，而不可使言也。形有所不周，而能有所不容也。是故有一形者处一位，有一能者服一事。力胜其任，则举之者不重也；能称其事，则为之者不难也。毋小大修短，各得其宜，则天下一齐，无以相过也。圣人兼而用之，故无弃才。

人主贵正而尚忠，忠正在上位，执正营事，则谗佞奸邪无由进矣。譬犹方员之不相盖，而曲直之不相入。夫鸟兽之不可同群者，其类异也；虎鹿之不同游者，力不敌也。是故圣人得志而在上位，谗佞奸邪而欲犯主者，譬犹雀之见鹯而鼠之遇狸也，亦必无余命也。是故人主之一举也，不可不慎也。所任者得其人，则国家治，上下和，群臣亲，百姓附；所任非其人，则国家危，上下乖，群臣怨，百姓乱。故一举而不当，终身伤。得失之道，权要在主。是绳正于上，木直于下，非有事焉，所缘以修者然也。故人主诚正，则直士任事，而奸人伏匿矣；人主不正，则邪人得志，忠者隐蔽矣。夫人主之所以莫抓玉石而抓瓜瓠者，何也？无得于玉石，弗犯也。使人主执正持平，如从绳准高下，则群臣以邪来者，犹以卵投石，以火投水。故灵王好细要，而民有杀食自饥也；越王好勇，而民皆处危争死。由此观之，权势之柄，其以移风易俗矣。尧为匹夫，不能仁化一里，桀在上位，令行禁止。由此观之，贤不足以为治，而势可以易俗明矣。《书》曰："一人有庆，万民赖之。"此之谓也。

天下多眩于名声，而寡察其实。是故处人以誉尊，而游者以辩显，察其所尊显，无它故焉，人主不明分数利害之地，而贤众口之辩也。治国则不然，言事者必究于法，而为行者必治于官。上操其名以责其实，臣守其业以效其功，言不得过其实，行不得逾其法。

---

① 造父：人名，古代驾车的高手。

② 守圉：同"守御"。

群臣辐凑，莫敢专君。事不在法律中，而可以便国佐治，必参五行之，阴考以观其归，并用周听，以察其化。不偏一曲，不党一事。是以中立而遍，运照海内，群臣公正，莫敢为邪，百官述职，务致其公迹也。主精明于上，官劝力于下，奸邪灭迹，庶功日进，是以勇者尽于军。乱国则不然。有众咸誉者无功而赏，守职者无罪而诛。主上暗而不明，群臣党而不忠，说谈者游于辩，修行者竞于往。主上出令，则非之以与；法令所禁，则犯之以邪。为智者务于巧诈，为勇者务于斗争。大臣专权，下吏持势，朋党周比，以弄其上。国虽若存，古之人曰亡矣。且夫不治官职而被甲兵，不随南亩而有贤圣之声者，非所以教于国也。骐骥、騄駬，天下之疾马也，驱之不前，引之不止，虽愚者不加体焉。今治乱之机，辙迹可见也，而世主莫之能察，此治道之所以塞。权势者，人主之车舆；爵禄者，人臣之辔衔也。是故人主处权势之要，而持爵禄之柄，审缓急之度，而适取予之节。是以天下尽力而不倦。

……

人主者，以天下之目视，以天下之耳听，以天下之智虑，以天下之力争。是故号令能下究，而臣情得上闻。百官修通，群臣辐凑，喜不以赏赐，怒不以罪诛。是故威立而不废，聪明光而不蔽，法令察而不苛，耳目达而不暗，善否之情，日陈于前而无所逆。是故贤者尽其智，而不肖者竭其力。德泽兼覆而不偏，群臣劝务而不怠，近者安其性，远者怀其德。所以然者，何也？得用人之道，而不任己之才者也。故假舆马者，足不劳而致千里；乘舟楫者，不能游而绝江海。夫人主之情，莫不欲总海内之智，尽众人之力，然而群臣志达效忠者，希不困其身。使言之而是，虽在褐夫刍荛[①]，犹不可弃也；使言之而非也，虽在卿相人君，揄策于庙堂之上，未必可用。是非之所在，不可以贵贱尊卑论也。是明主之听于群臣，其计乃可用，不羞其位；其言可行，而不责其辩。暗主则不然。所爱

---

① 刍荛：指草野之人。

习亲近者，虽邪枉不正，不能见也；疏远卑贱者，竭力尽忠，不能知也。有言者穷之以辞，有谏者诛之以罪。如此而欲照海内，存万方，是犹塞耳而听清浊，掩目而视青黄也，其离聪明则亦远矣！

……

入孝于亲，出忠于君，无愚智贤不肖，皆知其为义也，使陈忠孝行而知所出者，鲜矣！凡人思虑，莫不先以为可而后行之，其是或非，此愚智之所以异。凡人之性，莫贵于仁，莫急于智。仁以为质，智以行之，两者为本，而加之以勇力、辩慧、捷疾①、劬录②、巧敏、迟利、聪明、审察，尽众益也。身材未修，伎艺曲备，而无仁智以为表干，而加之以众美，则益其损。故不仁而有勇力果敢，则狂而操利剑；不智而辩慧怀给，则弃骥而不式。虽有材能，其施之不当，其处之不宜，适足以辅伪饰非，伎艺之众，不如其寡也。故有野心者，不可借便势；有愚质者，不可与利器。鱼得水而游焉则乐，唐决水涸，则为蝼蚁所食。有掌修其堤防，补其缺漏，则鱼得而利之，国有以存，人有以生。国之所以存者，仁义是也；人之所以生者，行善是也。国无义，虽大必亡；人无善志，虽勇必伤。治国上使不得与焉。孝于父母，弟于兄嫂，信于朋友，不得上令而可得为也。释己之所得为，而责于其所不得制，悖矣。士处卑隐，欲上达，必先反诸己。上达有道，名誉不起，而不能上达矣；取誉有道，不信于友，不能得誉；信于友有道，事亲不说，不信于友；说亲有道，修身不诚，不能事亲矣；诚身有道，心不专一，不能专诚。道在易而求之难，验在近而求之远，故弗得也。

9 天地之行

【提要】本篇出自西汉儒者董仲舒的《春秋繁露》，集中讨论了君臣关系及各自的行为规范。文中明确指出："一国之君，其犹一体之心也。"因此推断对于国君的忠诚是臣下爱国敬业的基础。

---

① 捷疾：敏捷，迅速。

② 劬录：勤劳，亦作"劬禄"。

国君则应“亲近圣贤”“布恩施惠”，让“上下相承顺”“百姓得其所”“无为致太平”，这样才能“致黄龙凤皇”。君臣之间团结一体，形成共赢的良性局面，是社会安定、经济发展的重要保障。本篇不仅揭示了忠德的重要性，还指出了实现忠行的原理和途径，具有较深的政治儒学伦理色彩。

【原文】

天地之行美也，是以天高其位而下其施，藏其形而见其光，序列星而近至精，考阴阳而降霜露。高其位所以为尊也，下其施所以为仁也，藏其形所以为神也，见其光所以为明也，序列星所以相承也，近至精所以为刚也，考阴阳所以成岁也，降霜露所以生杀也。为人君者，其法取象于天。故贵爵而臣国，所以为仁也；深居隐处，不见其体，所以为神也；任贤使能，观听四方，所以为明也；量能授官，贤愚有差，所以相承也；引贤自近，以备股肱，所以为刚也；考实事功，次序殿最，所以成世也；有功者进，无功者退，所以赏罚也。是故天执其道为万物主，君执其常为一国主。天不可以不刚，主不可以不坚。天不刚则列星乱其行，主不坚则邪臣乱其官。星乱则亡其天，臣乱则亡其君。故为天者务刚其气，为君者务坚其政，刚坚然后阳道制命。地卑其位而上其气，暴其形而著其情，受其死而献其生，成其事而归其功。卑其位所以事天也，上其气所以养阳也，暴其形所以为忠也，著其情所以为信也，受其死所以藏终也，献其生所以助明也，成其事所以助化也，归其功所以致义也。为人臣者，其法取象于地。故朝夕进退，奉职应对，所以事贵也；供设饮食，候视疢疾，所以致养也；委身致命，事无专制，所以为忠也；竭愚[1]写情，不饰春过，所以为信也；伏节死难，不惜其命，所以救穷也；推进光荣，褒扬其善，所以助明也；受命宣恩，辅成君子，所以助化也；功成事就，归德于上，所以致义也。是故地明其理

---

① 竭愚：自谦之词，谓尽其愚见。

为万物母，臣明其职为一国宰。母不可以不信，宰不可以不忠。母不信则草木伤其根，宰不忠则奸臣危其君。根伤则亡其枝叶，君危则亡其国。故为地者务暴其形，为臣者务著其情。

一国之君，其犹一体之心也。隐居深宫，若心之藏于胸；至贵无与敌，若心之神无与双也。高清明而下重浊，若身之贵目而贱足也；任群臣无所亲，若四肢之各有职也；内有四辅，若心之有肝肺脾肾也；外有百官，若心之有形体孔窍也；亲圣近贤，若神明皆聚于心也；上下相承顺，若肢体相为使也；布恩施惠，若元气之流皮毛腠理也；百姓皆得其所，若血气和平，形体无所苦也；无为致太平，若神气自通于渊也；致黄龙凤皇，若神明之致玉女芝英也。君明，臣蒙其功，若心之神，体得以全；臣贤，君蒙其恩，若形体之静而心得以安。上乱下被其患，若耳目不聪明而手足为伤也；臣不忠而君灭亡，若形体妄动而心为之丧。是故君臣之礼，若心之与体，心不可以不坚，君不可以不贤；体不可以不顺，臣不可以不忠。心所以全者，体之力也；君所以安者，臣之功也。

10 忠经

【提要】本篇为集中阐发忠德思想的《忠经》，作者是东汉学者马融。本篇篇幅较长，但由于其内容具有整体性和连续性，且集中在忠这个问题上，所以未予删节。本篇体例模拟《孝经》的结构，将“忠”的观念发挥贯彻于个人修养、家庭和谐、国家治理、天道践履等各个方面，并将“忠”作为评价上至君王、中及群臣、下至平民的最高准则，建构出一套遵循儒家思想的忠道思想。本篇在历史上具有广泛而深远的影响，是论忠文献中的代表作。当然文中不乏将这一基本的伦理观念过度神秘化的倾向，对此读者应当予以扬弃。

【原文】

天地神明章第一

昔在至理，上下一德，以征天休，忠之道也。天之所覆，地之所载，人之所履，莫大乎忠。忠者中也，至公无私。天无私，四时行；地无私，万物生；人无私，大亨贞。忠也者，一其心之谓矣。为国之本，何莫由忠？忠能固君臣，安社稷，感天地，动神明，而况于人乎？夫忠兴于身，著于家，成于国，其行一焉。是故一于其身，忠之始也；一于其家，忠之中也；一于其国，忠之终也。身一则百禄至，家一则亲和，国一则万人理。《书》云："惟精惟一，允执厥中[①]。"

圣君章第二

惟君以圣德监于万邦，自下至上，各有尊也。故王者上事于天，下事于地，中事于宗庙，以临于人，则人化之，天下尽忠以奉上也。是以兢兢戒慎，日增其明。禄贤官能，式敷大化，惠泽长久，黎民咸怀。故得皇猷[②]丕丕，行于四方，扬于后代，以保社稷，以光祖考，盖圣君之忠也。《诗》云："昭事上帝，聿怀多福。"

冢臣章第三

为臣事君，忠之本也，本立而化成。冢臣于君，可谓一体，下行而上信，故能成其忠。夫忠者，岂惟奉君忘身、徇国忘家、正色直辞、临难死节已矣，在乎沉谋潜运，正国安人，任贤以为理，端委而自化。尊其君，有天地之大，日月之明，阴阳之和，四时之信。圣德洋溢，颂声作焉。《书》云："元首明哉！股肱良哉！庶事康哉！"

百工章第四

有国之建，百工惟才，守位谨常，非忠之道。故君子之事上也，入则献其谋，出则行其政，居则思其道，动则有仪。秉职不回，言事无惮，苟利社稷，则不顾其身。上下用成，故昭君德，盖百工之忠也。《诗》云："靖共尔位，好事正直。"

守宰章第五

在官惟明，莅事惟平，立身惟清。清则无欲，平则不曲，明能

① 允执厥中：意指言行不偏不倚，符合中正之道。

② 皇猷：帝王的谋略或教化。

正俗，三者备矣，然后可以理人。君子尽其忠能，以行其政令，而不理者，未之闻也。夫人莫不欲安，君子顺而安之；莫不欲富，君子教以富之。笃之以仁义，以固其心；道之以礼乐，以和其气；宣君德以弘大其化，明国法以至于无刑；视君之人，如观乎子，则人爱之，如爱其亲。盖守宰之忠也。《诗》云：“恺悌君子，民之父母。”

兆人章第六

天地泰宁，君之德也，君德昭明，则阴阳风雨以和，人赖之而生也。是故衹承君之法度，行孝悌于其家，服勤稼穑，以供王赋，此兆人之忠也。《书》云：“一人元良，万邦以贞。”

政理章第七

夫化之以德，理之上也，则人日迁善而不知。施之以政，理之中也，则人不得不为善。惩之以刑，理之下也，则人畏而不敢为非也。刑则在省而中，政则在简而能，德则在博而久。德者为理之本也，任政非德则薄，任刑非德则残。故君子务于德，修于政，谨于刑，固其忠以明其信，行之匪懈，何不理之人乎？《诗》云：“敷政优优，百禄是遒。”

武备章第八

王者立武，以威四方，安万人也。淳德布洽戎夷，禀命统军之帅，仁以怀之，义以厉之，礼以训之，信以行之，赏以劝之，刑以严之，行此六者，谓之有利。故得师，尽其心，竭其力，致其命，是以攻之则克，守之则固，武备之道也。《诗》云：“赳赳武夫，公侯干城。”

观风章第九

惟臣以天子之命，出于四方以观风。听不可以不聪，视不可以不明。聪则审于事，明则辨于理，理辨则忠，事审则分。君子去其私，正其色，不害理以伤物，不惮势以举任，惟善是与，惟恶是除，以之而陟则有成，以之而出则无怨。夫如是，则天下敬职，万邦以宁。《诗》云：“载驰载驱，周爰谘诹。”

保孝行章第十

夫惟孝者，必贵于忠。忠苟不行，所率犹非其道。是以忠不及之，而失其守。匪惟危身，辱及亲也。故君子行其孝，必先以忠。竭其忠，则福禄至矣。故得尽爱敬之心，以养其亲，施及于人。此之谓保孝行也。《诗》云："孝子不匮，永锡尔类。"

广为国章第十一

明主之为国也，任于正，去于邪，邪则不忠，忠则必正，有正然后用其能。是故师保道德，股肱贤良，内睦以文，外威以武，被服礼乐，堤防政刑，故得大化兴行，蛮夷率服，人臣和悦，邦国平康。此君能任臣，下忠上信之所致也。《诗》云："济济多士，文王以宁。"

广至理章第十二

古者圣人以天下之耳目为视听，天下之心为心，端旒而自化，居成而不有，斯可谓致理也已矣。王者思于至理，其远乎哉！无为而天下自清，不疑而天下自信，不私而天下自公。贱珍则人去贪，彻侈则人从俭，用实则人不伪，崇让则人不争。故得人心和平，天下淳质，乐其生，保其寿，优游圣德，以为自然之至也。《诗》云："不识不知，顺帝之则。"

扬圣章第十三

君德圣明，忠臣以荣；君德不足，忠臣以辱。不足则补之，圣明则扬之，古之道也。是以虞有德，咎繇歌之；文王之道，周公颂之；宣王中兴，吉甫咏之。故君子臣于盛明之时必扬之，盛德流满天下，传于后代，其忠矣夫。

辨忠章第十四

大哉忠之为道也，施之于迩，则可以保家邦；施之于远，则可以极天地。故明王为国，必先辨忠。君子之言，忠而不佞；小人之言，佞而似忠而非，闻之者鲜不惑矣。夫忠而能仁，则国德彰；忠而能知，则国政举；忠而能勇，则国难清。故虽有其能，必由忠而成也。仁而不忠，则私其恩；知而不忠，则文其诈；勇而不忠，则易其乱。是虽有其能，以不忠而败也。此三者，不可不辨也。《书》云："旌别淑慝[①]，其是谓乎。"

忠谏章第十五

忠臣之事君也，莫先于谏。下能言之，上能听之，则王道光矣。谏于未形者上也，谏于已彰者次也，谏于既行者下也。违而不谏，则非忠臣。夫谏始于顺辞，中于抗义，终于死节，以成君休，以宁社稷。《书》云："木从绳则正，后从谏则圣。"

证应章第十六

惟天鉴人，善恶必应。善莫大于作忠，恶莫大于不忠。忠则福禄至焉，不忠则刑罚加焉。君子守道，所以长守其休；小人不常，所以自陷其咎。休咎之征也，不亦明哉？《书》云："作善降之百祥，作不善降之百殃。"

报国章第十七

为人臣者官于君，先后光庆，皆君之德，不思报国，岂忠也哉？君子有无禄而益君，无有禄而已者也。报国之道有四：一曰贡贤，二曰献猷[②]，三曰立功，四曰兴利。贤者国之干，猷者国之规，功者国之将，利者国之用，是皆报国之道，惟其能而行之。《诗》云："无言不酬，无德不报，况忠臣之于国乎。"

尽忠章第十八

天下尽忠，淳化而行也。君子尽忠，则尽其心；小人尽忠，则尽其力。尽力者则止其身，尽心者则洪于远。故明王之理也，务在任贤，贤臣尽忠，则君德广矣，政教以之而美，礼乐以之而兴，刑罚以之而清，仁惠以之而布，四海之内，有太平焉。嘉祥既成，告于上下，是故播于《雅》《颂》，传于无穷。

11 三教

【提要】 本篇选自东汉班固所编的《白虎通德论》。这里的

---

① 淑慝：解释为善恶。

② 猷：计划，谋划。

“三教”一词与后代儒释道三教不同。汉朝之前的三教，指的是什么呢？根据文章：“王者设三教何？承衰救弊，欲民反正道也。三王之有失，故立三教，以相指受。”故三教就是“夏尚忠，殷尚敬，周尚文”，源于孔子所说的夏商周三朝政治思想宏观品质的典故，是儒家的施教内容。忠、敬、文，又叫三德，其核心属于我们今天思考的公忠爱国范畴。

【原文】

王者设三教何？承衰救弊，欲民反正道也。三王之有失，故立三教，以相指受。夏人之王教以忠，其失野，救野之失莫如敬。殷人之王教以敬，其失鬼，救鬼之失莫如文。周人之王教以文，其失薄，救薄之失莫如忠。继周尚黑，制与夏同。三者如顺连环，周而复始，穷则反本。

《乐稽耀嘉》曰：“颜回向三教变，虞夏何如？”曰：教者，所以追补败政，靡弊[①]溷浊[②]，谓之治也。舜之承尧，无为易也。或曰：三教改易，夏后氏始。高宗亦承弊，所以不改教何？明子无改父之道也。何以知高宗不改之？以周之教承以文也。三教所以先忠者，行之本也。三教一体而分，不可单行，故王者行之有先后。何以言三教并施、不可单行也？以忠、敬、文无可去者也。

教所以三何？法天、地、人，内忠外敬，文饰之，故三而备也。即法天、地、人，各何施？忠法人，敬法地，文法天。人道主忠，人以至道教人，忠之至也；人以忠教，故忠为人教也。地道谦卑，天之所生，地敬养之，以敬为地教也。

教者，何谓也？教者，效也。上为之，下效之，民有质朴，不教而成。故《孝经》曰：“先王见教之可以化民。”《论语》曰：“不教民战，是谓弃之。”《尚书》曰：“以教祗德。”《诗》云：“尔之教矣，欲民斯效。”

---

① 靡弊：亦作靡敝，指耗费，浪费。

② 溷浊：指混乱污浊的东西。

忠形于悃诚[1]，故失野；敬形于祭祀，故失鬼；文形于饰貌，故失薄。

夏后氏用明器，殷人用祭器，周人兼用之何？谓曰：夏后氏教以忠，故先明器，以夺孝子之心也。殷教以敬，故先祭器，敬之至也。周人教以文，故兼用之，周人意至文也。孔子曰："之死而致死之，不仁而不可为也；之死而致生之，不知而不可为也。"故有死道焉，以夺孝子之心也；有生道焉，使人勿倍也。故竹器不成用，木器不成斫，瓦器不成沬，琴瑟张而不平，竽笙备而不和，有钟磬[2]而无簨虡县，示备物而不可用也。孔子曰："为明器者善，为俑者不仁。涂车羞灵，自古有之。言今古皆然也。"

12 明忠

【提要】本篇出自东汉哲学家王符的《潜夫论》。本篇指出了君主与臣下各需具备的品德规范，同时指出法纪的重要性以及法纪有效的前提，也就是有利于臣下尽忠奉公的政治体制。文中称："夫明据下起，忠依上成。"上下级都负有一定责任，不是单方面讲求忠于某人。这里把臣下的忠德和主上的英明结合起来，采取辩证看待的角度，而不是孤立地提出单方面的道德要求，是符合事情发展规律的。王符更加客观地分析了忠德表现的综合条件，尤其是和"据下起"的明君联系在一起，无疑能够加深我们对在现实中贯彻公忠爱国理想的认识。

【原文】

人君之称，莫大于明；人臣之誉，莫美于忠。此二德者，古来君臣所共愿也。然明不继踵，忠不万一者，非必愚暗不逮而恶名扬也，所道求之非其道之尔。

夫明据下起，忠依上成。"二人同心，则利断金。"能如此者，两誉俱具。要在于明操法术，自握权秉而已矣。所谓术者，使下不

---

① 悃诚：诚恳，忠诚。

② 锺磬：借指礼乐。

得欺也；所谓权者，使势不得乱也。术诚明，则虽万里之外，幽冥之内，不得不求效；权诚用，则远近、亲疏，贵贱、贤愚，无不归心矣。周室之末则不然，离其术而舍其权，怠于己而恃于人。是以公卿不思忠，百僚不尽力，君王孤蔽于上，兆黎冤乱于下，故遂衰微侵夺而不振也。

夫帝王者，其利重矣，其威大矣。徒悬重利，足以劝善；徒设严威，可以惩奸。乃张重利以诱民，操大威以驱之，则举世之人，可令冒白刃而不恨，赴汤火而不难，岂云但率之以共治而不宜哉？若鹰，野鸟也，然猎夫御之，犹使终日奋击而不敢怠，岂有人臣而不可使尽力者乎？

《诗》云："伐柯伐柯，其则不远。"夫神明之术，具在君身，而忽之，故令臣钳口结舌而不敢言。此耳目所以蔽塞，聪明所以不得也。制下之权，日陈君前，而君释之，故令君臣懈弛而背朝。此威德所以不照，而功名所以不建也。

《诗》云："我虽异事，及尔同僚。我即尔谋，听我敖敖。"夫恻隐人皆有之，是故耳闻啼号之音，无不为之惨凄悲怀而伤心者；目见危急之事，无不为之灼怛惊而赴救之者。君臣义重，行路礼轻，过耳悟目之交，未恩未德，非贫非贵，而犹若此，则又况于北面称臣被宠者乎？

是故进忠扶危者，贤不肖之所共愿也。诚皆愿之而行违者，常苦其道不利而有害，言未得言而身败尔。历观古来爱君忧主敢言之臣，忠信未达，而为左右所掬按，当世覆被，更为否愚恶状之臣者，岂可胜数哉？孝成终没之日，不知王章之直；孝哀终没之日，不知王嘉之忠也。此后贤虽有忧君哀至之情，忠诚正直之节，然犹且沈吟观听行己者也。

"鸣鹤在阴，其子和之。"相彼鸟矣，犹求友声。故人君不开精诚以示贤忠，贤忠亦无以达。《易》曰："王明并受其福。"是以忠臣必待明君乃能显其节，良吏必得察主乃能成其功。君不明，则大臣隐下不遏忠，又群司舍法而阿贵。

夫忠言所以为安也，不贡必危；法禁所以为治也，不奉必乱。忠之贡与不贡，法之奉与不奉，其秉皆在于君，非臣下之所为也。是故圣人求之于己，不以责下。

凡为人上，法术明而赏罚必者，虽无言语而势自治。治势一成，君自不能乱也，况臣下乎？法术不明而赏罚不必者，虽曰号令，然势自乱。乱势一成，君自不能治也，况臣下乎？是故势治者，虽委之不乱；势乱者，虽勤之不治也。尧、舜恭己无为而有余，势治也；胡亥、王莽驰骛，势乱也。故曰：善者求之于势，弗责于人。是以明王审法度而布教令，不行私以欺法，不黩教以辱命，故臣下敬其言而奉其禁，竭其心而称其职。此由法术明而威权任也。

夫术之为道也，精微而神，言之不足，而行有余；有余，故能兼四海而照幽冥。权之为势也，健悍以大，不待贵贱，操之者重；重，故能夺主威而顺当也。是以明君未尝示人术而借下权也。孔子曰："可与权。"是故圣人"显诸仁，藏诸用"，"神而化之，使民宜之"。然后致其治而成其功。功业效于民，美誉传于世，然后君乃得称明，臣乃得称忠。此所谓明据下作，忠依上成，二人同心，其利断金也。

13 杂言上

【提要】 本篇选自东汉学者荀悦的《申鉴》。本篇提出，治世之位，应以"真"位为要。君、臣、民作为国家政治格局中的三个重要单元，要把位置落实，而不仅仅限于名字概念，这个落实本身就是每一身份各自秉公爱国、尽忠敬业的过程。如荀悦所言："天下国家一体也，君为元首，臣为股肱，民为手足。"他形象地以此比喻了君主、臣民在国家中的"名"和"位"，进而反映政治思想中的一元论。由此可见，我们今天讲名副其实，实际上也是一种对忠德意识的呼唤。

【原文】

人主之患，常立于二难之间，在上而国家不治，难也；治国家则必勤身苦思，矫情以从道，难也。有难之难，暗主取之；无难之难，明主居之。大臣之患，常立于二罪之间，在职而不尽忠直之道，罪也；尽忠直之道焉，则必矫上拂下，罪也。有罪之罪，邪臣由之；无罪之罪，忠臣置之。人臣之义，不曰“吾君能矣，不我须也，言无补也”，而不尽忠；不曰“吾君不能矣，不我识也，言无益也”，而不尽忠。必竭其诚，明其道，尽其义，斯已而已矣，不已则奉身以退，臣道也。故君臣有异无乖，有怨无憾，有屈无辱。人臣有三罪，一曰导非，二曰阿失，三曰尸宠。以非引上谓之导，从上之非谓之阿，见非不言谓之尸。导臣诛，阿臣刑，尸臣绌。进忠有三术：一曰防，二曰救，三曰戒。先其未然谓之防，发而止之谓之救，行而责之谓之戒。防为上，救次之，戒为下。下不钳口，上不塞耳，则可有闻矣。有钳之钳，犹可解也；无钳之钳，难矣哉！有塞之塞，犹可除也，无塞之塞，其甚矣夫！

或曰：“在上有屈乎？”曰：“在上者以义申，以义屈。高祖虽能申威于秦、项，而屈于商山四公；光武能申于莽，而屈于强项令；明帝能申令于天下，而屈于锺离尚书。若秦二世之申欲，而非笑唐虞，若定陶傅太后之申意，而怨于郑，是谓不屈；不然，则赵氏不亡，而秦无愆尤[①]。故人主以义申，以义屈也。喜如春阳，怒如秋霜，威如雷霆之震，惠若雨露之降，沛然孰能御也。”

或问曰难行。曰：“若高祖听戍卒不怀居，迁万乘不俟终日；孝文帝不爱千里马；慎夫人衣不曳地；光武手不持珠玉，可谓难矣。抑情绝欲，不如是，能成功业者鲜矣。人臣若金日磾，以子私谩而杀之；丙吉之不伐；苏武之执节，可谓难矣。”

14 苏武牧羊

【提要】 本篇节选自《苏武传》，出自东汉班固的史学名著《汉书》。苏武牧羊的故事历来在中华儿女心中极具分量，其精神鼓

---

① 愆尤：过失。

舞着无数人坚守岗位，廉洁奉公，而不同于前面的理论路线，本篇重在情感熏陶。作者班固通过对苏武事迹的叙述，塑造了苏武光辉的爱国形象，展现了苏武可贵的爱国情操，并运用对比衬托的手法，升华了苏武矢志不渝的爱国精神。苏武的这种爱国事迹及其所展现的爱国精神，是中华民族优秀传统文化的集中体现和实践，也为后世人们的爱国行为提供了宝贵的精神食粮，对于当今过分强调“物质化”倾向的社会风气无疑也是一剂良药。

【原文】

武字子卿，少以父任，兄弟并为郎，稍迁至栘中厩监。时汉连伐胡，数通使相窥观。匈奴留汉使郭吉、路充国等前后十余辈，匈奴使来，汉亦留之以相当。天汉元年，且鞮侯单于初立，恐汉袭之，乃曰：“汉天子，我丈人行也。”尽归汉使路充国等。武帝嘉其义，乃遣武以中郎将使持节送匈奴使留在汉者，因厚赂单于，答其善意。

武与副中郎将张胜及假吏常惠等募士斥候百余人俱。既至匈奴，置币遗单于。单于益骄，非汉所望也。方欲发使送武等，会缑王与长水虞常等谋反匈奴中。缑王者，昆邪王姊子也，与昆邪王俱降汉，后随浞野侯没胡中。及卫律所将降者，阴相与谋，劫单于母阏氏归汉。会武等至匈奴，虞常在汉时，素与副张胜相知，私候胜曰：“闻汉天子甚怨卫律，常能为汉伏弩射杀之，吾母与弟在汉，幸蒙其赏赐。”张胜许之，以货物与常。后月余，单于出猎，独阏氏子弟在。虞常等七十余人欲发，其一人夜亡，告之。单于子弟发兵与战，缑王等皆死，虞常生得。单于使卫律治其事。张胜闻之，恐前语发，以状语武。武曰：“事如此，此必及我，见犯乃死，重负国!”欲自杀，胜、惠共止之。虞常果引张胜。单于怒，召诸贵人议，欲杀汉使者。左伊秩訾曰：“即谋单于，何以复加？宜皆降之。”单于使卫律召武受辞，武谓惠等：“屈节辱命，虽生，何面目以归汉？”引佩刀自刺。卫律惊，自抱持武。驰召医，凿地为坎，置煴火，覆武其上，蹈其背以出血。武气绝，半日复息。惠等哭，舆归营。单于壮其节，朝夕遣人候问武，而收系张胜。

武益愈。单于使使晓武，会论虞常，欲因此时降武。剑斩虞常已，律曰："汉使张胜谋杀单于近臣，当死，单于募降者赦罪。"举剑欲击之，胜请降。律谓武曰："副有罪，当相坐。"武曰："本无谋，又非亲属，何谓相坐？"复举剑拟之，武不动。律曰："苏君，律前负汉归匈奴，幸蒙大恩，赐号称王，拥众数万，马畜弥山，富贵如此。苏君今日降，明日复然。空以身膏草野，谁复知之？"武不应。律曰："君因我降，与君为兄弟，今不听吾计，后虽欲复见我，尚可得乎？"武骂律曰："女为人臣子，不顾恩义，畔主背亲，为降虏于蛮夷，何以女为见？且单于信女，使决人死生，不平心持正，反欲斗两主，观祸败。南越杀汉使者，屠为九郡；宛王杀汉使者，头县北阙；朝鲜杀汉使者，即时诛灭。独匈奴未耳。若知我不降明，欲令两国相攻，匈奴之祸从我始矣！"律知武终不可胁，白[①]单于。单于愈益欲降之，乃幽武置大窖中，绝不饮食。天雨雪，武卧啮雪与旃毛并咽之，数日不死，匈奴以为神。乃徙武北海上无人处，使牧羝。羝乳乃得归。别其官属常惠[②]等，各置他所。武既至海上，廪食[③]不至，掘野鼠去中实而食之。杖汉节牧羊，卧起操持，节旄尽落。积五六年，单于弟于靬王弋射海上。武能网纺缴，檠弓弩，于靬王爱之，给其衣食。三岁余，王病，赐武马畜、服匿[④]、穹庐[⑤]。王死后，人众徙去。其冬，丁令盗武牛羊，武复穷厄。

初，武与李陵俱为侍中。武使匈奴明年，陵降，不敢求武。久之，单于使陵至海上，为武置酒设乐，因谓武曰："单于闻陵与子卿素厚，故使陵来说足下，虚心欲相待。终不得归汉，空自苦亡人之地，信义安所见乎？前长君为奉车，从至雍棫阳宫，扶辇下除，触柱，折辕，劾大不敬，伏剑自刎，赐钱二百万以葬。孺卿从祠河

---

① 白：报告，禀告。

② 常惠：西汉著名外交家，曾随苏武出使匈奴被困，十九年方归。

③ 廪食：官方供给的粮食。

④ 服匿：指盛酒器。

⑤ 穹庐：古代游牧民族居住的毡帐。

东后土，宦骑与黄门驸马争船，推堕驸马河中，溺死，宦骑亡。诏使孺卿逐捕。不得，惶恐饮药而死。来时太夫人已不幸，陵送葬至阳陵。子卿妇年少，闻已更嫁矣。独有女弟二人，两女一男，今复十余年，存亡不可知。人生如朝露，何久自苦如此？陵始降时，忽忽如狂，自痛负汉；加以老母系保宫。子卿不欲降，何以过陵？且陛下春秋高，法令亡常，大臣亡罪夷灭者数十家，安危不可知，子卿尚复谁为乎？愿听陵计，勿复有云！”武曰：“武父子亡功德，皆为陛下所成就，位列将，爵通侯，兄弟亲近，常愿肝脑涂地。今得杀身自效，虽蒙斧钺汤镬，诚甘乐之。臣事君，犹子事父也。子为父死，亡所恨，愿勿复再言。”陵与武饮数日，复曰：“子卿壹听陵言。”武曰：“自分已死久矣！王必欲降武，请毕今日之欢，效死于前！”陵见其至诚，喟然叹曰：“嗟呼！义士！陵与卫律之罪上通于天！”因泣下沾衿，与武决去。

陵恶自赐武，使其妻赐武牛羊数十头。后陵复至北海上，语武：“区脱捕得云中生口，言太守以下吏民皆白服，曰：‘上崩。’”武闻之，南乡号哭，欧血，旦夕临。数月，昭帝即位。数年，匈奴与汉和亲。汉求武等。匈奴诡言武死。后汉使复至匈奴，常惠请其守者与俱，得夜见汉使，具自陈道。教使者谓单于言：“天子射上林中，得雁足有系帛书，言武等在某泽中。”使者大喜，如惠语以让单于。单于视左右而惊，谢汉使曰：“武等实在。”于是李陵置酒贺武曰：“今足下还归，扬名于匈奴，功显于汉室，虽古竹帛所载，丹青所画，何以过子卿！陵虽驽怯，令汉且贳陵罪，全其老母，使得奋大辱之积志，庶几乎曹柯之盟。此陵宿昔之所不忘也！收族陵家，为世大戮，陵尚复何顾乎？已矣！令子卿知吾心耳！异域之人，壹别长绝！”陵起舞，歌曰：“径万里兮度沙幕，为君将兮奋匈奴。路穷绝兮矢刃摧，士众灭兮名已聩，老母已死，虽欲报恩将安归？”陵泣下数行，因与武决。单于召会武官属，前以降及物故，凡随武还者九人。

武以始元六年春至京师，诏武奉一太牢谒武帝园庙，拜为典属国，秩中二千石，赐钱二百万，公田二顷，宅一区。常惠、徐圣、赵终根皆拜为中郎，赐帛各二百匹。其余六人，老归家，赐钱人十万，复终身。常惠后至右将军，封列侯，自有传。武留匈奴凡十九岁，始以强壮出，及还，须发尽白。

15 出师表

【提要】《出师表》可谓千古名文，生动反映了三国名臣诸葛亮对国家社稷的至诚忠心。其文言辞恳切，针对当时的局势，反复劝勉幼主刘禅要继承先主刘备的遗志，开张圣听，赏罚严明，亲贤远佞，以完成“兴复汉室”的大业，表现了诸葛亮“北定中原”的坚强意志和对蜀汉忠贞不贰的品格。诸葛亮的忠肝义胆、“鞠躬尽瘁，死而后已”的精神，在封建社会被视为臣子的大节，受到普遍推崇。而当国家处于危难关头，这种精神更焕发出强大的感召力。一封奏疏能千百年被视为“至文”而流传不朽，主要原因就在这里。

【原文】

先帝创业未半而中道崩殂，今天下三分，益州疲弊，此诚危急存亡之秋也。然侍卫之臣不懈于内，忠志之士忘身于外者，盖追先帝之殊遇，欲报之于陛下也。诚宜开张圣听，以光先帝遗德，恢弘志士之气，不宜妄自菲薄，引喻失义，以塞忠谏之路也。

宫中府中，俱为一体，陟罚臧否，不宜异同。若有作奸犯科及为忠善者，宜付有司论其刑赏，以昭陛下平明之理，不宜偏私，使内外异法也。

侍中、侍郎郭攸之、费祎、董允等，此皆良实，志虑忠纯，是以先帝简拔以遗陛下。愚以为宫中之事，事无大小，悉以咨之，然后施行，必能裨补阙漏，有所广益。

将军向宠，性行淑均，晓畅军事，试用之于昔日，先帝称之曰能，是以众议举宠为督。愚以为营中之事，悉以咨之，必能使行阵和睦，优劣得所。

亲贤臣，远小人，此先汉所以兴隆也；亲小人，远贤臣，此后汉所以倾颓也。先帝在时，每与臣论此事，未尝不叹息痛恨于桓、灵也。侍中、尚书、长史、参军，此悉贞良死节之臣，愿陛下亲之信之，则汉室之隆，可计日而待也。

臣本布衣，躬耕于南阳，苟全性命于乱世，不求闻达于诸侯。先帝不以臣卑鄙，猥自枉屈，三顾臣于草庐之中，咨臣以当世之事，由是感激，遂许先帝以驱驰。后值倾覆，受任于败军之际，奉命于危难之间，尔来二十有一年矣。

先帝知臣谨慎，故临崩寄臣以大事也。受命以来，夙夜忧叹，恐托付不效，以伤先帝之明，故五月渡泸，深入不毛。今南方已定，兵甲已足，当奖率三军，北定中原，庶竭驽钝①，攘除奸凶，兴复汉室，还于旧都。此臣所以报先帝而忠陛下之职分也。至于斟酌损益，进尽忠言，则攸之、祎、允之任也。

愿陛下托臣以讨贼兴复之效，不效，则治臣之罪，以告先帝之灵。若无兴德之言，则责攸之、祎、允等之慢，以彰其咎；陛下亦宜自谋，以咨诹善道②，察纳雅言，深追先帝遗诏，臣不胜受恩感激。

今当远离，临表涕零，不知所言。

16 臣节

【提要】本篇选自东晋学者葛洪的《抱朴子·外篇》。作者葛洪虽是道家人物，但是本篇文章写得酣畅淋漓，把儒家忠德精神发挥得别具特色。他提出，承担责任、接受托孤要以伊尹、周公摄政为榜样；向四方宣示武力，则以尹吉甫、召虎为标准；打击作奸犯科，应像猛禽捕捉小鸟一样；保卫边疆，要学习魏尚、李牧的高尚行踪；治理百姓，就要仰慕文翁、召信臣的德行感化。忠诚至极、无私以为国、胸怀远大志向之人，都应挺身拯救国家于危难之中。

---

① 驽钝：比喻才能平庸，这是诸葛亮自谦的话。

② 咨诹善道：询问（治国的）好道理。

无疑，葛洪在这里表达的观点是入世有为、积极向上的，足资后人借鉴。

【原文】

抱朴子曰：昔在唐虞，稽古钦明，犹俟群后之翼亮，用臻巍巍之成功。故能熙帝之载，庶绩其凝，四门穆穆，百揆时序，蛮夷无猾夏之变，阿阁有鸣凤之巢也。喻之元首，方之股肱，虽有尊卑之殊，邈实若一体之相赖也。

君必度能而授者，备乎覆食束之败；臣必量才而受者，故无流放之祸。夫如影如响，俯伏惟命者，偷容之尸素也。违令犯颜，蹇蹇匪躬者，安上之民翰也。先意承指者，佞谄之徒也；匡过弼违者，社稷之鲠也。必将伏斧锧而正谏，据鼎镬[1]而尽言。忠而见疑，诤而不得者，待放可也；必死无补，将增主过者，去之可也。

其动也，匪训典弗据焉；其静也，匪宪章弗循焉。请托无所容，申绳不顾私。明刑而不滥乎所恨，审赏而不加乎附己。不专命以招权，不含洿而谈洁。进思尽言以攻谬，退念推贤而不蔽。夙兴夜寐，戚庶事之不康也；俭躬约志，若策奔于薄冰也。

纳谋贡士，不宣之于口；非义之利，不栖之乎心。立朝则以砥矢为操，居己则以羔羊为节。当危值难，则忘家而不顾命。擘衡执铨[2]，则平怀而无彼此。仪萧曹之指挥，羡张陈之奇画，追周勃之尽忠，准二鲍之直视，蹈婴弘之节丛，执恬毅之守终，甘此离纪炙身之分，戒彼韩英失忠之祸。出不辞劳，入不数功，归勋引过，让以先下，专诚祗栗，恒若天威之在颜也；宵夙虔竦，有如汤镬之在侧也。

负荷寄托，则以伊周为师表；宣力四方，则以吉召为轨仪；送往视居，则竭忠贞而不回；搏噬[3]干纪，则若鹰鹯之鸷鸟雀；蕃

① 镬：烹煮食物的器具。

② 擘衡执铨：掌握了选拔官吏的权力。

③ 搏噬：搏击吞噬。亦以喻打击陷害或侵略吞并。

捍[1]疆场，则慕魏绛李牧之高踪；莅众抚民，则希文翁信臣之德化。夫忠至者无以为国，况怀智以迷上乎？义督者灭祀而无惮，况黜辱之敢辞乎？故能保劳贵以显亲，托良哉于舆歌。昆吾彝器，能者镌勋。皋陶后稷，亦何人哉！

抱朴子曰：人臣勋不弘，则耻俸禄之虚厚也；绩不茂，则羞爵命之妄高也。履信思顺，天人攸赞；畏盈居谦，乃终有庆。举足则蹈道度，抗手则奉绳墨，褒崇虽淹留，而悔辱亦必远矣。若夫损上以附下，废公以营私，阿媚曲从，以水济水，君举虽谬，而谄笑赞善。数进玩好，陷主于恶。巧言毁政，令色取悦，上蔽人主之明，下杜进贤之路；外结出境之交，内树背公之党。虽才足饰非，言足文过，专威若赵高，擅朝如董卓，未有不身膏剡锋，家糜汤火者也。然而愚瞀舍正即邪，违真侣伪，亲览倾偾，不改其轨，殃祸之集，匪降自天也。

抱朴子曰：臣喻股肱，则手足也。履冰执热，不得辞焉。是以古人方之于地，掘之则出水泉，树之则秀百谷；生者立焉，死者入焉。功多而不望赏，劳瘁而不敢怨。审识斯术，保己之要也。

抱朴子曰：臣职分则治统，广则多滞。非贲获之壮，不可以举兼人之重；非万夫之特，不可以总异官之局。韩侯所以罪侵冒之典，子元所以惧不胜之祸也。若乃才力绝伦，文武兼允，入有腹心之高算，出有折冲之远略，虽事殷而益举，两循而俱济，舍之则彝伦斁，委之而无其人者，兼之可也；非此器也，宜自忖引，辕若载重，鲜不及矣。常人贪荣，不虑后患，身既倾溺，而祸逮君亲，不亦哀哉！人皆辞斧斤所未开，而莫让摄官所不堪。嗟乎！陈李所以作戒于力少，而子房所以高蹈于挹盈也。

17 屈原投江

【提要】这篇“屈原投江”的故事选自西汉司马迁的《史记·

---

① 蕃捍：同“蕃扞”。藩屏；护卫之义。

屈原贾生列传》。文章表现了屈原忠君爱国的一腔热血和满怀赤诚："屈平既嫉之，虽放流，眷顾楚国，系心怀王，不忘欲反，冀幸君之一悟，俗之一改也。其存君兴国而欲反复之，一篇之中三致志焉。"屈原被放逐之后，司马迁重点写了他的死。上不能为国尽忠效力，下不能躬耕垄亩，归隐田园，"举世混浊我独清，众人皆醉我独醒"。就这样，屈原怀抱沙石，沉江而死，实现了自己"伏清白以死直"的诺言，其正直刚烈堪称千古之冠。屈原这种宁死不污的、高尚的爱国主义情操足以跨越历史，为历代仁人志士所推重。在建设社会主义的今天，屈原廉洁忠贞的品格仍然值得我们学习和效法。

【原文】

屈原者，名平，楚之同姓也。为楚怀王左徒。博闻强志，明于治乱，娴于辞令。入则与王图议国事，以出号令；出则接遇宾客，应对诸侯。王甚任之。

上官大夫与之同列，争宠而心害其能。怀王使屈原造为宪令，屈平属草藁未定。上官大夫见而欲夺之，屈平不与，因谗之曰："王使屈平为令，众莫不知，每一令出，平伐其功，以为'非我莫能为'也。"王怒而疏屈平。

屈平疾王听之不聪也，谗谄之蔽明也，邪曲之害公也，方正之不容也，故忧愁幽思而作《离骚》。《离骚》者，犹离忧也。夫天者，人之始也；父母者，人之本也。人穷则反本，故劳苦倦极，未尝不呼天也；疾痛惨怛，未尝不呼父母也。屈平正道直行，竭忠尽智以事其君，谗人间之，可谓穷矣。信而见疑，忠而被谤，能无怨乎？屈平之作《离骚》，盖自怨生也。《国风》好色而不淫，《小雅》怨诽而不乱。若《离骚》者，可谓兼之矣。上称帝喾，下道齐桓，中述汤武，以刺世事。明道德之广崇，治乱之条贯，靡不毕见。其文约，其辞微，其志絜，其行廉，其称文小而其指极大，举类迩而见义远。其志絜[1]，故其称物芳。其行

---

① 絜：同"洁"。

廉，故死而不容自疏。濯淖污泥之中，蝉蜕于浊秽，以浮游尘埃之外，不获世之滋垢，皭然泥而不滓[①]者也。推此志也，虽与日月争光可也。

屈平既绌，其后秦欲伐齐，齐与楚从亲，惠王患之，乃令张仪详去秦，厚币委质事楚，曰："秦甚憎齐，齐与楚从亲，楚诚能绝齐，秦愿献商、於之地六百里。"楚怀王贪而信张仪，遂绝齐，使使如秦受地。张仪诈之曰："仪与王约六里，不闻六百里。"楚使怒去，归告怀王。怀王怒，大兴师伐秦。秦发兵击之，大破楚师于丹、淅，斩首八万，虏楚将屈匄，遂取楚之汉中地。怀王乃悉发国中兵以深入击秦，战于蓝田。魏闻之，袭楚至邓。楚兵惧，自秦归。而齐竟怒不救楚，楚大困。

明年，秦割汉中地与楚以和。楚王曰："不愿得地，愿得张仪而甘心焉。"张仪闻，乃曰："以一仪而当汉中地，臣请往如楚。"如楚，又因厚币用事者臣靳尚，而设诡辩于怀王之宠姬郑袖。怀王竟听郑袖，复释去张仪。是时，屈平既疏，不复在位，使于齐，顾反，谏怀王曰："何不杀张仪？"怀王悔，追张仪不及。

其后诸侯共击楚，大破之，杀其将唐眛。

时秦昭王与楚婚，欲与怀王会。怀王欲行，屈平曰："秦虎狼之国，不可信，不如毋行。"怀王稚子子兰劝王行："奈何绝秦欢！"怀王卒行。入武关，秦伏兵绝其后，因留怀王，以求割地。怀王怒，不听。亡走赵，赵不内。复之秦，竟死于秦而归葬。

长子顷襄王立，以其弟子兰为令尹。楚人既咎子兰以劝怀王入秦而不反也。

屈平既嫉之，虽放流，眷顾楚国，系心怀王，不忘欲反，冀幸君之一悟，俗之一改也。其存君兴国而欲反复之，一篇之中三致志焉。然终无可奈何，故不可以反，卒以此见怀王之终不悟也。人君无愚智贤不肖，莫不欲求忠以自为，举贤以自佐，然亡国破家相随

---

① 泥而不滓：泥通"涅"。染而不黑，比喻洁身自好，不受好坏的影响。

属，而圣君治国累世而不见者，其所谓忠者不忠，而所谓贤者不贤也。怀王以不知忠臣之分，故内惑于郑袖，外欺于张仪，疏屈平而信上官大夫、令尹子兰。兵挫地削，亡其六郡，身客死于秦，为天下笑。此不知人之祸也。《易》曰："井泄不食，为我心恻，可以汲。王明，并受其福。"王之不明，岂足福哉！

令尹子兰闻之大怒，卒使上官大夫短屈原于顷襄王，顷襄王怒而迁之。

屈原至于江滨，被发行吟泽畔。颜色憔悴，形容枯槁。渔父见而问之曰："子非三闾大夫欤？何故而至此？"屈原曰："举世混浊而我独清，众人皆醉而我独醒，是以见放。"渔父曰："夫圣人者，不凝滞于物而能与世推移。举世混浊，何不随其流而扬其波？众人皆醉，何不餔其糟而啜其醨①？何故怀瑾握瑜而自令见放为？"屈原曰："吾闻之，新沐者必弹冠，新浴者必振衣，人又谁能以身之察察，受物之汶汶者乎！宁赴常流而葬乎江鱼腹中耳，又安能以皓皓之白而蒙世俗之温蠖②乎！"

乃作怀沙之赋。……于是怀石遂自汨罗以死。

三　历史典故

1 龙逢极谏

夏桀暴虐，灭德作威，矫诬上天，流毒下国，谏者辄死。关龙逢进谏曰："古之人君。爱民节用，享国之日长，今王用财若无穷，杀人若弗胜，人心已去，天命不佑，亡无日矣，盍少悛乎。"不听，龙逢立而不去。桀怒，遂杀之。

夏桀凿山穿陵，谏者辄被杀。耆老或谏，桀又杀之。又见箓书云："亡夏者桀。"于是大诛豪杰。贤者多出奔，龙逢继起而为最后之极谏，冀君少悛。桀终不悟，怒而杀之。宜乎天变地崩，翌年即

---

① 醨：薄酒。

② 温蠖：昏愦。

亡其国矣。

——《德育课本·二十四忠》

2 大义灭亲

卫庄公娶于齐东宫得臣之妹，曰庄姜。美而无子，卫人所为赋《硕人》也。又娶于陈，曰厉妫①。生孝伯，蚤死。其娣戴妫生桓公，庄姜以为己子。公子州吁，嬖人②之子也。有宠而好兵，公弗禁，庄姜恶之。石碏谏曰："臣闻爱子，教之以义方，弗纳于邪。骄奢淫佚，所自邪也。四者之来，宠禄过也。将立州吁，乃定之矣，若犹未也，阶之为祸。夫宠而不骄，骄而能降，降而不憾，憾而能眕者，鲜矣。且夫贱妨贵，少陵长，远间亲，新间旧，小加大，淫破义，所谓六逆也。君义，臣行，父慈，子孝，兄爱，弟敬，所谓六顺也。去顺效逆，所以速祸也。君人者，将祸是务去，而速之，无乃不可乎？"弗听，其子厚与州吁游，禁之，不可。桓公立，乃老。

四年春，卫州吁弑桓公而立。……州吁未能和其民，厚问定君于石子。石子曰："王觐为可。"曰："何以得觐？"曰："陈桓公方有宠于王。陈、卫方睦，若朝陈使请，必可得也。"厚从州吁如陈。石碏使告于陈曰："卫国褊小，老夫耄矣，无能为也。此二人者，实弑寡君，敢即图之。"陈人执之，而请莅于卫。九月，卫人使右宰丑莅杀州吁于濮。石碏使其宰獳羊肩莅杀石厚于陈。君子曰："石碏，纯臣也。恶州吁而厚与焉。大义灭亲，其是之谓乎！"

——《左传》隐公三年、隐公四年

3 曹刿败齐

十年春，齐师伐我。公将战，曹刿请见。其乡人曰："肉食者谋之，又何间焉？"刿曰："肉食者鄙，未能远谋。"乃入见。问：

① 厉妫：卫庄公夫人。

② 嬖人：低贱而受宠的人。这里指宠妾。

"何以战？"公曰："衣食所安，弗敢专也，必以分人。"对曰："小惠未徧，民弗从也。"公曰："牺牲玉帛，弗敢加也，必以信。"对曰："小信未孚，神弗福也。"公曰："小大之狱，虽不能察，必以情。"对曰："忠之属也。可以一战。战则请从。"

公与之乘，战于长勺。公将鼓之。刿曰："未可。"齐人三鼓。刿曰："可矣。"齐师败绩。公将驰之。刿曰："未可。"下视其辙，登轼而望之，曰："可矣。"遂逐齐师。

既克，公问其故。对曰："夫战，勇气也。一鼓作气，再而衰，三而竭。彼竭我盈，故克之。夫大国，难测也，惧有伏焉。吾视其辙乱，望其旗靡，故逐之。"

——《左传》庄公十年

4 包胥复楚

初，伍员与申包胥友。其亡也，谓申包胥曰："我必复楚国。"申包胥曰："勉之！子能复之，我必能兴之。"及昭王在随，申包胥如秦乞师，曰："吴为封豕[①]长蛇，以荐食上国，虐始于楚。寡君失守社稷，越在草莽，使下臣告急曰：'夷德无厌，若邻于君，疆埸之患也。逮吴之未定，君其取分焉。若楚之遂亡，君之土也。若以君灵抚之。也以事君。'"秦伯使辞焉，曰："寡人闻命矣。子姑就馆，将图而告。"对曰："寡君越在草莽，未获所伏，下臣何敢即安？"立，依于庭墙而哭，日夜不绝声，勺饮不入口七日。秦哀公为之赋《无衣》。九顿首而坐。秦师乃出。

申包胥以秦师至。……大败夫？王于沂。……楚子入于郢。……赏……申包胥。……申包胥曰："吾为君也，非为身也。君既定矣，又何求？……"遂逃赏。

——《左传》定公四年、定公五年

① 豕：野猪。

5 邵公以其子代宣王死

彘之乱[①]，宣王在邵公之宫，国人围之。邵公曰："昔吾骤谏王，王不从，是以及此难。今杀王子，王其以我为怼而怒乎！夫事君者险而不怼，怨而不怒，况事王乎？"乃以其子代宣王，宣王长而立之。

——左丘明《国语·周语上》

6 至忠

荆庄哀王猎于云梦，射随兕，中之。申公子培劫王而夺之。王曰："何其暴而不敬也？"命吏诛之。左右大夫皆进谏曰："子培，贤者也，又为王百倍之臣，此必有故，愿察之也。"不出三月，子培疾而死。荆兴师，战于两棠，大胜晋，归而赏有功者。申公子培之弟进请赏于吏曰："人之有功也于军旅，臣兄之有功也于车下。"王曰："何谓也？"对曰："臣之兄犯暴不敬之名，触死亡之罪于王之侧，其愚心将以忠于君王之身，而持千岁之寿也。臣之兄尝读故记曰：'杀随兕者，不出三月。'是以臣之兄惊惧而争之，故伏其罪而死。"王令人发平府而视之，于故记果有，乃厚赏之。申公子培，其忠也可谓穆行矣。穆行之意，人知之不为劝，人不知不为沮，行无高乎此矣。

——《吕氏春秋·仲冬纪》

7 晏子谏公

景公燕赏于国内，万钟者三，千钟者五，令三出，而职计莫之从。公怒，令免职计，令三出，而士师莫之从。公不说。

晏子见，公谓晏子曰："寡人闻君国者，爱人则能利之，恶人则能疏之。今寡人爱人不能利，恶人不能疏，失君道矣。"晏子曰：

---

① 彘之乱：国人暴动，国人起义。

"婴闻之，君正臣从谓之顺，君僻臣从谓之逆。今君赏谗谀之民，而令吏必从，则是使君失其道，臣失其守也。先王之立爱，以劝善也；其立恶，以禁暴也。昔者三代之兴也，利于国者爱之，害于国者恶之，故明所爱而贤良众，明所恶而邪僻灭，是以天下治平，百姓和集。及其衰也，行安简易，身安逸乐，顺于己者爱之，逆于己者恶之，故明所爱而邪僻繁，明所恶而贤良灭，离散百姓，危覆社稷。君上不度圣王之兴，而下不观惰君之衰，臣惧君之逆政之行，有司不敢争，以覆社稷，危宗庙。"公曰："寡人不知也，请从士师之策。"国内之禄，所收者三也。

——（西汉）刘向《晏子春秋·内篇谏上》

8 伯夷叔齐

伯夷、叔齐，孤竹君之二子也。父欲立叔齐，及父卒，叔齐让伯夷。伯夷曰："父命也。"遂逃去。叔齐亦不肯立而逃之。国人立其中子。于是伯夷、叔齐闻西伯昌善养老，盍[①]往归焉。及至，西伯卒，武王载木主，号为文王，东伐纣。伯夷、叔齐叩马而谏曰："父死不葬，爰及干戈，可谓孝乎？以臣弑君，可谓仁乎？"左右欲兵之。太公曰："此义人也。"扶而去之。武王已平殷乱，天下宗周，而伯夷、叔齐耻之，义不食周粟，隐于首阳山，采薇而食之。及饿且死，作歌。其辞曰："登彼西山兮，采其薇矣。以暴易暴兮，不知其非矣。神农、虞、夏忽焉没兮，我安适归矣？于嗟徂兮，命之衰矣！"遂饿死于首阳山。

——（西汉）司马迁《史记》

9 张骞持节不失

张骞，汉中人也，建元中为郎。时匈奴降者言匈奴破月氏王，以其头为饮器，月氏遁而怨匈奴，无与共击之。汉方欲事灭胡，闻

---

① 盍：为何，何不。

此言，欲通使，道必更匈奴中，乃募能使者。骞以郎应募，使月氏，与堂邑氏奴甘父俱出陇西。径匈奴，匈奴得之，传诣单于。单于曰：“月氏在吾北，汉何以得往使？吾欲使越，汉肯听我乎？”留骞十余岁，予妻，有子，然骞持汉节不失。

——（东汉）班固《汉书·张骞传》

10 霍去病灭奴为家

去病为人少言不泄，有气敢往，上尝欲教之吴孙兵法，对曰：“顾方略何如耳，不至学古兵法。”上为治第，令视之，对曰：“匈奴不灭，无以为家也。”

——（东汉）班固《汉书·霍去病传》

11 晁错为国献身

晁错，颍川人也。……迁为御史大夫，请诸侯之罪过，削其支郡。奏上，上令公卿列侯宗室杂议，莫敢难，独窦婴争之，繇此与错有隙。错所更令三十章，诸侯喧哗。错父闻之，从颍川来，谓错曰：“上初即位，公为政用事，侵削诸侯，疏人骨肉，口让多怨，公何为也？”错曰：“固也。不如此，天子不尊，宗庙不安。”父曰：“刘氏安矣，而晁氏危，吾去公归矣！”遂饮药死，曰：“吾不忍见祸逮身。”后十余日，吴、楚七国俱反，以诛错为名。……上问爰盎曰：“……今吴、楚反，于公意何如？”对曰：“不足忧也，今破矣。”……上问曰：“计安出？”……对曰：“吴、楚相遗书，言高皇帝王子弟各有分地，今贼臣晁错擅适诸侯，削夺之地，以故反，名为西共诛错，复故地而罢。方今计，独有斩错，发使赦吴、楚七国，复其故地，则兵可毋血刃而俱罢。”上默然良久。……乃使中尉召错，绐[①]载行市。错衣朝衣，斩东市。

——（东汉）班固《汉书·晁错传》

---

① 绐：欺骗。

12 赵充国七十请战

赵充国字翁孙，陇西上邽人也，后徙金城令居。始为骑士，以六郡良家子善骑射补羽林。为人沉勇有大略，少好将帅之节，而学兵法，通知四夷事。武帝时，以假司马从贰师将军击匈奴，大为虏所围。汉军乏食数日，死伤者多，充国乃与壮士百余人溃围陷陈，贰师引兵随之，遂得解。身被二十余创，贰师奏状，诏征充国诣行在所。武帝亲见视其创，嗟叹之，拜为中郎，迁连骑将军长史。……时，充国年七十余，上老之，使御史大夫丙吉问谁可将者，充国对曰："亡逾于老臣者矣。"上遣问焉，曰："将军度羌虏何如，当用几人？"充国曰："百闻不如一见。兵难逾度，臣愿驰至金城，图上方略。然羌戎小夷，逆天背畔，灭亡不久，愿陛下以属老臣，勿以为忧。"上笑曰："诺。"……充国常以远斥候为务，行必为战务，止必坚营壁，尤能持重，爱士卒，先计而后战。遂西至西部都尉府，日飨军士，士皆欲为用。

——（东汉）班固《汉书·赵充国传》

13 卜式忧国解囊

卜式，河南人也。以田畜为事。有少弟，弟壮，式脱身出，独取畜羊百余，田宅财物尽与弟。式入山牧，十余年，羊致千余头，买田宅。而弟尽破其产，式辄复分与弟者数矣。

时汉方事匈奴，式上书，愿输家财半助边。上使使问式："欲为官乎？"式曰："自小牧羊，不习仕宦，不愿也。"使者曰："家岂有冤，欲言事乎？"式曰："臣生与人亡所争，邑人贫者贷之，不善者教之，所居，人皆从式，式何故见冤！"使者曰："苟，子何欲？"式曰："天子诛匈奴，愚以为贤者宜死节，有财者宜输之，如此而匈奴可灭也。"使者以闻。上以语丞相弘。弘曰："此非人情。不轨之臣不可以为化而乱法，愿陛下勿许。"上不报，数岁乃罢式。式归，复田牧。

岁余，会浑邪等降，县官费众，仓府空，贫民大徙，皆印给县官，无以尽赡。式复持钱二十万与河南太守，以给徙民。河南上富人助贫民者，上识式姓名，曰："是固前欲输其家半财助边。"乃赐式外繇①四百人，式又尽复与官。是时，富豪皆争匿财，唯式尤欲助费。上于是以式终长者，乃召拜式为中郎，赐爵左庶长，田十顷，布告天下，尊显以风百姓。

——（东汉）班固《汉书·卜式传》

14 马援请战

二十四年，武威将军刘尚击武陵五溪蛮夷，深入，军没，援因复请行。时年六十二，帝愍其老，未许之。援自请曰；"臣尚能被甲上马。"帝令试之。援据鞍顾眄②，以示可用。帝笑曰："矍铄哉是翁也!"遂遣援率中郎将马武、耿舒、刘匡、孙永等，将十二郡募士及弛刑四万余人征五溪。

——（南朝·宋）范晔《后汉书·马援传》

15 班超落叶归根

班超，字仲升，扶风平陵人，徐令彪之少子也。……超自以久在绝域，年老思土。十二年，上疏曰："臣闻太公封齐，五世葬周。狐死首丘，代马依风。夫周齐同在中土千里之间，况于远处绝域，小臣能无依风首丘之思哉？蛮夷之俗，畏壮侮老。臣超犬马齿歼，常恐年衰，奄忽僵仆，孤魂弃捐。昔苏武留匈奴中尚十九年，今臣幸得奉节带金银护西域，如自以寿终屯部，诚无所恨，然恐后世或名臣为没西域。臣不敢望到酒泉郡，但愿生入玉门关！臣老病衰困，冒死瞽言，谨遣子勇随献物入塞，及臣生在，令勇目见中土。"……书奏，帝感其言，乃征超还。超在西域三十一岁。十四年八月至洛阳，拜为射声校尉。超素有匈胁疾，既至，病遂加。帝

① 外繇：戍边战士。

② 据鞍顾眄：形容年老而壮志不衰。

遣中黄门问疾，赐医药。其年九月，卒，年七十一。朝廷悯惜焉，使者吊祭，赠赗甚厚。

——（南朝·宋）范晔《后汉书·班超传》

16 关公传

关羽字云长，本字长生，河东解人也。亡命奔涿郡。先主于乡里合徒众，而羽与张飞为之御侮。先主为平原相，以羽、飞为别部司马，分统部曲。先主与二人寝则同床，恩若兄弟。而稠人广坐，侍立终日，随先主周旋，不避艰险。

先主之袭杀徐州刺史车胄，使羽守下邳城，行太守事，而身还小沛。

建安五年，曹公东征，先主奔袁绍。曹公禽羽以归，拜为偏将军，礼之甚厚。绍遣大将军颜良攻东郡太守刘延于白马，曹公使张辽及羽为先锋击之。羽望见良麾盖，策马刺良于万众之中，斩其首还，绍诸将莫能当者，遂解白马围。曹公即表封羽为汉寿亭侯。初，曹公壮羽为人，而察其心神无久留之意，谓张辽曰："卿试以情问之。"既而辽以问羽，羽叹曰："吾极知曹公待我厚，然吾受刘将军厚恩，誓以共死，不可背之。吾终不留，吾要当立效以报曹公乃去。"辽以羽言报曹公，曹公义之。及羽杀颜良，曹公知其必去，重加赏赐。羽尽封其所赐，拜书告辞，而奔先主于袁军。左右欲追之，曹公曰："彼各为其主，勿追也。"

从先主就刘表。表卒，曹公定荆州，先主自樊将南渡江，别遣羽乘船数百艘会江陵。曹公追至当阳长阪，先主斜趣汉津，适与羽船相值，共至夏口。孙权遣兵佐先主拒曹公，曹公引军退归。先主收江南诸郡，乃封拜元勋，以羽为襄阳太守、荡寇将军，驻江北。先主西定益州，拜羽董督荆州事。羽闻马超来降，旧非故人，羽书与诸葛亮，问超人才可谁比类。亮知羽护前，乃答之曰："孟起兼资文武，雄烈过人，一世之杰，黥、彭之徒，当与益德并驱争先，犹未及髯之绝伦逸群也。"羽美须髯，故亮谓之髯。羽省书大悦，以示宾客。

羽尝为流矢所中，贯其左臂，后创虽愈，每至阴雨，骨常疼痛，医曰："矢镞有毒，毒入于骨，当破臂作创，刮骨去毒，然后此患乃除耳。"羽便伸臂令医劈之。时羽适请诸将饮食相对，臂血流离，盈于盘器，而羽割炙引酒，言笑自若。

二十四年，先主为汉中王，拜羽为前将军，假节钺[①]。是岁，羽率众攻曹仁于樊。曹公遣于禁助仁。秋，大霖雨，汉水泛溢，禁所督七军皆没。禁降羽，羽又斩将军庞德。梁郏、陆浑群盗或遥受羽印号，为之支党，羽威震华夏。曹公议徙许都以避其锐，司马宣王、蒋济以为关羽得志，孙权必不愿也。可遣人劝权蹑其后，许割江南以封权，则樊围自解。曹公从之。先是，权遣使为子索羽女，羽骂辱其使，不许婚，权大怒。又南郡太守麋芳在江陵，将军傅士仁屯公安，素皆嫌羽自轻己。羽之出军，芳、仁供给军资，不悉相救。羽言"还当治之"，芳、仁咸怀惧不安。于是权阴诱芳、仁，芳、仁使人迎权。而曹公遣徐晃救曹仁，羽不能克，引军退还。权已据江陵，尽虏羽士众妻子，羽军遂散。权遣将逆击羽，斩羽及子平于临沮。

追谥羽曰壮缪侯。子兴嗣。兴字安国，少有令问，丞相诸葛亮深器异之。弱冠为侍中、中监军，数岁卒。子统嗣，尚公主，官至虎贲中郎将。卒，无子，以兴庶子彝续封。

——（三国）陈寿《三国志》

17 祖逖中流击楫

逖以社稷倾覆，常怀振复之志。宾客义徒皆暴桀勇士，逖遇之如子弟时。扬土大饥，此辈多为盗窃，攻剽富室，逖抚慰问之曰："比复南塘一出不？"或为吏所绳，逖辄拥护救解之。谈者以此少逖，然自若也。时帝方拓定江南，未遑北伐，逖进说："晋室之乱，

---

① 假节钺：代表皇帝的出行，凡持节的使臣，就代表着皇帝亲临，象征皇帝与国家，可行使相应的权力。

非上无道而下怨叛也。由藩王争权，自相诛灭，遂使戎狄乘隙，毒流中原。今遗黎既被残酷，人有奋击之志，大王诚能发威命将，使若逖等为之统主，则郡国豪杰必因风向赴，沈溺之士欣于来苏，庶几国耻可雪，愿大王图之。”帝乃以逖为奋威将军、豫州刺史，给千人廪，布三千匹，不给铠仗，使自招募。仍将本流徙部曲百余家渡江，中流击楫[①]而誓曰：“祖逖不能清中原而复济者，有如大江！”辞色壮烈，众皆慨叹。

——（唐）房玄龄等《晋书·祖逖传》

18 魏徵鉴忠

贞观八年，先是桂州都督李弘节以清慎闻，及身殁后，其家卖珠。太宗闻之，乃宣于朝曰：“此人生平，宰相皆言其清，今日既然，所举者岂得无罪？必当深理之，不可舍也。”侍中魏徵承间言曰：“陛下生平言此人浊，未见受财之所，今闻其卖珠，将罪举者，臣不知所谓。自圣朝以来，为国尽忠，清贞慎守，终始不渝，屈突通、张道源而已。通子三人来选，有一匹羸马，道源儿子不能存立，未见一言及之。今弘节为国立功，前后大蒙赏赉，居官殁后，不言贪残，妻子卖珠，未为有罪。审其清者，无所存问，疑其浊者，旁责举人，虽云疾恶不疑，是亦好善不笃。臣窃思度，未见其可，恐有识闻之，必生横议。伏愿留心再思。”太宗抚掌曰：“造次不思，遂有此语，方知谈不容易。并勿问之。其屈突通、张道源儿子，宜各与一官。”……

贞观十一年，太宗谓侍臣曰：“狄人杀卫懿公，尽食其肉，独留其肝。懿公之臣弘演呼天大哭，自出其肝，而内懿公之肝于其腹中。今觅此人，恐不可得。”特进魏徵对曰：“昔豫让为智伯报仇，欲刺赵襄子，襄子执而获之，谓之曰：‘子昔事范、中行氏乎？智伯尽灭之，子乃委质智伯，不为报仇；今即为智伯报仇，何也？’

---

① 中流击楫：比喻立志奋发图强。

让答曰：'臣昔事范、中行，范、中行以众人遇我，我以众人报之。智伯以国士遇我，我以国士报之。'在君礼之而已。亦何谓无人焉？"

——（唐）吴兢《贞观政要》卷五

19 张巡为国死战

张巡，蒲州河东人。兄晓，开元中监察御史。兄弟皆以文行知名。巡聪悟有才干，举进士，三以书判拔萃入等。天宝中，调授清河令。有能名，重义尚气节，人以危窘告者，必倾财以恤之。

禄山之乱，巡为真源令。说谯郡太守，令完城，募市人，为拒贼之势。时吴王祗为灵昌太守，奉诏纠率河南诸郡，练兵以拒逆党，济南太守李随副之。巡与单父尉贾贲各召募豪杰，同为义举。

时雍丘令令狐潮欲以其城降贼，民吏百余人不从命，潮皆反接，仆之于地，将斩之。会贼来攻城，潮遽出斗，而反接者自解其缚，闭城门拒潮召贲。贲与巡引众入雍丘，杀潮妻子，婴城守备。吴王祗承制授贲监察御史。数日，贼来攻城，贲出斗而死，巡乃合贲之众城守。令狐潮引贼将李廷望攻围累月，贼伤夷大半。禄山乃于雍丘北置杞州，筑城垒以绝饷路，自是内外隔绝。又相持累月，贼锋转炽，城中益困。

时许远为睢阳守，与城父令姚揔同守睢阳城，贼攻之不下。初禄山陷河洛，许叔冀守灵昌，薛愿守颍川，许远守睢阳，皆城孤无援。愿守一年而城陷，督冀一年而自拔，独睢阳坚守。贼将尹子奇攻围经年。巡以雍丘小邑，储备不足，大寇临之，必难保守，乃列卒结阵诈降，至德二年正月也。玄宗闻而壮之，授巡主客郎中、兼御史中丞。尹子奇攻围既久，城中粮尽，易子而食，析骸而爨[①]，人心危恐，虑将有变。巡乃出其妾，对三军杀之，以飨军士。曰："诸公为国家戮力守城，一心无二，经年乏食，忠义不衰。巡不能

① 爨：烧火煮饭。

自割肌肤，以啖将士，岂可惜此妇，坐视危迫。”将士皆泣下，不忍食，巡强令食之。乃括城中妇人；既尽，以男夫老小继之，所食人口二三万，人心终不离变。

时贺兰进明以重兵守临淮，巡遣帐下之士南霁云夜追出城，求援于进明。进明日与诸将张乐高会，无出师意。霁云泣告之曰：“本州岛强寇凌逼，重围半年，食尽兵穷，计无从出。初围城之日，城中数万口，今妇人老幼，相食殆尽，张中丞杀爱妾以啖军人，今见存之数，不过数千，城中之人，分当饵贼。但睢阳既拔，即及临淮，皮毛相依，理须援助。霁云所以冒贼锋刃，匍匐乞师，谓大夫深念危亡，言发响应，何得宴安自处，殊无救恤之心？夫忠臣义士之所为，岂宜如此！霁云既不能达主将之意，请啮[1]一指，留于大夫，示之以信，归报本州。”霁云自临淮还睢阳，绳城而入。城中将吏知救不至，恸哭累日。

十月，城陷。巡与姚誾、南霁云、许远，皆为贼所执。巡神气慷慨，每与贼战，大呼誓师，眦裂血流，齿牙皆碎。城将陷，西向再拜，曰：“臣智勇俱竭，不能戎遏强寇，保守孤城。臣虽为鬼，誓与贼为厉，以答明恩。”及城陷，尹子奇谓巡曰：“闻君每战眦裂，嚼齿皆碎，何至此耶？”巡曰：“吾欲气吞逆贼，但力不遂耳！”子奇以大刀剔巡口，视其齿，存者不过三数。巡大骂曰：“我为君父义死。尔附逆贼，犬彘也，安能久哉！”子奇义其言，将礼之，左右曰：“此人守义，必不为我用。素得士心，不可久留。”是日，与姚誾、霁云同被害，唯许远执送洛阳。

——（五代）刘昫等《旧唐书》卷一百八十七下

20 忠令人敬

《唐书》曰：屈突通闻京师平，家属尽没，乃留显和镇潼关，率兵东下，将如洛阳。通适进路，而显和降于刘文静。遣副将窦

---

① 啮：咬破。

琮、段志玄等率精骑与显和追之，及于稠桑。通结阵以自固，窦琮纵通子寿令往谕之，通大呼曰："昔与汝为父子，今与汝为仇雠。"命左右射之。显和呼其众曰："京师陷矣。汝并命关西人，欲何所去?"众皆释仗。通知不免，乃下马东南向再拜号哭，曰："臣力屈兵败，不负陛下，天地神祇，实所鉴察。"遂擒通送于长安。高祖谓曰："何相见晚耶?"通泣对曰："通不能尽人臣之节，力屈而至，为本朝之辱。"高祖曰："隋室忠臣也。"命释之，授兵部尚书，封蒋国公。

《许肃别传》曰："肃为愍帝侍中，左卫将军麹武将与肃齐心拒守。而外救已退，城遂陷没，逼愍帝，送于平阳。肃后冒难侍左右，刘载乃以帝为归汉王，顷之，阴行鸩毒。帝因食心闷，欲见许侍中。肃弛诣贼相见，帝已不复能语。肃曰："不审陛下尚识臣不?"帝犹能执肃手流涕。肃歔欷[①]登床，帝遂殂于扶抱之中，昼夜号泣，哀感异类。载外欲明己不害，乃伪责诸臣欲尽诛之。群臣并窜，惟肃独曰："备位故臣愿乞得殡殓，然后就戮。"载特听许。事讫，诣载曰："国乱不能匡，君亡弗能死，举目莫非愧耻，将何颜以存? 所以忍辱，正以山陵未毕故耳！微情已叙，甘就刑戮。"贼议之曰："此晋之忠臣，宜加甄赏。"载遂从议，故得全免。

——（北宋）李昉等《太平御览·人事部》

21 寸国寸金

宣和六年五月，金国遣使来，赵良嗣报使。良嗣至军前，金国阿骨打道："平滦等州，若必欲取，并燕京不与汝家了也。"是时有左企弓者，为金国谋，尝献一诗。诗曰：并力攻辽盟共寻，功成力有浅和深。君王莫听捐燕议，一寸山河一寸金。由此金人要求不已，故无许燕之意。

——《大宋宣和遗事·前集》

① 歔欷：哽咽，抽泣。

22 岳飞五岳嗣盟

自中原板荡，夷狄交侵，余发愤河朔，起自相台。总发从军，历二百余战。虽未能远入夷荒，洗荡巢穴，亦且快国仇之万一。今又提一旅孤军，振起宜兴、建康之城，一鼓败虏，恨未能使匹马不回耳。故且养兵休卒，蓄锐待敌。嗣当激励士卒，功期再战，北逾沙漠，蹀血虏廷，尽屠夷种，迎二圣归京阙，取故地上版图，朝廷无虞，主上奠枕，余之愿也。河朔岳飞题。

——（南宋）岳珂《金陀粹编》

23 杨万里孤愤忧国

杨万里为人刚而偏。孝宗始爱其才，以问周必大，必大无善语，由此不见用。韩侂胄用事，欲网罗四方知名士相羽翼，尝筑南园。属万里为之记，许以掖垣①。万里曰："官可弃，记不作可也。"侂胄恚②，改命他人。卧家十五年，皆其柄国之日也。侂胄专僭日益甚，万里忧愤，怏怏成疾。家人知其忧国也，凡邸吏之报时政者皆不以告。忽族子自外至，遽③言侂胄用兵事。万里恸哭失声，亟呼纸书曰："韩侂胄奸臣，专权无上，动兵残民，谋危社稷，吾头颅如许，报国无路，惟有孤愤！"又书十四言别妻子，落笔而逝。

——（元）脱脱等《宋史·杨万里传》

24 文天祥一片丹心

天祥至潮阳，见弘范，左右命之拜，不拜，弘范遂以客礼见之。与俱入崖山，使为书招张世杰。天祥曰："吾不能捍父母，乃教人叛父母，可乎？"索之固，乃书所过零丁洋诗与之。其末有云："人生自古谁无死，留取丹心照汗青。"弘范笑而置之，厓山破，军

---

① 掖垣：泛指高官。

② 恚：恼恨；发怒。

③ 遽：就，马上。

中置酒大会。弘范曰："国亡，丞相忠孝尽矣，能改心以事宋者事皇上，将不失为宰相也。"天祥泫然[1]出涕曰："国亡不能救，为人臣者死有余罪，况敢逃其死而二其心乎？"弘范义之，遣使护送天祥至京师。

——（元）脱脱等《宋史·文天祥传》

25 土室余论

淳之生也，十有七年。昊天不吊，宇宙祸盈。生之不辰，非我先后。先文忠投渊殉节，便而无家。湖海飘零，于今三载。风胼霜胝，捉衿短衣，备人世之艰辛，极君亲之冤酷。穷途歧路，断梗飞蓬。日既如流，天犹共戴。呜呼！淳自知生不如死久矣。特以国难家仇未能图报，忠臣孝子自当笑人，故饮恨吞声，苟全性命。湖中之起，身在行间，不忘丧元，独当一面。江东领表，日月双悬。先文忠为国死，淳也为国生。于是七尺受一命之荣，九重蒙三锡之典，恨不灭此朝食，下报幽冥。噫！以淳拜命蜡丸，执戈幕府，成仁一死，抑亦何言？呜呼！家仇未报，臣功未成，赍志[2]重泉，流恨千古。今生已矣，来世为期。万岁千秋，不销毅魄；九天八表，永厉英魂！先文忠得为皇明臣，淳也得为先文忠子，吞声归冥，含笑入地。呜呼！淳今死矣，抑又何言？

——（明）夏完淳《土室余论》

26 于谦捐生

谦至官，轻骑遍历所部，延访父老，察时事所宜兴革，即俱疏言之。一岁凡数上，小有水旱，辄上闻。……也先大入寇，王振挟帝亲征。谦与尚书邝埜极谏，不听。埜从治兵，留谦理部事。及驾陷土木，京师大震，众莫知所为。郕王监国，命群臣议战守。侍讲徐理言星象有变，当南迁。谦厉声曰："言南迁者，可斩也。京师

① 泫然：流泪的样子。

② 赍志：怀抱着志愿。

天下根本，一动则大事去矣，独不见宋南渡事乎！”王是其言，守议乃定。……郕王方摄朝，廷臣请族诛王振。而振党马顺者，辄叱言官。于是给事中王竑廷击顺，众随之。朝班大乱，卫卒声汹汹。王惧欲起，谦排众直前掖王止，且启王宣谕曰：“顺等罪当死，勿论。”众乃定。谦袍袖为之尽裂。退出左掖门，吏部尚书王直执谦手叹曰：“国家正赖公耳。今日虽百王直何能为！”当是时，上下皆倚重谦，谦亦毅然以社稷安危为己任。……其才略开敏，精神周至，一时无与比。至性过人，忧国忘身。上皇虽归，口不言功。东宫既易，命兼宫僚者支二俸。诸臣皆辞，谦独辞至再。自奉俭约，所居仅蔽风雨。帝赐第西华门，辞曰：“国家多难，臣子何敢自安。”固辞，不允。乃取前后所赐玺书、袍、锭之属，悉加封识，岁时一省视而已。……德胜之捷，亨功不加谦而得世侯，内愧，乃疏荐谦子冕。诏赴京师，辞，不允。谦言：“国家多事，臣子义不得顾私恩。且亨位大将，不闻举一幽隐，拔一行伍微贱，以裨军国，而独荐臣子，于公议得乎？臣于军功，力杜侥幸，决不敢以子滥功。”……谦自值也先之变，誓不与贼俱生。尝留宿直庐，不还私第。素病痰，疾作，景帝遣兴安、舒良更番往视。闻其服用过薄，诏令上方制赐，至醯菜毕备。又亲幸万岁山，伐竹取沥以赐。或言宠谦太过，兴安等曰：“彼日夜分国忧，不问家产，即彼去，令朝廷何处更得此人？”及籍没，家无余资，独正室鐍钥[①]甚固。启视，则上赐蟒衣、剑器也。死之日，阴霾四合，天下冤之。

——（清）张廷玉等《明史·于谦传》

27 戚继光平倭靖疆

四十年，倭大掠桃渚、圻头。继光急趋宁海，扼桃渚，败之龙山，追至雁门岭。贼遁去，乘虚袭台州。继光手歼其魁，蹙[②]余贼瓜陵江尽死。而圻头倭复趋台州，继光邀击之仙居，道无脱者，先

---

① 鐍钥：锁和钥匙。

② 蹙：迫促。

后九战皆捷，俘馘[①]一千有奇，焚溺死者无算。……明年，倭大举犯福建。自温州来者，合福宁、连江诸倭攻陷寿宁、政和、宁德。……官军不敢击，相守逾年。……闽中连告急，京宪复檄继光剿之。先击横屿贼。人持草一束，填壕进，大破其巢，斩首二千六百。乘胜至福清，捣败牛田贼，覆其巢，余贼走兴化。急追之，夜四鼓抵贼栅。连克六十营，斩首千数百级。平明入城，兴化人始知，牛酒劳不绝。继光乃旋师。抵福清，遇倭自东营澳登陆，击斩二百人。而刘显亦屡破贼。闽宿寇几尽。……及继光还浙后，新倭至者日益众，围兴化城匝月。会显遣卒八人赍书城中，衣刺“天兵”二字。贼杀而衣其衣，绐守将得人，夜斩关延贼。副使翁时器、参将毕高走免，通判奚世亮摄府事，遇害，焚掠一空。留两月，破平海卫，据之。初，兴化告急，时帝已命俞大猷为福建总兵官，继光副之。及城陷，刘显军少，壁城下不敢击。大猷亦不欲攻，需大军合以困之。四十二年四月，继光将浙兵至。于是巡抚谭纶令将中军，显左，大猷右，合攻贼于平海。继光先登，左右军继之，斩级二千二百，还被掠者三千人。……明年二月，倭余党复纠新倭万余，围仙游三日。继光击败之城下，又追败之王仓坪，斩首数百级，余多坠崖谷死，存者数千奔据漳浦蔡丕岭。继光分五哨，身持短兵缘崖上，俘斩数百人，余贼遂掠渔舟出海去。久之，倭自浙犯福宁，继光督参将李超等击败之。乘胜追永宁贼，斩馘三百有奇。寻与大猷击走吴平于南澳，遂击平余孽之未下者。

——（清）张廷玉等《明史·戚继光传》

28 虎门销烟

十八年，鸿胪寺卿黄爵滋请禁鸦片烟，下中外大臣议。则徐请用重典，言：“此祸不除，十年之后，不惟无可筹之饷，且无可用之兵。”宣宗深韪[②]之，命人觐，召对十九次。授钦差大臣，赴广东

① 馘：古代战争中以割取敌人左耳计数献功。

② 深韪：完全赞同。

查办，十九年春，至。总督邓廷桢已严申禁令，捕拿烟犯，洋商查顿先避回国。则徐知水师提督关天培忠勇可用，令整兵严备。檄谕英国领事义律查缴烟土，驱逐趸船，呈出烟土二万余箱，亲莅虎门验收，焚于海滨，四十余日始尽。请定洋商夹带鸦片罪名，依化外有犯之例，人即正法，货物入官，责具甘结。他国皆听命，独义律枝梧未从。于是阅视沿海炮台，以虎门为第一门户，横档山、武山为第二门户，大小虎山为第三门户。

——（清）朱轼《历代名臣传·林则徐》

29 史可法舍生取义

满兵环薄城下，豫王遣降将李遇春等，捧令旨至城下说可法降。可法痛骂，令总兵史得威答言，数以负天朝厚恩，并坚守不屈之意。豫王又令乡约捧令旨至濠边，可法骂曰："吾为朝廷首辅，岂肯反面事人！"遂缒健卒二人，投令旨并乡约于水中，降将李遇春等遁去。豫王又以书来，可法复书，责以背约，不屈如故。十七日，又接豫王书数次，皆不启封，置之火。答语益厉。满兵攻城亦益急。……二十五日豫王身督劲兵攻城，西北角忽崩，时矢石如雨，城下尸骸山积，清兵藉以登城，蜂拥蚁集。可法知大事已去，乃与得威诀别，持刀自刎。参将张友福极抱持之，血溅衣，未绝。复引颈令得威刃之，威不忍加。张友福同数十人，拥可法下城欲避。可法大骂不止。随拥至小东门，满兵追急，友福等死于乱箭，可法问得威前驱谓谁，得威以豫王答。可法拊膺[①]曰："吾得骂贼，死足矣。"遂大呼云："史某在此！"满兵惊愕，遂为张鹰执赴南城楼上。豫王相待如宾，口呼先生，曰："前令人再三拜请，俱蒙叱回，今忠节已成，先生为我收拾江南，当不惜重任也。"可法怒曰："吾为天朝大臣，岂肯苟且偷生，做万世罪人？吾头可断，身不可屈，愿速死从先帝于地下。"词色甚厉，骂不绝口。豫王乃曰："吾

① 拊膺：拍打胸膛。

书请数次，皆为诟厉，今城破被执，又复如此。既为忠臣，当杀之以全其名。”可法厉声曰：“城亡与亡，我意已决，即碎尸万段，甘之如饴，但扬城百万生灵，既属于尔，当示以宽，万不可杀。”遂慨然受命于南城楼上。

——（清）钱肃润《甲申纪事·南忠纪》

30 三元里人民抗英

初十日辰刻，逆夷由三元里过牛栏冈抢劫，予闻锣声不绝，即带水勇应之，而八十余乡亦执旗继至。不转眼间来会者众数万，刀斧犁锄，在手即成军器，儿童妇女，喊声亦助兵威。斯时也，重重叠叠，遍野漫山，已将夷兵困在垓心矣。……时天色晴明，忽而阴云四起，午刻迅雷烈风，大雨如注，日夜不息。未刻后，逆夷之鸟枪、火炮，俱被雨水湿透，施放不响，且夷兵俱穿皮靴，三元里四面皆田，雨后泥泞土滑，夷兵寸步难行，水勇及乡民遂分头截杀，予水勇砍得逆夷兵头首级一颗，杀毙夷兵十二名，乡民杀得夷兵二百余名，而水勇乡民战死者共二十名。盖是日夷兵之在四方台下者，无一脱生去。时逆兵头义律、马礼逊，尚带夷兵二十余名在台上，水勇等争欲上台擒杀。唯已三更，予恐黑夜上台，其枪炮由上击下，必致民勇交伤，且恐黑夜易至逃脱，爰命水勇乡民屯在台下，终夜严守，将待天明而后捉生。不意十一朝，有当事开城弹压者，且斥予等多事也，而人心解体矣，散矣，义律、马礼逊生矣，和矣。……一日纵敌，数世之患，天乎！人乎！

——（清）林福祥《平海心筹·三元里打仗日记》

31 邓世昌殉国

世昌尝曰：“人谁不死，但愿死得其所耳。”衽席波涛，不避艰苦。……八月十八日辰刻，各兵舰起椗升旗，列成人字形。镇远、定远两铁甲大舰为人字之首，靖远、来远、怀远、经远、致远、济远、超勇、扬威、广甲、广丙及水雷舰六号张人字之两翼。……日舰不及我舰之巨，铁甲亦不及我之厚，而其行军速率，则远过我军。初作一字排，向我军猛扑，转瞬易为太极阵，裹人字阵于其中。鏖战既久，日舰攻入人字阵脚，致远、经远、济远三舰皆被隔于阵外。两军炮声不绝，海波为沸，烟焰障天，眯目几不相见。……世昌管驾致远一舰，御敌最力。两阵甫合，他船在后，世昌独向前猛驶，冲锋直进，开放船首船尾英厂十二吨之大炮，并施放机器格林炮，先后共百余出，击中日舰甚多。乃诸船或已为敌轰伤，或畏避自相撞沉，皆不能勇往协助。日舰以致远独进无复后继，遂以四舰环攻之。世昌勇气弥厉，不自挫馁。而舰身迭受炮伤，活炮台半已损坏，锅炉气筒亦均伤损，继又为日舰所撞，同入波心。世昌乃开足机器，向日舰飞驶而去，誓与俱亡。行将及矣，而舰舱入水已深，遂沉于海。自大副、二副及水手、炮手二百五十余人同殉焉。方世昌堕水，义仆刘相忠同堕，以浮水木梃让与世昌，拒弗纳。复经他舰救出，世昌谓："事已至此，义不独生。"奋身仍投海而殁，年四十！

——（清）汪兆镛《碑传集三编·邓世昌传》

32 林觉民与妻诀别

吾今以此书与汝永别矣！吾作此书时，尚是世中一人；汝看此书时，吾已成为阴间一鬼。吾作此书，泪珠和笔墨齐下，不能竟书而欲搁笔，又恐汝不察吾衷，谓吾忍舍汝而死，谓吾不知汝之不欲死也，故遂忍悲为汝言之。

吾至爱汝，即此爱汝一念，使吾勇于就死也。吾自遇汝以来，常愿天下有情人都成眷属；然遍地腥云，满街狼犬，称心快意，几家能彀[1]？司马青衫，吾不能学太上之忘情也。语云：仁者"老吾老，以及人之老；幼吾幼，以及人之幼。"吾充吾爱汝之心，助天下人爱其所爱，所以敢先汝而死，不顾汝也。汝体吾此心，于啼泣

① 彀：通"够"，能够。

之余，亦以天下人为念，当亦乐牺牲吾身与汝身之福利，为天下人谋永福也。汝其勿悲！……

吾诚愿与汝相守以死，第以今日事势观之，天灾可以死，盗贼可以死，瓜分之日可以死，奸官污吏虐民可以死，吾辈处今日之中国，国中无地无时不可以死，到那时使吾眼睁睁看汝死，或使汝眼睁睁看吾死，吾能之乎？抑汝能之乎？即可不死，而离散不相见，徒使两地眼成穿而骨化石，试问古来几曾见破镜能重圆？则较死为苦也，将奈之何？今日吾与汝幸双健。天下人之不当死而死与不愿离而离者，不可数计，钟情如我辈者，能忍之乎？此吾所以敢率性就死不顾汝也。吾今死无余憾，国事成不成自有同志者在。依新已五岁，转眼成人，汝其善抚之，使之肖我。汝腹中之物，吾疑其女也，女必像汝，吾心甚慰。或又是男，则亦教其以父志为志，则吾死后尚有二意洞在也。甚幸，甚幸！

——（清）林觉民《与妻书》

二　廉洁奉公

一　本篇导读

廉洁奉公是中国古代官德的重要规范，也是中华传统美德的重要组成部分。廉洁奉公作为道德规范，主要针对特定的人群亦即公务人员，旨在维护公平正义和社会机制正常运转，由此我们可以把它称为“仕者之德”。廉洁奉公直接影响社会风气和国家的兴衰存亡。历史事实一再表明，官员若恪尽职守，廉洁奉公，则民生会得到一定改善，社会会一定程度上实现安定和谐，国家也因此而变得繁荣强大。官员若以权谋私，贪污受贿，则百姓必定遭殃，社会也将动乱不安，甚至政权也要走向败亡。

所谓廉洁，就是洁身自好，清廉无私，不贪图分外的利益。古人说：“不受曰廉，不污曰洁。”不接受他人馈赠的钱财礼物，不让自己清白的人格受到玷污，就是廉洁。在古人看来，为官之要在清廉，在于以清廉之心尽己之力。人若私欲膨胀，必然利令智昏。有德之官吏，乐道而忘贱，故名不动于心；乐道而忘贫，故利不动于志。静以修身，俭以养德，淡泊明志，宁静致远，故职繁而身愈逸，官大而事愈少。春秋时期管仲提出礼、义、廉、耻为国之四维，认为“四维不张，国乃灭亡”，把“廉”上升到关系国之存亡的“四维”之一。齐国政治家晏婴将“廉”提到“政之本”“民之惠”的高度，强调廉为做官之根本，贪乃从政之大忌：“廉者，政之本也，民之惠也；贪者，政之腐也，民之贼也。”（《晏子春秋·

内篇杂下》）可见，“律己廉为首，立世德为先”既是中国古代清廉官德的核心命题，也是儒家思想对为官者在律己方面提出的基本要求。

所谓奉公，在中国古代社会，其含义主要有二：一是指公心。对于执政者来说，公正不仅是为人处事之道，而且也是为政之要。《管子·五辅》说：“为人君者，公正而无私。”公正的基本要求是不偏私，对人对事均以法律、道德、情理为准则，一视同仁，不倾向、偏袒任何一方，亦即《尚书·洪范》中所说的“无偏无陂”“无偏无党”“无反无侧”。晋代的袁准说治国之道千端万绪，而最根本的一条就是要有公心，“唯公心而后可以有国，唯公心可以有家，唯公心可以有身”（《袁子政书·贵公》）。二是指公平。荀子曾指出：“上公正，则下易直矣。”居于上位者若能做到公正，则居于下位者就能做到正直。“故能处道而不贰，咄而不夺，利而不流，贵公正而贱鄙争，是士君子之辨说也。”中国古人强调，法律的制定和执行，都要讲求公平公正。早在周代就出现了“中”即公正的概念，战国时期的荀子更是明确提出“公生明，偏生暗”的观点，强调“公”与政治清明的密切关系，“公平者，职之衡也；中和者，听之绳也”（《荀子·王制》），“公”是超越自我、没有自私自利之心。汉代刘向更是提出司法公正的标准，即“不偏不党”，要实现司法公正，就要做到“去私立公”（《说苑·至公》）。

廉洁奉公是中国古代社会对官员的基本要求，也是历代思想家和政治家所强调的重点，其意义主要有二。

一方面，廉洁奉公是公职人员的道德智慧。桓范在《政要论·节欲》中指出，“俭，德之共也”，“俭”的反面是“侈”，“侈，恶之大也”，“俭者节欲，奢者放情。放纵者危，节欲者安”。人的欲望和利益追求必须有理智、守法度，一旦超过限度，就会酿成祸患。老子就说“祸莫大于不知足”，过度追求金钱物质享受，不择手段追求权力官位，都有可能给自己带来灾祸。古往今来，“因嫌纱帽小，致使枷锁扛”的事例屡见不鲜。无数的人生沉浮荣辱贵贱表明，对财富和荣誉看得太重，虽然可能富贵一时，但往往后果不好甚至结局凄惨；反之，能做到淡泊名利，虽然生活平淡，却是能带来一生平安的明智选择。春秋战国时期，爱吃鱼的鲁国相国公仪休就懂得，要想经常有鱼吃，就不能收受别人送来的鱼。否则，吃了人家的嘴软，不能秉公办事就当不了相国，别人再也不会给你送鱼，自己也没有钱买鱼吃了。可见，廉洁奉公是公职人员的道德底线，更是道德智慧。

另一方面，廉洁奉公有利于纯正社会风气。官德是社会风气的风向标，官德影响民德，影响社会的风气。可以说，官德高度决定一个社会的文明程度，官德水平也决定一个政权的兴衰成败。孔子曾指出："君子之德风也，小人之德草也，草上之风，必偃。"在位的人的品德好比风，百姓的品德好比草。风吹到草上，草一定会顺风倒下。也就是说，为政者的道德情操对社会风气有着重要的示范和导向作用。只有通过不断提升执政者的道德素质，才能够达到"为政以德，譬如北辰，居其所而众星拱之"的理想状态。反之，官员贪污腐化成风，在引领社会风气方面成为社会的反面教材，导致世风日下。在中国历史上，有很多廉洁的官员名垂青史，流芳百世；但也有很多贪官污吏被写入"酷吏列传"，受到历代的口诛笔伐，遗臭万年，这是得不偿失的。

当前，中国社会正处于转型时期，贫富差距加大，社会矛盾突出，社会道德滑坡，部分官员操守不佳、行为失范、以权谋私、生活腐化、贪图享乐，在客观上已经殃及整个社会风气，正是在此意义上，党的十九大报告对反腐形势作出判断并明确目标："当前，反腐败斗争形势依然严峻复杂，巩固压倒性态势、夺取压倒性胜利的决心必须坚如磐石。"同时要求"坚决反对特权思想和特权现象"，"加强纪律教育，强化纪律执行，让党员、干部知敬畏、存戒惧、守底线，习惯在受监督和约束的环境中工作生活"。历代以来，古圣先贤就系统而深入地阐述了官员的职业道德，留下了大量廉洁戒贪的历史佳话，形成了中国社会浓厚的廉政文化传统，同时也成为推动历史上廉政制度建设的重要理论资源。在今天廉政文化建设中，我们有必要采取古为今用、批判继承的态度，深入挖掘历代圣哲深邃的官德思想，系统总结古代经典中宝贵的治理经验，尤其是大力弘扬中华传统美德中的廉洁奉公思想，同时结合当前的实际不断创新，逐步建立新时代的公务员职业道德，营造清正廉洁的党风政风，进而引领整个社会风气的改善。

二　经典名篇

1 有度

【提要】本篇选自法家经典《韩非子》，着重阐述了依法治国的重要性，强调君主只有秉公执法，才能治理好国家。“奉法者强则国强，奉法者弱则国弱。”只有社会重视法制，廉政才有基础。如果执法徇私，廉政就不可能实现。而廉政是强国的必要条件，因此严明法纪也是强国的必要条件。韩非子从法制角度谈廉政，这一思想路向具有务实性，所以在现实中成为政府部门廉洁办事的主要保障。当然，想要达到良好的廉政效果，仅仅靠法制也是不够的，还必须在道德教育方面着手。

【原文】

国无常强，无常弱。奉法者强则国强，奉法者弱则国弱。荆庄王并国二十六，开地三千里，庄王之氓社稷也，而荆以亡。齐桓公并国三十，启地三千里，桓公之氓社稷也，而齐以亡。燕襄王以河为境，以蓟为国，袭涿、方城，残齐，平中山，有燕者重，无燕者轻，襄王之氓社稷也，而燕以亡。魏安釐王攻赵救燕，取地河东；攻尽陶、魏之地；加兵于齐，私平陆之都；攻韩拔管，胜于淇下；睢阳之事，荆军老而走；蔡、召陵之事，荆军破；兵四布于天下，威行于冠带之国；安釐死而魏以亡。故有荆庄、齐桓公，则荆、齐可以霸，有燕襄、魏安釐，则燕、魏可以强。今皆亡国者，其群臣官吏皆务所以乱，而不务所以治也。其国乱弱矣，又皆释国法而私其外，则是负薪而救火也，乱弱甚矣。

故当今之时，能去私曲就公法者，民安而国治；能去私行行公法者，则兵强而敌弱。故审得失有法度之制者，加以群臣之上，则主不可欺以诈伪；审得失有权衡之称者，以听远事，则主不可欺以天下之轻重。今若以誉进能，则臣离上而下比周；若以党举官，则民务交而不求用于法。故官之失能者其国乱。以誉为赏，以毁为罚也，则好赏恶罚之人，释公行、行私术、比周以相为也。忘主外交，以进其与，则其下所以为上者薄矣。交众与多，外内朋党，虽有大过，其蔽多矣。故忠臣危死于非罪，奸邪之臣安利于无功。忠臣危死而不以其罪，则良臣伏矣；奸邪之臣安利不以功，则奸臣进矣；此亡之本也。若是则群臣废法而行私重，轻公法矣。数至能人之门，不一至主之廷；百虑私家之便，不一图主之国。属数虽多，非所以尊君也；百官虽具，非所以任国也。然则主有人主之名，而实托于群臣之家也。故臣曰：亡国之廷无人焉。廷无人者，非朝廷之衰也。家务相益，不务厚国；大臣务相尊，而不务尊君；小臣奉禄养交，不以官为事。此其所以然者，由主之不上断于法，而信下为之也。故明主使法择人，不自举也；使法量功，不自度也。能者不可弊，败者不可饰，誉者不能进，非者弗能退，则君臣之间明辩而易治，故主雠法[①]则可也。

贤者之为人臣，北面委质，无有二心，朝廷不敢辞贱，军旅不敢辞难，顺上之为，从主之法，虚心以待令而无是非也。故有口不以私言，有目不以私视，而上尽制之。为人臣者，譬之若手，上以修头，下以修足，清暖寒热，不得不救入，镆邪傅体，不敢弗搏。无私贤哲之臣，无私事能之士。故民不越乡而交，无百里之戚。贵贱不相逾，愚智提衡而立，治之至也。今夫轻爵禄，易去亡，以择其主，臣不谓廉。诈说逆法，倍主强谏，臣不谓忠。行惠施利，收下为名，臣不谓仁。离俗隐居，而以非上，臣不谓义。外使诸侯，

---

① 雠法：运用法治。

内耗其国，伺其危险之陂，以恐其主曰："交非我不亲，怨非我不解"，而主乃信之，以国听之，卑主之名以显其身，毁国之厚以利其家，臣不谓智。此数物者，险世之说也，而先王之法所简也。先王之法曰："臣毋或作威，毋或作利，从王之指；毋或作恶，从王之路。"古者世治之民，奉公法，废私术，专意一行，具以待任。

夫为人主而身察百官，则日不足，力不给。且上用目则下饰观，上用耳则下饰声，上用虑则下繁辞。先王以三者为不足，故舍己能，而因法数，审赏罚。先王之所守要，故法省而不侵。独制四海之内，聪智不得用其诈，险躁不得关其佞，奸邪无所依。远在千里外，不敢易其辞；势在郎中，不敢蔽善饰非。朝廷群下，直凑单微，不敢相逾越。故治不足而日有余，上之任势使然也。

夫人臣之侵其主也，如地形焉，即渐以往，使人主失端、东西易面而不自知。故先王立司南以端朝夕。故明主使其群臣不游意于法之外，不为惠于法之内，动无非法。法所以凌过游外私也，严刑所以遂令惩下也。威不贷错，制不共门。威制共则众邪彰矣，法不信则君行危矣，刑不断则邪不胜矣。故曰：巧匠目意中绳，然必先以规矩为度；上智捷举中事，必以先王之法为比。故绳直而枉木斫，准夷①而高科②削，权衡县而重益轻，斗石设而多益少。故以法治国，举措而已矣。法不阿贵，绳不挠曲。法之所加，智者弗能辞，勇者弗敢争。刑过不避大臣，赏善不遗匹夫。故矫上之失，诘下之邪，治乱决缪，绌羡齐非，一民之轨，莫如法。属官威民，退淫殆，止诈伪，莫如刑。刑重则不敢以贵易贱，法审则上尊而不侵。上尊而不侵，则主强而守要，故先王贵之而传之。人主释法用私，则上下不别矣。

2 礼运

【提要】 本篇节选自《礼记·礼运》，在阐明"大同"社会基

---

① 夷：平。

② 高科：即"高坎"，指木材的凸出处。

本特征的基础上，指出了“大同”社会的美好前景：人人都能受到社会关爱，安居乐业，且各尽所能。虽然说孔子把理想社会放在了历史的远古过去，具有历史退化主义倾向，但是其内容非常高尚。客观上讲，本篇只是论说礼仪、阐释古制、宣传儒家思想，但其中“天下为公”的社会理想，却是两千多年前的古代圣贤留给全人类的思想财富，读来启人深思，鼓舞人心。

【原文】

昔者仲尼与于蜡宾，事毕，出游于观之上，喟然而叹。仲尼之叹，盖叹鲁也。言偃在侧曰：“君子何叹?”孔子曰：“大道之行也，与三代之英，丘未之逮也，而有志焉。”大道之行也，天下为公。选贤与能，讲信修睦，故人不独亲其亲，不独子其子，使老有所终，壮有所用，幼有所长，矜寡孤独废疾者，皆有所养。男有分，女有归。货恶其弃于地也，不必藏于己；力恶其不出于身也，不必为己。是故谋闭而不兴，盗窃乱贼而不作，故外户而不闭，是谓大同。

今大道既隐，天下为家，各亲其亲，各子其子，货力为己，大人世及以为礼。城郭沟池以为固，礼义以为纪，以正君臣，以笃父子，以睦兄弟，以和夫妇，以设制度，以立田里，以贤勇知，以功为己。故谋用是作，而兵由此起。禹、汤、文、武、成王、周公，由此其选也。此六君子者，未有不谨于礼者也。以著其义，以考其信，著有过，刑仁讲让，示民有常。如有不由此者，在势者去，众以为殃，是谓小康。

3 梁惠王上

【提要】 本篇节选自《孟子》。该篇提出“与民同乐”的思想，反对君主自私自利。孟子以为，秉持以民为本的思想，施以仁政，国家就可以进入良性发展。与民同乐不仅施惠于百姓，更能在各个方面使国家达到良好的平衡与和谐，从而获得高于自私的利与益。孟子说：“何必曰利？亦有仁义而已矣。”千载之下，重温此言，仍要感叹其中不可轻视的睿智。实际上，如果人们过分好利，那就很难做到廉洁奉公。

【原文】

孟子见梁惠王。王曰："叟！不远千里而来，亦将有以利吾国乎?"孟子对曰："王！何必曰利？亦有仁义而已矣。王曰：'何以利吾国?'大夫曰：'何以利吾家?'士庶人曰：'何以利吾身?'上下交征利而国危矣。万乘之国，弑其君者，必千乘之家；千乘之国，弑其君者，必百乘之家。万取千焉，千取百焉，不为不多矣。苟为后义而先利，不夺不餍。未有仁而遗其亲者也，未有义而后其君者也。王亦曰：仁义而已矣，何必曰利?"

孟子见梁惠王。王立于沼上，顾鸿雁麋鹿，曰："贤者亦乐此乎?"孟子对曰："贤者而后乐此，不贤者，虽有此不乐也。《诗》云：'经始灵台，经之营之，庶民攻之，不日成之。经始勿亟，庶民子来。王在灵囿[①]，麀鹿[②]攸伏，麀鹿濯濯，白鸟鹤鹤。王在灵沼，于牣鱼跃。'文王以民力为台为沼，而民欢乐之，谓其台曰灵台，谓其沼曰灵沼，乐其有麋鹿鱼鳖。古之人与民偕乐，故能乐也。

汤誓曰：'时日害丧，予及女皆亡。'民欲与之皆亡，虽有台池鸟兽，岂能独乐哉?"

梁惠王曰："寡人之于国也，尽心焉耳矣。河内凶，则移其民于河东，移其粟于河内。河东凶亦然。察邻国之政，无如寡人之用心者。邻国之民不加少，寡人之民不加多，何也?"孟子对曰："王好战，请以战喻。填然鼓之，兵刃既接，弃甲曳兵而走。或百步而后止，或五十步而后止。以五十步笑百步，则何如?"

曰："不可，直不百步耳，是亦走也。"曰："王如知此，则无望民之多于邻国也。不违农时，谷不可胜食也；数罟[③]不入洿池，

---

① 灵囿：泛指帝王畜养动物的园林。

② 麀鹿：牝鹿。

③ 数罟：细密的渔网。

鱼鳖不可胜食也；斧斤以时入山林，材木不可胜用也。谷与鱼鳖不可胜食，材木不可胜用，是使民养生丧死无憾也。养生丧死无憾，王道之始也。五亩之宅，树之以桑，五十者可以衣帛矣。鸡豚狗彘之畜，无失其时，七十者可以食肉矣。百亩之田，勿夺其时，数口之家可以无饥矣。谨庠序之教，申之以孝悌之义，颁白者不负戴于道路矣。七十者衣帛食肉，黎民不饥不寒，然而不王者，未之有也。狗彘食人食而不知检，途有饿莩[①]而不知发；人死则曰：'非我也，岁也。'是何异于刺人而杀之，曰：'非我也，兵也。'王无罪岁，斯天下之民至焉。"

梁惠王曰："寡人愿安承教。"孟子对曰："杀人以梃与刃，有以异乎？"

曰："无以异也。""以刃与政，有以异乎？"曰："无以异也。"曰："庖有肥肉，厩有肥马，民有饥色，野有饿莩，此率兽而食人也。兽相食，且人恶之；为民父母，行政，不免于率兽而食人，恶在其为民父母也？仲尼曰：'始作俑者，其无后乎！'为其象人而用之也。如之何其使斯民饥而死也？"

梁惠王曰："晋国，天下莫强焉，叟之所知也。及寡人之身，东败于齐，长子死焉；西丧地于秦七百里；南辱于楚。寡人耻之，愿比死者一洒之，如之何则可？"孟子对曰："地方百里而可以王。王如施仁政于民，省刑罚，薄税敛，深耕易耨[②]，壮者以暇日修其孝悌忠信，入以事其父兄，出以事其长上，可使制梃以挞秦、楚之坚甲利兵矣。彼夺其民时，使不得耕耨以养其父母。父母冻饿，兄弟妻子离散。彼陷溺其民，王往而征之，夫谁与王敌？故曰：'仁者无敌。'王请勿疑！"

孟子见梁襄王，出，语人曰："望之不似人君，就之而不见所畏焉。卒然问曰：'天下恶乎定？'吾对曰：'定于一。''孰能一之？'对曰：'不嗜杀人者能一之。''孰能与之？'对曰：'天下莫

---

① 饿莩：饿死的人。

② 易耨：勤于除草。

不与也。王知夫苗乎？七八月之间旱，则苗槁矣。天油然作云，沛然下雨，则苗浡然兴之矣。其如是，孰能御之？今夫天下之人牧，未有不嗜杀人者也。如有不嗜杀人者，则天下之民皆引领而望之矣。诚如是也，民归之，由水之就下，沛然谁能御之？'"

齐宣王问曰："齐桓、晋文之事，可得闻乎？"孟子对曰："仲尼之徒无道桓文之事者，是以后世无传焉，臣未之闻也。无以，则王乎？"曰："德何如则可以王矣？"曰："保民而王，莫之能御也。"曰："若寡人者，可以保民乎哉？"

曰："可。"曰："何由知吾可也？"曰："臣闻之胡龁曰：王坐于堂上，有牵牛而过堂下者，王见之，曰：'牛何之？'对曰：'将以衅钟。'王曰：'舍之！吾不忍其觳觫[①]，若无罪而就死地。'对曰：'然则废衅钟与？'曰：'何可废也？以羊易之！'不识有诸？"曰："有之。"曰："是心足以王矣。百姓皆以王为爱也，臣固知王之不忍也。"王曰："然。诚有百姓者。齐国虽褊小，吾何爱一牛？即不忍其觳觫，若无罪而就死地，故以羊易之也。"曰："王无异于百姓之以王为爱也。以小易大，彼恶知之？王若隐其无罪而就死地，则牛羊何择焉？"

王笑曰："是诚何心哉？我非爱其财而易之以羊也。宜乎百姓之谓我爱也。"曰："无伤也，是乃仁术也，见牛未见羊也。君子之于禽兽也，见其生，不忍见其死；闻其声，不忍食其肉。是以君子远庖厨也。"王说，曰："《诗》云：'他人有心，予忖度之。'夫子之谓也。夫我乃行之，反而求之，不得吾心。夫子言之，于我心有戚戚焉。此心之所以合于王者，何也？"曰："有复于王者曰：'吾力足以举百钧，而不足以举一羽；明足以察秋毫之末，而不见舆薪。则王许之乎？"

曰："否。""今恩足以及禽兽，而功不至于百姓者，独何与？然则一羽之不举，为不用力焉；舆薪之不见，为不用明焉；百姓之

① 觳觫：意思是指恐惧得发抖，恐惧颤抖的样子。

不见保，为不用恩焉。故王之不王，不为也，非不能也。”曰：“不为者与不能者之形何以异？”曰：“挟太山以超北海，语人曰：‘我不能。’是诚不能也。为长者折枝，语人曰：‘我不能。’是不为也，非不能也。故王之不王，非挟太山以超北海之类也；王之不王，是折枝之类也。老吾老，以及人之老；幼吾幼，以及人之幼。天下可运于掌。《诗》云：‘刑于寡妻，至于兄弟，以御于家邦。’言举斯心加诸彼而已。故推恩足以保四海，不推恩无以保妻子。古之人所以大过人者，无他焉，善推其所为而已矣。

今恩足以及禽兽，而功不至于百姓者，独何与？权，然后知轻重；度，然后知长短。物皆然，心为甚。王请度之！抑王兴甲兵，危士臣，构怨于诸侯，然后快于心与？”王曰：“否。吾何快于是？将以求吾所大欲也。”曰：“王之所大欲，可得闻与？”王笑而不言。曰：“为肥甘不足于口与？轻暖不足于体与？抑为采色不足视于目与？声音不足听于耳与？便嬖不足使令于前与？王之诸臣皆足以供之，而王岂为是哉？”曰：“否。吾不为是也。”曰：“然则王之所大欲可知已。欲辟土地，朝秦、楚，莅中国而抚四夷也。以若所为求若所欲，犹缘木而求鱼也。”

王曰：“若是其甚与？”曰：“殆有甚焉。缘木求鱼，虽不得鱼，无后灾。以若所为，求若所欲，尽心力而为之，后必有灾。”曰：“可得闻与？”曰：“邹人与楚人战，则王以为孰胜？”曰：“楚人胜。”曰：“然则小固不可以敌大，寡固不可以敌众，弱固不可以敌强。海内之地，方千里者九，齐集有其一。以一服八，何以异于邹敌楚哉？盖亦反其本矣。今王发政施仁，使天下仕者皆欲立于王之朝，耕者皆欲耕于王之野，商贾皆欲藏于王之市，行旅皆欲出于王之途，天下之欲疾其君者，皆欲赴愬于王。其若是，孰能御之？”王曰：“吾惛，不能进于是矣。愿夫子辅吾志，明以教我。我虽不敏，请尝试之。”

曰：“无恒产而有恒心者，惟士为能。若民，则无恒产，因无恒心。苟无恒心，放辟邪侈，无不为已。及陷于罪，然后从而刑之，是罔民也。焉有仁人在位，罔民而可为也？是故明君制民之产，必使仰足以事父母，俯足以畜妻子，乐岁终身饱，凶年免于死亡。然后驱而之善，故民之从之也轻。今也制民之产，仰不足以事父母，俯不足以畜妻子；乐岁终身苦，凶年不免于死亡。此惟救死而恐不赡，奚暇治礼义哉？王欲行之，则盍反其本矣！五亩之宅，树之以桑，五十者可以衣帛矣。鸡豚狗彘之畜，无失其时，七十者可以食肉矣。百亩之田，勿夺其时，八口之家可以无饥矣。谨庠序[①]之教，申之以孝悌之义，颁白者不负戴于道路矣。老者衣帛食肉，黎民不饥不寒，然而不王者，未之有也。”

4 贵公

【提要】本篇选自《吕氏春秋》。文章提出公是立国之基石。作者把这一条作为一项基本的历史经验记录下来：纵观自古以来无数统治者，凡成功者皆治国以公，凡失败者都是以私心对待、处理国家大事。由此作者把公作为统治者必须遵循和执行的第一条法则，统治者须以古圣王为榜样：“凡治天下者，必先公。”文章还认为，从实际的政治生活来看，只有实行公的法则，才能实现社会的安定和天下政治的清明。“公则天下平矣”是一句具有高度概括性的话，是作者对现实政治生活进行思索的结晶。

【原文】

昔先圣王之治天下也，必先公，公则天下平矣。平得于公。尝试观于上志，有得天下者众矣，其得之以公，其失之必以偏。凡主之立也，生于公。故《鸿范》曰：“无偏无党，王道荡荡。无偏无颇，遵王之义。无或作好，遵王之道。无所作恶，遵王之路。”

天下非一人之天下也，天下之天下也。阴阳之和，不长一类；甘露时雨，不私一物；万民之主，不阿一人。伯禽将行，请所以治

① 庠序：学校。

鲁，周公曰："利而勿利也。"荆人有遗弓者，而不肯索，曰："荆人遗之，荆人得之，又何索焉？"孔子闻之曰："去其'荆'而可矣。"老聃闻之曰："去其'人'而可矣。"故老聃则至公矣。天地大矣，生而弗子，成而弗有，万物皆被其泽、得其利，而莫知其所由始，此三皇、五帝之德也。

管仲有病，桓公往问之，曰："仲父之病矣，渍甚，国人弗讳，寡人将谁属国？"管仲对曰："昔者臣尽力竭智，犹未足以知之也，今病在于朝夕之中，臣奚能言？"桓公曰："此大事也，愿仲父之教寡人也。"管仲敬诺，曰："公谁欲相？"公曰："鲍叔牙可乎？"管仲对曰："不可。夷吾善鲍叔牙，鲍叔牙之为人也：清廉洁直，视不己若者，不比于人；一闻人之过，终身不忘。""勿已，则隰朋其可乎？""隰朋之为人也：上志而下求，丑不若黄帝，而哀不己若者；其于国也，有不闻也；其于物也，有不知也；其于人也，有不见也。勿已乎，则隰朋可也。"夫相，大官也。处大官者，不欲小察，不欲小智，故曰：大匠不斫[①]，大庖不豆，大勇不斗，大兵不寇。桓公行公去私恶，用管子而为五伯长；行私阿所爱，用竖刀而虫出于户。

人之少也愚，其长也智，故智而用私，不若愚而用公。日醉而饰服，私利而立公，贪戾而求王，舜弗能为。

5 忠廉

【提要】 本篇选自《吕氏春秋》。文章提出廉洁是忠诚的基本表现，不存在忠而不廉的情况。什么是廉？文章认为："临大利而易其义，可谓廉矣。"也就是说，抵挡不住巨大利益诱惑的人，就不是廉洁之人，更谈不上忠诚。这个观点在今天也是必须加以肯定的。本篇的可贵之处是点明了廉洁奉公实质上也是忠诚于国家的表现，两者之间具有密切的逻辑关系。

---

① 大匠不斫：斫：砍削。高明的匠人不用斧头砍削。比喻居高位者不逞小智，不代下司职。

【原文】

士议之不可辱者大之也，大之则尊于富贵也，利不足以虞其意矣。虽名为诸侯，实有万乘，不足以挺其心矣。诚辱则无为乐生。若此人也，有势则必不自私矣，处官则必不为污矣，将众则必不挠北矣。忠臣亦然。苟便于主利于国，无敢辞违，杀身出生以徇之。国有士若此，则可谓有人矣。若此人者固难得，其患虽得之有不智。

吴王欲杀王子庆忌而莫之能杀，吴王患之。要离曰："臣能之。"吴王曰："汝恶能乎？吾尝以六马逐之江上矣，而不能及；射之矢，左右满把，而不能中。今汝拔剑则不能举臂，上车则不能登轼，汝恶能？"要离曰："士患不勇耳，奚患于不能？王诚能助，臣请必能。"吴王曰："诺。"明旦加要离罪焉，挚执妻子，焚之而扬其灰。要离走，往见王子庆忌于卫。王子庆忌喜曰："吴王之无道也，子之所见也，诸侯之所知也，今子得免而去之，亦善矣。"要离与王子庆忌居有间，谓王子庆忌曰："吴之无道也愈甚，请与王子往夺之国。"王子庆忌曰："善。"乃与要离俱涉于江。中江，拔剑以刺王子庆忌，王子庆忌捽之，投之于江，浮则又取而投之，如此者三。其卒曰："汝天下之国士也，幸汝以成而名。"要离得不死，归于吴。吴王大说，请与分国。要离曰："不可。臣请必死。"吴王止之。要离曰："夫杀妻子，焚之而扬其灰，以便事也，臣以为不仁。夫为故主杀新主，臣以为不义。夫捽而浮乎江，三入三出，特王子庆忌为之赐而不杀耳，臣已为辱矣。夫不仁不义，又且已辱，不可以生。"吴王不能止，果伏剑而死。要离可谓不为赏动矣。故临大利而不易其义，可谓廉矣。廉，故不以贵富而忘其辱。

卫懿公有臣曰弘演，有所于使。翟人攻卫，其民曰："君之所予位禄者，鹤也；所贵富者，宫人也。君使宫人与鹤战，余焉能战？"遂溃而去。翟人至，及懿公于荣泽，杀之，尽食其肉，独舍其肝。弘演至，报使于肝，毕，呼天而啼，尽哀而止，曰："臣请为禄[①]。”因自杀，先出其腹实，内懿公之肝。桓公闻之曰：“卫之亡也，以为无道也。今有臣若此，不可不存。”于是复立卫于楚丘。弘演可谓忠矣，杀身出生以徇其君。非徒徇其君也，又令卫之宗庙复立，祭祀不绝，可谓有功矣。

6 至公

【提要】 本篇取自西汉刘向的《说苑》。这一篇基本由小故事组成，其目的在于表达公的重要性。开篇即引《尚书》所言“不偏不党，王道荡荡”，就是在赞扬“至公”的品德。所谓“至公”，意思是在公私问题上必须绝对分清楚，不能有半点含糊。文中接下来举出尧等圣贤的奉公事迹，从而体现公对于治绩的重要性。在公而无私、廉而不污方面，一个领导干部必须严格恪守，这也是“至”的程度要求。本篇还提出“公生明”的观点，即有公心就能够做事明智。如果贪婪，就会变得盲目。在现实中，这是符合事实的。

【原文】

《书》曰：“不偏不党，王道荡荡。”言至公也。古有行大公者，帝尧是也。贵为天子，富有天下，得舜而传之，不私于其子孙也。去天下若遗躧[②]，于天下犹然，况其细于天下乎？非帝尧孰能行之？孔子曰：“巍巍乎！惟天为大，惟尧则之。”《易》曰：“无首，吉。”此盖人君之至公也。夫以公与天下，其德大矣。推之于此，刑之于彼，万姓之所戴，后世之所则也。彼人臣之公，治官事则不营私家，在公门则不言货利，当公法则不阿亲戚，奉公举贤则不避仇雠，忠于事君，仁于利下，推之以恕道，行之以不党，伊吕是也。故显名存于今，是之谓公。《诗》云：“周道如砥，其直如矢，君子所履，小人所视。”此之谓也。夫公生明，偏生暗，端悫[③]

---

① 禄：绣有花纹的衣领，引申为表露。

② 遗躧：抛弃破鞋子，形容毫不珍惜。

③ 悫：诚实。

生达，诈伪生塞，诚信生神，夸诞生惑，此六者，君子之所慎也，而禹桀之所以分也。《诗》云："疾威上帝，其命多僻。"言不公也。

7 官箴

【提要】本篇出自宋代名臣吕本中所作《官箴》。该文指出，"当官之法，唯有三事，曰清、曰慎、曰勤"，可见当官要以清廉为第一要则。文中的诸多论断，是他对本人和前辈时贤为官从政经验的总结。文章言简意赅、论述精辟，对后世产生了持久而巨大的影响。实际上，对于廉洁奉公这个德目，不仅官员需要学习，普通人也要学习。各行各业敬业不欺，都是廉洁奉公的一种表现。我们之所以更加关注官员的清廉，原因在于他们贪腐造成的危害更加巨大。

【原文】

当官之法，唯有三事：曰清、曰慎、曰勤。知此三者，可以保禄位，可以远耻辱，可以得上之知，可以得下之援。然世之仕者，临财当事不能自克，常自以为不必败，持不必败之意，则无所不为矣。然事常至于败而不能自已，故设心处事，戒之在初，不可不察。借使役，用权智，百端补治，幸而得免，所损已多，不若初不为之为愈也。司马微《坐忘论》云："与其巧持于末，孰若拙戒于初。"此天下之要言，当官处事之大法，用力简而见功多，无如此言者。人能思之，岂复有悔吝耶？

事君如事亲，事官长如兄长，与同僚如家人，待群吏如奴仆，爱百姓如妻子，处官事如家事，然后为能尽吾之心。如有毫末不至，皆吾心有所未至也。故事亲孝，故忠可移于君；事兄悌，故顺可移于长；居家理，故治可移于官。岂有二理哉！

当官处事，常思有以及人。如科率之行，既不能免，便就其间，求其所以使民省力，不使重为民害，其益我矣。不与人争者，常得利多；退一步者，常进百步；取之廉者，得之常过其初；约于今者，必有垂报于后，不可不思也。惟不能少自忍必败，此实未知利害之分、贤愚之别也。予尝为泰州狱掾[①]，颜岐夷仲以书劝予治狱次第，每一事写一幅相戒。如夏月处罪人，早间在东廊，以辟日色之类。又如狱中遣人勾追之类，必使之毕此事，不可更别遣人，恐其受赂已足，不肯毕事也。又如监司郡守严刻过当者，须平心定气，与之委屈详尽，使之相从而后已。如未肯从，再当如此详尽，其不听者少矣。

当官之法，直道为先。其有未可一直向前，或直前反败大事者，须用冯宣徽惠穆秤停之说。此非特小官然也，为天下国家当知之。

黄兑刚中尝为予言：顷为县尉，每遇检尸，虽盛暑亦先饮少酒，捉鼻亲视，人命至重，不可避少臭秽，使人横死无所申诉也。

范侍良育作库务官，随人箱笼，只置厅上，以防疑谤。凡若此类，皆守臣所宜详知也。

当官既自廉洁，又须关防小人，如文字历引之类，皆须明白，以防中伤，不可不至慎，不可不详知也。

当官者，难事勿辞，而深避嫌疑，以至请诚遇人，而深避文法，如此则可以免。

前辈尝云，小人之性，专务苟且。明日有事，今日得休且休。当官者，不可徇其私意，忽而不治。谚有之曰："劳心不如劳力。"此实要言也。

徐丞相择之尝言："前辈尽心职事。"仁庙朝有为京西转运使者，一日见监窑官，问："日所烧柴凡几灶？"曰："十八九灶。"曰："吾所见者十一灶，何也？"窑官愕然。盖转运使者，晨起望窑中所出烟几道知之。其尽心如此。

前辈尝言，吏人不怕严只怕读。盖当官者详读公案，则情伪自见，不待严明也。

---

① 狱掾：狱曹的属吏。

当官者，凡异色人皆不宜与之相接，巫祝尼媪之类，尤宜疏绝，要以清心省事为本。

后生少年乍到官守，多为猾吏所饵，不自省察，所得毫末。而一任之间，不复敢举动。

作官嗜利，所得甚少，而吏人所盗不赀[1]矣。以此被重谴，良可惜也。

当官者，先以暴怒为戒。事有不可当，详处之，必无不中。若先暴怒，只能自害，岂能害人，前辈尝言："凡事只怕待。"待者，详处之谓也。盖详处之，则思虑自出，人不能中伤也。

尝见前辈作州县或狱官，每一公事难决者，必沉思静虑累日，忽然若有得者，则是非判矣。是道也，惟不苟者能之。

处事者，不以聪明为先，而以尽习为急；不以集事为急，而以方便为上。

孙思邈尝言："忧于身者，不拘于人；畏于己者，不制于彼；慎于小者，不惧于大；戒于近者，不侈于远。"如此，则人事毕矣，实当官之要也。

同僚之契，交承之分，有兄弟之义，至其子孙，亦世讲之。前辈专以此为务，今人知之者盖少矣。又如旧举将及，旧尝为旧任察官者，后已官虽在上，前辈皆避，坐下坐。风俗如此，安得不厚乎？

叔曾祖尚书，当官至为廉洁。盖尝市缣帛，欲制造衣服，召当行者取缣帛，使缝匠还之。荥阳公为单州，几每月所用杂物，悉书之库门，买民间，未尝过此数，民皆悦服。

关沼止叔获盗，有情轻法重者，止叔不忍以此被赏也。

当官取佣钱、般家钱之类，多为之程，而过受其直，所得至微，所丧多矣。亦殊不知此数亦吾分外物也。

当官者，前辈多不敢就上位求荐章，但尽心职事，所以求知也。习诚尽职，求之虽不中，不远矣。未有学养子而后嫁者也。当

---

① 不赀：指无从计量，表示多或贵重。

官遇事，以此为心，鲜不济矣。

畏避文法，固有常情，然也人自然者，常以文法难任，委之于人。殊不知人之自私，亦犹已之自私也。以此处事，其能有济乎？其能有后福乎？其能使子孙昌盛乎？

当官处事，务合人情，忠恕违道不远，观于已而得之，未有舍此二字，而通用济者也。尝有人作郡守，延一术士，同处书室。后术士以公事干之，大怒叱下，竟致之杖背编置。招延此人已是犯义，既与之稔熟，而干以公事，亦人常情也。不从之足矣，而治之如此之峻，殆似绝灭人理。

尝谓仁人所处，能变虎狼如人类。如虎不入境，不害物，蝗不伤稼之类是也。如其不然，则变人类如虎狼。凡若此类，及告讦中伤谤人，欲置于死地是也。

唐充之广仁，贤者也，深为陈、邹二公所知。大观、政和间，守官苏州，朱氏方盛，充之数刺讥之。朱氏深以为怨，傅致之罪，刘器之以为充之为善，欲人之见知，故不免自异，以致祸患，非明哲保身之谓。

当官大要，直不犯祸，和不害义，在人精详酌之尔，然求合于道理，本非私心专为已也。

当官处事，但务着实。如涂擦文书，追改日月，重易押字，万一败露，得罪反重，亦非所以养诚心事君不欺之道也。百种奸伪，不如一实；反复变诈，不如慎始；防人疑众，不如自慎；智数周密，不如省事。不易之道，事有当死不死，其诟有甚于死者，后亦未免得安。世人至此，多惑乱失常，皆不知轻重义之分也。此理非平居熟讲，临事必不能自立，不可不预思。古之欲委质事人，其父兄日夜先以此教之矣。中材以下，岂临事一朝一夕所能至哉！教之有素，其心安焉，所谓有所养也。

忍之一事，众妙之门。当官处事，尤是先务。若能清、慎、勤之外，更忍一忍，何事不办！《书》曰：“必有忍，其乃有济。”此处事之本也。谚曰：“忍事敌灾星。”少陵诗云：“忍过事堪喜。”

此皆切于事理，为世大法，非空言也，王沂公尝说："吃得三斗酽[①]醋方做得宰相。"盖言忍受得事。

刘器之建中，崇宁初知潞州，部使者观望治郡中，事无巨细，皆详考然，竟不得毫发过。虽过往驿券，亦无违法予者。部使者亦叹伏之。后居南京，有府尹取兵官白直点磨他，寓居无有不借禁军者，独器之未尝借一人。其廉慎如此。

故人龚节亨彦承，尝为予言："后生当官，其使令人无乞丐钱物处，即此职事可为；有乞丐钱物处，则此职事不可为。"盖言有乞丐钱物处，人多陷主人以利，或致嫌疑也。

前辈尝言："公罪不可无，私罪不可有。"此亦要言。私罪固不可有，若无公罪，则自保太过，无任事之意。

范忠宣公镇西京日，尝戒属官："受纳租税，不要令两头探戒。"问："何谓?"公曰："贤问是也。不要令人户探官员等候受纳，官员不要探纳者多少，然后入场。此谓两头探。但自绝早入场待人口，则自无人户稽留之弊。"

8 益卦上九解

【提要】本篇节录于北宋理学家程颐的易学名著《周易程氏传》一书。文中说道："天地之益无穷者，理而已矣。圣人利益天下之道，应时顺理，与天地合，与时偕行也。"天地本身无穷无尽地利益天下，即天地生生不息之理。圣人作为时代的先觉者，模仿天道的运行，竭尽全力地利益天下。但天下事物之间的利益都是共享和互生的，所以要按照合适的时间和季节，按照一定的理路和规律来梳理沟通天下事物之间的利益，因此时机的合适与否是面对利益首先要考虑的重要问题。

【原文】

上九，莫益之，或击之，立心勿恒，凶。

---

① 酽：浓，味厚。

上居无位之地，非行益于人者也。以刚处益之极，求益之甚者也，所应者阴，非取善自益者也。利者众人所同欲也。专欲益己，其害大矣，欲之甚则昏蔽而忘义理，求之极则侵夺而致仇怨。故夫子曰：放于利而行多怨。孟子谓先利则不夺不餍。圣贤之深戒也。九以刚而求益之极，众人所共恶，故无益之者，而或攻击之矣。立心勿恒，凶：圣人戒人存心不可专利。云勿恒如是，凶之道也，所当速改也。

象曰：莫益之，偏辞也；或击之，自外来也。

理者天下之至，公利者众人所同。欲苟公其心，不失其正理，则与众同利，无侵于人，人亦欲与之。若切于好利，蔽于自私，求自益以损于人，则人亦与之力争，故莫肯益之而有击夺之者矣。云莫益之者，非其偏己之辞也。苟不偏己，合于公道，则人亦益之，何为击之乎。既求益于人，至于甚极，则人皆恶而欲攻之，故击之者自外来也。人为善则千里之外应之。六二中正虚己，益之者自外而至是也，苟为不善则千里之外违之。上九求益之极，击之者自外而至是也。《系辞》曰：君子安其身而后动，易其心而后语，定其交而后求。君子修此三者，故全也。危以动，则民不与也。惧以语，则民不应也。无交而求，则民不与也。莫之与，则伤之者至矣。易曰："莫易之，或击之，立心勿恒，凶。"君子言动与求，皆以其道乃完善也，不然，则取伤而凶矣。

9 士大夫若爱一文，不直一文

【提要】本篇出自南宋学者罗大经编纂的《鹤林玉露》。该篇极力强调为官必须戒贪。指出一个人越是贪财，人品就越不堪的道理。通过对这篇文章的学习，我们认识到，只有自身廉洁才能赢得别人的尊重，同时这也是保全自己的最佳手段。这篇文章还反映出，在官场上，交友风气对于自身长期保持廉洁奉公具有的重大意义。所谓"近朱者赤，近墨者黑"，就是这个道理。当有善良的朋友在一起互相勉励时，就比较容易做到不贪腐，兢兢业业，克己奉公。这体现了集体意识对个体的影响，所以有必要加强官场良好风气的建设。

【原文】

士大夫若爱一文，不直一文。陈简斋诗云："从来有名士，不用无名钱。"杨伯子尝为余言："士大夫清廉，便是七分人了。盖公忠仁明，皆自此生。"伯子，诚斋冢嗣，号东山先生，清节高文，趾美克肖。其帅番禺，将受代，有俸钱七十缗，尽以代下户输租。有诗云："两年枉了鬓霜华，照管南人没一些。七百万钱都不要，脂膏留放小民家。"又《别石门》诗云："石门得得泊归舟，江水依依别故侯。拟把片香投赠汝，这回欲带忘来休。"盖晋吴隐之守五羊，不市南物，归舟有香一片，举而投诸石门江中，用此事也。其帅三山，不请供给钱，以忤豪贵，劾去。作诗贻先君云："与世长多忤，持身转觉孤。夤缘新齿舌，收拾老头颅。我已诃泷吏，君谁诵《子虚》。同归灯火读，家里石渠书。"时先君与之同入闽故也。陈肤仲作《玉壶冰》《朱丝弦》二诗送之。林自知《送行》诗云："公来无琴鹤，公去有芒鞋。"又一幕官诗云："从渠腰下有金带，何处山中无菜羹？"真西山入对，主上问当今廉吏，西山既以赵政夫为对。翌日又奏曰："臣昨所举廉吏未尽，如崔与之之出蜀，唯载归煌之图籍，杨长孺之守闽，靡侵公帑之毫厘，皆当今之廉吏也。"

10 尚廉戒贪

【提要】本篇选自元朝学者徐元瑞的《吏学指南》。本篇是古代反腐倡廉文献中的佳作。徐元瑞本人精于吏学，廉洁教育部分在他的著作中占有非常重要的位置，此处所选乃是其中精要。作为一名公职人员，首先要廉洁，不能追求享乐，要避开工作生活中可能存在的不良因素。其次在工作上还要勤奋勉励，慷慨奉献自己的才能。最后，一个好的官吏必须积极上进，不断提高自己的业务和管理水平。综合这三者，才算是真正的廉洁奉公。廉洁是就消极方面说，奉公是就积极方面说，两者是相辅相成的关系。

【原文】

吏员三尚：一曰尚廉，谓甘心淡薄，绝意纷华，不纳苞苴，不受贿赂，门无请谒，身远嫌疑，饮食宴会稍以非义，皆谢却之。二曰尚勤，谓早入晏出，奉公忘私，虽休勿休，恪谨匪懈，呈押文字，发遣公事，务为敏速，耻犯稽迟，躬操笔砚，不仰小胥，手阅簿书，不辞劳役。三曰尚能，谓练习格例，晓畅行移，是非曲直，先以意决，然后取裁，凡所处画，悉令合宜，文义略通，字无不识，写染端正，算术精明，举止安详，语言辩利，无过可寻，有委可办。

普天率土，生人无穷也，然受国宠灵而为民司牧者，能几何人？既受命以牧斯民矣，而不能守公廉之心，是自不爱也，宁不为世所诮耶！况一身之微，所享能几，厥心溪壑[①]，适以自贼。一或罪及，上孤国恩，中贻亲辱，下使乡邻朋友蒙诟包羞，虽任累千金，不足以偿一夕缧绁[②]之苦。与其戚于已败，曷若严于未然。嗟尔有官，所宜深戒。

士而律身，固不可以不严也，然有官守者，则当严于士焉；有言责者，又当严于有官守者焉。盖执法之臣将以纠奸绳恶，以肃中外，以正纪纲，自律不严，何以服众？夫所谓严如处子之居室，一行一住一语一嘿必语礼法，厥德乃全；跬步有违，则人人得而訾之。苟挟权怙势，惟殖己私，或巧规子钱，或盗行盐帖，或荒耽曲蘖[③]，或私用亲属，或田猎不时，或宴游无度，或潜托有司之事，或妄兴不急之工，或旷官第而弗居，或纵家人而不捡，于斯数者而有一焉，皆足为风宪之累。近年南北富民多起宅以居势要，因济己私，既有官舍，则不必居于彼矣。夫朝廷以中台为肃政，御史为监察，以宪司为廉访者，政欲弭奸贪，戢侵扰，开诚布公，俾所属知

① 溪壑：山谷溪涧，此处比喻人的欲念。

② 缧绁：拘押犯人的绳索，指牢狱之苦。

③ 曲蘖：此处指酒。

所法也，今而若是，牧民之吏将焉法哉？且他人有犯，轻则吾得而言之；又重，吾得闻于上而僇之；己之所犯，其孰得而发哉？恃人不敢发，日甚一日，将如台察何？将如天理何？故余备载其然，俾为宪司者有则改之，无则益知所以自重。

11 财利关

【提要】 本篇选自清初道书《通关文》，此书又名《修道五十关》，作者为道教全真派道士刘一明。作者以通关为譬喻，旨在说明贪财好利对于修行产生的障碍，以及廉洁守身可以顺利过关的道理。虽然这篇文章本身针对的并不是普通人的道德教育，而是针对道教修行人提出的高标准，但是我们读之亦不无启发，尤其是其中对财利的绝对唾弃之情，虽然不符合普通人的标准，但是能够激发人们对美好道德的向往。文中存在一些宗教禁欲主义词句，读者可予以扬弃。

【原文】

至圣云：君子喻于义，小人喻于利。老祖云：不贵难得之货。又云：不见可欲，使心不乱。吕祖曰：堆金积玉满山川，神仙冷笑应不采。此皆教人不可贪图财利，有坏大事也。但财有世财法财之别。世财者，金银珠玉是也；法财者，功德精诚是也。图世财者，重金银而轻功德。千谋百计，明取暗窃，损人利己，轻出重入。恨不得天下之财，为我一人所有，世间之利，为我一人独得。无财不觅，无利不搜，舍身拼命而不顾，瞒心昧己而不管。有了十贯想百贯，有了百贯想千贯，有了千贯想万贯。贪心不足，至死不肯回头。殊不知大限一到，纵然富如石崇，财似万山，买不转阎王老子，避不过生死轮回。只落的罪孽随身，满载而归，分文银钱不能带去。到的此时，悔之何及？更有一等迷瞪汉，只知积财，吃也舍不的，穿也舍不得，又不肯恤孤怜寡，又不知扶危救困，独为看财奴，悭[①]

① 悭：吝啬。

贪鬼。断气在于眼前，而犹吩咐子孙如何生财，如何聚财。何人少我债，何处有我钱。呜呼！三寸气断，万有皆空，此身亦不属我，何况于财，岂不愚哉？积法财者，重功德而轻金银，俯视一切，万缘不起。积功累行，苦己益人，广行方便，以性命为珠宝，以仁义为金玉，以惜气养神为货利，以存诚保真为富有，以清净无为为家业。至于尘世金银财宝，犹如石土视之。盖以所求者，先天之真宝，而尘世一切假宝，何足恋之。学道者若有些儿贪财谋利之心，便碍大道。虽修行人，此身未离尘世，不能全废世财，亦当见利思义，随其自然，不得分外贪求。即遇自然之财，还当审其来历，可取方取，可弃则弃。所谓以义为利，外虽取而心未尝取，何碍于取。昔孔子周游列国，孟子游食诸侯，未尝不受诸侯之赆馈，皆出自然，非强求也。即我长春祖师，始而粒米文钱不敢妄贪，劳其筋骨，饿其体肤，受人之所不能受，忍人之所不能忍，及至苦尽甜来，否极生泰，为宋金元诸帝之隆宠，有赐未尝不受。然受之而祷雨救旱，禳灾扶国，与夫修造宫观，大兴教门。皆用财得当，然亦是先积法财，而后借世财立功也。世间糊涂学人，不知急求法财，而只以世财为重。哄骗十方，为衣为食，挪账累债，又一功不行，一德不积，来生与人填还。求其为人尚不可必，何敢望仙？更有一等造孽头，指东化西，拐骗善信，不做一件好事。赌博闹酒，每因几文钱，轻则口角争吵，重则打架横行。又有一等假道学，口道德而心盗跖，装模作样，俨然神仙。一见钱财，便露马脚，争论多寡，不顾廉耻。吾尝谓性命不如二百钱，诚然也。吾劝真心学道者，速将财利关口打通，不可见利忘义，心生贪图。须知的堆金积玉，买不得生死，财多累多，利多害多。与其背道而亡，莫若守道而死，还有好处。否则，利心重而道心轻，止不胜邪，妄想明道，难矣！

12 狄公论公正

【提要】 本篇选自后晋刘昫的《旧唐书·狄仁杰传》。文章记录了狄仁杰秉公执法、不徇私情的历史事实，以及他对公正问题的言论。“狄公案”是历史上影响巨大的清官文化遗产，即使在今天，也具有广泛的借鉴价值。狄仁杰辅助武则天开创了唐代一时繁荣兴盛的社会局面。由此可见廉洁奉公运用在法律制度的施行上，对社会的经济发展与政治稳定都有积极意义。反之，混乱的司法体系，可能会阻碍生产力的发展，更甚者则会造成社会骚动和动乱。由此可见执法者的道德修养至关重要。

【原文】仁杰，仪凤中为大理丞，周岁断滞狱一万七千人，无冤诉者。时武卫大将军权善才坐误斫昭陵柏树，仁杰奏罪当免职。高宗令即诛之，仁杰又奏罪不当死。帝作色曰：“善才斫陵上树，是使我不孝，必须杀之。”左右瞩仁杰令出，仁杰曰：“臣闻逆龙鳞，忤人主，自古以为难，臣愚以为不然。居桀、纣时则难，尧、舜时则易。臣今幸逢尧、舜，不惧比干之诛。昔汉文时有盗高庙玉环，张释之廷诤，罪止弃市。魏文将徙其人，辛毗引裾而谏，亦见纳用。且明主可以理夺，忠臣不可以威惧。今陛下不纳臣言，瞑目之后，羞见释之、辛毗于地下。陛下作法，悬之象魏，徒流死罪，俱有等差。岂有犯非极刑，即令赐死？法既无常，则万姓何所措其手足？陛下必欲变法，请从今日为始。古人云：假使盗长陵一抔土，陛下何以加之？今陛下以昭陵一株柏杀一将军，千载之后，谓陛下为何主？此臣所以不敢奉制杀善才，陷陛下于不道。”帝意稍解，善才因而免死。居数日，授仁杰侍御史。

时司农卿韦机兼领将作、少府二司，高宗以恭陵玄宫狭小，不容送终之具，遣机续成其功。机于埏之左右为便房四所，又造宿羽、高山、上阳等宫，莫不壮丽。仁杰奏其太过，机竟坐免官。左司郎中王本立恃宠用事，朝廷慑惧，仁杰奏之，请付法寺，高宗特原之。仁杰奏曰：“国家虽乏英才，岂少本立之类，陛下何惜罪人而亏王法？必欲曲赦本立，请弃臣于无人之境，为忠贞将来之诫。”本立竟得罪，由是朝廷肃然。……

转文昌右丞，出为豫州刺史。时越王贞称兵汝南事败，缘坐者六七百人，籍没者五千口，司刑使逼促行刑。仁杰哀其诖误［诖误：被别人牵连而受到处分或损害。也作挂误。]，缓其狱，密表奏曰："臣欲显奏，似为逆人申理；知而不言，恐乖陛下存恤之旨。表成复毁，意不能定。此辈咸非本心，伏望哀其诖误。"特敕原之，配流丰州。豫囚次于宁州，父老迎而劳之曰："我狄使君活汝辈耶！"相携哭于碑下，斋三日而后行。豫囚至流所，复相与立碑颂狄君之德。……

天授二年九月丁酉，转地官侍郎、判尚书、同凤阁鸾台平章事。则天谓曰："卿在汝南时，甚有善政，欲知谮［谮：说别人的坏话，诬陷，中伤。］卿者乎？"仁杰谢曰："陛下以臣为过，臣当改之；陛下明臣无过，臣之幸也。臣不知谮者，并为善友，臣请不知。"则天深加叹异。

13 海瑞传略

【提要】本篇选自清张廷玉的《明史·海瑞传》。文章刻画了海瑞廉洁奉公的高大形象，尤其是在面对强权压迫的情况下，海瑞可以始终保持刚正不阿、秉持公义，令人肃然起敬。海瑞的故事对于我们有两方面的启发。一方面，由于海瑞清廉不贪，面对各种政治风波，都能够全身而退。假如是贪腐之徒，必定会回头无路，招致杀身之祸。另一方面，海瑞一生拼尽全力，奉献了自己的年华和精力，待垂垂老矣时看穿了官场的不可救药，因此不再勉强而为，遂告老还乡，屡召不起。这反映了在恶劣的社会环境中，个别清官最终也是孤掌难鸣，只能落得灰心失望，归隐山林的下场。这对个人和社会都可谓莫大损失。

【原文】

海瑞，字汝贤，琼山人。举乡试，署南平教谕，迁淳安知县。布袍脱粟，[1] 令老仆艺蔬自给。总督胡宗宪尝语人曰："昨闻海令为母寿，市肉二斤矣。"都御史鄢懋卿行部过，供县甚薄，抗言邑小

① 脱粟：糙米饭。

不足容车马。懋卿恚[1]甚，然素闻瑞名，为敛威去。

时世宗享国日久，不亲朝，深居西苑，专意斋醮。督抚大吏争上符瑞，礼官辄表贺。廷臣无敢言时政者，瑞独上疏。帝得疏，大怒，抵之地，顾左右曰："趣执之，无使得遁！"宦官黄锦在侧曰："此人素有痴名。闻其上疏时，自知触忤当死，市一棺诀妻子，待罪于朝僮仆亦奔散无留者，是不遁也。"帝默然。少顷复取读之，日再三，为感动太息。

三年夏，以右佥都御史巡视抚应天十府。属吏惮其威，墨者多自免去。有势家殊丹其门，闻瑞至，黝之，中人监织造者，为减舆从。素疾大户兼并，力摧豪强，抚穷弱。贫民田入于富室者，率夺还之。下令飚发凌厉，所司惴惴奉行，豪有力者至窜他郡以避。而奸民多乘机告讦，故家大姓时有被诬负屈者。又裁节邮传冗费，士大夫出其境率不得供顿，由是怨颇兴。都给事中舒化论瑞，滞不达政体，宜以南京清秩处之，帝犹优诏奖瑞。已而，给事中戴凤翔劾瑞庇奸民，鱼肉缙绅，[2] 沽名乱政，逐政督南京粮储。将履新任，会高拱掌吏部，素衔瑞，并其职于南京户部，瑞遂谢病归。

帝屡欲召用瑞，执政阴沮之，乃以为南京右都御史。诸司素偷惰，瑞以身矫之。提学御史房寰恐见纠擿，[3] 欲先发，给事中钟宇淳复怂恿，寰上再疏丑诋。瑞亦屡疏乞休，尉留不允。十五年，卒官。

14 廉吏第一

【提要】 本篇选自徐珂所编《清稗类钞》一书。文章告诉我们只要清廉奉公，无论经历多少磨难，最终必能得到政府和人民的认可。该文深刻地驳斥了清官不得好的唯心主义观点，鼓舞官吏奉行清廉的操守。这里我们要注意，当皇帝对清官贤者予以嘉奖时，即

---

① 恚：怨，恨。

② 缙绅：古代称有官职的或做过官的人。也作搢绅。

③ 纠擿：举发纠正。

使这种嘉奖只是一种荣誉，但对社会人心的振奋作用仍是不容忽视的。“廉吏第一”这样的头衔对本篇中的主人公来说是实至名归。然而，在历史上又有多少清官不被认可，甚至被排挤，乃至被迫害呢？我们可以不必相信《答苏武书》的偏激之情，但是任何一个有理智的人至少可以理解《报任安书》中司马迁的复杂心情。故高尚之士“不怨天，不尤人”，此是固然，但也不可以“不知进退存亡”。

【原文】

于清端公成龙令罗城，拊循残氓，悉除诸禁，诚意感人，民皆以田赋亲输清端手。或留数钱置案上，问何意，曰：“阿耶不纳火耗，不谋衣食，宁酒亦不买乎？”清端感其意，留数钱。计得酒一壶而止。

清端居罗城久，从仆或散去或死，罗人益怜之，每晨夕，集问安否，间敛金钱跪进，云：“知阿耶清苦，我曹供些少盐米费耳。”笑谢曰：“我一人，何须如许物，可持归易甘旨，奉汝父母，如我受也。”民怏怏持去。一日，闻其家人来，民大喜，奔哗庭中，言：“阿耶人来，好将物安家去。”又进金钱如初。又笑谢曰：“此去吾家六千里，单人携赀，适为累耳。”麾使去。民皆伏泣，清端亦泣，卒不受。比迁知合州，罗民遮道呼号曰：“耶今去，我侪无天矣。”追送数百里，哭而返。一眇者独留不去，清端问故，曰：“民习星卜，度公橐中赀不足行千里，民技犹可资以行也。”清端感其意，因不遣去。会霪雨[1]赀尽，竟藉其力得达。

其后清端薨于两江总督任所，先一夕，微觉体中不适，晨兴，坐内堂判事，少顷，瞑目不语，遂薨。藩臬入内寝，检遗囊，为棺敛计，见其衾帏敝陋，笥存白金三两、旧衣数袭、青钱二千、粟米五六斗，相率太息而出。性廉洁，俭于自奉，不为妻子计，恶衣粗

① 霪雨：连绵不停的过量的雨。

食，安之若素。圣祖亦信之弥笃，以为廉吏第一。

15 蝜蝂传

【提要】《蝜蝂传》是唐代大文豪柳宗元的名篇。这是一篇寓言，通过描写蝜蝂这种小昆虫善负物、喜爬高的特性，嘲讽“今世之嗜取者”聚敛资财、贪得无厌、至死不悟的愚蠢，以及追求名位、贪婪成性的丑行，从而表达了作者对廉洁奉公精神的推崇和呼唤。从另外一个角度看，蝜蝂的过度发展最终导致其赖以生存的整体环境遭到破坏，自己也无法维持其生存。正如贪污之辈损害了集体利益，最终自身也无法受益。损公肥私真的可能继续下去吗？即使在物质层面不出问题，甚至会得到极大满足，但在人的心理和精神层面必然会产生更大的损害。正是看到这种隐微的平衡，智者才远离贪欲。

【原文】

蝜蝂者，善负小虫也。行遇物，辄持取，卬其首负之。背愈重，虽困剧不止也。其背甚涩，物积因不散，卒踬仆不能起。人或怜之，为去其负。苟能行，又持取如故。又好上高，极其力不已，至坠地死。

今世之嗜取者，遇货不避，以厚其室，不知为己累也，唯恐其不积。及其怠而踬也，黜弃之，迁徙之，亦以病矣。苟能起，又不艾。日思高其位，大其禄，而贪取滋甚，以近于危坠，观前之死亡，不知戒。虽其形魁然大者也，其名人也，而智则小虫也。亦足哀夫！

三　历史典故

1 断狱不隐亲

晋邢侯与雍子争鄐田，久而无成。士景伯如楚，叔鱼摄理，韩宣子命断旧狱，罪在雍子。雍子纳其女于叔鱼，叔鱼蔽罪邢侯。邢侯怒，杀叔鱼与雍子于朝。宣子问其罪于叔向。叔向曰：“三人同罪，施生戮死可也。雍子自知其罪而赂以买直，鲋也鬻狱[①]，刑侯专杀，其罪一也。己恶而掠美为昏，贪以败官为墨，杀人不忌为贼。《夏书》曰：‘昏、墨、贼，杀。’皋陶之刑也。请从之。”乃施邢侯而尸雍子与叔鱼于市。仲尼曰：“叔向，古之遗直也。治国制刑，不隐于亲，三数叔鱼之恶，不为末减。曰义也夫，可谓直矣！”

——《左传》昭公十四年

2 齐田稷母

齐田稷子之母也。田稷子相齐，受下吏之货金百镒[②]，以遗其母。母曰：“子为相三年矣，禄未尝多若此也，岂修士大夫之费哉！安所得此？”对曰：“诚受之于下。”其母曰：“吾闻士修身洁行，不为苟得。竭情尽实，不行诈伪。非义之事，不计于心。非理之利，不入于家。言行若一，情貌相副。今君设官以待子，厚禄以奉子，言行则可以报君。夫为人臣而事其君，犹为人子而事其父也。尽力竭能，忠信不欺，务在效忠，必死奉命，廉洁公正，故遂而无患。今子反是，远忠矣。夫为人臣不忠，是为人子不孝也。不义之财，非吾有也。不孝之子，非吾子也。子起。”

田稷子惭而出，反其金，自归罪于宣王，请就诛焉。宣王闻之，大赏其母之义，遂舍稷子之罪，复其相位，而以公金赐母。君子谓，稷母廉而有化。《诗》曰：“彼君子兮，不素飧[③]兮。”无功而食禄，不为也，况于受金乎！

颂曰：田稷之母，廉洁正直，责子受金，以为不德，忠孝之事，尽财竭力，君子受禄，终不素食。

——（西汉）刘向《列女传》

---

① 鬻狱：受贿而枉断官司。

② 百镒：极言货币之多。溢，古代黄金计量单位。

③ 素飧：谓无功受禄，不劳而食。

3 以廉为宝

宋人有得玉者，献诸司城子罕，子罕不受。献玉者曰："以示玉人，玉人以为宝，故敢献之。"子罕曰："我以不贪为宝，尔以玉为宝。若与我者，皆丧宝也。不若人有其宝。"故宋国之长者曰："子罕非无宝也，所宝者异也。"

——（西汉）刘向《新序·节士》

4 弦章辞鱼

是时海人入鱼，公以五十乘赐弦章。弦章归，鱼乘塞涂，抚其御之手曰："曩之唱善者，皆欲若鱼者也。昔者晏子辞以正君，故过失不掩。今诸臣谄谀以干利，故出质而唱善，如出一口。今所辅于君，未见于众，而受若鱼，是反晏子之义而顺谄谀之欲也。"故辞鱼不受。君子曰："弦章之廉，乃晏子之遗训也。"

——（西汉）刘向《说苑·君道》

5 法不私亲

楚令尹子文之族有干法者，廷理拘之，闻其令尹之族也而释之。子文召廷理而责之，曰："凡立廷理者，将以司犯王令而察触国法也。夫直士持法，柔而不挠；刚而不折。今弃法而背令而释犯法者，是为理不端，怀心不公也。岂吾营私之意也，何廷理之驳于法也！吾在上位以率士民，士民或怨，而吾不能免之于法。今吾族犯法甚明，而使廷理因缘吾心而释之，是吾不公之心，明著于国也。执一国之柄而以私闻，与吾生不以义，不若吾死也。"遂致其族人于廷理曰："不是刑也，吾将死！"廷理惧，遂刑其族人。成王闻之，不及履而至于子文之室曰："寡人幼少，置理失其人，以违夫子之意。"于是黜廷理而尊子文，使及内政。国人闻之，曰："若令尹之公也，吾党何忧乎？"乃相与作歌曰："子文之族，犯国法程，廷理释之，子文不听，恤顾怨萌，方正公平。”

——（西汉）刘向《说苑·至公》

6 法斩后至

穰苴既辞，与庄贾约曰：“旦日日中会于军门。”穰苴先驰至军，立表下漏，待贾。贾素骄贵，以为将己之军而己为监，不甚急；亲戚左右送之，留饮。日中而贾不至。穰苴则仆表决漏，入，行军勒兵，申明约束。约束既定，夕时，庄贾乃至。穰苴曰：“何后期为？”贾谢曰：“不佞大夫亲戚送之，故留。”穰苴曰：“将受命之日则忘其家，临军约束则忘其亲，援枹鼓之急则忘其身。今敌国深侵，邦内骚动，士卒暴露于境，君寝不安席，食不甘味，百姓之命皆悬于君，何谓相送乎！”召军正问曰：“军法期而后至者云何？”对曰：“当斩。”庄贾惧，使人驰报景公，请救。既往，未及反，于是遂斩庄贾以徇三军。三军之士皆振栗。

——（西汉）司马迁《史记·司马穰苴列传》

7 奉公如法

赵奢者，赵之田部吏也。收租税而平原君家不肯出租，奢以法治之，杀平原君用事者九人。平原君怒，将杀奢。奢因说曰：“君于赵为贵公子，今纵君家而不奉公则法削，法削则国弱，国弱则诸侯加兵，诸侯加兵是无赵也，君安得有此富乎？以君之贵，奉公如法则上下平，上下平则国强，国强则赵固，而君为贵戚，岂轻于天下邪？”平原君以为贤，言之于王。王用之治国赋，国赋大平，民富而府库实。

——（西汉）司马迁《史记·廉颇蔺相如列传》

8 奉法不违

及光武破王寻等，还过颍阳，遵以。县吏数进见，光武爱其容仪，署为门下史。从征河北，为军市令。舍中儿犯法，遵格杀之。

光武怒，命收遵。时，主簿陈副谏曰："明公常欲众军整齐，今遵奉法不避，是教令所行也。"光武乃贳之，以为刺奸将军。谓诸将曰："当备祭遵！吾舍中儿犯法尚杀之，必不私诸卿也。"

——（南朝·宋）范晔《后汉书·祭遵传》

9 守正不贿

郑兴字少赣，河南开封人也。……子众。……建武中，皇太子及山阳王荆，因虎贲中郎将[①]梁松以缣帛聘请众，欲为通义，引籍出入殿中。众谓松曰："太子储君，无外交之义，汉有旧防，蕃王不宜私通宾客。"遂辞不受。松复风众以"长者意，不可逆"。众曰："犯禁触罪，不如守正而死。"太子及荆闻而奇之，亦不强也。

——（南朝·宋）范晔《后汉书·郑范陈贾张列传》

10 李膺斩奸

李膺字符礼，颍川襄城人也。……初举孝廉……拜司隶校尉。时张让弟朔为野王令，贪残无道，至乃杀孕妇。闻膺厉威严，惧罪逃还京师，因匿兄让第舍，藏于合柱中。膺知其状，率将吏卒破柱取朔，付洛阳狱。受辞毕，即杀之。让诉冤于帝，诏膺入殿，御亲临轩，诘以不先请便加诛辟之意。膺对曰："……昔仲尼为鲁司寇，七日而诛少正卯。今臣到官已积一旬，私惧以稽[②]留为愆，不意获速疾之罪。诚自知衅责，死不旋踵，特乞留五日，克殄元恶，退就鼎镬[③]，始生之愿也。"帝无复言，顾谓让曰："此汝弟之罪，司隶何愆?"乃遣出之。自此，诸黄门常侍皆鞠躬屏气，休沐不敢复出宫省。帝怪问其故，并叩头泣曰："畏李校尉。"

——（南朝·宋）范晔《后汉书·党锢列传》

---

① 虎贲中郎将：官名，比六百石。虎贲中郎将下属官员。

② 稽：拖延。

③ 鼎镬：古代的酷刑。

11 羊续拒妻

时权豪之家多尚奢丽，续深疾之，常敝衣薄食，车马羸败。府丞尝献其生鱼，续受而悬于庭；丞后又进之，续乃出前所悬者以杜其意。续妻后与子秘俱往郡舍，续闭门不内妻，自将秘行，其资藏惟有布衾、敝衹裯，盐、麦数斛而已，顾敕秘曰："吾自奉若此，何以资尔母乎?"使与母俱归。

——（南朝·宋）范晔《后汉书·羊续传》

12 无立锥地

迁字子庐，沛国人，初为渔阳太守，以智略安边，匈奴不敢入界。及在公辅，有宅数亩，田不过一顷，复推与兄子。其妻尝谓曰："君有四子而无立锥之地，可余奉禄，以为后世业。"迁曰："吾备位大臣而蓄财求利，何以示后世!"在位四年薨，家无担石焉。

——（南朝·宋）范晔《后汉书·宣张二王杜郭吴承郑赵列传》

13 郅恽拒关

恽遂客居江夏教授，郡举孝廉，为上东城门候。帝尝出猎，车驾夜还，恽拒关不开。帝令从者见面于门间。恽曰："火明辽远"。遂不受诏。帝乃回从东中门入。明日，恽上书谏曰："昔文王不敢盘于游田，以万人惟忧。而陛下远猎山林，夜以继昼，其于社稷宗庙何？暴虎冯河，未至之戒，诚小臣所窃忧也。"书奏，赐布百匹，贬东中门候为参封尉。

——（南朝·宋）范晔《后汉书·郅恽传》

14 忠臣不私

拜武威太守，帝亲见，戒之曰："善事上官无失名誉。"延对曰："臣闻忠臣不私，私臣不忠。履正奉公，臣子之节。上下雷同，非陛下之福。善事上官，臣不敢奉诏。”帝叹息曰：“卿言是也。”

——（南朝 · 宋）范晔《后汉书 · 任延传》

15 私恩公法

迁冀州刺史。故人为清河太守，章行部案其奸臧。乃请太守，为设酒肴，陈平生之好甚欢。太守喜曰：“人皆有一天，我独有二天。”章曰：“今夕苏孺文与故人饮者，私恩也；明日冀州刺史案事者，公法也。”遂举正其罪。

——（南朝 · 宋）范晔《后汉书 · 苏章传》

16 耿介尚操

协少清介有志操，初为廷尉正，冬服单薄，寺卿蔡法度谓人曰：“我愿解身上襦与顾郎，恐顾郎难衣食者。”竟不敢以遗之。及为舍人，同官者皆润屋，协在省十六载，器服饮食，不改于常。有门生始来事协，知其廉洁，不敢厚饷，止送钱二千，协发怒，杖二十，因此事者绝于馈遗。自丁艰忧，遂终身布衣蔬食。

——（唐）李延寿《南史 · 顾协传》

17 鲁相嗜鱼

客有遗相鱼者，不受也。客曰：“闻君嗜鱼，遗君鱼，何故不受也?”相曰：“以嗜鱼，故不受也。今为相，能自给鱼；今受鱼而免，谁复给我鱼者？吾故不受也。”食茹而美，拔其园葵而弃之；见其家织布好，而疾出其家妇，燔其机。云：“欲令农士、工女安所仇其货乎?”

——（唐）魏徵等《群书治要 · 史记》

18 杨震四知

杨震字伯起，弘农人也。迁东莱太守，道经昌邑，故所举茂才王密为昌邑令，谒见，至夜，怀金十斤以遗震。震曰：“故人知君，君不知故人，何也？”密曰：“暮夜无知者。”震曰：“天知，神知，我知，子知，何谓无知？”密愧而出，后转涿郡太守。性公廉，子孙常蔬食步行，故旧长者或欲令为开产业。震曰：“使后世称为清白吏子孙，以此遗之，不亦厚乎？”

——（唐）魏徵等《群书治要·后汉书》

19 执法一心

刑部侍郎辛亶尝衣绯裈[①]，俗云利官，上以为厌蛊，将斩之，绰曰：“据法不当死，臣不敢奉诏。”上怒甚，谓绰曰：“卿惜辛亶而不自惜也？”命左仆射高颎将绰斩之。绰曰：“陛下宁可杀臣，不可杀辛亶。”至朝堂，解衣当斩。上使人谓绰曰：“竟如何？”对曰：“执法一心，不敢惜死。”上拂衣而入，良久乃释之。明日，谢绰，劳勉之，赐物三百段。

——（唐）李延寿《北史·赵绰传》

20 独以官贫

彦谦居家，每子侄定省，常为讲说督勉之，亹[②]亹不倦。家有旧业，资产素殷，又前后居官所得俸禄，皆以周恤亲友，家无余财。车服器用，务存素俭。自少及长，一言一行，未尝涉私。虽致屡空，怡然自得。尝从容独笑，顾谓其子玄龄曰：“人皆因禄富，我独以官贫。所遗子孙，在于清白耳。”

——（唐）李延寿《北史·房彦谦传》

21 效恽执门

显祖曾因近出，令耀居守。帝夜还，耀不时开门，勒兵严备。帝驻蹕门外久之，催迫甚急。耀以夜深，真伪难辩，须火至面识，门乃可开，于是独出见帝。帝笑曰：“卿欲学郅君章也？”乃使耀前

---

① 绯裈：红色的裤子。

② 亹：无休无止。

开门，然后入，深嗟赏之，赐以锦采。出为南青州刺史，未之任。肃宗辅政，累迁秘书监。

——（唐）李百药《北齐书·张耀传》

22 大公无私

裴光德垍在中书。有故人，官亦不卑，自远相访。裴公给恤优厚，从容款洽，在其第无所不为。乘间求京府判司。裴公曰："公诚佳士，但此官与公不相当，不敢以故人之私，而隳朝廷纲纪。他日有瞎眼宰相怜公者，不妨却得，某必不可。"其执守如此。

——（唐）赵璘《因话录》

23 清慎之最

裴侠字嵩和，河东解人也。……除河北郡守，侠躬履俭素，爱人如子，所食唯菽盐菜而已。吏人莫不怀之。此郡旧制，有渔猎夫三十人以供郡守。侠曰："以口腹役人，吾所不为也。"乃悉罢之。又有丁三十人，供郡守役，侠亦不以入私，并收庸为市官马。岁月既积，马遂成群。去职之日，一无所取。人歌曰："肥鲜不食，丁庸不取。裴公贞惠，为世规矩。"……朝野服焉，号为"独立使君"。

——（唐）李延寿《北史·裴侠传》

24 杜暹埋金

自暹高祖至暹，五代同居，暹尤恭谨，事继母以孝闻。初举明经，补婺州参军，秩满将归，州吏以纸万余张以赠之，暹惟受一百，余悉还之。时州僚别者，见而叹曰："昔清吏受一大钱，复何异也！"俄授郑尉，复以清节见知，华州司马杨孚，公直士也，深赏重之。寻而孚迁大理正，暹坐公事下法司结罪，孚谓人曰："若此尉得罪，则公清之士何以劝矣？"特荐之于执政，由是擢拜大理评事。

开元四年，迁监察御史，仍往碛西覆屯。会安西副都护郭虔瓘与西突厥可汗史献、镇守使刘避庆等不叶，更相执奏，诏暹按其事实。时暹已回至凉州，承诏复往碛西，因入突骑施，以究虔瓘等犯状。蕃人赍金以遗，暹固辞不受。左右曰：“公远使绝域，不可先蕃人情。”暹不得已受之，埋幕下，既去出境，乃移牒令收取之。蕃人大惊，度碛追之，不及而止。

——（后晋）刘昫等《旧唐书·杜暹传》

25 依法拒旨

素立，武德初为监察御史。时有犯法不至死者，高祖特命杀之，素立谏曰：“三尺之法，与天下共之，法一动摇，则人无所措手足。陛下甫创鸿业，遐荒尚阻，奈何辇毂之下[①]，便弃刑书？臣忝法司，不敢奉旨。”高祖从之。自是屡承恩顾。

——（后晋）刘昫等《旧唐书·良吏传》

26 犯颜执法

上以兵部郎中戴胄忠清公直，擢为大理少卿。上以选人多诈冒资荫，敕令自首，不首者死。未几，有诈冒事觉者，上欲杀之。胄奏：“据法应流。”上怒曰：“卿欲守法而使朕失信乎？”对曰：“敕者，出于一时之喜怒；法者，国家所以布大信于天下也。陛下忿选人之多诈，故欲杀之，而既知其不可，复断之以法，此乃忍小忿而存大信也。”上曰：“卿能执法，朕复何忧！”胄前后犯颜执法，言如涌泉，上皆从之，天下无冤狱。

——（北宋）司马光《资治通鉴》

27 依律杀佞

崔隐甫，贝州武城人。……玄宗立，擢汾州长史，兼河东道支

① 辇毂之下：辇毂指帝王的车驾，引申为京都、帝都。

度营田使，迁洛阳令。梨园弟子胡雏善笛，有宠，尝负罪匿禁中。帝以他事召隐甫，从容指曰："就卿丐此人。"对曰："陛下轻臣而重乐工，请解官。"再拜出，帝遽谢，与胡雏，隐甫杀之，有诏贳死，不及矣。

——（北宋）欧阳修、宋祁等《新唐书·崔隐甫传》

28 清廉感民

云南蛮乱成都，诏戎持节剑南为宣抚使。奏罢税外姜芋钱；当赋钱者率三之，以其一准缯布[①]，优其估以与民；绥招流亡。凡废若置，公私莫不便之。还拜给事中。出为华州刺史。吏以故事置钱万缗[②]为刺史私用，戎不取。及去，召吏曰："籍所置钱享军，吾重矫激以夸后人也。"徙兖海沂密观察使，民拥留于道不得行，乃休传舍，民至抱持取其靴。时诏使尚在，民泣诣使，请白天子丐戎还，使许诺。戎恚责其下，众曰："留公而天子怒，不过斩吾二三老人，则公不去矣。"戎夜单骑亡去，民追不及乃止。至兖州，锄灭奸吏十余辈，民大喜。

——（北宋）欧阳修、宋祁等《新唐书·崔戎传》

29 以身作则

穆宗初，以库部郎中知制诰。徙御史中丞，按治不法，内外澄肃。宿州刺史李直臣坐赇当死，赂宦侍为助。具狱上；帝曰："直臣有才，朕欲贷而用之。"僧孺曰："彼不才者，持禄取容耳。天子制法，所以束缚有才者。禄山、朱泚以才过人，故乱天下。"帝异其言，乃止。……

始，韩弘入朝，其子公武用财赂权贵，杜塞言者。俄而弘、公武卒，孙弱不能事，帝遣使者至其家，悉收赀簿，校计出入。所以饷中朝臣者皆在，至僧孺，独注其左曰："某月日，送钱千万，不

① 缯布：缯帛布匹。
② 缗：成串的铜钱，每串一千文。

纳。”帝善之。

——（北宋）欧阳修、宋祁等《新唐书·牛僧孺传》

30 孟容守正

神策军自兴元后，日骄恣，府县不能制。军吏李昱贷富人钱八百万，三岁不肯归。孟容遣吏捕诘，与之期使偿，曰“不如期，且死”一军尽惊，诉于朝。宪宗诏以昱付军治之，再遣使，皆不听。奏曰“不奉诏，臣当诛。然臣职司辇毂，当为陛下抑豪强。钱未尽输，昱不可得。”帝嘉其守正，许之。

——（北宋）欧阳修、宋祁等《新唐书·许孟容传》

31 迎奉无具

太祖以范质寝疾，数幸其家。其后，虑烦在朝大臣，止令内夫人问讯。质家迎奉器皿不具，内夫人奏知，太祖即令翰林司送果子床、酒器凡十副以赐之。复幸其第，因谓质曰：“卿为宰相，何自苦如此？”质奏曰：“臣向在中书，门无私谒，所与饮酌，皆贫贱时亲戚，安用器皿？因循不置，非力不及也。猥蒙厚赐，有涉近名，望陛下察之。”寻薨。开宝中，因相位乏人，太祖累言：“如范质，真宰相也。”嗟悼久之。

——（宋）王君玉《国老谈苑》

32 法杖权贵

澳为人公直，既视事，豪贵敛手。郑光庄吏恣横，为闾里患，积年租税不入，澳执而械之，上于延英问澳，澳具奏其状。上曰：“卿何以处之？”澳曰：“欲置于法。”上曰：“郑光甚爱之，何如？”对曰：“陛下自内庭用臣为京兆，欲以清畿甸之积弊；若郑光庄吏积年为蠹，得宽重辟，是陛下之法独行于贫户，臣未敢奉诏。”上曰：“诚如此。但郑光殢我不置，卿与痛杖，贷其死，可乎？”对曰：“臣不敢不奉诏，愿听臣且系之，俟征租足乃释之。”上曰：

“灼然可。朕为郑光故挠卿法，殊以为愧。”澳归府，即杖之；督租数百斛足，乃以吏归光。

——（北宋）司马光《资治通鉴·唐纪》

33 法无假贷

帝聪明能断，善用人，行法无所假贷。隆虑公主子昭平君尚帝女夷安公主。隆虑主病困，以金千斤、钱千万为昭平君豫赎死罪，上许之。隆虑主卒，昭平君日骄，醉杀主傅，系狱；廷尉以公主子上请。左右人人为言：“前又入赎，陛下许之。”上曰：“吾弟老有是一子，死，以属我。”于是为之垂涕，叹息良久，曰：“法令者，先帝所造也，用弟故而诬先帝之法，吾何面目入高庙乎！又下负万民。”乃可其奏，哀不能自止，左右尽悲。待诏东方朔前上寿，曰：“臣闻圣王为政，赏不避仇雠，诛不择骨肉。《书》曰：‘不偏不党，王道荡荡。’此二者，五帝所重，三王所难也，陛下行之，天下幸甚！臣朔奉觞昧死再拜上万寿！”上初怒朔，既而善之，以朔为中郎。

——（北宋）司马光《资治通鉴·汉纪十四》

34 岂可竞利

元嘉十二年，转在临海，并以简约见称。所得禄秩，悉散之亲故，妻子常饥寒。人有劝其营田者，秉之正色曰：“食禄之家，岂可与农人竞利！”在郡作书案一枚，及去官，留以付库。十七年，卒，时年六十。

——（南朝·梁）沈约《宋书·良吏传·江秉之》

35 委版弃官

周敦颐，字茂叔，道州营道人。原名敦实，避英宗旧讳改焉。以舅龙图阁学士郑向任，为分宁主簿。有狱久不决，敦颐至，一讯立辨。惊：“老吏不如也。”部使者荐之，调南安军司理参军。有囚法不当死，转运使王逵欲深治之。逵，酷悍吏也，众莫敢争，敦颐独与之辩，不听，乃委手版归，将弃官去，曰："如此尚可仕乎！杀人以媚人，吾不为也。"逵悟，囚得免。

——（元）脱脱等《宋史·周敦颐传》

三　仁义礼让

一　本篇导读

仁义礼让是中国古代处理一般性社会关系的道德原则，源于儒家“仁义礼智信，温良恭俭让”的道德观念。

中国古代的“仁义”之德，主要源于儒家的学说。众所周知，“仁”是儒家学说的核心范畴。在《论语》中，“仁”出现了一百余次，是整部书中被论及最多的概念。诸如：“仁者爱人。”“仁远乎哉？我欲仁，斯仁至矣。”“克己复礼为仁。一日克己复礼，天下归仁焉！”“为仁由己，而由人乎哉？”等等。孟子进一步阐发了“仁者爱人”的思想，在《离娄篇》中，孟子说：“君子所以异于人者，以其存心也。君子以仁存心，以礼存心。仁者爱人，有礼者敬人。爱人者，人恒爱之；敬人者，人恒敬之。”意思是说，君子和一般人的分别，就在于能够保存心中的善端，不让它失去。而保持善端的关键，就是将“仁”和“礼”永存心中。其中，“仁”是对他人的爱，“礼”是对他人的尊重。“义”是儒家的另一重要道德范畴。在古代汉语中，“义”有适宜、合乎正义之意，《释名》曰：“义者，宜也，裁制事物使合宜也。”孔孟之道都将“义”作为一种判断准则，从而对某个人的思想言论或者行为是否合宜进行判断，并指出恪守道义是处理社会关系的核心内容，是治国立身的重要准则。纵观历史，人们对“义”的理解往往集中在“义利关系”上，尤其是在儒家看来，

“义”保护的是整体利益，“利”谋求的是个人利益。孔子就论断，君子与小人之别就在于“君子喻于义，小人喻于利”（《论语·为政》）。君子行事依据“义”，故而能够“饭疏食饮水，曲肱而枕之，乐亦在其中矣”，相反，“不义而富且贵，于我如浮云”，孔子甚至宣称：“富而可求也，虽执鞭之士，吾亦为之；如不可求，从吾所好。”只要合乎道，就可以大大方方地去追求富贵；倘若不合乎道，那就算了，这是原则问题。孟子将“义”推广到国家最高行为准则的地位，“义”也因此由个体道德标准而升华为国家政治的伦理准则。如果在生命与道义之间做出取舍，孟子甚至主张“舍生取义”。

在儒家那里，“仁义”是一个整体范畴。孟子指出，“仁”源于“恻隐之心”，“义”源于“羞恶之心”。他说：“恻隐之心，人皆有之；羞恶之心，人皆有之；恭敬之心，人皆有之；是非之心，人皆有之。”四心亦即“仁义礼智”之端。《告子上》曰：“仁，人之安宅也；义，人之正路也。”他认为“仁”是人的思想道德，而“义”是将其付诸实践的行动。行为处事要怀着仁爱之心，做符合道义的事，这是作为君子的基本要求，换言之，只有具备了“居仁由义”的思想，才能称之为品德高尚。《孟子·尽心上》曰：“强恕而行，求仁莫近焉。”有志之人，立身处世不可或缺的行为应该就是修养自身，只有把内证与外践有效地结合起来，才有可能达到知行合一的境界，从而才能明白大道不弃万物之理，才能起到修身的功用。

在中国古代经典中，仁义被视为道德教化之根本。《魏志》曰：“夫孝敬仁义，百行之首，而立身之本也。孝敬则宗族安之，仁义则乡党重之。此行成于内，名著于外者矣。”这就意味着，孝敬仁义，既是立身处世的根本所在，也是扬名于外的基本前提，故而也是教化的根本。《袁子政书》的论述具有代表性：“夫仁义礼制者，治之本也；法令刑罚者，治之末也。无本者不立，无末者不成。夫礼教之治，先之以仁义，示之以敬让，使民迁善，日用而不知也。儒者见之治，因谓治国不须刑法，不知刑法承其下，而后仁义兴于上也。”袁准指出，仁义礼制乃治国之根本，法令刑罚乃治国之枝末。倘若没有道德仁义礼作为立国的根本，国家就立不住，故而先要有立国之本。《盐铁论》亦载：“古者，明其仁义之誓，使民不逾；不教而杀，是虐民也。”古圣先贤治理国家，首先是“明其仁义之誓”，就是让老百姓都知道自己施行仁义，使他们不逾越礼义，人人趋于仁义。

如果说“仁”在于爱心，“义”在于正行，那么“礼”则在于尺度，“让”则在于行动。如果没有“礼”作为载体，道德易沦为空中楼阁；倘若没有“让”之行动，也很难鉴定仁义的存在性。《论语》记载，颜渊曾向孔子讨教什么是仁德，孔子给出的答案是：“克己复礼为仁，一日克己复礼，天下归仁焉，为仁由己，而由人乎哉？”可见，仁与礼乃是一个事物相辅相成的两个方面，礼以仁为内在价值依据，仁以礼为外在表现形式。换言之，外在之“礼”乃是内在之“仁”的自然流露。孔子还强调，“不知礼，无以立”，具体来说，就是“非礼勿视，非礼勿听，非礼勿言，非礼勿动”。在先秦诸子当中，荀子对“礼”最为推崇，其研究成果也最为丰硕。在《礼论》中，荀子认为：“人生而有欲，欲而不得，则不能无求；求而无度量分界，则不能不争；争则乱，乱则穷。先王恶其乱也，故制礼义以分之，以养人之欲，给人之求，使欲必不穷于物，物必不屈于欲，两者相持而长，是礼之所以起也。”以一种建构性的规矩制度来制衡人心所欲，可以说是对“仁”与“义”的最好补充与促进。天地之间，单个事物有单个事物的规矩，万事万物有万事万物的规矩，这些都可以被称为客观的“礼”。在任何时候都能够合乎规范，既“从心所欲”又“不逾矩”，这是“礼”之精髓所在。事实上，作为中华传统道德之“礼让”，更多的是指谦恭礼让。《周易》里面的《谦卦》也讲道：“谦，亨”，“君子有终，吉”。《尚书》里面也讲道：“满招损，谦受益，时乃天道。”所以，满招损，谦受益，骄傲自满的人会遭到众人的厌弃或攻击，而谦卑恭敬的人会得到众人的拥戴和帮助，这是天道，是自然规律。中国古人讲谦恭礼让，完整的意思是说谦虚是外在的表现，恭敬是内心的状态，只有内心做到恭敬，才是真正的谦虚，否则就是虚伪，如孔子所说的“巧言令色鲜矣仁”。一个人真正懂得了谦恭，自然而然会做到礼让他人，不贪不争。中华民族以礼仪之邦而闻名于世界，这在很大程度上与中华民族对谦恭礼让的推崇有关。

总之，“仁义礼让”是一个具有内在逻辑的整体，它以“仁”为源泉，以“义”为纲领，以“礼”为规范，以“让”为行动，它是中华先民对社会核心价值的精辟概括与高度凝练。事实上，在儒家“身修”“家齐”“国治”“天下平”的整个过程中，仁义礼让的品德贯穿始终，换言之，“仁义礼让”是“修齐治平”的基质，“修齐治平”乃是“仁义礼让”的外化。当然，传统的“仁义礼让”道德，与封建宗法等级制有着千丝万缕的联系，在客观上成为封建统治者的“利器”，因而表现出消极、保守及落后的一面，诸如，其中所包含的崇尚“妇人之仁”和“卑让苟和”的思想，应当予以扬弃。但是，“仁义礼让”在总体上反映了中华民族道德上的积极、文明、进步，是处理人与人之间关系的道德智慧，迄今仍具有积极的现实意义，需要我们给予足够的重视，使其重新绽放出智慧之光芒。

二　经典名篇

1 荣辱

【提要】本篇节选自《荀子》。该文论述了关于光荣与耻辱的诸多问题，其大旨是“荣辱之来，必象其德”，以及“先义而后利者荣，先利而后义者辱”。此外，文中提出仁义礼让的心理基础建设之途径，大意是不能离开自知与豁达的精神修养：“自知者不怨人，知命者不怨天，怨人者穷，怨天者无志。”只有不怨，才能够实行仁义，得失随分，礼让不争。荀子关于仁义礼让的观点具有朴素的实用主义色彩，摆脱情绪干扰才能够减少不必要的人际摩擦，这对我们今天看待此类问题具有一定借鉴价值。

【原文】

材性知能，君子小人一也；好荣恶辱，好利恶害，是君子小人之所同也。若其所以求之之道则异矣：小人也者，疾为诞而欲人之信己也，疾为诈而欲人之亲己也，禽兽之行而欲人之善己也；虑之难知也，行之难安也，持之难立也，成则必不得其所好，必遇其所恶焉。故君子者，信矣，而亦欲人之信己也；忠矣，而亦欲人之亲己也；修正治辨矣，而亦欲人之善己也；虑之易知也，行之易安也，持之易立也，成则必得其所好，必不遇其所恶焉。是故穷则不隐，通则大明，身死而名弥白。小人莫不延颈举踵而愿曰："知虑材性，固有以贤人矣。"夫不知其与己无以异也。则君子注错之当，而小人注错之过也。故孰察小人之知能，足以知其有余，可以为君子之所为也。譬之越人安越，楚人安楚，君子安雅。是非知能材性然也，是注错习俗之节异也。仁义德行，常安之术也，然而未必不危也；污僈突盗，常危之术也，然而未必不安也。故君子道其常，而小人道其怪也。

凡人有所一同：饥而欲食，寒而欲暖，劳而欲息，好利而恶害，是人之所生而有也，是无待而然者也，是禹桀之所同也。目辨白黑美恶，而耳辨音声清浊，口辨酸咸甘苦，鼻辨芬芳腥臊，骨体肤理辨寒暑疾养，是又人之所常生而有也，是无待而然者也，是禹桀之所同也。可以为尧禹，可以为桀跖，可以为工匠，可以为农贾，在势注错习俗之所积耳。是又人之所生而有也，是无待而然者也，是禹桀之所同也。为尧禹则常安荣，为桀跖则常危辱；为尧禹则常愉佚，为工匠农贾则常烦劳；然而人力为此，而寡为彼，何也？曰：陋也。尧禹者，非生而具者也，夫起于变故，成乎修修之为，待尽而后备者也。人之生固小人，无师无法则唯利之见耳。人之生固小人，又以遇乱世，得乱俗，是以小重小也，以乱得乱也。君子非得势以临之，则无由得开内焉。今是人之口腹，安知礼义？

安知辞让？安知廉耻隅积[①]？亦呥呥[②]而嚼，乡乡而饱已矣。人无师无法，则其心正其口腹也。今使人生而未尝睹刍豢稻粱也，惟菽藿[③]糟糠之为睹，则以至足为在此也，俄而粲然有秉刍豢稻粱而至者，则瞲然[④]视之曰：此何怪也？彼臭之而嗛于鼻，尝之而甘于口，食之而安于体，则莫不弃此而取彼矣。今以夫先王之道，仁义之统，以相群居，以相持养，以相藩饰，以相安固邪。以夫桀跖之道，是其为相县也，几直夫刍豢稻粱之县糟糠尔哉！然而人力为此，而寡为彼，何也？曰：陋也。陋也者，天下之公患也，人之大殃大害也。故曰：仁者好告示人。告之、示之、靡之、儇[⑤]之、铅之、重之，则夫塞者俄且通也，陋者俄且僩也，愚者俄且知也。是若不行，则汤武在上曷益？桀纣在上曷损？汤武存，则天下从而治，桀纣存，则天下从而乱。如是者，岂非人之情，固可与如此，可与如彼也哉！

夫贵为天子，富有天下，是人情之所同欲也；然则从人之欲，则势不能容，物不能赡也。故先王案为之制礼义以分之，使有贵贱之等，长幼之差，知愚能不能之分，皆使人载其事，而各得其宜。然后使谷禄多少厚薄之称，是夫群居和一之道也。故仁人在上，则农以力尽田，贾以察尽财，百工以巧尽械器，士大夫以上至于公侯，莫不以仁厚知能尽官职。夫是之谓至平。故或禄天下，而不自以为多，或监门御旅，抱关击柝，而不自以为寡。故曰：“斩而齐，枉而顺，不同而一。”夫是之谓人伦。《诗》曰：“受小共大共，为下国骏蒙。”此之谓也。

2 礼论

【提要】 本篇亦出自《荀子》，它是古代儒家论礼文献中的杰

① 隅积：部分和整体，指封建礼法的总体原则和部分道理。

② 呥呥：咀嚼。

③ 菽藿：豆和豆叶，泛指粗劣的杂粮。

④ 瞲然：惊视貌。

⑤ 儇：渐渐积成。

作，从宏观的国家社稷出发进行论证。荀子认为，“人生而有欲”，为了满足欲望，就可能发生争夺，统治者为了避免这种局面，于是制定礼对其加以约束。制定礼不但是为了调节与满足人们的物质欲望，即所谓“养”，更是为了确立社会等级制度，即所谓“别”。它规定的各种道德规范和礼节仪式等都有利于等级制度的确立与巩固，所以它是治国的根本，是“人道之极”，关系到国家的安危存亡，因此统治者必须重视礼。

【原文】

礼起于何也？曰：人生而有欲，欲而不得，则不能无求。求而无度量分界，则不能不争；争则乱，乱则穷。先王恶其乱也，故制礼义以分之，以养人之欲，给人之求。使欲必不穷乎物，物必不屈于欲。两者相持而长，是礼之所起也。

故礼者养也。刍豢稻粱，五味调香，所以养口也；椒兰芬苾，所以养鼻也；雕琢刻镂，黼黻[①]文章，所以养目也；钟鼓管磬，琴瑟竽笙，所以养耳也；疏房檖貌，越席床笫几筵，所以养体也。故礼者养也。

君子既得其养，又好其别。曷谓别？曰：贵贱有等，长幼有差，贫富轻重皆有称者也。故天子大路越席，所以养体也；侧载睪芷[②]，所以养鼻也；前有错衡，所以养目也；和鸾之声，步中武象[③]，趋中韶护[④]，所以养耳也；龙旗九斿[⑤]，所以养信也；寝兕、持虎、蛟韅[⑥]、丝末[⑦]、弥龙[⑧]，所以养威也；故大路之马必倍至，教顺，然后乘之，所以养安也。孰知夫出死要节之所以养生也！孰

---

① 黼黻：古代礼服上所绣的色彩绚丽的花纹。
② 睪芷：亦作“睾茝”，香草名。
③ 武象：周武王时的乐名。
④ 韶护：亦作“韶濩”，汤乐名。
⑤ 九斿：亦作“九旒”，古代旌旗上的九条丝织垂饰。
⑥ 蛟韅：鲛鱼皮做的马肚带。
⑦ 丝末：古代覆盖在车轼上的丝织帷席。
⑧ 弥龙：车轭末端的龙头装饰。

知夫出费用之所以养财也！孰知夫恭敬辞让之所以养安也！孰知夫礼义文理之所以养情也！

故人苟生之为见，若者必死；苟利之为见，若者必害；苟怠惰偷懦之为安，若者必危；苟情说之为乐，若者必灭。故人一之于礼义，则两得之矣；一之于情性，则两丧之矣。故儒者将使人两得之者也，墨者将使人两丧之者也，是儒墨之分也。

礼有三本：天地者，生之本也；先祖者，类之本也；君师者，治之本也。无天地，恶生？无先祖，恶出？无君师，恶治？三者偏亡，焉无安人。故礼、上事天，下事地，尊先祖，而隆君师。是礼之三本也。

礼之理诚深矣，“坚白”“同异”之察入焉而溺；其理诚大矣，擅作典制辟陋之说入焉而丧；其理诚高矣，暴慢恣睢轻俗以为高之属入焉而队。故绳墨诚陈矣，则不可欺以曲直；衡诚县矣，则不可欺以轻重；规矩诚设矣，则不可欺以方圆；君子审于礼，则不可欺以诈伪。故绳者，直之至；衡者，平之至；规矩者，方圆之至；礼者，人道之极也。然而不法礼，不足礼，谓之无方之民；法礼，足礼，谓之有方之士。礼之中焉能思索，谓之能虑；礼之中焉能勿易，谓之能固。能虑、能固，加好者焉，斯圣人矣。故天者，高之极也；地者，下之极也；无穷者，广之极也；圣人者，道之极也。故学者，固学为圣人也，非特学无方之民也。

礼者，以财物为用，以贵贱为文，以多少为异，以隆杀为要。文理繁，情用省，是礼之隆也。文理省，情用繁，是礼之杀也。文理情用相为内外表墨，并行而杂，是礼之中流也。故君子上致其隆，下尽其杀，而中处其中。步骤驰骋厉鹜不外是矣。是君子之坛宇宫廷也。人有是，士君子也；外是，民也；于是其中焉，方皇周挟，曲得其次序，是圣人也。故厚者，礼之积也；大者，礼之广也；高者，礼之隆也；明者，礼之尽也。《诗》曰：“礼仪卒度，笑语卒获。”此之谓也。

礼者，断长续短，损有余，益不足，达爱敬之文，而滋成行义之美者也。故文饰、粗恶，声乐、哭泣，恬愉、忧戚；是反也；然而礼兼而用之，时举而代御。故文饰、声乐、恬愉，所以持平奉吉也；粗恶、哭泣、忧戚，所以持险奉凶也。故其立文饰也，不至于窕冶；其立粗恶也，不至于瘠弃；其立声乐、恬愉也，不至于流淫、惰慢；其立哭泣、哀戚也，不至于隘慑[①]伤生，是礼之中流也。

故情貌之变，足以别吉凶，明贵贱亲疏之节，期止矣。外是，奸也；虽难，君子贱之。故量食而食之，量要而带之，相高以毁瘠，是奸人之道，非礼义之文也，非孝子之情也，将以有为者也。故说豫、娩泽[②]，忧戚、萃恶，是吉凶忧愉之情发于颜色者也。歌谣、謷笑、哭泣、谛号，是吉凶忧愉之情发于声音者也。刍豢、稻粱、酒醴、餰鬻[③]、鱼肉、菽藿、酒浆，是吉凶忧愉之情发于食饮者也。卑絻、黼黻、文织，资粗、衰绖、菲繐、菅屦，是吉凶忧愉之情发于衣服者也。疏房、檖貌、越席、床笫、几筵，属茨[④]、倚庐、席薪、枕块，是吉凶忧愉之情发于居处者也。两情者，人生固有端焉。若夫断之继之，博之浅之，益之损之，类之尽之，盛之美之，使本末终始，莫不顺比，足以为万世则，则是礼也。非顺孰修为之君子，莫之能知也。

故曰：性者，本始材朴也；伪者，文理隆盛也。无性则伪之无所加，无伪则性不能自美。性伪合，然后成圣人之名，一天下之功于是就也。故曰：天地合而万物生，阴阳接而变化起，性伪合而天下治。天能生物，不能辨物也；地能载人，不能治人也；宇中万物生人之属，待圣人然后分也。《诗》曰："怀柔百神，及河乔岳。"此之谓也。

3 晋羊舌肸聘周论单靖公敬俭让咨

【提要】 本篇选自《国语·周语》。该文刻画了单靖公这位贤

---

① 隘慑：极度悲戚。

② 娩泽：指面色润泽，容光焕发。

③ 餰鬻：同"餰粥"。

④ 属茨：谓编茅盖屋。厚粥。

人重义尊礼的光辉形象，并借叔向等人之口加以赞扬，从而总结了他的美德。在单靖公宴请叔向时，他俭朴而恭敬；宴会上之行事，都效仿自己长官之所为；宴席上不拉私人交情，送行不出城郊；席间只谈论《昊天有成命》这首诗，而这首诗的主题乃是颂扬周成王的美德。所有这些行为均符合那个时代对于仁义礼让的道德标准。这则历史材料中蕴含的古人秉行礼法的精神值得学习。

【原文】

晋羊舌肸聘于周，发币于大夫及单靖公。靖公享之，俭而敬；宾礼赠饯，视其上而从之；燕无私，送不过郊，语说《昊天有成命》。

单之老送叔向，叔向告之曰："异哉！吾闻之曰：'一姓不再兴。'今周其兴乎！其有单子也。昔史佚有言曰：'动莫若敬，居莫若俭，德莫若让，事莫若咨。'单子之贶我，礼也，皆有焉。夫宫室不崇，器无彤镂[①]，俭也；身耸除洁，外内齐给，敬也；宴好享赐，不逾其上，让也；宾之礼事，放上而动，咨也。如是，而加之以无私，重之以不肴，能避怨矣。居俭动敬，德让事咨，而能避怨，以为卿佐，其有不兴乎！

且其语说《昊天有成命》，颂之盛德也。其诗曰：'昊天有成命，二后受之，成王不敢康。夙夜基命宥密，于，缉熙！亶厥心肆其靖之。'是道成王之德也。成王能明文昭，能定武烈者也。夫道成命者，而称昊天，翼其上也。二后受之，让于德也。成王不敢康，敬百姓也。夙夜，恭也；基，始也。命，信也。宥，宽也。密，宁也。缉，明也。熙，广也。亶，厚也。肆，固也。靖，和也。其始也，翼上德让，而敬百姓。其中也，恭俭信宽，帅归于宁。其终也，广厚其心，以固和之。始于德让，中于信宽，终于固和，故曰成。单子俭敬让咨，以应成德。单若不兴，子孙必蕃，后世不忘。

---

① 彤镂：涂丹漆和雕刻花纹，亦泛指装饰。

《诗》曰：‘其类维何？室家之壶。君子万年，永锡祚胤。’类也者，不忝前哲之谓也。壶也者，广裕民人之谓也。万年也者，令闻不忘之谓也。胤也者，子孙蕃育之谓也。单子朝夕不忘成王之德，可谓不忝前哲矣。膺保明德，以佐王室，可谓广裕民人矣。若能类善物，以混厚民人者，必有章誉蕃育之祚，则单子必当之矣。单若有阙，必兹君之子孙实续之，不出于他矣。”

4 曲礼上

【提要】 本篇出于《礼记》。文章记载了诸多具体细小的礼仪规范，但也有比较宏观的论述。诸如，对于财物，无论多少，不要以苟且的方式求得，不是自己应得的，无论多少都不能要，更不能以不光彩的手段去获取。有危难临身，不要以牺牲他人为代价以求幸免。与人辩论，是在求得道理，求得真实，不要为了单纯的输赢而求胜心切，对于自己该得到的东西不应该期盼多得，这样是在窃取他人份额，君子当守本分，不应贪多。这些礼仪思想都比较深刻，涉及伦理本质问题，值得进一步研究。

【原文】

《曲礼》曰：“毋不敬，俨若思，安定辞。”安民哉！

敖不可长，欲不可从，志不可满，乐不可极。

贤者狎[①]而敬之，畏而爱之。爱而知其恶，憎而知其善。积而能散，安安而能迁。临财毋苟得，临难毋苟免。很毋求胜，分毋求多。疑事毋质，直而勿有。

若夫，坐如尸，立如齐。

礼从宜，使从俗。

夫礼者，所以定亲疏，决嫌疑，别同异，明是非也。

礼，不妄说人，不辞费。礼，不逾节，不侵侮，不好狎。修身践言，谓之善行。行修言道，礼之质也。礼闻取于人，不闻取人。

---

① 狎：亲近。

礼闻来学，不闻往教。

道德仁义，非礼不成，教训正俗，非礼不备。分争辩讼，非礼不决。君臣上下，父子兄弟，非礼不定。宦学事师，非礼不亲。班朝治军，莅官行法，非礼威严不行。祷祠祭祀，供给鬼神，非礼不诚不庄。是以君子恭敬撙节退让以明礼。

鹦鹉能言，不离飞鸟；猩猩能言，不离禽兽。今人而无礼，虽能言，不亦禽兽之心乎？夫唯禽兽无礼，故父子聚麀①。是故圣人作，为礼以教人。使人以有礼，知自别于禽兽。

太上贵德，其次务施报。礼尚往来。往而不来，非礼也；来而不往，亦非礼也。人有礼则安，无礼则危。故曰：礼者不可不学也。

夫礼者，自卑而尊人。虽负贩者，必有尊也，而况富贵乎？富贵而知好礼，则不骄不淫；贫贱而知好礼，则志不慑。

人生十年曰幼，学。二十曰弱，冠。三十曰壮，有室。四十曰强，而仕。五十曰艾，服官政。六十曰耆，指使。七十曰老，而传。八十、九十曰耄，七年曰悼，悼与耄虽有罪，不加刑焉。百年曰期，颐。

大夫七十而致事。若不得谢，则必赐之几杖，行役以妇人。适四方，乘安车。自称曰老夫，于其国则称名；越国而问焉，必告之以其制。

谋于长者，必操几杖以从之。长者问，不辞让而对，非礼也。

5 经解

【提要】本篇出自《礼记》。该文看似是对孔子总论“六经”的记录，但实质上重在宣扬礼的社会教化功能和政治统治功能。孔子说：“礼之于正国也：犹衡之于轻重也，绳墨之于曲直也，规矩之于方圆也。”所以礼是治乱兴衰的根本依据。此外，礼也有利于

① 聚麀：麀，牝鹿。聚是共的意思。指两代的乱伦行为。

保障百姓的利益。孔子说："礼之教化也微，其止邪也于未形，使人日徙善远罪而不自知也。"由此可见礼的真正受益者还是百姓。有些人对礼仪问题看得比较轻，觉得只要内心真实诚恳就可以了，对繁文缛节不太认同。事实上，这是比较偏颇的看法，我们应该承认礼仪的存在不仅仅是表面和谐的反映，还是内在和谐的反映。

【原文】

孔子曰："入其国，其教可知也。其为人也：温柔敦厚，《诗》教也；疏通知远，《书》教也；广博易良，《乐》教也；洁静精微，《易》教也；恭俭庄敬，《礼》教也；属辞比事，《春秋》教也。故《诗》之失，愚；《书》之失，诬；《乐》之失，奢；《易》之失，贼；《礼》之失，烦；《春秋》之失，乱。

其为人也：温柔敦厚而不愚，则深于《诗》者也；疏通知远而不诬，则深于《书》者也；广博易良而不奢，则深于《乐》者也；洁静精微而不贼，则深于《易》者也；恭俭庄敬而不烦，则深于《礼》者也；属辞比事而不乱，则深于《春秋》者也。"

天子者，与天地参。故德配天地，兼利万物，与日月并明，明照四海而不遗微小。其在朝廷，则道仁圣礼义之序；燕处，则听雅、颂之音；行步，则有环佩之声；升车，则有鸾和之音。居处有礼，进退有度，百官得其宜，万事得其序。《诗》云："淑人君子，其仪不忒。其仪不忒，正是四国。"此之谓也。

发号出令而民说，谓之和；上下相亲，谓之仁；民不求其所欲而得之，谓之信；除去天地之害，谓之义。义与信，和与仁，霸王之器也。有治民之意而无其器，则不成。

礼之于正国也：犹衡之于轻重也，绳墨之于曲直也，规矩之于方圆也。故衡诚县，不可欺以轻重；绳墨诚陈，不可欺以曲直；规矩诚设，不可欺以方圆；君子审礼，不可诬以奸诈。

是故，隆礼由礼，谓之有方之士；不隆礼、不由礼，谓之无方之民。敬让之道也。故以奉宗庙则敬，以入朝廷则贵贱有位，以处室家则父子亲、兄弟和，以处乡里则长幼有序。孔子曰："安上治民，莫善于礼。”此之谓也。

故朝觐之礼，所以明君臣之义也。聘问之礼，所以使诸侯相尊敬也。丧祭之礼，所以明臣子之恩也。乡饮酒之礼，所以明长幼之序也。昏姻之礼，所以明男女之别也。夫礼，禁乱之所由生，犹坊止水之所自来也。故以旧坊为无所用而坏之者，必有水败；以旧礼为无所用而去之者，必有乱患。

故昏姻之礼废，则夫妇之道苦，而淫辟之罪多矣。乡饮酒之礼废，则长幼之序失，而争斗之狱繁矣。丧祭之礼废，则臣子之恩薄，而倍死忘生者众矣。聘觐之礼废，则君臣之位失，诸侯之行恶，而倍畔侵陵之败起矣。

故礼之教化也微，其止邪也于未形，使人日徙善远罪而不自知也。是以先王隆之也。《易》曰：“君子慎始，差若毫厘，缪以千里。”此之谓也。

6 仲尼燕居

【提要】本篇也是出自《礼记》。这是一篇专门论述古礼的重要文章。该文论述了古礼的四大内容、三大特征和三大功能，集中体现了孔子本人对于礼的基本观点。对古礼的尊重是礼学的基本态度，因为礼的特点在于遵循，不在于开创。事实上，好的创新需要对传统精髓加以继承，所改变者只是其中不符合现实情况的部分，而值得继承的部分丝毫不可动摇。正因为社会上存在礼的规范，不轻易去打破，才有文明的繁衍生息。既然礼是社会的一部分，个人就不可能单独创造礼，在这个意义上，礼文化是一种情商文化，而不是智商文化。

【原文】

仲尼燕居，子张、子贡、言游侍，纵言至于礼。子曰：“居！女三人者，吾语女礼，使女以礼周流无不遍也。”子贡越席而对曰：“敢问何如？”子曰：“敬而不中礼，谓之野；恭而不中礼，谓之给；勇而不中礼，谓之逆。”子曰：“给夺慈仁。”

子曰："师，尔过；而商也不及。子产犹众人之母也，能食之不能教也。"子贡越席而对曰："敢问将何以为此中者也？"子曰："礼乎礼！夫礼所以制中也。"

子贡退，言游进曰："敢问礼也者，领恶而全好者与？"子曰："然。""然则何如？"子曰："郊社之义，所以仁鬼神也；尝禘之礼，所以仁昭穆也；馈奠[①]之礼，所以仁死丧也；射乡之礼，所以仁乡党也；食飨之礼，所以仁宾客也。"

子曰："明乎郊社之义、尝禘之礼，治国其如指诸掌而已乎！是故，以之居处有礼，故长幼辨也。以之闺门之内有礼，故三族和也。以之朝廷有礼，故官爵序也。以之田猎有礼，故戎事闲也。以之军旅有礼，故武功成也。是故，宫室得其度，量鼎得其象，味得其时，乐得其节，车得其式，鬼神得其飨，丧纪得其哀，辨说得其党，官得其体，政事得其施；加于身而错于前，凡众之动得其宜。"

子曰："礼者何也？即事之治也。君子有其事，必有其治。治国而无礼，譬犹瞽之无相与？伥伥[②]其何之？譬如终夜有求于幽室之中，非烛何见？若无礼则手足无所错，耳目无所加，进退揖让无所制。是故，以之居处，长幼失其别；闺门，三族失其和；朝廷，官爵失其序；田猎，戎事失其策；军旅，武功失其制；宫室，失其度；量鼎，失其象；味，失其时；乐，失其节；车，失其式；鬼神，失其飨；丧纪，失其哀；辩说，失其党；官，失其体；政事，失其施；加于身而错于前，凡众之动，失其宜。如此，则无以祖洽于众也。"

子曰："慎听之！女三人者，吾语女：礼犹有九焉，大飨有四焉。苟知此矣，虽在畎亩之中事之，圣人已。两君相见，揖让而入门，入门而县兴；揖让而升堂，升堂而乐阕。下管《象》《武》，《夏》《籥》序兴。陈其荐俎，序其礼乐，备其百官。如此，而后君子知仁焉。行中规，还中矩，和鸾中采齐，客出以雍，彻以振

① 馈奠：指丧中祭奠之事。
② 伥伥：无所适从的样子。

羽。是故，君子无物而不在礼矣。入门而金作，示情也。升歌《清庙》，示德也。下而管《象》，示事也。是故古之君子，不必亲相与言也，以礼乐相示而已。”

子曰：“礼也者，理也；乐也者，节也。君子无理不动，无节不作。不能《诗》，于礼缪；不能乐，于礼素；薄于德，于礼虚。”

子曰：“制度在礼，文为在礼，行之，其在人乎！”

子贡越席而对曰：“敢问：夔其穷与？”子曰：“古之人与？古之人也。达于礼而不达于乐，谓之素；达于乐而不达于礼，谓之偏。夫夔，达于乐而不达于礼，是以传此名也，古之人也。”

子张问政，子曰：“师乎！前，吾语女乎？君子明于礼乐，举而错之而已。”子张复问。子曰：“师，尔以为必铺几筵，升降酌献[①]酬酢，然后谓之礼乎？尔以为必行缀兆[②]。兴羽籥，作钟鼓，然后谓之乐乎？言而履之，礼也。行而乐之，乐也。君子力此二者以南面而立，夫是以天下太平也。诸侯朝，万物服体，而百官莫敢不承事矣。礼之所兴，众之所治也；礼之所废，众之所乱也。目巧之室，则有奥阼，席则有上下，车则有左右，行则有随，立则有序，古之义也。室而无奥阼，则乱于堂室也。席而无上下，则乱于席上也。车而无左右，则乱于车也。行而无随，则乱于涂也。立而无序，则乱于位也。昔圣帝明王诸侯，辨贵贱、长幼、远近、男女、外内，莫敢相逾越，皆由此涂出也。”三子者，既得闻此言也于夫子，昭然若发蒙矣。

7 孔子闲居

【提要】 本篇也是出自《礼记》，它和《仲尼燕居》文风接近，但是内容比较轻松，反映了孔子对于礼之用的观点，其中不乏启发人心之处。比如他说，以多数人攻打少数人，没有不胜利的；以尊贵的身份去亲近不如自己的人，没有不得到他们尊重的。孔子慨叹

---

① 酌献：谓酌酒献客。

② 缀兆：谓古代乐舞中舞者的行列位置。

过去周公旦执政天下的时候，礼贤下士七十多人，得到了士的帮助，由此可见礼的功能之大，从而得出能礼贤下士的有道之人才是真正的君子这一结论。如果以礼自居高明，不肯下人，其实是违背了礼的精神实质。

【原文】

孔子闲居，子夏侍。子夏曰："敢问《诗》云：'凯弟君子，民之父母'，何如斯可谓民之父母矣？"孔子曰："夫民之父母乎，必达于礼乐之原，以致五至，而行三无，以横于天下。四方有败，必先知之。此之谓民之父母矣。"

子夏曰："民之父母，既得而闻之矣；敢问何谓'五至'？"孔子曰："志之所至，诗亦至焉。诗之所至，礼亦至焉。礼之所至，乐亦至焉。乐之所至，哀亦至焉。哀乐相生。是故，正明目而视之，不可得而见也；倾耳而听之，不可得而闻也；志气塞乎天地，此之谓五至。"

子夏曰："五至既得而闻之矣，敢问何谓三无？"孔子曰："无声之乐，无体之礼，无服之丧，此之谓三无。"子夏曰："三无既得略而闻之矣，敢问何诗近之？"孔子曰："'夙夜其命宥密①'，无声之乐也。'威仪逮逮，不可选也'，无体之礼也。'凡民有丧，匍匐救之'，无服之丧也。"

子夏曰："言则大矣！美矣！盛矣！言尽于此而已乎？"孔子曰："何为其然也！君子之服之也，犹有五起焉。"子夏曰："何如？"子曰："无声之乐，气志不违；无体之礼，威仪迟迟；无服之丧，内恕孔悲。无声之乐，气志既得；无体之礼，威仪翼翼；无服之丧，施及四国。无声之乐，气志既从；无体之礼，上下和同；无服之丧，以畜万邦。无声之乐，日闻四方；无体之礼，日就月将；无服之丧，纯德孔明。无声之乐，气志既起；无体之礼，施及四海；无服之丧，施于孙子。"

---

① 宥密：枢密院。因掌管军事机密，故称为宥密。

子夏曰："三王之德，参于天地，敢问：何如斯可谓参于天地矣？"孔子曰："奉三无私以劳天下。"

子夏曰："敢问何谓三无私？"孔子曰："天无私覆，地无私载，日月无私照。奉斯三者以劳天下，此之谓三无私。其在《诗》曰：'帝命不违，至于汤齐。汤降不迟，圣敬日齐。昭假迟迟，上帝是祇[①]。帝命式于九围。'是汤之德也。"

"天有四时，春秋冬夏，风雨霜露，无非教也。地载神气，神气风霆，风霆流形，庶物露生，无非教也。清明在躬，气志如神，嗜欲将至，有开必先。天降时雨，山川出云。其在《诗》曰：'嵩高惟岳，峻极于天。惟岳降神，生甫及申。惟申及甫，惟周之翰。四国于蕃，四方于宣。'此文武之德也。三代之王也，必先令闻，《诗》云：'明明天子，令闻不已。'三代之德也。'弛其文德，协此四国。'大王之德也。"子夏蹶然而起，负墙而立曰："弟子敢不承乎！"

8 守弱

【提要】 本篇选自先秦道家经典《文子》。该篇的要点在于一个让字，重点在不争。道家虽然并不十分推崇礼，但是在让这个方面却是令儒家望尘莫及。该篇立论一如道家文献的基本风格，以神气宝贵为主。其中"以神为主者，形从而利；以形为主者，神从而害"一句可谓其理论的根本。从这一点出发，就不难领会道家不争忍让的原理。文章称："其生贪饕多欲之人，颠冥乎势利，诱慕乎名位，几以过人之知，位高于世，即精神日耗以远，久淫而不还，形闭中拒，即无由入矣。是以，时有盲忘自失之患。"从养生角度看，这种观点无疑是有一定积极性的。

【原文】

老子曰：天子公侯以天下一国为家，以万物为畜，怀天下之

---

① 祇：代表虔诚，值得敬畏的神灵或圣灵。

大，有万物之多，即气实而志骄，大者用兵侵小，小者倨傲凌下，用心奢广，譬犹飘风暴雨，不可长久。是以圣人以道镇之，执一无为而不损冲气，见小守柔，退而勿有，法于江海。江海不为，故功名自化，弗强，故能成其王，为天下牝，故能神不死，自爱，故能成其贵，万乘之势，以万物为功名，权任至重，不可自轻，自轻则功名不成。夫道，大以小而成，多以少为主，故圣人以道莅天下，柔弱微妙者见小也，俭啬损缺者见少也，见小故能成其大，见少故能成其美。天之道，抑高而举下，损有余奉不足，江海处地之不足，故天下归之奉之，圣人卑谦，清静辞让者见下也，虚心无有者见不足也，见下故能致其高，见不足故能成其贤。矜者不立，奢者不长，强梁者死，满溢者亡，飘风暴雨不终日，小谷不能须臾盈，飘风暴雨行强梁之气，故不能久而灭，小谷处强梁之地，故不得不夺。是以圣人执雌牝，去奢骄，不敢行强梁之气，执雌牝，故能立其雄牡，不敢奢骄，故能长久。

老子曰：天道极即反，盈即损，日月是也。圣人日损而冲气不敢自满，日进以牝，功德不衰，天道然也，人之情性皆好高而恶下，好得而恶亡，好利而恶病，好尊而恶卑，好贵而恶贱，众人为之，故不能成，执之，故不能得。是以圣人法天，弗为而成，弗执而得，与人同情而异道，故能长久。故三皇五帝有戒之器，命曰侑卮，其冲即正，其盈即覆。夫物盛则衰，日中则移，月满则亏，乐终而悲，是故聪明广智守以愚，多闻博辩守以俭，武力勇毅守以畏，富贵广大守以狭，德施天下守以让，此五者先王所以守天下也。“服此道者不欲盈，夫唯不盈，是以弊不新成。”

老子曰：圣人与阴俱闭，与阳俱开，能至于无乐也，即无不乐也，无不乐即至乐极矣。是以内乐外，不以外乐内，故有自乐也，即有自志贵乎天下，所以然者，因天下而为天下之要也，不在于彼而在于我，不在于人而在于身，身得则万物备矣。故达于心术之论者，即嗜欲好憎外矣，是故无所喜，无所怒，无所乐，无所苦，万物玄同，无非无是。故士有一定之论，女有不易之行，不待势而尊，不须财而富，不须力而强，不利货财，不贪世名，不以贵为安，不以贱为危，形神气志各居其宜。夫形者生之舍也，气者生之元也，神者生之制也，一失其位即三者伤矣，故以神为主者形从而利，以形为主者神从而害。其生贪饕多欲之人，颠冥乎势利，诱慕乎名位，几以过人之知，位高于世，即精神日耗以远，久淫而不还，形闭中拒，即无由入矣，是以时有盲忘自失之患。夫精神志气者，静而日充以壮，躁而日耗以老，是故圣人持养其神，和弱其气，平夷其形，而与道浮沉，如此则万物之化无不偶也，百事之变无不应也。

9 以人性为仁义

【提要】 本篇出自《孟子》，题名《以人性为仁义》乃编者所加。该文认为，人的本性是善良的，并将性善作为其思想之根基，强调通过扩充性善之端即可以达到仁义教化。为此，孟子必须解释人性何以为善，并说明在人性本善的前提下为何还会有恶行产生，于是他提出了“四端说”，即恻隐之心、羞恶之心、辞让之心、是非之心，这四种心理分别是仁、义、礼、智四种道德的出发点，所以称为“四端”。“四端”思想是儒家人性论的重要理论资源。只有对人的善性源头给予充分重视，才能够因势利导，造就健全人格。

【原文】

孟子曰：“牛山之木尝美矣，以其郊于大国也，斧斤伐之，可以为美乎？是其日夜之所息，雨露之所润，非无萌蘖之生焉，牛羊又从而牧之，是以若彼濯濯[①]也。人见其濯濯也，以为未尝有材焉，此岂山之性也哉？虽存乎人者，岂无仁义之心哉？其所以放其良心者，亦犹斧斤之于木也，旦旦而伐之，可以为美乎？其日夜之所息，平旦之气，其好恶与人相近也者几希，则其旦昼之所为，有梏

---

① 濯濯：无草之貌。

亡之矣。梏之反复，则其夜气不足以存；夜气不足以存，则其违禽兽不远矣。人见其禽兽也，而以为未尝有才焉者，是岂人之情也哉？故苟得其养，无物不长；苟失其养，无物不消。孔子曰：'操则存，舍则亡；出入无时，莫知其乡。'惟心之谓与？"

孟子曰："无或乎王之不智也，虽有天下易生之物也，一日暴之，十日寒之，未有能生者也。吾见亦罕矣，吾退而寒之者至矣，吾如有萌焉何哉？今夫弈之为数，小数也；不专心致志，则不得也。弈秋，通国之善弈者也。使弈秋诲二人弈，其一人专心致志，惟弈秋之为听。一人虽听之，一心以为有鸿鹄将至，思援弓缴而射之，虽与之俱学，弗若之矣。为是其智弗若与？曰非然也。"

孟子曰："鱼，我所欲也；熊掌，亦我所欲也，二者不可得兼，舍鱼而取熊掌者也。生，亦我所欲也；义，亦我所欲也，二者不可得兼，舍生而取义者也。生亦我所欲，所欲有甚于生者，故不为苟得也；死亦我所恶，所恶有甚于死者，故患有所不辟也。如使人之所欲莫甚于生，则凡可以得生者，何不用也？使人之所恶莫甚于死者，则凡可以辟患者，何不为也？由是则生而有不用也，由是则可以辟患而有不为也。是故所欲有甚于生者，所恶有甚于死者，非独贤者有是心也，人皆有之，贤者能勿丧耳。一箪食，一豆羹，得之则生，弗得则死。嘑尔而与之，行道之人弗受；蹴尔而与之，乞人不屑也。万钟则不辨礼义而受之。万钟于我何加焉？为宫室之美、妻妾之奉、所识穷乏者得我与？乡为身死而不受，今为宫室之美为之；乡为身死而不受，今为妻妾之奉为之；乡为身死而不受，今为所识穷乏者得我而为之，是亦不可以已乎？此之谓失其本心。"

孟子曰："仁，人心也；义，人路也。舍其路而弗由，放其心而不知求，哀哉！人有鸡犬放，则知求之；有放心，而不知求。学问之道无他，求其放心而已矣。"

10 庄公问威当世服天下

【提要】本篇选自《晏子春秋》，题目乃概括首句而成，并非原题。该篇以对话的形式反映了仁政思想。晏子希望庄公推行仁政来强国，而非采取霸道。他提出的对策是，能够爱护国内百姓，就能使国外不亲善的国家不敢挑起争端；能够看重士和百姓的生死劳苦，就能禁阻危害国家的邪恶叛逆行为；听取中正之言而任用贤能，就能威震诸侯；施行仁政而乐于为百姓办好事，就能使天下臣服。这些思想即使是现在看来，也非常有价值。

【原文】

庄公问晏子曰："威当世而服天下，时耶？"

晏子对曰："行也。"

公曰："何行？"对曰："能爱邦内之民者，能服境外之不善；重士民之死力者，能禁暴国之邪逆；听赁贤者，能威诸侯；安仁义而乐利世者，能服天下。不能爱邦内之民者，不能服境外之不善；轻士民之死力者，不能禁暴国之邪逆；愎谏傲贤者之言，不能威诸侯；倍仁义而贪名实者，不能威当世。而服天下者，此其道也已。"

而公不用，晏子退而穷处。公任勇力之士，而轻臣仆之死，用兵无休，国罢民害，期年，百姓大乱，而身及崔氏祸。君子曰："尽忠不豫交，不用不怀禄，其晏子可谓廉矣！"

11 仁义法

【提要】本篇由汉儒董仲舒所作，选自《春秋繁露》。这篇文章的亮点是把仁和义的区别厘清了。具体来说，执行仁的时候得从考虑别人做起，而执行义的时候得先从自己做起。这是对孔子仁义观的继承，但是该篇的理论性更为完备。此外文中还包含天人感应的部分，这是董仲舒思想的特色，比如他认为春天如孩子出生，需要仁爱；夏天慢慢长大的时候，需要告诉他一些关于道德方面的东西；秋天长成成年人了，可能就会犯错，因而需要刑罚。这种对仁爱和刑法关系的理解可谓独树一帜。

【原文】

《春秋》之所治，人与我也。所以治人与我者，仁与义也。以仁安人，以义正我，故仁之为言人也，义之为言我也，言名以别矣。仁之于人，义之与我者，不可不察也。众人不察，乃反以仁自裕，而以义设人。诡其处而逆其理，鲜不乱矣。是故人莫欲乱，而大抵常乱。凡以暗于人我之分，而不省仁义之所在也。

是故《春秋》为仁义法。仁之法在爱人，不在爱我。义之法在正我，不在正人。我不自正，虽能正人，弗予为义。人不被其爱，虽厚自爱，不予为仁。昔者晋灵公杀膳宰以淑饮食，弹大夫以娱其意，非不厚自爱也，然而不得为淑人者，不爱人也。质于爱民，以下至于鸟兽昆虫莫不爱。不爱，奚足谓仁？仁者，爱人之名也。酅《传》无大之之辞。自为追，则善其所恤远也。兵已加焉，乃往救之，则弗美。未至豫备之，则美之，善其救害之先也。夫救蚤而先之，则害无由起，而天下无害矣。然则观物之动，而先觉其萌，绝乱塞害于将然而未形之时，《春秋》之志也，其明至矣。非尧舜之智，知礼之本，孰能当此？故救害而先知之，知之明也。公之所恤远，而《春秋》美之。详其美恤远之意，则天地之间然后快其仁矣。非三王之德，选贤之精，孰能如此？是以知明先，以仁厚远。远而愈贤、近而愈不肖者，爱也。故王者爱及四夷，霸者爱及诸侯，安者爱及封内，危者爱及旁侧，亡者爱及独身。独身者，虽立天子诸侯之位，一夫之人耳，无臣民之用矣。如此者，莫之亡而自亡也。

12 本行

【提要】本篇出自陆贾的《新语》。陆贾主张“行仁义，法先圣”，礼法结合，同时强调人主必须无为。文章称：“治以道德为上，行以仁义为本。故尊于位而无德者绌，富于财而无义者刑，贱而好德者尊，贫而有义者荣。”道德仁义是一个社会政治权威的来源，相应地，富贵的稳定性也要建立在道德平衡的基础之上，否则就会产生严重的伦理问题。此外，人成功与否不能单从经济的角度看，还必须重视考察其在仁义道德方面的实践情况，因为仅经济成功乃是一种偏颇的成功，并不能带来真正的幸福，甚至还会带来灾难。这种积极的社会道德理念对于西汉治绩产生过一定影响。

【原文】

德为上，行以仁义为本。故尊于位而无德者黜，富于财而无义者刑，贱而好德者尊，贫而有义者荣。段干木徒步之士，修道行德，魏文侯过其闾而轼之。夫子陈、蔡之厄，豆饭菜羹，不足以接馁，二三子布弊褞袍，不足以避寒，倥偬屈厄，自处甚矣；然而夫子当于道，二三子近于义，自布衣之士，上□天子，下齐庶民，而累其身而匡上也。及闵周室之衰微，礼义之不行也，厄挫顿仆，历说诸侯，欲匡帝王之道，反天下之政，身无其立，而世无其主，周流天下，无所合意，大道隐而不舒，羽翼摧而不申，自□□□深授其化，以厚终始，追治去事以正来世，案纪图录以知性命，表定《六艺》，以重儒术，善恶不相干，贵贱不相侮，强弱不相凌，贤与不肖不得相逾，科第相序，为万□□□而不绝，功传而不衰，《诗》《书》《礼》《乐》为得其所，乃天道之所立，大义之所行也。岂□□□以威耶？

夫人之好色，非脂粉所能饰；大怒之威，非气力所能行也。圣人乘天威，合天气，承天功，象天容，而不与为功，岂不难哉？夫酒池可以泛舟，糟丘可以望远，岂贫于财哉？统四海之权，主九州岛之众，岂弱于力哉？然功不能自存，威不能自守，非为贫弱，乃道德不存乎身，仁义不加于天下也。

故察于财而昏于道者，众之所谋也；果于力而寡于义者，兵之所图也。故君子笃于义而薄于利，敏于事而慎于言，所□□□功德也。故曰："不义而富且贵，于我如浮云。"

夫身带璧玉，庸环佩，服名宝，藏珍怪，玉斗酌酒，金罍刻镂，可以夸小人，非所以厚于己而济于事也。高台百仞，金城文画，所以疲百姓之力，非所以扶弱存亡者也。故圣人卑宫室而高道德，恶衣服而勤仁义，不损其行以增其容，不亏其德以饰其身，国不兴无事之功，家不藏无用之器，所以稀力役而省贡献也。璧玉珠玑不御于上，则玩好之物弃于下；雕刻綪画不纳于君，则淫伎曲巧绝于民。夫释农桑之事，入山海，采珠玑，求瑶琨①，探沙谷，捕翡翠，□瑇瑁②，搏犀象，消筋力，散布泉，以极耳目之好，以快淫邪之心，岂不谬哉！未见先道而后利，近德而远色者也。

13 泰族训

【提要】 本篇节选了《泰族训》的主要内容。该篇选自西汉淮南王刘安召集门客编撰的《淮南子》一书。该篇总论天人之际，古今之变，而落实于治国之道，推崇仁义为本，主张法制也要建立在仁义的基础上。“无法不可以为治也，不知礼义不可以行法”，强调了礼义教化的作用，阐明了德与法的关系。这组范畴之间的平衡对当今社会仍然有重要意义，它是理念和现实之间的一种综合考察。

【原文】

治之所以为本者，仁义也；所以为末者，法度也。凡人之所以事生者，本也；其所以事死者，末也。本末，一体也；其两爱之，一性也。先本后末，谓之君子；以末害本，谓之小人。君子与小人之性非异也，所在先后而已矣。草木之性，洪者为本，而杀者为末；禽兽之性，大者为首，而小者为尾。末大于本则折，尾大于要则不掉矣。故食其口而百节肥，灌其本而枝叶美，天地之性也。天地之生物也有本末，其养物也有先后，人之于治也，岂得无终始哉！

故仁义者，治之本也。今不知事修其本，而务治其末，是释其根而灌其枝也。且法之生也，以辅仁义，今重法而弃义，是贵其冠履而忘其头足也。故仁义者，为厚基者也。不益其厚而张其广者毁，不广其基而增其高者覆。赵政不增其德而累其高，故灭；智伯不行仁义而务广地，故亡其国。语曰：不大其栋，不能任重。重莫若国，栋莫若德。国主之有民也，犹城之有基，木之有根。根深则本固，基美则上宁。五帝三王之道，天下之纲纪，治之仪表也。今

① 瑶琨：美玉。

② 瑇瑁：属爬行纲，海龟科的海洋动物。

商鞅之《启塞》，申子之三符，韩非之《孤愤》，张仪、苏秦之从衡，皆掇取之权，一切之术也，非治之大本，事之恒常，可博闻而世传者也。子囊北而全楚，北不可以为庸；弦高诞而存郑，诞不可以为常。今夫《雅》《颂》之声，皆发于词，本于情，故君臣以睦，父子以亲，故《韶》《夏》之乐也，声浸乎金石，润乎草木。今取怨思之声，施之于弦管，闻其音者，不淫则悲，淫则乱男女之辨，悲则感怨思之气，岂所谓乐哉！

14 原道

【提要】本篇选自唐代文豪韩愈的《韩昌黎集》。作者开宗明义地提出了他对儒道关系的理解："博爱之谓仁，行而宜之之谓义，由是而之焉之谓道，足乎己而无待于外之谓德。仁与义为定名，道与德为虚位。"以此为据，他批评了道家舍仁义而空谈道德的"道德"观，进而分析了佛、道两家思想中违背社会伦常的倾向，肯定儒家的仁义学说才是社会进步的真正依据。在今天看来，韩愈的思想仍然具有一定的进步意义。

【原文】

博爱之谓仁，行而宜之之谓义，由是而之焉之谓道，足乎己而无待于外之谓德。仁与义为定名，道与德为虚位。故道有君子小人，而德有凶有吉。老子之小仁义，非毁之也，其见者小也。坐井而观天，曰天小者，非天小也。彼以煦煦[①]为仁，孑孑[②]为义，其小之也则宜。其所谓道，道其所道，非吾所谓道也。其所谓德，德其所德，非吾所谓德也。凡吾所谓道德云者，合仁与义言之也，天下之公言也。老子之所谓道德云者，去仁与义言之也，一人之私言也。

15 朱子论礼让

【提要】本篇是朱熹论述礼让问题的几段语录，节选自《朱子

---

① 煦煦：和蔼的样子。

② 孑孑：琐屑细小的样子。

语类》。朱熹是推进宋明理学发展的一代大哲，对于伦理问题的论述比传统儒学更加深刻。他反对形式化的礼，提出“让者礼之实也”的命题，厘清了礼和让之间的逻辑关系，更易考核礼的有效性。如果把礼作为一种表面活动来践行，就会丧失它最初的功能。但是当让的事实频繁发生，我们就可以确定礼的实际内涵得到了贯彻执行。在这个意义上，本篇通过对礼让关系的阐发，表达了作者对虚伪礼节的反对，以及对“诚意”的重视。

【原文】

因讲“礼让为国”，曰：“一家仁，一国兴仁；一家让，一国兴让。”自家礼让有以感之，故民亦如此兴起。自家好争利，却责民间礼让，如何得他应！东坡策制“敦教化”中一段，说得也好，虽说得粗，道理却是如此。“敦教化”云“欲民之知信，莫若务实其言；欲民之知义，莫若务去其贪”云云。看道理不要玄妙，只就粗处说得出便是。如今官司不会制民之产，民自去买田，又取他牙税钱。古者群饮者杀。今置官诱民饮酒，惟恐其不来，如何得民兴于善！

让，是那礼之实处。苟徒跪拜俯伏而以是为礼，何足取信于人。让者，譬如凡事宁就自家身上扶出些子辞尊居卑、辞多受少底意思，方是礼之实。

“不能以礼让为国”，是徒能进退可观，容止可度；及到紧要处，却不能让。虽有这繁文末节处，亦无用，亦不得谓之礼。

问：“‘让者，礼之实也。’莫是辞让之端发于本心之诚然，故曰‘让是礼之实’?”曰：“是。若玉帛交错，固是礼之文；而擎跽[①]曲拳，升降俯仰，也只是礼之文，皆可以伪为。惟是辞让方是礼之实，这却伪不得。既有是实，自然是感动得人心。若以好争之心，而徒欲行礼文之末以动人，如何感化得他！”问：“‘如礼何’一句，从来诸先生都说得费力。今说‘让是礼之实’，则此句尤分

---

① 擎跽：拱手跪拜。

明。”曰：“前辈于这般处也自阔略。才被说得定了，便只是是也。”

三　历史典故

1 宋襄公不鼓不成列

宋公及楚人战于泓。宋人既成列，楚人未既济。司马曰：“彼众我寡，及其未既济也，请击之。”公曰：“不可。”既济而未成列，又以告。公曰：“未可。”既陈而后击之。宋师败绩，公伤股，门官歼焉。国人皆咎公。公曰：“君子不重伤，不禽二毛。古之为军也，不以阻隘也。寡人虽亡国之余，不鼓不成列。”

——《左传》僖公二十二年

2 平子平费

十三年，季平子立，而不礼于南蒯。南蒯以费叛，叔弓围费，弗克，败焉。平子怒，令见费人，执之以为囚俘。冶区夫曰：非也，若见费人，寒者衣之，饥者食之，为之令主，而共其乏困，费来如归，南氏亡矣。民将叛之，谁与居邑，若惮之以威，惧之以怒，民疾而叛，为之聚也。若诸侯皆然，费人无归，不亲南氏，将焉入乎。平子从之，费人叛南氏。

——《左传》昭公十三年

3 孟子见于梁惠王

孟子见梁惠王。王曰：“叟不远千里而来，亦将有以利吾国乎？”

孟子对曰：“王何必曰利？亦有仁义而已矣。王曰‘何以利吾国’？大夫曰‘何以利吾家’？士庶人曰‘何以利吾身’？上下交征利而国危矣。万乘之国弑其君者，必千乘之家；千乘之国弑其君者，必百乘之家。万取千矣，千取百焉，不为不多矣。苟为后义而先利，不夺不餍[①]。未有仁而遗其亲者也，未有义而后其君者也。王亦曰仁义而已矣，何必曰利？”

——《孟子·梁惠王上》

4 子方厚仁

昔者田子方出，见老马于道，喟然有志焉，以问御者曰：“此何马？”曰：“故公家畜也，罢而不为用，故出放之。”田子方曰：“少尽其力，而老去其身，任者不为也。”束帛而赎之。穷士闻之，知所归心矣。

——（汉）韩婴《韩诗外传》

5 晏子论礼

景公饮酒数日而乐，释衣冠，自鼓缶，谓左右曰：“仁人亦乐是乎？”梁丘据对曰：“仁人之耳目，亦犹人也，夫奚为独不乐此也？”公曰：“趣驾迎晏子。”

晏子朝服而至，受觞，再拜。公曰：“寡人甚乐此乐，欲与夫子共之，请去礼。”晏子对曰：“君之言过矣！群臣皆欲去礼以事君，婴恐君之不欲也，今齐国五尺之童子，力皆过婴，又能胜君，然而不敢乱者，畏礼义也。上若无礼，无以使其下；下若无礼，无以事其上。夫麋鹿维无礼，故父子同麀。人之所以贵于禽兽者，以有礼也。婴闻之，人君无礼，无以临邦；大夫无礼，官吏不恭；父子无礼，其家必凶；兄弟无礼，不能久同。《诗》曰：‘人而无礼，胡不遄死？’故礼不可去也。”公曰：“寡人不敏，无良左右，淫蛊寡人，以至于此，请杀之。”晏子曰：“左右何罪？君若无礼，则好礼者去，无礼者至；君若好礼，则有礼者至，无礼者去。”公曰：“善。请易衣革冠，更受命。”晏子避走，立乎门外。

公令人粪洒改席，召晏子，衣冠以迎。晏子入门，三让，升

---

① 餍：满足。

阶，用三献礼焉，嗛酒尝膳，再拜，告餍而出。公下拜，送之门，反，命撤酒去乐，曰："吾以彰晏子之教也。"

景公游于菑，闻晏子死，公乘侈舆服繁驵驱之，自以为迟，下车而趋，知不若车之速，则又乘。

比至于国者，四下而趋，行哭而往。至，伏尸而号，曰："子大夫日夜责寡人，不遗尺寸，寡人犹且淫佚而不收，怨罪重积于百姓。今天降祸于齐，不加于寡人，而加于夫子，齐国之社稷危矣，百姓将谁告夫!"

晏子死，景公操玉加于晏子尸上而哭之，涕沾襟。章子谏曰："非礼也。"公曰："安用礼乎？昔者吾与夫子游于公阜之上，一日而三不听寡人，今其孰能然乎？吾失夫子则亡，何礼之有？"免而哭，哀尽而去。

——（西汉）刘向《晏子春秋》

6 雨雪不寒

景公之时，雨雪三日而不霁[①]。公被狐白之裘，坐堂侧陛。晏子入见，立有间，公曰："怪哉！雨雪三日而天不寒。"晏子对曰："天不寒乎？"公笑。晏子曰："婴闻古之贤君，饱而知人之饥，温而知人之寒，逸而知人之劳。今君不知也。"公曰："善！寡人闻命矣。"乃令出裘发粟与饥寒，令所睹于途者，无问其乡；所睹于里者，无问其家；循国计数，无言其名。士既事者兼月，疾者兼岁。孔子闻之曰："晏子能明其所欲，景公能行其所善也。"

——（西汉）刘向《晏子春秋》

7 冯谖客孟尝君

齐人有冯谖者，贫乏不能自存，使人属孟尝君，愿寄食门下。孟尝君曰："客何好？"曰："客无好也。"曰："客何能？"曰："客

---

① 霁：天气放晴。

无能也。”孟尝君笑而受之曰：“诺。”左右以君贱之也，食以草具。居有顷，倚柱弹其剑，歌曰：“长铗归来乎！食无鱼。”左右以告。孟尝君曰：“食之，比门下之客。”居有顷，复弹其铗，歌曰：“长铗归来乎！出无车。”左右皆笑之，以告。孟尝君曰：“为之驾，比门下之车客。”于是乘其车，揭其剑，过其友曰：“孟尝君客我。”后有顷，复弹其剑铗，歌曰：“长铗归来乎！无以为家。”左右皆恶之，以为贪而不知足。孟尝君问：“冯公有亲乎？”对曰，“有老母。”孟尝君使人给其食用，无使乏。于是冯谖不复歌。后孟尝君出记，问门下诸客：“谁习计会，能为文收责于薛者乎？”冯谖署曰：“能。”孟尝君怪之，曰：“此谁也？”左右曰：“乃歌夫长铗归来者也。”孟尝君笑曰：“客果有能也，吾负之，未尝见也。”请而见之，谢曰：“文倦于事，愦于忧，而性懧[①]愚，沉于国家之事，开罪于先生。先生不羞，乃有意欲为收责于薛乎？”冯谖曰：“愿之。”于是约车治装，载券契而行，辞曰：“责毕收，以何市而反？”孟尝君曰：“视吾家所寡有者。”驱而之薛，使吏召诸民当偿者，悉来合券。券遍合，起矫命以责赐诸民，因烧其券，民称万岁。长驱到齐，晨而求见。孟尝君怪其疾也，衣冠而见之，曰：“责毕收乎？来何疾也！”曰：“收毕矣。”“以何市而反？”冯谖曰；“君之‘视吾家所寡有者’。臣窃计，君宫中积珍宝，狗马实外厩，美人充下陈。君家所寡有者，以义耳！窃以为君市义。”孟尝君曰：“市义奈何？”曰：“今君有区区之薛，不拊爱子其民，因而贾利之。臣窃矫君命，以责赐诸民，因烧其券，民称万岁。乃臣所以为君市义也。”孟尝君不悦，曰：“诺，先生休矣！”

后期年，齐王谓孟尝君曰：“寡人不敢以先王之臣为臣。”孟尝君就国于薛，未至百里，民扶老携幼，迎君道中。孟尝君顾谓冯谖：“先生所为文市义者，乃今日见之。”冯谖曰：“狡兔有三窟，仅得免其死耳；今君有一窟，未得高枕而卧也。请为君复凿

---

① 懧：同“懦”。

二窟。”孟尝君予车五十乘，金五百斤，西游于梁，谓惠王曰：“齐放其大臣孟尝君于诸侯，诸侯先迎之者，富而兵强。”于是梁王虚上位，以故相为上将军，遣使者黄金千斤，车百乘，往聘孟尝君。冯谖先驱，诫孟尝君曰：“千金，重币也；百乘，显使也。齐其闻之矣。”梁使三反，孟尝君固辞不往也。齐王闻之，君臣恐惧，遣太傅赍黄金千斤，文车二驷，服剑一，封书谢孟尝君曰：“寡人不祥，被于宗庙之祟，沉于谄谀之臣，开罪于君。寡人不足为也；愿君顾先王之宗庙，姑反国统万人乎！”冯谖诫孟尝君曰：“愿请先王之祭器，立宗庙于薛。”庙成，还报孟尝君曰：“三窟已就，君姑高枕为乐矣。”孟尝君为相数十年，无纤介之祸者，冯谖之计也。

——（西汉）刘向等人《战国策》

8 周公戒子

成王封伯禽于鲁。周公诫之曰：“往矣，子无以鲁国骄士。吾文王之子，武王之弟，成王之叔父也，又相天子，吾于天下亦不轻矣。然一沐三握发，一饭三吐哺，犹恐失天下之士。吾闻，德行宽裕，守之以恭者，荣；土地广大，守之以俭者，安；禄位尊盛，守之以卑者，贵；人众兵强，守之以畏者，胜；聪明睿智，守之以愚者，哲；博闻强记，守之以浅者，智。夫此六者，皆谦德也。夫贵为天子，富有四海，由此德也。不谦而失天下，亡其身者，桀、纣是也。可不慎欤？”“故《易》有一道，大足以守天下，中足以守国家，小足以守其身，谦之谓也。夫天道毁满而益谦，地道变满而流谦，鬼神害满而福谦，人道恶满而好谦。《易》曰：‘谦，亨，君子有终，吉。’子其无以鲁国骄士矣。”

——（西汉）刘向《说苑》

9 宋就报怨

梁大夫有宋就者，尝为边县令，与楚邻界。梁之边亭，与楚之边亭，皆种瓜，各有数。梁之边亭人，劬力数灌其瓜，瓜美。楚人窳[1]而稀灌其瓜，瓜恶。楚令因以梁瓜之美，怒其亭瓜之恶也。楚亭人心恶梁亭之贤己，因夜往窃搔，梁亭之瓜皆有死焦者矣。梁亭觉之，因请其尉，亦欲窃往报搔楚亭之瓜，尉以请宋就。就曰："恶！是何可？构怨，祸之道也，人恶亦恶，何褊[2]之甚也。若我教子，必每暮令人往，窃为楚亭夜善灌其瓜，勿令知也。"于是梁亭乃每暮夜窃灌楚亭之瓜。楚亭旦而行瓜，则又皆以灌矣，瓜日以美，楚亭怪而察之，则乃梁亭之为也。楚令闻之大悦，因具以闻楚王，楚王闻之，怒然愧，以意自闵也，告吏曰："征搔瓜者，得无有他罪乎，此梁之阴让也。"乃谢以重币，而请交于梁王，楚王时称则祝梁王以为信，故梁楚之欢，由宋就始。语曰："转败而为功，因祸而为福。"老子曰："报怨以德。"此之谓也。夫人既不善，胡足效哉！

——（西汉）刘向《新序·杂事》

10 辛毗恤民

辛毗，字佐治，颍川人也。文帝践祚，迁侍中。帝欲徙冀州士家十万户实河南。时连蝗民饥，群司以为不可，而帝意甚盛。毗与朝臣俱求见，帝知其欲谏，作色以见，皆莫敢言。毗曰："陛下欲徙士家，其计安出？"帝曰："卿谓我徙之非邪？"毗曰："诚以为非。"帝日："吾不与卿共议。"毗日："陛下不以臣不肖，之左右，厕之谋议之官，安得不与臣议邪？臣所言非私也，乃社稷之虑也，安得怒臣！"帝不答，起入内。毗随而引其裾，帝遂奋衣不还，良久乃出，曰："佐治，卿持我何太急邪？"毗曰："今徙，既失人心，又无以食也。"帝遂徙其半。尝从帝射雉，帝曰"射雉乐哉！"毗曰："于陛下甚乐，于群下甚苦。"帝默然，后遂为之稀出。

——（西晋）陈寿《三国志·魏书·辛毗传》

---

① 窳：yǔ，贬义词，有粗劣、懒惰、瘦弱等义。

② 褊：心胸狭小。

11 孙登爱民

孙登字子高，权长子也。魏黄初二年，以权为吴王，拜登东中郎将，封万户侯，登辞疾不受。是岁，立登为太子，选置师傅，铨简秀士，以为宾友，于是诸葛恪、张休、顾谭、陈表等以选入，侍讲诗书，出从骑射。登待接寮属，略用布衣之礼，与恪、休、谭等或同舆而载，或共帐而寐。黄龙元年，权称尊号，立为皇太子，以恪为左辅，休右弼，谭为辅正，表为翼正都尉，是为四友。而谢景、范慎、刁玄、羊衜等皆为宾客，于是东宫号为多士。

登或射猎，当由径道，常远避良田，不践苗稼，至所顿息，又择空闲之地，其不欲烦民如此。尝乘马出，有弹丸过，左右求之。有一人操弹佩丸，咸以为是，辞对不服，从者欲捶之，登不听，使求过丸，比之非类，乃见释。又失盛水金马盂，觉得其主，左右所为，不忍致罚，呼责数之，长遣归家，敕亲近勿言。

初，登所生庶贱，徐夫人少有母养之恩，后徐氏以妒废处吴，而步夫人最宠。步氏有赐，登不敢辞，拜受而已。徐氏使至，所赐衣服，必沐浴服之。登将拜太子，辞曰："本立而道生，欲立太子，宜先立后。"权曰："卿母安在？"对曰："在吴。"权默然。

立凡二十一年，年三十三卒。临终，上疏曰："……窃闻郡县颇有荒残，民物凋弊，奸乱萌生，是以法令繁滋，刑辟重切。臣闻为政听民，律令与时推移，诚宜与将相大臣详择时宜，博采众议，宽刑轻赋，均息力役，以顺民望。陆逊忠勤于时，出身忧国，謇謇[①]在公，有匪躬之节。诸葛瑾、步骘、朱然、全琮、朱据、吕岱、吾粲、阚泽、严畯、张承、孙怡忠于为国，通达治体。可令陈上便宜，蠲除[②]苛烦，爱养士马，抚循百姓。五年之外，十年之内，远者归复，近者尽力，兵不血刃，而大事可定也。……愿陛下留意听采，臣虽死之日，犹生之年也。"既绝而后书闻，权益以摧感，言

---

① 謇謇：忠贞，正直。

② 蠲除：免除苛政。

则陨涕。……谥登曰宣太子。

——（西晋）陈寿《三国志·吴书·孙登传》

12 孔融让梨

孔融，字文举，鲁国人，孔子二十世孙也。高祖父尚，巨鹿太守。父宙，泰山都尉。融别传曰：融四岁，与兄食梨，辄引小者。人问其故。答曰："小儿，法当取小者。"

——（南朝·宋）刘义庆《世说新语》

13 卓茂治密

卓茂，字子康，南阳人也。以儒术举，迁密令。视民如子，举善而教，口无恶言，吏民亲爱，而不忍欺之。民常有言部亭长受其米肉遗者，茂避左右问之曰："亭长为从汝求乎？为汝有事属之而受乎？将平居自以恩意遗之乎？"民曰："往遗之耳。"茂曰："遗之而受，何故言邪？"民曰："窃闻贤明之君，使民不畏吏、吏不取民。今我畏吏，是以遗之，吏既卒受，故来言耳。"茂曰："汝为弊民矣。凡人所以贵于禽兽者，以有仁爱，知相敬事也。今邻里长老尚致馈遗，此乃人道所以相亲，况吏与民乎？吏顾不当乘威力强请求耳。凡人之生，群居杂处，故有经纪礼义，以相交接。汝独不欲修之，宁能高飞远走，不在人间邪？亭长素善吏，岁时遗之，礼也。"民曰："苟如此，律何故禁之？"茂笑曰："律设大法，礼顺人情。今我以礼教汝，必无怨恶；以律治汝，何所厝其手足乎？一门之内，小者可论，大者可杀也，且归念之。"于是人纳其训，吏怀其恩。

治密数年，教化大行，道不拾遗。平帝时，天下大蝗，河南二十余县，皆被其灾，独不入密界。王莽居摄，以病免归。世祖即位，乃下诏曰："前密令卓茂，束身自修，执节淳固，诚能为人所不能为，夫名冠天下，当受天下重赏。今以茂为太傅，封宣德侯，食邑二千户。"

——（南朝·宋）范晔《后汉书·卓茂传》

14 鲁恭德化

鲁恭，字仲康，扶风人也。太傅赵熹举恭直言，拜中牟令。恭以德化为治，不任刑罚。民许伯等，争田累年，守令不能决，恭为平理曲直，皆退而自责，辍耕相让。亭长从民借牛，而不肯还之，牛主讼于恭。恭召亭长，敕令归牛者再三，犹不从。恭叹曰："是教化不行也。"欲解印绶去。掾史泣涕共留之，亭长乃惭悔，还牛，诣狱受罪，恭贳不问。于是吏民信服。建初七年，郡国螟伤稼，犬牙缘界，不入中牟。河南尹袁安闻之，疑其不实，使仁恕掾肥亲往廉之。恭随行阡陌，俱坐桑下。有雉过，止其傍，傍有童儿。亲曰："儿何不捕之?"言雉方将雏。亲瞿然而起，与恭诀曰："所以来者，欲察君之治迹耳。今虫不犯境，此一异也；化及鸟兽，此二异也；竖子仁心，此三异也。久留徒扰贤者耳。"还府，具以状白安。是岁嘉禾生中牟，安上书言状，帝异之。

——（唐）魏徵等《群书治要》

15 宋均仁慈

宋均，字叔庠，南阳人也。迁九江太讧，郡多虎暴，数为民患，常募设槛阱，而犹多伤害。均到，下记属县曰："夫虎豹在山，鼋鼍[1]在水，各有所托。且江淮之有猛兽，犹北土之有鸡豚也，令为人患。咎在残吏，而劳勤张捕，非忧恤之本也。其务退奸贪，思进忠善，可一去槛阱，除削课制。"其后传言，虎相与东游渡江。

——（唐）魏徵等《群书治要》

16 任廷礼化

任延，字长孙，南阳人也。拜会稽都尉。时年十九，迎官惊其壮。及到，静泊无为，唯先遣馈祠延陵季子。聘请高行如董子仪、

① 鼋鼍［yuántuó］：一种巨大的乌龟。

严子陵等，敬待以师友之礼。掾吏贫者，辄分奉禄，以赈给之。是以郡中贤士大夫，争往官焉。

建武初，延上书乞骸骨，归拜王庭。诏征为九真太守。九真俗以射猎为业，不知牛耕，民常告籴[①]交址，每致困乏。延乃铸作田器，教之垦辟，百姓充给。又骆越之民，无嫁娶礼法，各因淫好，不识父子之性、夫妇之道。延乃使男女皆以年齿相配。其贫无礼聘，令长吏以下，各省奉禄，以赈助之，同时相娶者二千余人。是岁风雨顺节，谷稼丰衍。其产子者，始知种姓。咸曰："使我有是子者，任君也。"多名子为任。于是徼外、蛮夷、夜郎等，慕义保塞，延遂止罢侦候戍卒。

初，平帝时，汉中锡光为交址太守，教导民夷，渐以礼义化，声侔于延。王莽末，闭境拒守。建武初，遣使贡献，封盐水侯。岭南革风，始于二守焉。

延视事四年，征诣洛阳，九真吏民，生为立祠。拜武威太守，帝亲见，戒之曰："善事上官，无失名誉。"延对曰："臣闻忠；私，私臣不忠。履正奉公，臣子之节。上下雷同，非陛下之福也。善事上官，臣不敢奉诏。"帝叹息曰："卿言是也。"

——（唐）魏徵等《群书治要》

17 宋弘好德

宋弘字仲子，京兆长安人也。父尚，成帝时至少府；哀帝立，以不附董贤，违忤抵罪。

弘少而温顺，哀、平间作侍中，王莽时为共工。赤眉入长安，遣使征弘，逼迫不得已，行至渭桥，自投于水，家人救得出，因佯死获免。

光武即位，征拜太中大夫。建武二年，代王梁为大司空，封栒邑侯。所得租奉分赡九族，家无资产，以清行致称。徙封宣平侯。

---

① 籴：买进粮食。

帝尝问弘通博之士，弘乃荐沛国桓谭才学洽闻，几能及扬雄、刘向父子。于是召谭拜议郎、给事中。帝每宴，辄令鼓琴，好其繁声。弘闻之不说，悔于荐举，伺谭内出，正朝服坐府上，遣吏召之。谭至，不与席而让之曰："吾所以荐子者，欲令辅国家以道德也，而今数进郑声以乱《雅》《颂》，非忠正者也。能自改邪？将令相举以法乎？"谭顿首辞谢，良久乃遣之。后大会群臣，帝使谭鼓琴，谭见弘，失其常度。帝怪而问之。弘乃离席免冠谢曰："臣所以荐桓谭者，望能以忠正导主，而今朝廷耽悦郑声，臣之罪也。"帝改容谢，使反服，其后遂不复令谭给事中。弘推进贤士冯翊、桓梁三十余人，或相及为公卿者。

弘当宴见，御坐新屏风，图画列女，帝数顾视之。弘正容言曰："未见好德如好色者。"帝即为彻之。笑谓弘曰："闻义则服，可乎？"对曰："陛下进德，臣不胜其喜。"

时帝姊湖阳公主新寡，帝与共论朝臣，微观其意。主曰："宋公威容德器，群臣莫及。"帝曰："方且图之。"后弘被引见，帝令主坐屏风后，因谓弘曰："谚言贵易交，富易妻，人情乎？"弘曰："臣闻贫贱之知不可忘，糟糠之妻不下堂。"帝顾谓主曰："事不谐矣。"

弘在位五年，坐考上党太守无所据，免归第。数年卒，无子，国除。

——（南朝·宋）范晔《后汉书·宋弘传》

18 刘苍为善

东平王苍，显宗同母弟也。少好经书，雅有智思，显宗甚爱重之。及即位，拜骠骑将军，位在三公上。在朝数载，多所隆益，而自以至亲辅政，声望日重，意不自安。数上疏，乞上印绶，退就藩国，诏不听。其后数陈乞，辞甚恳切，乃许远国，而不听上将军印绶，加赐钱五千万、布十万匹。永平十一年，苍与诸王朝京师。月余，还国，帝临送，归宫，凄然怀思，乃遣使手诏，告诸国中傅曰："辞别之后，独坐不乐，因就车归，伏轼而吟：瞻望永怀，实劳我心。诵及《采菽》，以增叹息。日者问东平王处家何等最乐，王言为善最乐。其言甚大，副是腰腹矣。"

——（唐）魏徵等《群书治要》

19 荀巨伯舍身为友

荀巨伯远看友人疾，值胡贼攻郡。友人语巨伯曰："吾将死矣，子可去。"巨伯曰："远来相视，子令吾去，败义以求生，岂荀巨伯所行邪？"

贼既至，谓巨伯曰："大军至，一郡尽空，汝何男子，而敢独止？"巨伯曰："友人有疾，不忍委之，宁以我身代友人命。"

敌相谓曰："我辈无义之人，而入有义之国！"遂班师而还。一郡并获全。

——（南朝·宋）刘义庆《世说新语》

20 李士谦仁义好施

李士谦字子约，赵郡平棘人也。博览群籍，兼善天文术数，齐吏部尚书辛术召署员外郎，赵郡王睿举德行，皆称疾不就。隋有天下，毕志不仕。自以少孤，未尝饮酒食肉，口无杀害之言，至于亲宾来萃，辄陈樽俎[①]，对之危坐，终日不倦。李氏宗党豪盛，每至春秋二社，必高会极欢，尝集士谦所，盛馔盈前，而先为设黍，谓群从曰："孔子称黍为五谷之长，荀卿亦云食先黍稷，古人所尚，容可违乎？"少长肃然，不敢迟惰，退而相谓曰："既见君子，方觉吾徒之不德也。"

家富于财，躬处节俭，每以振施为务。州里有丧事不办者，辄奔走赴之，随乏供给。有兄弟分财不均，至相阋讼，士谦闻而出财，补其少者，令与多者相埒。兄弟愧惧，更相推让，卒为善士。

---

① 樽俎：古代盛酒的器具。

有牛犯其田者，士谦牵置凉处饲之，过于本主。望见盗刈其禾黍者，默而避之。其家僮尝执盗粟者，士谦慰谕之曰："穷困所致，义无相责。"遽令放之。其奴尝与乡人董震因醉角力，震扼其喉，毙于手下。震惶惧请罪，士谦谓之曰："卿本无杀心，何为相谢！然可远去，无为吏之所拘。"性宽厚，皆此类也。

其后出粟数千石，以贷乡人，值年谷不登，债家无以偿，皆来致谢。士谦曰："吾家余粟，本图赈赡，岂求利哉！"于是悉召债家，为设酒食，对之燔契，曰："债了矣，幸勿为念也。"各令罢去。明年大熟，债家争来偿谦，谦拒之，一无所受。他年又大饥，多有死者，士谦罄竭家资，为之糜粥，赖以全活者千万计。收埋骸骨，所见无遗。至春，又出粮种，分给贫乏。赵郡农民德之。

开皇八年，终于家，时年六十六。赵郡士女闻之，莫不流涕曰："我曹不死，而令李参军死乎！"会葬者万余人。乡人李景伯等以士谦道著丘园，条其行状，诣尚书省请先生之谥，事寝不行，遂相与树碑于墓。

——（唐）魏徵等《隋书·李士谦传》

21 崔枢还珠

崔枢应进士，客居汴半岁，与海贾同止。其人得疾，既笃，谓崔曰："荷君见顾，不以外夷见忽。今疾势不起，番人重土殡，脱殁，君能终始之否？"崔许之。曰："某有一珠，价万缗，得之能蹈火赴水，实至宝也，敢以奉君。"崔受之，曰："吾一进士，巡州邑以自给，奈何忽畜异宝？"伺无人，置于柩中，瘗[①]于阡陌。

后一年，崔游丐亳州，闻番人有自南来寻故夫，并勘珠所在，陈于公府，且言珠必崔秀才所有也。乃于亳来追捕，崔曰："傥窀穸[②]不为盗所发，珠必无他。"遂剖棺得其珠。汴帅王彦谟奇其节，

① 瘗：埋葬。
② 窀穸：墓穴。

欲命为幕，崔不肯。明年登第，竟主文柄，有清名。

——（宋）王谠《唐语林》

22 富郑公赈灾

富郑公弼，知青州。时大水，公乃择所属丰稔者三州，虚己劝民，得粟十余万斛。又得公私庐舍十余万区，散处其人，以就赈贷。凡山林河泊之利，可为民生者，任流民取之无禁。官吏皆书其劳，使他日得论功受赏。五日，辄以酒食款劳之，出于至诚，人皆尽力。流民病，济以药饵，死者为大冢收葬，且募为兵者数万。明年麦稔，流各以远近给粮而归。后官至中书平章，封郑国公。

——《富弼赈灾轩笔录》

23 范纯仁爱民

范纯仁，知庆州。岁大饥，公欲发常平仓米赈之，众官皆谓必奏请乃可。公曰："人七日不食必死，奏能待乎。"即日发之。谓其属曰："诸公无忧，有罪吾自当之。"于是，全活者甚众。后入相，寿七十五，谥忠宣。

范忠宣公纯仁，知庆州。诸院罪人皆满。公曰："何不责保在外。"判司曰："此辈皆屠贩盗窃，素性凶顽，释之必复紊官司矣。"公曰："终当何如。"曰："往往病死狱中。"公蹙然[①]，曰："法不当死。而居官者以情杀之，岂理取乃尽呼至堂下。"谓曰："尔辈为恶不悛，故宫长不欲故宫长不欲放汝，汝能改过目新乎。"众皆叩首，自誓改过。乃皆出之。众欢呼搏颖而去。是年，犯法者减岁之半。

——（元）脱脱等《宋史·列传第七十三》

24 叶梦德爱民

叶石林，官武昌。值水灾，京西尤甚，流殍唐邓入境数十万。

① 蹙然：忧愁不悦貌。

公乃尽发常平仓米以赈。惟道中遗弃小儿，无法以解。公问左右曰："民间无子者，何不收养。"曰："患既长，其父母又来索回耳。"乃作券数千，令得儿者，皆明所自来。书券给之，官为籍记。迭工小儿全活者三千余人。

——（明）冯梦龙《智囊》

25 蔡磷归金

蔡磷，字勉旃，吴县人，重诺责，敦风义。有友某以千金寄之，不立券。亡何，其人亡，蔡召其子至，归之。愕然不受，曰："嘻！无此事也，安有寄千金而无券者？且父未尝语我也。"蔡笑曰："券在心，不在纸。而翁知我，故不语郎君。"卒辇而致之。

——（清）徐珂《清稗类钞》

四　明理诚信

一　本篇导读

明理诚信是中华传统美德的重要内容。所谓明理者，明白道理也；所谓诚信者，诚实守信也。明理是诚信的前提，明理之人自然时时处处以诚信而自守；诚信是明理的呈现，诚信之人自然心心念念以天理为遵循。二者相辅相成、互为表里，不可须臾分离。“理”是儒家哲学关于宇宙本原及其运化规律的核心概念。“理”字在《说文解字》中最初指的是物质的纹理和层次，后来被引申为万事万物的内在规律，也就是我们今天所说的道理。《庄子》有云：“万物殊理，道不私也。”这个“理”便是事物的特殊规律。与“理”相对的则是“道”，“道”比“理”更进了一步，指天地万物的共同规律。到宋代，“理学”成为儒家的代名词，理学家们发展了“理”的学说，将“理”与“道”等同了起来。程颐就说：“理则天下只是一个理，故推至四海而准，须是质诸天地，考诸三王不易之理。”朱熹也说：“宇宙之间，一理而已。天得之而为天，地得之而为地，而凡生于天地之间者，又各得之以为性，其张之为三纲，其纪之为五常，盖皆此理之流行，无所适而不在。若其消息盈虚，循环不已，则初未始有物之前，以至人消物亡之后，终则复始，又未尝有顷刻之或停也。”朱熹此话的要义就在于点明天地万物都有一个永恒不变的“理”，此“理”无行迹无方所却又无时无刻无处不在，万物得到这个“理”而成其为各自的样子。朱熹还引用禅宗“一月普现一切水，一切水同一月摄”即“月映万川”的典故来说明“理”的普遍性特征。“理”的意义既已明了，那么“明理”自然也是顺理成章的事情。所谓明了，便是通达透彻，正所谓“世事洞明皆学问，人情练达即文章”。

“诚”与“信”，两者意思基本相同。“诚”从本义上看，指的是“兑现所说过的话”；而“信”则是“内不欺隐，外不欺物”之意，《广雅·释话》曰：“信，诚也。”诚即是信，信即是诚。《河南程氏遗书》卷二十五曰：“诚则信也，信则诚也。”正是因为“诚”与“信”的相通与相互依存，才使得“诚”与“信”逐渐演化为统一的道德范畴，即诚信。在传统道德中，对诚信的恪守与执着，首先是将其看作与天理相通。《中庸》说“诚者，天之道也。”“诚者，物之终始。”张载说：“天所以长久不已之道，乃所谓诚。”朱熹说：“诚者，真实无妄之谓，天理之本然也。”天地万物生生不息，宇宙古今永恒运行，其根本原则，就在于一个“诚”字，也就是真实不虚。程颢也说：“至诚者，天之道也。天之化育万物，生生不穷，各正性命，乃无妄也。”诚具有万物源头的根本意义，这个源头，只是一个“诚”。诚除了是天地万物根本之道，在传统道德中还有第二层含义，那就是人的本性。从道德的角度来说，人伦之道是要靠人去实践、完成的，这种实践和完成却不是外在地有一个道德的理想和目标，而是这种道德理想和目标就在人自己内心深处，因而诚具有一种亲和性和内在性，由外在指点而明白自己的性叫作“明”，而依人的本性而行并向外扩展出去，就叫作“诚”，故而诚作为道德本体，其显现自身的过程即诚明并进、知行合一的过程。朱熹指出：“诚者，理之在我者，皆实而无伪，天道之本然也。思诚者，欲见此理之在我者，皆实而无伪，人事之当然也。”“本然”与“当然”都在一个“诚”，也都在人的本性上，由此可见，作为天道的“诚”和作为人伦的“诚”，事实上是一体的。“真实”是“诚”存在的天道意义，“无妄”是“诚”蕴涵的人伦价值。

儒家既把诚信看作天道与人伦之本，即诚信之普现和润泽及于万物，故而诚信之德不仅可以升华为客观和超越的，而且同时也能落实而通达于人生之中。就本体而言，诚是人性与物性的本然状态。对于万物之灵的人而言，由诚信的价值所体现的人的存在的尊严，更可以表现在诸多方面。首先，诚信就本体而言，乃是人之所以为人的根本。人的生命世界，没有诚信便定不住，也撑不起；人的生活世界，没有诚信便空而不实，无法远于禽兽。儒家由德性之诚来定人之本，由诚来确立人的存在的尊严，由是而成人的人格，必由诚信的明现而见出人格的直拔俊伟，高风亮节。因而就诚信而说尊严，即人的存在必然表现为内外一致，表里如一，光明磊落，正直无私，坦坦荡荡。其次，诚信作为人性的至善之德，它所具有的活泼、浩荡、生生不已的品格，表现于德性的塑造上，必然由本原的“始终”贯通为工夫的“始终”，就成人的绝对真实处见其价值，就成德的首尾一贯处见其尊严。人自诚其性，即在诚体上自由自律，德行的生长也便犹如水之就下，顺畅无碍，相续不断，毫无夹杂和挂碍。总之，明理与诚信作为一个完整的道德体系，内含了传统儒家天理贯注人心的理路，由天道涤荡而彰显天理，由天理之“诚”而统摄人伦，天地万物与知行工夫在一个“诚”字上完美契合，圆融无碍。

在传统道德中，“明理”也叫作“智德”，儒家将其作为“三达德”即“智、仁、勇”之首，这是个体应有的一种道德能力。在现代意义上，明理作为一种德性，指的是认知和区分事物对错、善恶的能力，也就是孟子所说的“是非之心”。与此同时，在传统道德那里，“诚信”乃是一个人安身立命之根基，甚至是国家的立政之本，它更多地指向一种道德品质。如孔子所说的“人而无信，不知其可也”，“民无信不立”。应当指出的是，“明理诚信”这组道德范畴存在内部的因果和依存关系。明理是一个人的内在修养和能力，而诚信是表现出来的道德品德与节操。明理之人自然懂得诚信的价值，并自然而然地遵守诚信原则，不勉而中，表里如一。

“诚信”的行为应该来自“明理”的内心。内心不“明理”，自然无法做到“诚信”。当然，诚信也有其内在的逻辑，所谓“内诚于己，外信于人”。意思是说，“诚”是人内在的德性，“信”则是“诚”的外在显现。可见，“诚”是“信”的基础，“信”来自“诚”，无“诚”则无“信”。由此可见，传统道德中的诚信，强调表里如一，反对虚伪，这在伦理道德教育中具有积极意义。

当前，我国正处在全面建成小康社会的重要历史时期，处在经济社会大发展大调整大变革的历史时期。面对现代商品经济的大潮，人与人之间的相互依存变得越来越密切，各种形式的交换行为，以及交往活动，都变得日益频繁。社会变化之大，矛盾问题之多，人们的思想之复杂，均超出了以往任何一个时代。今天，个人、企业甚至政府的诚信受到极大挑战。故而，弘扬“明理诚信”的传统道德观，培养和增强公民对于是非善恶的辨别能力，树立诚实守信的道德品质，无疑是新时期社会主义道德建设的题中应有之义！

二　经典名篇

1 解老

【提要】本篇选自《韩非子》。该篇是道家经典《老子》的重要注解与阐释著作，文中首次把理这一概念提炼出来，将其作为和道相对应的哲学范畴。“道者，万物之所然也，万理之所稽也。理者，成物之文也；道者，万物之所以成也。故曰：‘道，理之者也。’物有理不可以相薄；物有理不可以相薄，故理之为物之制。万物各异理，而道尽稽万物之理。”韩非子重视物质世界之客观规律，因此总体上值得肯定。今天虽然知识昌明，但是仍然有必要重视明理的价值，不断提高公民的理性能力。

【原文】

道者，万物之所然也，万理之所稽也。理者，成物之文也；道者，万物之所以成也。故曰：“道，理之者也。”物有理不可以相薄；物有理不可以相薄，故理之为物之制。万物各异理，而道尽稽万物之理。稽万物之理，故不得不化；不得不化，故无常操；无常操，是以死生气禀焉，万智斟酌焉，万事废兴焉。天得之以高，地得之以藏，维斗得之以成其威，日月得之以恒其光，五常得之以常其位，列星得之以端其行，四时得之以御其变气，轩辕得之以擅四方，赤松得之与天地统，圣人得之以成文章。道与尧、舜俱智，与接舆俱狂，与桀、纣俱灭，与汤、武俱昌。以为近乎，游于四极；以为远乎，常在吾侧；以为暗乎，其光昭昭；以为明乎，其物冥冥；而功成天地，和化雷霆，宇内之物，恃之以成。凡道之情，不制不形，柔弱随时，与理相应。万物得之以死，得之以生；万事得之以败，得之以成。道譬诸若水，溺者多饮之即死，渴者适饮之即生。譬之若剑戟，愚人以行忿则祸生，圣人以诛暴则福成。故得之以死，得之以生，得之以败，得之以成。

人希见生象也，而得死象之骨，案其图以想其生也，故诸人之所以意想者皆谓之象也。今道虽不可得闻见，圣人执其见功以处见其形，故曰：“无状之状，无物之象。”

凡理者，方圆、短长、粗靡、坚脆之分也。故理定而后可得道也。故定理有存亡，有死生，有盛衰。夫物之一存一亡，乍死乍生，初盛而后衰者，不可谓常。唯夫与天地之剖判也具生，至天地之消散也不死不衰者谓常。而常者，无攸易，无定理，无定理非在于常所，是以不可道也。圣人观其玄虚，用其周行，强字之曰道，然而可论，故曰：“道之可道，非常道也。”

2 王鈇

【提要】本篇选自先秦道家著作《鹖冠子》。王鈇是指王者之斧，喻指王者之法制犹如斧一样有威势，能够置人于死地。鹖冠子认为法制应该像天一样。因为天有诚信，太阳月亮的升起落下，星辰的排列都不会混乱。大大小小的万物无不有其条理，万物无不以为这就是必然。然后鹖冠子描述了理想的社会制度：要像天地一样爱惜万物，要施行教化、树立风俗，要建立共同的、明确的社会行为规范，以供人人遵守。这种观点对于建设和谐社会，具有一定的借鉴价值。

【原文】

庞子问鹖冠子曰："泰上成鸠之道，一族用之万八千岁，有天下兵强，世不可夺，与天地存，久绝无伦，齐殊异之物，不足以命其相去之不同也。世莫不言树俗立化，彼独何道之行以至于此？"鹖冠子曰："彼成鸠氏天，故莫能增其高尊其灵。"

庞子曰："何谓天，何若而莫能增其高尊其灵？"鹖冠子曰："天者诚其日德也，日诚出诚入，南北有极，故莫弗以为法则。天者信其月刑也，月信死信生，终则有始，故莫弗以为政。天者明星其稽也，列星不乱，各以序行，故小大莫弗以章。天者因时其则也，四时当名，代而不干，故莫弗以为必然。天者一法其同也，前后左右，古今自如，故莫弗以为常。天诚信明因一，不为众父。易一故莫能与争先，易一非一故不可尊增，成鸠得一，故莫不仰制焉。"

庞子曰："愿闻其制。"鹖冠子："成鸠之制，与神明体正，神明者，下究而上际，克啬万物而不可猒[①]者也，周泊遍照，反与天地总，故能为天下计，明于蚤识，逢臼不惑，存亡之祥，安危之稽。"

庞子曰："愿闻其稽。"鹖冠子曰："置下不安，上不可以载，累其足也，其最高而不植局者，未之有也。辩于人情究物之理，称于天地，废置不殆，审于山川而运动举错有检，生物无害，为之父母，无所躙跞[②]，仁于取予，备于教道，要于言语，信于约束，已诺不专，喜怒不增，其兵不武，树以为俗，其化出此。"

庞子曰："愿闻其人情物理所以啬万物与天地总与神明体正之

---

① 猒：满足。

② 躙跞：践踏，迫害。

道。”鹖冠子曰：“成鸠氏之道，未有离天曲日术者。天曲者明而易循也，日术者要而易行也。”

庞子曰：“愿闻天曲日术。”鹖冠子曰：“其制邑理都使矔习者，五家为伍，伍为之长，十伍为里，里置有司，四里为扁，扁为之长，十扁为乡，乡置师，五乡为县，县有啬夫治焉，十县为郡，有大夫守焉，命曰官属。郡大夫退修其属县，啬夫退修其乡，乡师退修其扁，扁长退修其里，里有司退修其伍，伍长退修其家。事相斥正，居处相察，出入相司。父与父言义，子与子言孝。长者言善，少者言敬，旦夕相熏芗，以此慈孝之务。若有所移徙去就，家与家相受，人与人相付，亡人奸物，无所穿窜，此其人情物理也。伍人有勿故不奉上令，有余不足居处之状，而不辄以告里有司，谓之乱家，其罪伍长以同。里中有不敬长慈少，出等异众，不听父兄之教，有所受闻，不悉以告扁长，谓之乱里，其罪有司而贰其家。扁不以时循行教诲，受闻不悉以告乡师，谓之乱扁，其罪扁长而贰其家。乡不以时循行教诲，受闻不悉以告县啬夫，谓之乱乡，其罪乡师而贰其家。县啬夫不以时循行教诲，受闻不悉以告郡，善者不显，命曰蔽明，见恶而隐，命曰下比，谓之乱县，其诛啬夫无赦。郡大夫不以时循行教诲，受闻虽实，有所遗脱，不悉以教柱国，谓之乱郡，其诛郡大夫无赦。柱国不政，使下情不上闻，上情不下究，谓之绨政[①]，其诛柱国灭门残疾。令尹不宜时合地害百姓者，谓之乱天下，其轸令尹以徇。此其所以啬物也。天用四时，地用五行，天子执一以居中央，调以五音，正以六律，纪以度数，宰以刑德。

从本至末，第以甲乙。天始于元，地始于朔，四时始于历。故家里用提，扁长用旬，乡师用节，县啬夫用月，郡大夫用气分所至，柱国用六律。里五日报扁，扁十日报乡，乡十五日报县，县三十日报郡，郡四十五日报柱国，柱国六十日以闻天子，天子七十二

① 绨政：政事危机。

日遗使勉有功、罚不如。此所以与天地总。下情六十日一上闻，上惠七十二日一下究，此天曲日术也。故不肖者不失其贱，而贤者不失其明，上享其福禄而百事理行，畔者不利，故莫能挠其强，是以能治满而不溢，绾大而不芒，天子中正，使者敢易言尊益区域，使利逌下蔽上，其刑斩笞无赦，诸吏教苦德薄，侵暴百姓，辄罢，毋使污官乱治，不奉令犯法，其罪加民，利而不取利，运而不取次，故四方从之，唯恐后至。是以运天而维张，地广而德章，天下安乐，设年予昌。属各以一时典最，上贤不如令尹，令尹以闻，一再削职，三则不赦，治不逾官，使史李不误，公市为平，生者不喜，死者不怨，人得所欲，国无变故，着赏有功，德及三世，父伏其辜，不得创谥，事从一二，终古不勃。彼计为善于乡，不如为善于里，为善于里，不如为善于家。是以为善者可得举，为恶者可得诛。莫敢道一旦之善，皆以终身为期，素无失次，故化立而世无邪，化立俗成，少则同侪，长则同友，游敖同品，祭祀同福，死生同爱，祸灾同忧，居处同乐，行作同和，吊贺同杂，哭泣同哀。欢欣足以相助，谍足以相止，安平相驯，军旅相保，夜战则足以相信，昼战则足以相配，入以禁暴，出正无道，是以其兵能横行诛伐而莫之敢御。故其刑设而不用，不争而权重，车甲不陈而天下无敌矣。失道则贱敢逆贵，不义则小敢侵大。成鸠既见上世之嗣失道亡功倍本灭德之则，故为之不朽之国定位牢祭，使鬼神亶曰，增规不圆，益矩不方。夫以效末传之子孙，唯此可持，唯此可将，将者养吉，释者不祥，墠以全牺，正以斋明，四时享之，祀以家王，以为神享，礼灵之符，藏之宗庙，以玺正诸。故其后世之保教也全，耳目不营，用心不分，不见异物，而迁捐私去毒，钩于内哲，固于所守，更始逾新，上元为纪，共承嘉惠相高不改亶昭穆，具招上先结之，后入弗解，此知极之至也。”

3 解蔽

【提要】 本篇选自《荀子》。题目中的蔽指蒙蔽；解蔽就是克服蒙蔽，全面认识事物。本篇是荀子阐发其认识论思想的重要篇章。他指出，认识问题的最大毛病是不全面，“蔽于一曲而暗于大理”。不能全面认识问题就会受殃，反之则有福。治国的关键也在于了解和掌握真理。人必须做到“虚壹而静”，才能明察秋毫，万物无不毕现于目前，当然也就认识了“道”。在当今时代，我们可以对“蔽”做更加广泛的理解。限制人类认识水平发展的所有障碍都要解除，但是这个解除的过程是无止境的。

【原文】

凡人之患，蔽于一曲，而暗于大理。治则复经，两疑则惑矣。天下无二道，圣人无两心。今诸侯异政，百家异说，则必或是或非，或治或乱。乱国之君，乱家之人，此其诚心，莫不求正而以自为也。妒缪于道，而人诱其所迨也。私其所积，唯恐闻其恶也。倚其所私，以观异术，唯恐闻其美也。是以与治虽走，而是己不辍也。岂不蔽于一曲，而失正求也哉！心不使焉，则白黑在前而目不见，雷鼓在侧而耳不闻，况于使者乎？德道之人，乱国之君非之上，乱家之人非之下，岂不哀哉！

故为蔽：欲为蔽，恶为蔽，始为蔽，终为蔽，远为蔽，近为蔽，博为蔽，浅为蔽，古为蔽，今为蔽。凡万物异则莫不相为蔽，此心术之公患也。

昔人君之蔽者，夏桀殷纣是也。桀蔽于末喜斯观，而不知关龙逢，以惑其心，而乱其行。纣蔽于妲己、飞廉，而不知微子启，以惑其心，而乱其行。故群臣去忠而事私，百姓怨非而不用，贤良退处而隐逃，此其所以丧九牧之地，而虚宗庙之国也。桀死于鬲山，纣县于赤旆。身不先知，人又莫之谏，此蔽塞之祸也。成汤鉴于夏桀，故主其心而慎治之，是以能长用伊尹，而身不失道，此其所以代夏王而受九有也。文王监于殷纣，故主其心而慎治之，是以能长用吕望，而身不失道，此其所以代殷王而受九牧也。远方莫不致其珍；故目视备色，耳听备声，口食备味，形居备宫，名受备号，生则天下歌，死则四海哭。夫是之谓至盛。《诗》曰：“凤凰秋秋，其翼若干，其声若箫。有凤有凰，乐帝之心。”此不蔽之福也。

昔人臣之蔽者，唐鞅奚齐是也。唐鞅蔽于欲权而逐载子，奚齐蔽于欲国而罪申生；唐鞅戮于宋，奚齐戮于晋。逐贤相而罪孝兄，身为刑戮，然而不知，此蔽塞之祸也。故以贪鄙、背叛、争权而不危辱灭亡者，自古及今，未尝有之也。鲍叔、宁戚、隰朋仁知且不蔽，故能持管仲，而名利福禄与管仲齐。召公、吕望仁知且不蔽，故能持周公而名利福禄与周公齐。传曰：“知贤之谓明，辅贤之谓能，勉之强之，其福必长。”此之谓也。此不蔽之福也。

昔宾孟之蔽者，乱家是也。墨子蔽于用而不知文。宋子蔽于欲而不知得。慎子蔽于法而不知贤。申子蔽于势而不知知。惠子蔽于辞而不知实。庄子蔽于天而不知人。故由用谓之道，尽利矣。由俗谓之道，尽嗛矣。由法谓之道，尽数矣。由艺谓之道，尽便矣。由辞谓之道，尽论矣。由天谓之道，尽因矣。此数具者，皆道之一隅也。夫道者体常而尽变，一隅不足以举之。曲知之人，观于道之一隅，而未之能识也。故以为足而饰之，内以自乱，外以惑人，上以蔽下，下以蔽上，此蔽塞之祸也。孔子仁知且不蔽，故学乱术足以为先王者也。一家得周道，举而用之，不蔽于成积也。故德与周公齐，名与三王并，此不蔽之福也。

圣人知心术之患，见蔽塞之祸，故无欲、无恶、无始、无终、无近、无远、无博、无浅、无古、无今，兼陈万物而中县衡焉。是故众异不得相蔽以乱其伦也。

4 致士

【提要】 本篇选自《荀子》。该篇主要阐述明理诚信对辨别人才和任用人才的指导意义。荀子指出，君子能够兼听、显幽、重明、退奸、进良，任用君子对于治理国家十分重要。招徕君子要修礼义，“礼义备而君子归之”。即如果王者能够明理诚信，贤人就会来效力。此外还要有良好的法规，“无道法则人不至”。如果法律制度混乱，有德行的人就宁可隐姓埋名也不会参与社会事务。对于国君来说，用贤不能停留在口头上，而要付诸行动，言行一致，遵守承诺，贤者必至。

【原文】

衡听、显幽、重明、退奸、进良之术：朋党比周之誉，君子不听；残贼加累之谮，君子不用；隐忌雍蔽[1]之人，君子不近；货财禽犊之请，君子不许。凡流言、流说、流事、流谋、流誉、流愬，不官而衡至者，君子慎之，闻听而明誉之，定其当而当，然后士其刑赏而还与之；如是则奸言、奸说、奸事、奸谋、奸誉、奸愬，莫之试也；忠言、忠说、忠事、忠谋、忠誉、忠愬，莫不明通，方起以尚尽矣。夫是之谓衡听、显幽、重明、退奸、进良之术。

川渊深而鱼鳖归之，山林茂而禽兽归之，刑政平而百姓归之，礼义备而君子归之。故礼及身而行修，义及国而政明，能以礼挟而贵名白，天下愿，令行禁止，王者之事毕矣。《诗》曰："惠此中国，以绥四方。"此之谓也。川渊者，鱼龙之居也；山林者，鸟兽之居也；国家者，士民之居也。川渊枯，则鱼龙去之；山林险，则鸟兽去之；国家失政，则士民去之。无土则人不安居，无人则土不守，无道法则人不至，无君子则道不举。故土之与人也，道之与法也者，国家之本作也。君子也者，道法之摠[2]要也，不可少顷旷也。得之则治，失之则乱；得之则安，失之则危；得之则存，失之则亡，故有良法而乱者有之矣，有君子而乱者，自古及今，未尝闻也，传曰："治生乎君子，乱生乎小人。"此之谓也。

5 形势解

【提要】本篇出自《管子》。该篇认为：任何事物都有其存在的状态和道理，都有其发展的态势和能量。要注意充分遵循和利用客观规律去做人、做事，在尊重规律之基础上的努力才会取得成功。本篇有许多深刻的哲理，比如"上无事，则民自试"，意思是

---

① 雍蔽：指蒙蔽；隔绝。

② 摠：同"总"。

统治者要顺应社会管理的基本规律，政府不要过多地干预民众，民众自然会从事一些事情。再如“必得之事，不足赖也；必诺之言，不足信也”，提出是否诚信不能只从表面上看，相反，表面的过分文饰还往往反映出实质上的不诚信。

【原文】

明主上不逆天，下不圹地，故天予之时，地生之财。乱主上逆天道，下绝地理，故天不予时，地不生财。故曰：“其功顺天者，天助之；其功逆天者，天违之。”

古者，武王，天之所助也。故虽地小而民少，犹之为天子也。桀纣，天之所违也，故虽地大民众，犹之困辱而死亡也。故曰：“天之所助，虽小必大；天之所违，虽大必削。”

与人交，多诈伪无情实，偷取一切，谓之乌集之交。乌集之交，初虽相欢，后必相咄。故曰：“乌集之交，虽善不亲。”

圣人之与人约结也，上观其事君也，内观其事亲也，必有可知之理，然后约结。约结而不袭于理，后必相倍。故曰：“不重之结，虽固必解。道之用也，贵其重也。”

明主与圣人谋，故其谋得；与之举事，故其事成。乱主与不肖者谋，故其计失；与之举事，故其事败。夫计失而事败，此与不可之罪。故曰：“毋与不可。”

明主度量人力之所能为，而后使焉。故令于人之所能为，则令行；使于人之所能为，则事成。乱主不量人力，令于人之所不能为，故其令废；使于人之所不能为，故其事败。夫令出而废，举事而败，此强不能之罪也。故曰：“毋强不能。”

狂惑之人，告之以君臣之义、父子之理、贵贱之分，不信圣人之言也，而反害伤之。故圣人不告也。故曰：“毋告不知。”

与不肖者举事，则事败；使于人之所不能为，则令废；告狂惑之人，则身害。故曰：“与不可，强不能，告不知，谓之劳而无功。”

常以言翘明，其与人也，其爱人也，其有德于人也，以此为友则不亲，以此为交则不结，以此有德于人则不报。故曰："见与之友，几于不亲；见爱之交，几于不结；见施之德，几于不报。四方之所归，心行者也。"

明主不用其智，而任圣人之智；不用其力，而任众人之力。故以圣人之智思虑者，无不知也；以众人之力起事者，无不成也。能自去而因天下之智力起，则身逸而福多。乱主独用其智，而不任圣人之智；独用其力，而不任众人之力，故其身劳而祸多。故曰："独任之国，劳而多祸。"

明主内行其法度，外行其理义，故邻国亲之，与国信之，有患则邻国忧之，有难则邻国救之。乱主内失其百姓，外不信于邻国，故有患则莫之忧也，有难则莫之救也，外内皆失，孤特而无党，故国弱而主辱。故曰："独国之君，卑而不威。"

明主之治天下也，必用圣人，而后天下治；妇人之求夫家也，必用媒，而后家事成。故治天下而不用圣人，则天下乖乱而民不亲也；求夫家而不用媒，则丑耻而人不信也。故曰："自媒[1]之女，丑而不信。"

明主者，人未之见而有亲心焉者，有使民亲之之道也。故其位安而民往之。故曰："未之见而亲焉，可以往矣。"

尧舜，古之明主也。天下推之而不倦，誉之而不厌，久远而不忘者，有使民不忘之道也。故其位安而民来之。故曰："久而不忘焉，可以来矣。"

日月，昭察万物者也，天多云气，蔽盖者众，则日月不明。人主，犹日月也，群臣多奸立私，以拥蔽主，则主不得昭察其臣下，臣下之情不得上通。故奸邪日多而人主愈蔽。故曰："日月不明，天不易也。"

山，物之高者也。地险秽不平易，则山不得见。人主，犹山也，左右多党比周，以壅其主，则主不得见。故曰："山高而不见，

① 自媒：指女子自择配偶。

地不易也。”

人主出言，不逆于民心，不悖于理义，其所言足以安天下者也，人唯恐其不复言也。出言而离父子之亲，疏君臣之道，害天下之众，此言之不可复者也，故明主不言也。故曰：“言而不可复者，君不言也。”

人主身行方正，使人有礼，遇人有理，行发于身而为天下法式者，人唯恐其不复行也。身行不正，使人暴虐，遇人不信，行发于身而为天下笑者，此不可复之行，故明主不行也。故曰：“行而不可再者，君不行也。”

言之不可复者，其言不信也；行之不可再者，其行贼暴也。故言而不信则民不附，行而贼暴则天下怨。民不附，天下怨，此灭亡之所从生也，故明主禁之。故曰：“凡言之不可复，行之不可再者，有国者之大禁也。”

6 枢言

【提要】本篇也是选自《管子》，该文是“诚信”一词的语源出处。不仅如此，这篇文章堪称明理的教导范本。“管子曰：道之在天者日也，其在人者心也。故曰：有气则生，无气则死，生者以其气。有名则治，无名则乱，治者以其名。枢言曰：爱之利之，益之安之。四者道之出。”如果执政者遵循道的原则，实行爱之、利之、益之、安之的政策，必能实现长治久安，国富民强。可见，诚信是上到国家，下到普通人，都必须实践的重要德目，其意义和价值不仅在于维护实行者自身的声誉，还具有实际价值。

【原文】

先王贵诚信，诚信者，天下之结也。贤大夫不恃宗至，士不恃外权。坦坦之利不以功，坦坦之备不为用。故存国家，定社稷，在卒谋之闲耳。圣人用其心，沌沌[①]乎博而圜，豚豚乎莫得其门，纷

① 沌沌：愚昧无知貌。

纷乎若乱丝，遗遗乎若有从治。故曰：欲知者知之，欲利者利之，欲勇者勇之，欲贵者贵之。彼欲贵，我贵之，人谓我有礼。彼欲勇，我勇之，人谓我恭。彼欲利，我利之，人谓我仁。彼欲知，我知之，人谓我慜[①]，戒之戒之，微而异之。动作必思之，无令人识之，卒来者必备之，信之者仁也，不可欺者智也。既智且仁，是谓成人。

贱固事贵，不肖固事贤。贵之所以能成其贵者，以其贵而事贱也，贤之所以能成其贤者，以其贤而事不肖也。恶者美之充也，卑者尊之充也，贱者贵之充也，故先王贵之。

天以时使，地以材使，人以德使，鬼神以祥使，禽兽以力使。所谓德者，先之之谓也，故德莫如先，应适莫如后。先王用一阴二阳者霸，尽以阳者王，以一阳二阴者削，尽以阴者亡。量之不以少多，称之不以轻重，度之不以短长，不审此三者，不可举大事。能戒乎？能敕乎？能隐而伏乎？能而稷乎？能而麦乎？春不生而夏无得乎，众人之用其心也，爱者憎之始也，德者怨之本也，唯贤者不然。先王事以合交，德以合人，二者不合，则无成矣，无亲矣。

7 祭统

【提要】本篇出自《礼记》。祭祀是国家和宗族之中的重大事项，是我国传统文化中不可或缺的部分。而祭祀正是荐诸先祖和鬼神的至为竭诚之举，古代国家往往会通过祭天、祭山、祭祖等活动来建立威信，做出重大承诺，因此一般来说在祭祀活动里是不存在欺骗的。文章认为，只有明理的贤者，才能够恰当地举行祭祀，达到疏通民意的作用。通过这篇文章，我们不难看到古人运用祭祀之礼，确实可以在当时社会条件下疏通民意，加强团结。现代社会中虽然已经没有这种具体的活动了，各种权力的合法性论证已经转换为其他方式，但从人心内部还是必须达到共通和互信，《祭统》的

① 慜：聪明敏捷。

精神内涵仍然有其现实意义。

【原文】

凡治人之道，莫急于礼。礼有五经，莫重于祭。夫祭者，非物自外至者也，自中出生于心也，心怵而奉之以礼。是故，唯贤者能尽祭之义。

贤者之祭也，必受其福。非世所谓福也。福者，备也；备者，百顺之名也。无所不顺者，谓之备。言：内尽于己，而外顺于道也。忠臣以事其君，孝子以事其亲，其本一也。上则顺于鬼神，外则顺于君长，内则以孝于亲。如此之谓备。唯贤者能备，能备然后能祭。是故，贤者之祭也，致其诚信，与其忠敬，奉之以物，道之以礼，安之以乐，参之以时。明荐之而已矣。不求其为，此孝子之心也。

祭者，所以追养继孝也。孝者畜也。顺于道不逆于伦，是之谓畜。是故，孝子之事亲也，有三道焉：生则养，没则丧，丧毕则祭。养则观其顺也，丧则观其哀也，祭则观其敬而时也。尽此三道者，孝子之行也。

既内自尽，又外求助，昏礼是也。故国君取夫人之辞曰："请君之玉女与寡人共有敝邑，事宗庙社稷。"此求助之本也。夫祭也者，必夫妇亲之，所以备外内之官也。官备则具备。水草之菹，陆产之醢，小物备矣。三牲之俎，八簋[①]之实，美物备矣。昆虫之异，草木之实，阴阳之物备矣。凡天之所生，地之所长，苟可荐者，莫不咸在，示尽物也。外则尽物，内则尽志，此祭之心也。

是故，天子亲耕于南郊，以共齐盛；王后蚕于北郊，以共纯服；诸侯耕于东郊，亦以共齐盛；夫人蚕于北郊，以共冕服。天子诸侯非莫耕也，王后夫人非莫蚕也，身致其诚信，诚信之谓尽，尽之谓敬，敬尽然后可以事神明，此祭之道也。

---

① 八簋：簋为古代祭祀宴享时盛黍稷或食品用的圆口圈足器皿。周制，天子八簋。

8 中庸

【提要】本篇为《中庸》的节选。在儒家看来，中庸就是人性的本原、人的根本智慧本性。中庸，用现代文字表述就是“度”。要具有君子之德，就要明乎中庸，“博学之，慎问之，慎思之，明辨之”，还要加上“笃行之”。此外，明理和诚信是可以互通的，“自诚明谓之性；自明诚谓之教”。而一旦达到诚明，则两者即没有差别。不可否认，《中庸》开启了儒家神秘主义认识论的先河。除此之外，本篇的修养论具有广泛深远的影响，在今天也是提高国民思想道德水平的重要学习资源。

【原文】

哀公问政。子曰：“文武之政，布在方策。其人存，则其政举；其人亡，则其政息。人道敏政，地道敏树。夫政也者，蒲卢也。故为政在人，取人以身，修身以道，修道以仁。仁者人也，亲亲为大；义者宜也，尊贤为大。亲亲之杀，尊贤之等，礼所生也。在下位不获乎上，民不可得而治矣！故君子不可以不修身；思修身，不可以不事亲；思事亲，不可以不知人，思知人，不可以不知天。

“天下之达道五，所以行之者三。曰：君臣也，父子也，夫妇也，昆弟也，朋友之交也，五者天下之达道也。知，仁，勇，三者天下之达德也，所以行之者一也。或生而知之，或学而知之，或困而知之，及其知之，一也。或安而行之，或利而行之，或勉强而行之，及其成功，一也。子曰：好学近乎知，力行近乎仁，知耻近乎勇。知斯三者，则知所以修身；知所以修身，则知所以治人；知所以治人，则知所以治天下国家矣。

“凡为天下国家有九经，曰：修身也，尊贤也，亲亲也，敬大臣也，体群臣也，子庶民也，来百工也，柔远人也，怀诸侯也。修身则道立，尊贤则不惑，亲亲则诸父昆弟不怨，敬大臣则不眩，体群臣则士之报礼重，子庶民则百姓劝，来百工则财用足，柔远人则四方归之，怀诸侯则天下畏之。齐明盛服，非礼不动。所以修身也；去谗远色，贱货而贵德，所以劝贤也；尊其位，重其禄，同其好恶，所以劝亲亲也；官盛任使，所以劝大臣也；忠信重禄，所以劝士也；时使薄敛，所以劝百姓也；日省月试，既廪称事，所以劝百工也；送往迎来，嘉善而矜不能，所以柔远人也；继绝世，举废国，治乱持危，朝聘以时，厚往而薄来，所以怀诸侯也。凡为天下国家有九经，所以行之者一也。

“凡事豫则立，不豫则废。言前定则不跲[①]，事前定则不困，行前定则不疚，道前定则不穷。在下位不获乎上，民不可得而治矣。获乎上有道，不信乎朋友，不获乎上矣；信乎朋友有道，不顺乎亲，不信乎朋友矣；顺乎亲有道，反诸身不诚，不顺乎亲矣；诚身有道，不明乎善，不诚乎身矣。诚者，天之道也；诚之者，人之道也。诚者，不勉而中，不思而得，从容中道，圣人也。诚之者，择善而固执之者也。

“博学之，审问之，慎思之，明辨之，笃行之。有弗学，学之弗能，弗措也；有弗问，问之弗知，弗措也；有弗思，思之弗得，弗措也；有弗辨，辨之弗明，弗措也；有弗行，行之弗笃，弗措也。人一能之己百之，人十能之己千之。果能此道矣。虽愚必明，虽柔必强。”

自诚明，谓之性。自明诚，谓之教。诚则明矣，明则诚矣。

唯天下至诚，为能尽其性；能尽其性，则能尽人之性；能尽人之性，则能尽物之性；能尽物之性，则可以赞天地之化育；可以赞天地之化育，则可以与天地参矣。

其次致曲。曲能有诚，诚则形，形则著，著则明，明则动，动则变，变则化。唯天下至诚为能化。

至诚之道，可以前知。国家将兴，必有祯祥；国家将亡，必有妖孽。见乎蓍龟，动乎四体。祸福将至：善，必先知之；不善，必先知之。故至诚如神。

---

① 跲：绊倒。

诚者自成也，而道自道也。诚者物之终始，不诚无物。是故君子诚之为贵。诚者非自成己而已也，所以成物也。成己，仁也；成物，知也。性之德也，合外内之道也，故时措之宜也。

故至诚无息。不息则久，久则征；征则悠远，悠远则博厚，博厚则高明。博厚，所以载物也；高明，所以覆物也；悠久，所以成物也。博厚配地，高明配天，悠久无疆。如此者，不见而章，不动而变，无为而成。天地之道，可一言而尽也。其为物不贰，则其生物不测。天地之道：博也，厚也，高也，明也，悠也，久也。今夫天，斯昭昭之多，及其无穷也，日月星辰系焉，万物覆焉。今夫地，一撮土之多，及其广厚，载华岳而不重，振河海而不泄，万物载焉。今夫山，一卷石之多，及其广大，草木生之，禽兽居之，宝藏兴焉。今夫水，一勺之多，及其不测，鼋鼍①、蛟龙、鱼鳖生焉，货财殖焉。

《诗》曰："惟天之命，於穆不已！"盖曰天之所以为天也。"於乎不显，文王之德之纯！"盖曰文王之所以为文也，纯亦不已。

9 大学之道

【提要】 本篇节选自《大学》。本篇提出了儒家思想的"三纲领"和"八条目"，对推动宋以后的儒学思想发展发挥了巨大作用。明明德反映了儒家性善论的思想；亲民反映了儒家重视国计民生的态度。当然，根据朱熹的解释，"亲民"应当作"新民"来理解。新民的意思是要求人民做自新之民，不应故步自封，而应积极要求进步，不断提高自身水平，为家庭社会服务。总体来看，无论理解为"亲民"还是"新民"，都说得通。止于至善是指善必须长期奉行，止在其中而不能退失。如果偶然为善，那么不可以被称为诚信之人。

【原文】

大学之道在明明德，在亲民，在止于至善。知止而后有定；定

① 鼋鼍［yuántuó］：汉族神话传说中的巨鳖和猪婆龙（扬子鳄）。

而后能静；静而后能安；安而后能虑；虑而后能得。物有本末；事有终始。知所先后则近道矣。

古之欲明明德于天下者先治其国，欲治其国者先齐其家，欲齐其家者先修其身，欲修其身者先正其心，欲正其心者先诚其意，欲诚其意者先致其知，致知在格物。物格而后知至，知至而后意诚，意诚而后心正，心正而后身修，身修而后家齐，家齐而后国治，国治而后天下平。自天子以至于庶人，壹是皆以修身为本。其本乱而末治者，否矣。其所厚者薄而其所薄者厚，未之有也。

10 孟子论明理

【提要】本篇是孟子论明理问题的名篇，选自《孟子·万章下》。该篇涉及圣人风范、古代礼制、交朋结友、立身处世和大臣的权力、职责等。其中亮点是交友论世方面的智慧。交友要以诚信为原则，论世则不能离开客观的历史条件。不可否认，在战国时期，孟子就提出这样的观点是非常难能可贵的。当今社会由于受到现代工商业的冲击，诚信问题非常重要，要把古代的诚信观念和现代化生产生活的各个环节结合起来，现代文明水平才能真正得到保障。

【原文】

孟子曰："伯夷，目不视恶色，耳不听恶声。非其君不事，非其民不使。治则进，乱则退。横政之所出，横民之所止，不忍居也。思与乡人处，如以朝衣朝冠坐于涂炭也。当纣之时，居北海之滨，以待天下之清也。故闻伯夷之风者，顽夫廉，懦夫有立志。伊尹曰：'何事非君？何使非民？'治亦进，乱亦进。曰：'天之生斯民也，使先知觉后知，使先觉觉后觉。予，天民之先觉者也；予将以此道觉此民也。'思天下之民，匹夫匹妇有不与被尧舜之泽者，若己推而内之沟中，其自任以天下之重也。

"柳下惠，不羞污君，不辞小官。进不隐贤，必以其道。遗佚而不怨，厄穷而不悯。与乡人处，由由然不忍去也。'尔为尔，我为我，虽袒裼裸裎[①]于我侧，尔焉能浼我哉？’故闻柳下惠之风者，鄙夫宽，薄夫敦。

“孔子之去齐，接淅而行；去鲁，曰：‘迟迟吾行也。’去父母国之道也。可以速而速，可以久而久，可以处而处，可以仕而仕，孔子也。”

孟子曰：“伯夷，圣之清者也；伊尹，圣之任者也；柳下惠，圣之和者也；孔子，圣之时者也。孔子之谓集大成。集大成也者，金声而玉振之也。金声也者，始条理也；玉振之也者，终条理也。始条理者，智之事也；终条理者，圣之事也。智，譬则巧也；圣，譬则力也。由射于百步之外也，其至，尔力也；其中，非尔力也。”

11 贵信

【提要】本篇出自《吕氏春秋》。该书由吕不韦的门客编辑而成，行文风格铺陈扬厉，蔚为大观。本篇集中宣扬了诚信、互信的重要价值。“君臣不信，则百姓诽谤，社稷不宁；处官不信，则少不畏长，贵贱相轻；赏罚不信，则民易犯法，不可使令；交友不信，则离散郁怨，不能相亲；百工不信，则器械苦伪，丹漆染色不贞。”由此可见，本篇中的“信”，包含互相信任和信用、信实两层含义。如果缺乏信任，那么关系就不能够深入；如果没有信用，事业就难以开拓，这两方面皆须被重视。

【原文】

凡人主必信。信而又信，谁人不亲？故《周书》曰：“允哉允哉！”以言非信则百事不满也，故信之为功大矣。信立则虚言可以赏矣。虚言可以赏，则六合之内皆为己府矣。信之所及，尽制之矣。制之而不用，人之有也；制之而用之，己之有也。己有之，则天地之物毕为用矣。人主有见此论者，其王不久矣；人臣有知此论者，可以为王者佐矣。

---

① 裸裎：露体。指脱衣露体，没有礼貌。

天行不信，不能成岁；地行不信，草木不大。春之德风，风不信，其华不盛，华不盛则果实不生；夏之德暑，暑不信，其土不肥，土不肥则长遂不精；秋之德雨，雨不信，其谷不坚，谷不坚则五种不成；冬之德寒，寒不信，其地不刚，地不刚则冻闭不开。天地之大，四时之化，而犹不能以不信成物，又况乎人事？君臣不信，则百姓诽谤，社稷不宁；处官不信，则少不畏长，贵贱相轻；赏罚不信，则民易犯法，不可使令；交友不信，则离散郁怨，不能相亲；百工不信，则器械苦伪，丹漆染色不贞。夫可与为始，可与为终，可与尊通，可与卑穷者，其唯信乎！信而又信，重袭于身，乃通于天。以此治人，则膏雨甘露降矣，寒暑四时当矣。

齐桓公伐鲁，鲁人不敢轻战，去鲁国五十里而封之，鲁请比关内侯以听，桓公许之。曹翙谓鲁庄公曰："君宁死而又死乎？其宁生而又生乎？"庄公曰："何谓也？"曹翙曰："听臣之言，国必广大，身必安乐，是生而又生也。不听臣之言，国必灭亡，身必危辱，是死而又死也。"庄公曰："请从。"于是明日将盟，庄公与曹翙皆怀剑至于坛上。庄公左搏桓公，右抽剑以自承，曰："鲁国去境数百里，今去境五十里，亦无生矣。钧其死也，戮于君前。"管仲、鲍叔进，曹翙按剑当两陛之间曰："且二君将改图，毋或进者。"庄公曰："封于汶则可，不则请死。"管仲曰："以地卫君，非以君卫地，君其许之。"乃遂封于汶南，与之盟。归而欲勿予。管仲曰："不可。人特劫君而不盟，君不知，不可谓智；临难而不能勿听，不可谓勇；许之而不予，不可谓信。不智不勇不信，有此三者，不可以立功名。予之，虽亡地亦得信。以四百里之地见信于天下，君犹得也。"庄公，仇也；曹翙，贼也。信于仇贼，又况于非仇贼者乎？夫九合之而合，壹匡之而听，从此生矣。管仲可谓能因物矣。以辱为荣，以穷为通，虽失乎前，可谓后得之矣。物固不可全也。

12 精华

【提要】本篇录自汉儒董仲舒的《春秋繁露》。该篇侧重说明明理，尤其是折狱问题中的精确性很重要，不能马虎大意，否则就会失去公信度。本篇指出，《春秋》审案必定要搞清楚作案动机。动机邪恶的，未遂也要判罪；带头的，罪要加重；动机正直的，罪要减轻。审案判罪，一定要谨慎。如果判对了，道理就更明白，教化就更顺畅。如果判错了，道理就会被蒙蔽，众人就会迷惑，就会妨碍教化的推行，失去众人的信任。在当今社会，司法公正也是一个需要注意的问题。

【原文】

《春秋》之听狱也，必本其事而原其志。志邪者不待成，首恶者罪特重，本直者其论轻。是故逢丑父当斮，而辕涛涂不宜执，鲁季子追庆父，而吴季子释阖庐。此四者罪同异论，其本殊也。俱欺仨三军，或死或不死；俱弑君，或诛或不诛。听讼折狱，可无审耶！故折狱而是也，理益明，教益行。折狱而非也，暗理迷众，与教相妨。教，政之本也。狱，政之末也。其事异域，其用一也，不可不以相顺，故君子重之也。

13 义信篇

【提要】本篇作者是西晋名士傅玄，该篇出于《傅子》一书。傅玄对诚信问题的审视颇有价值。他说："以信待人，不信思信；不信待人，信思不信。"这种有玄学思辨风格的论证值得深思。如果我们太功利化地看待诚信的价值，往往只能流于一时，流于表面。而这种一时诚信、表面诚信，在傅玄看来是不义的表现，并不能实现理想的效果。而内在具有诚信之心，行为上即不必过分表现。这种思想与现代心理学中的潜意识理论有一定的可会通之处。

【原文】

盖天地着信而四时不悖，日月着信而昏明有常，王者体信而万国以安，诸侯秉信而境内以和，君子履信而厥身以立。古之圣君贤佐，将化世美俗。去信须臾，而能安上治民者，未之有也。象天则也，履信思顺以壹天下，此王者之信也。据法持正行以不贰，此诸侯之信也。言出乎口结乎心，守以不移立其身，此君子之信也。讲信修义而人道定矣。

君不信以御臣，臣不信以奉君，父不信以教子，子不信以事父，夫不信以遇妇，妇不信以承夫。则君臣相疑于朝，父子相疑于家，夫妇相疑于室。大小溷然[①]而怀奸谋，上下纷然而竞相欺，人伦于是亡矣。

夫信由上结者也。故人君以信训其臣，则臣以信忠其君。父以信诲其子，则子以信孝其父。夫以信遇其妇，则妇以信顺其夫。上秉常以化下，下服常以应上。其不化者，百未有一也。夫为人上竭至诚开信以待下，则怀信者欢然而乐进，不信者赧然而回意矣。老子不云乎“信不足焉者，有不信也”？故以信待人，不信思信。不信待人，信思不信。况本无信者乎？先王欲下之信也，故示之以款诚，而民莫欺其上。申之以礼教，而民笃于义矣。夫以上接下，而以不信随之，是以日夜见灾也。周幽以诡烽灭国，齐襄以瓜时致杀，非其显乎？故祸莫大于无信，无信则不知所亲。不知所亲，则左右尽已之所疑，况天下乎？信者亦疑，不信亦疑，则忠诚者丧心而结舌，怀奸者饰邪以自纳矣！此无信之祸也。

14 诚信

【提要】本篇出自唐代史官吴兢所辑的《贞观政要》。该篇刻画了一代明君唐太宗以诚信为表率，不听阿谀奉承，要求臣下直言进谏的光辉形象。他批示奏本说：“朕欲使大信行于天下，不欲以诈道训俗，卿言虽善，朕所不取也。”无疑，在封建时代，唐太宗的诚信思想和行为都非常难能可贵，也正因为这样，他才开创了名垂千古的贞观之治。我们今天也应该发扬诚信传统，在建设社会主义的过程中确保人心的凝聚力。

---

① 溷然：指污浊貌。

【原文】

贞观初，有上书请去佞臣者，太宗谓曰："朕之所任，皆以为贤，卿知佞者谁耶？"对曰："臣居草泽，不的知佞者，请陛下佯怒以试群臣，若能不畏雷霆，直言进谏，则是正人，顺情阿旨，则是佞人。"太宗谓封德彝曰："流水清浊，在其源也。君者政源，人庶犹水，君自为诈，欲臣下行直，是犹源浊而望水清，理不可得。朕常以魏武帝多诡诈，深鄙其为人，如此，岂可堪为教令？"谓上书人曰："朕欲使大信行于天下，不欲以诈道训俗，卿言虽善，朕所不取也。"

贞观十年，魏徵上疏曰：臣闻为国之基，必资于德礼，君之所保，惟在于诚信。诚信立则下无二心，德礼形则远人斯格。然则德礼诚信，国之大纲，在于君臣父子，不可斯须而废也。故孔子曰："君使臣以礼，臣事君以忠。"又曰："自古皆有死，民无信不立。"文子曰："同言而信，信在言前；同令而行，诚在令外。"然而言而不信，言无信也；令而不从，令无诚也。不信之言，无诚之令，为上则败德，为下则危身，虽在颠沛之中，君子之所不为也。

自王道休明，十有余载，威加海外，万国来庭，仓廪日积，土地日广，然而道德未益厚，仁义未益博者，何哉？由乎待下之情未尽于诚信，虽有善始之勤，未睹克终之美故也。昔贞观之始，乃闻善惊叹，暨八九年间，犹悦以从谏。自兹厥后[①]，渐恶直言，虽或勉强有所容，非复曩[②]时之豁如。謇谔[③]之辈，稍避龙鳞；便佞之徒，肆其巧辩。谓同心者为擅权，谓忠谠者为诽谤。谓之为朋党，虽忠信而可疑；谓之为至公，虽矫伪而无咎。强直者畏擅权之议，忠谠者虑诽谤之尤。正臣不得尽其言，大臣莫能与之争。荧惑视听，郁于大道，妨政损德，其在此乎？故孔子曰"恶利口之覆邦家者"，盖为此也。

---

① 厥后：那以后。

② 曩［nǎng］：以往，从前，过去的。

③ 謇谔：正直敢言。

且君子小人，貌同心异。君子掩人之恶，扬人之善，临难无苟免，杀身以成仁。小人不耻不仁，不畏不义，惟利之所在，危人自安。夫苟在危人，则何所不至？今欲将求致治，必委之于君子；事有得失，或访之于小人。其待君子也则敬而疏，遇小人也必轻而狎。狎则言无不尽，疏则情不上通。是则毁誉在于小人，刑罚加于君子，实兴丧之所在，可不慎哉！此乃孙卿所谓“使智者谋之，与愚者论之，使修洁之士行之，与污鄙之人疑之，欲其成功，可得乎哉？”夫中智之人，岂无小惠？然才非经国，虑不及远，虽竭力尽诚，犹未免于倾败；况内怀奸利，承颜顺旨，其为祸患，不亦深乎？夫立直木而疑影之不直，虽竭精神，劳思虑，其不得，亦已明矣。

夫君能尽礼，臣得竭忠，必在于内外无私，上下相信。上不信，则无以使下，下不信，则无以事上，信之为道大矣。昔齐桓公问于管仲曰：“吾欲使酒腐于爵，肉腐于俎，得无害霸乎？”管仲曰：“此极非其善者，然亦无害于霸也。”桓公曰：“如何而害霸乎？”管仲曰：“不能知人，害霸也；知而不能任，害霸也；任而不能信，害霸也；既信而又使小人参之，害霸也。”晋中行穆伯攻鼓，经年而弗能下，馈间伦曰：“鼓之啬夫，间伦知之。请无疲士大夫，而鼓可得。”穆伯不应，左右曰：“不折一戟，不伤一卒，而鼓可得，君奚为不取？”穆伯曰：“间伦之为人也，佞而不仁，若使间伦下之，吾可以不赏之乎？若赏之，是赏佞人也。佞人得志，是使晋国之士舍仁而为佞。虽得鼓，将何用之？”夫穆伯，列国之大夫，管仲，霸者之良佐，犹能慎于信任、远避佞人也如此，况乎为四海之大君，应千龄之上圣，而可使巍巍至德之盛，将有所间乎？

若欲令君子小人是非不杂，必怀之以德，待之以信，厉之以义，节之以礼，然后善善而恶恶，审罚而明赏。则小人绝其私佞，君子自强不息，无为之治，何远之有？善善而不能进，恶恶而不能去，罚不及于有罪，赏不加于有功，则危亡之期，或未可保，永锡祚胤[1]，将何望哉！

太宗览疏叹曰："若不遇公，何由得闻此语！"

太宗尝谓长孙无忌等曰："朕即位之初，有上书者非一，或言人主必须威权独任，不得委任群下；或欲耀兵振武，慑服四夷。惟有魏徵劝朕'偃革[2]兴文，布德施惠，中国既安，远人自服'。朕从此语，天下大宁，绝域君长，皆来朝贡，九夷重译，相望于道。凡此等事，皆魏徵之力也。朕任用岂不得人？"征拜谢曰："陛下圣德自天，留心政术。实以庸短，承受不暇，岂有益于圣明？"

贞观十七年，太宗谓侍臣曰："《传》称'去食存信'，孔子曰：'民无信不立。'昔项羽既入咸阳，已制天下，向能力行仁信，谁夺耶？"房玄龄对曰："仁、义、礼、智、信，谓之五常，废一不可。能勤行之，甚有裨益。殷纣狎侮五常，武王夺之；项氏以无信为汉高祖所夺，诚如圣旨。"

15 论诚

【提要】本篇为理学家周敦颐论诚的名篇，节选自《通书》。本篇对宋明理学具有非常深远的影响。该文吸收了《中庸》里诚的观念，又融合了《易经》的思想。在周敦颐这里，诚不仅是工夫论、伦理学的基础，而且他还持有这样的倾向，即将"诚"本体化，构建了一个诚的本体论。从理学的整个发展过程来看，这一建构无疑是非常成功的。当然，在周敦颐这里，仍然肯定诚信作为一般伦理价值的取向。通过一般意义上的诚信，到达本体论意义上的至诚，是一个渐进的过程。

【原文】

诚者，圣人之本。大哉乾元，万物资始，诚之源也。乾道变化，各正性命，诚斯立焉，纯粹至善者也。故曰：一阴一阳之谓道，继之者善也，成之者性也。元亨，诚之通；利贞，诚之复。大

① 祚胤：福运及于后代子孙。

② 革：革，原指甲胄，代指武力。

哉《易》也，性命之源乎！

圣，诚而已矣。诚，五常之本，百行之源也。静无而动有，至正而明达也。五常百行，非诚非也，邪暗塞也，故诚则无事矣。至易而行难，果而确，无难焉。故曰：一日克己复礼，天下归仁焉。

诚无为，几善恶，德爱曰仁，宜曰义，理曰礼，通曰智，守曰信；性焉安焉之谓圣，复焉执焉之谓贤，发微不可见，充周不可穷之谓神。

寂然不动者，诚也；感而遂通者，神也；动而未形、有无之间者，几也。诚精故明，神应故妙，几微故幽。诚、神、几，曰圣人。

16 诚道、信道

【提要】 本篇录自明末道士王建章的《仙术秘库》一书。本篇作者所说的诚信本来是指修道之人所需具备的诚信品质，因为在修道过程中，如果不能贯彻诚信的价值观，必然会中道颓丧。这样的例子比比皆是，而其道理也比较质朴。因为修道实质上相当于一种求真的活动，如果缺乏诚信，就不能和真理相应。我们今天把它作为社会伦理的广泛要求来学习，也可从中受到很大启发。文中所举道教前贤们的案例，也颇具感染力。通过对贤者高行的体会，能够激发我们内在高等价值观的形成和发用。当然，对于其中宗教说教的成分，读者自然能够辨别和舍弃。

【原文】

诚之一法，乃修道之基址。基址之为物，坚实敦厚，无物不载，成败皆在于此。故基址筑就平正稳当，则屋舍永无坎陷崩塌之患。夫人性相近而习相远，天真丧尽，私欲纷纷，内之所有者邪思妄想，外之所处者火坑刀山。即有一二自惜性命者，亦不在根本上打点，只于枝叶上搜求，隔靴搔痒，望梅止渴，空费功力，临死方悔。盖道也者不可须臾离也，可离非道也，不离之道贵乎诚，能诚则大道可学，大道可知，大道可成。不诚则心不纯，心不纯则疑惑生，疑惑生则妄念起，妄念起则脚根不实，一行一步入于虚假，一举一动俱是烦恼。隔绝大道，闭塞灵窟，而欲明道，不愈远乎！夫诚者，醇厚也，专一也，老实也，无欺也，不隐也，不瞒也。善用其诚者返朴归醇，黜聪毁智，主意一定，始终无二。昔赵真人奉师命出外，遇色不迷，见虎不惊，悬崖取桃，陡壁舍身，卒能感动祖天师传授心印。邱祖因自己福缘浅薄，狠力下功，饥饿不怕，生死不惧，感得空中神人报信。如二真者，皆能用诚者也。诚之一字，乃修道始终不离之物，如其可离，则何由而成神室？何由而全性命？何为诚？安危不计，一心向前，出言无伪诈，行事不怪异，随地而安，遇境而就，到安乐处不喜，逢困难时不忧，择善固执，顺守其正，至死抱道，永无变迁，有过即改，遇善即行。如是用诚，纤尘不生，万物难移，内念不出，外念不入，三尸遁迹，六贼灭踪，从此造修大业，无不随心应手。故修道者必脚踏实地，下死工夫，换却生平心肠，钻破混沌，取出宝杖，处处归真，事事守正，以本分为要，以老实为先，性命之外别无所知，道德之外余无所晓，人一能之己百之，人十能之己千之。果能此道矣，虽愚必明，虽柔必强。诚之一法，岂小补云哉！

信之一法，如屋舍之椽瓦。椽瓦之为物，攒簇一气，遮蔽上下，护持全室。椽瓦周密，外挡邪风，内蓄和气，屋舍得以坚久不败。孔子云："自古皆有死，民无信不立。"道祖云："恍兮惚兮，其中有物。杳兮冥兮，其中有精，其精甚真，其中有信。"《周易·中孚》卦辞曰："中孚，豚鱼吉。"观此则知信为人生之根本，信若不立，四象不合，五行不和，两仪各别，三宝俱漏，大业废矣。昔吕祖一梦而入大道者，信也；丹阳悟死而脱尘情者，信也；神光断臂求法者，信也。得此一信而成道，失此一信而败道。信之得失，道之成败关之，故修道者必以信为本。何为信？忠孝廉耻俱尽其道，仁义礼智各得其宜，是非不杂，邪正分明，初念不改，正念常存，应事接物不逐风扬波，日用夜作不昧性迷心，对景忘情，在尘出尘，遇境不迁，住世离世，宜缓则缓，宜急则急，宜后则后，宜先则先，宜进则进，宜退则退，宜放则放，宜收则收，彼我如一，身心不二。至于鸿蒙一气不散，太极一气不散，太极圆满无亏，采药物于不动之中，行火候于无为之内，假中求真，真中去假，无非一信而运用。夫信者，中孚也，无惑也，不易也，见真也，有主也。大道始末，以信为归结，酒色财气皆以信验，喜怒哀乐皆以信正，视听言动皆以信印，品行高低皆以信分，有无邪正皆以信别，五行四象皆以信攒。知此者希贤希圣，迷此者为人为鬼。故至圣云："人而无信，不知其可也。"大车无輗[①]，小车无軏[②]，其何以行之哉？信与不信，性命生死即于此分，吉凶悔吝即于此别，可不畏乎！修行者若得其信之一法，则屋舍严密，永无渗漏之患，可以长生，可以不死矣。但这个关棙子说明易，知时难，行时更难。盖信之为义最深，为理最妙，非寻常言语之信，乃大道之信，乃天宝之信。知得此信，则天宝顺手可得，其他皆余事耳。奈何学人多无信心，何哉？

三 历史典故

1 尾生抱柱

尾生与女子期于梁（桥）下，女子不来，水至不去，抱梁柱而死。

——《庄子·盗跖》

2 守信得原

晋文公攻原，裹[③]十日粮，遂与大夫期十日。至原十日而原不下，击金而退，罢兵而去。士有从原中出者，曰："原三日即下

① 輗：古代大车车辕和横木衔接的活销。

② 軏：古代车上置于辕前端与车横木衔接处的销钉。

③ 裹：携带。

矣。"群臣左右谏曰："夫原之食竭力尽矣，君姑待之。"公曰："吾与士期十日，不去，是亡吾信也。得原失信，吾不为也。"遂罢兵而去。原人闻曰："有君如彼其信也，可无归乎？"乃降公。卫人闻曰："有君如彼其信也，可无从乎？"乃降公。孔子闻而记之曰："攻原得卫者，信也。"

——《韩非子·外储说左上》

3 曾子杀彘

曾子之妻之市，其子随之而泣。其母曰："女还，顾反为女杀彘[①]。"妻适市来，曾子欲捕彘杀之，妻止之曰："特与婴儿戏耳。"

曾子曰："婴儿非与戏耳。婴儿非有知也，待父母而学者也，听父母之教。今子欺之，是教子欺也。母欺子，子而不信其母，非所以成教也。"遂烹彘也。

——《韩非子·外储说左上》

4 孔子非难季康子以田赋

季康子欲以田赋，使冉有访诸仲尼。仲尼不对，私于冉有曰："求来！女不闻乎？先王制土，籍田以力，而砥其远迩；赋里以入，而量其有无；任力以夫，而议其老幼。于是乎有鳏寡孤疾，有军旅之出则征之，无则已。其岁，收田一井，出稯禾、秉刍、缶米，不是过也。先王以为足。若子季孙欲其法也，则有周公之籍矣；若欲犯法，则苟而赋，又何访焉！"

——（春秋）左丘明《国语·鲁语下》

5 烽火戏诸侯

褒姒不好笑，幽王欲其笑万方，故不笑。幽王为烽燧大鼓，有寇至则举烽火。诸侯悉至，至而无寇，褒姒乃大笑。幽王说之，为

---

① 彘：猪。

数举烽火。其后不信，诸侯益亦不至。

——（西汉）司马迁《史记·周本纪》

6 立木为信

商鞅变法之令既具，未布，恐民之不信己，己乃立三丈之木于国都市之南门，募民有能徙置北门者，予十金。民怪之，莫敢徙。复曰："能徙者予五十金。"有一人徙之，辄予五十金，以明不欺。卒下令。

令行于民期年，秦民之国都言初令之不便者以千数。于是太子犯法。卫鞅曰："法之不行，自上犯之。太子，君嗣也，不可施刑。刑其傅公子虔，黥[①]其师公孙贾"。

明日，秦人皆趋令。行之十年，秦民大悦，道不拾遗，山无盗贼，家给人足，民勇于公战，怯于私斗，乡邑大治。秦民初言令不便者，有来言令便者。卫鞅曰："此皆乱法之民也!"尽迁之于边。其后民莫敢议令。

——（西汉）司马迁《史记·商君列传》

7 君无戏言

唐叔虞者，周成王弟也。成王与叔虞戏，削桐叶为珪以与叔虞，曰："以此封若。"史佚因请择日立叔虞。成王曰："吾与之戏耳。"史佚曰："天子无戏言，言则史书之、礼成之、乐歌之。"于是遂封叔虞于唐。

——（西汉）司马迁《史记·晋世家》

8 一诺千金

季布者，楚人也。为气任侠，有名于楚。项籍使将兵，数窘汉王。及项羽灭，高祖购求布千金，敢有舍匿，罪及三族。季布匿濮

---

① 黥：古代的一种肉刑。

阳周氏。周氏曰："汉购将军急，迹且至臣家，将军能听臣，臣敢献计；即不能，原先自刭。"季布许之。乃髡钳[1]季布，衣褐衣，置广柳车中，并与其家僮数十人，之鲁朱家所卖之。朱家心知是季布，乃买而置之田。诫其子曰："田事听此奴，必与同食。"朱家乃乘轺车之洛阳，见汝阴侯滕公。滕公留朱家饮数日。因谓滕公曰："季布何大罪，而上求之急也？"滕公曰："布数为项羽窘上，上怨之，故必欲得之。"朱家曰："君视季布何如人也？"曰："贤者也。"朱家曰："臣各为其主用，季布为项籍用，职耳。项氏臣可尽诛邪？今上始得天下，独以己之私怨求一人，何示天下之不广也！且以季布之贤而汉求之急如此，此不北走胡即南走越耳。夫忌壮士以资敌国，此伍子胥所以鞭荆平王之墓也。君何不从容为上言邪？"汝阴侯滕公心知朱家大侠，意季布匿其所，乃许曰："诺。"待间，果言如朱家指。上乃赦季布。当是时，诸公皆多季布能摧刚为柔，朱家亦以此名闻当世。季布召见，谢，上拜为郎中。

孝惠时，为中郎将。单于尝为书嫚吕后，不逊，吕后大怒，召诸将议之。上将军樊哙曰："臣原得十万众，横行匈奴中。"诸将皆阿吕后意，曰"然"。季布曰："樊哙可斩也！夫高帝将兵四十余万众，困于平城，今哙奈何以十万众横行匈奴中，面欺！且秦以事于胡，陈胜等起。于今创痍未瘳[2]，哙又面谀，欲摇动天下。"是时殿上皆恐，太后罢朝，遂不复议击匈奴事。

季布为河东守，孝文时，人有言其贤者，孝文召，欲以为御史大夫。复有言其勇，使酒难近。至，留邸一月，见罢。季布因进曰："臣无功窃宠，待罪河东。陛下无故召臣，此人必有以臣欺陛下者；今臣至，无所受事，罢去，此人必有以毁臣者。夫陛下以一人之誉而召臣，一人之毁而去臣，臣恐天下有识闻之有以窥陛下也。"上默然惭，良久曰："河东吾股肱郡，故特召君耳。"布辞之官。

---

① 髡钳：是古代刑罚。谓剃去头发，用铁圈束颈。

② 创痍未瘳：比喻战后的残迹还没有复原。

楚人曹丘生，辩士，数招权顾金钱。事贵人赵同等，与窦长君善。季布闻之，寄书谏窦长君曰："吾闻曹丘生非长者，勿与通。"及曹丘生归，欲得书请季布。窦长君曰："季将军不说足下，足下无往。"固请书，遂行。使人先发书，季布果大怒，待曹丘。曹丘至，即揖季布曰："楚人谚曰'得黄金百，不如得季布一诺'，足下何以得此声于梁楚间哉？且仆楚人，足下亦楚人也。仆游扬足下之名于天下，顾不重邪？何足下距仆之深也！"季布乃大说，引入，留数月，为上客，厚送之。季布名所以益闻者，曹丘扬之也。

——（西汉）司马迁《史记·季布栾布列传》

9 韩信报恩

淮阴侯韩信者，淮阴人也。始为布衣时，贫，无行，不得推择为吏，又不能治生商贾。常从人寄食饮，人多厌之者。常数从其下乡南昌亭长寄食，数月，亭长妻患之，乃晨炊蓐食。食时，信往，不为具食。信亦知其意，怒，竟绝去。

信钓于城下，诸母漂，有一母见信饥，饭信，竟漂数十日。信喜，谓漂母曰："吾必有以重报母。"母怒曰："大丈夫不能自食，吾哀王孙而进食，岂望报乎！"

信至国，召所从食漂母，赐千金。及下乡南昌亭长，赐百钱，曰："公，小人也，为德不卒。"召辱己之少年令出胯下者以为楚中尉。告诸将相曰："此壮士也。方辱我时，我宁不能杀之邪？杀之无名，故忍而就于此。"

——（西汉）司马迁《史记·淮阴侯列传》

10 曹沫迫齐

齐桓公许与鲁会于柯而盟。桓公与庄公既盟于坛上，曹沫执匕首劫齐桓公，桓公左右莫敢动，而问曰："子将何欲？"曹沫曰："齐强鲁弱，而大国侵鲁亦甚矣。今鲁城坏即压齐境，君其图之！"桓公乃许尽归鲁之侵地。既已言，曹沫投其匕首，下坛，北面就群臣之位，颜色不变，辞令如故。桓公怒，欲倍其约。管仲曰："不可。夫贪小利以自快，弃信于诸侯，失天下之援，不如与之。"于是桓公乃遂割鲁侵地，曹沫三战所亡地尽复予鲁。

——（西汉）司马迁《史记·刺客列传》

11 季札挂剑

延陵季子将西聘晋，带宝剑以过徐君。徐君观剑，不言而色欲之。延陵季子为有上国之使，未献也，然其心许之矣，使于晋，顾反，则徐君死于楚，于是脱剑致之嗣君。从者止之曰："此吴国之宝，非所以赠也。"延陵季子曰："吾非赠之也，先日吾来，徐君观吾剑，不言而其色欲之；吾为有上国之使，未献也。虽然，吾心许之矣。今死而不进，是欺心也。爱剑伪心，廉者不为也。"遂脱剑致之嗣君。嗣君曰："先君无命，孤不敢受剑。"于是季子以剑带徐君墓树而去。徐人嘉而歌之曰："延陵季子兮不忘故，脱千金之剑兮带丘墓。"

——（西汉）刘向《新序·杂事》

12 市肉啖子

孟子少时，东家杀豚。孟子问其母曰："东家杀豚何为？"母曰："欲啖女。"其母自悔而言，曰："吾怀妊是子，席不正不坐，割不正不食，胎教之也。今适有知而欺之，是教之不信也。"乃买东家豚肉以食之，明不欺也。

——（西汉）韩婴《韩诗外传》

13 千里结言

范式字巨卿，山阳金乡人也，一名汜。少游太学，为诸生，与汝南张劭为友。劭字元伯。二人并告归乡里。式谓元伯曰："后二年当还，将过拜尊亲，见孺子焉。"乃共克①期日。后期方至，元伯

① 克：限定，约定。

具以白母，请设馔以候之。母曰：“二年之别，千里结言，尔何相信之审邪？”对曰：“巨卿信士，必不乖违。”母曰：“若然，当为尔酝[①]酒。”至其日，巨卿果到，升堂拜饮，尽欢而别。

——（南朝·宋）范晔《后汉书·独行列传》

14 郭伋亭侯

郭伋，字细侯，扶风人也。王莽时，为并州牧。建武九年，拜颍川太守。十一年，调为并州刺史。引见宴语，伋因言选补众职，当简天下贤俊，不宜专用南阳人。帝纳之。伋前在并州，素结恩德，及后入界，所到县邑，老幼相携，逢迎道路。所过问民疾苦，聘求耆德雄俊，设几杖之礼，朝夕与参政事。始至行部，到西河美稷，有童儿数百，各骑竹马，于道次迎拜。伋问曰：“儿曹何自远来？”对曰：“闻使君到，喜，故来奉迎。”伋辞谢之。及事讫，诸儿复送至郭外，问使君何日当还，伋计日告之。既还，先期一日，伋为违信于诸儿，遂止于野亭，须期乃人。

——（南朝·宋）范晔《后汉书·郭伋传》

15 一言便定

赵柔，字元顺，金城人也。少以德行才学知名河右。沮渠牧犍时，为金部郎。世祖平凉州，内徙京师。高宗践阼，拜为著作郎。后以历效有绩，出为河内太守，甚著仁惠。柔尝在路得人所遗金珠一贯，价直数百缣，柔呼主还之。后有人与柔铧数百枚者，柔与子善明鬻之于市。有从柔买，索绢二十匹。有商人知其贱，与柔三十匹，善明欲取之。柔曰：“与人交易，一言便定，岂可以利动心也。”遂与之。搢绅之流，闻而敬服焉。

——（北齐）魏收《魏书·赵柔传》

① 酝：酿酒。

16 世道还钱

郭世道，会稽永兴人也。生而失母，父更娶，世道事父及后母，孝道淳备。年十四，又丧父，居丧过礼，殆不胜丧。家贫，无产业，佣力以养继母。

妇生一男，夫妻共议曰："勤身供养，力犹不足，若养此儿，则所费者大。"乃垂泣瘗[1]之。母亡，负土成坟，亲戚咸共赙助，微有所受。葬毕，佣赁倍还先直。服除后，哀戚思慕，终身如丧者，以为追远之思，无时去心，故未尝释衣帢。

仁厚之风，行于乡党，邻村小大，莫有呼其名者。尝与人共于山阴市货物，误得一千钱，当时不觉，分背方悟。请其伴求以此钱追还本主，伴大笑不答。

世道以己钱充数送还之，钱主惊叹，以半直与世道，世道委之而去。元嘉四年，遣大使巡行天下，散骑常侍袁愉表其淳行，太祖嘉之，敕郡榜表闾门，蠲其税调，改所居独枫里为孝行焉。太守孟顗察孝廉，不就。

——（南朝·梁）沈约《宋书》

17 不辱暗室

时郡县田禄，以芒种为断，此前去官者，则一年秩禄皆入后人，此后去官者，则一年秩禄皆入前人。始以元嘉末改此科，计月分禄。长之去武昌郡，代人未至，以芒种前一日解印绶。初发京师，亲故或以器物赠别，得便缄录，后归，悉以还之。在中书省直，夜往邻省，误着履出阁，依事自列门下，门下以暗夜人不知，不受列，长之固遣送之，曰："一生不侮暗室。"前后所莅官，皆有风政，为后人所思，宋世言善治者，咸称之。

——（南朝·梁）沈约《宋书》

① 瘗：掩埋，埋葬。

18 陈太丘与友期行

陈太丘与友期行，期日中。过中不至，太丘舍去，去后乃至。元方时年七岁，门外戏。客问元方："尊君在不?"答曰："待君久不至，已去。"友人便怒："非人哉！与人期行，相委而去。"元方曰："君与家君期日中。日中不至，则是无信；对子骂父，则是无礼。"友人惭，下车引之。元方入门不顾。

——（南朝·宋）刘义庆《世说新语》

19 皇甫绩守信求责

皇甫绩，字功明，安定朝那人也。祖穆，魏陇东太守。父道，周湖州刺史、雍州都督。绩三岁而孤，为外祖韦孝宽所鞠养。尝与诸外兄博奕，孝宽以其惰业，督以严训，愍绩孤幼，特舍之。绩叹曰："我无庭训，养于外氏，不能克躬励己，何以成立?"深自感激，命左右自杖三十。孝宽闻而对之流涕。于是精心好学，略涉经史。

周武帝为鲁公时，引为侍读。建德初，转宫尹中士。武帝尝避暑云阳宫，时宣帝为太子监国。卫剌王作乱，城门已闭，百僚多有遁者。绩闻难赴之，于玄武门遇皇太子，太子下楼执绩手，悲喜交集。乱定，帝闻而嘉之，迁小宫尹。……

隋开皇元年，出为豫州刺史，增邑通前二千五百户。寻拜都官尚书。后数载，转晋州刺史，将之官，稽首而言曰："臣实庸鄙，无益于国，每思犯难以报国恩。今伪陈尚存，以臣度之，有三可灭。"上问其故，绩答曰："大吞小，一也；以有道伐无道，二也；纳叛臣萧岩，于我有词，三也。陛下若命鹰扬之将，臣请预戎行，展丝发之效。"上嘉其壮志，劳而遣之。及陈平，拜苏州刺史。

高智慧等作乱江南，州民顾子元发兵应之，因以攻绩，相持八旬。子元素感绩恩，于冬至日遣使奉牛酒。绩遗子元书曰："……

曩者[1]伪陈独阻声教，江东士民困于荼毒，皇天辅仁，假手朝廷，聊申薄伐，应时瓦解。金陵百姓，死而复生，吴、会臣民，白骨还肉。唯当怀音感德，行歌击壤，岂宜自同吠主，翻成反噬。卿非吾民，何须酒礼？吾是隋将，何容外交？易子析骸，未能相告，况是足食足兵，高城深堑，坐待强援，绰有余力。何劳踵轻敝之俗，作虚伪之辞，欲阻诚臣之心，徒惑骁雄之志。以此见期，必不可得。卿宜善思活路，晓谕黎元，能早改迷，失道非远。"子元得书，于城下顿首陈谢。杨素援兵至，合击破之。拜信州总管、十二州诸军事。俄以病乞骸骨，诏征还京，赐以御药，中使相望，顾问不绝。卒于家，时年五十二。

——（唐）魏徵等《隋书·皇甫绩传》

20 李勉葬银

天宝中，有书生旅次宋州。时李勉少年贫苦，与此书生同店。而不旬日，书生疾作，遂至不救，临绝语勉曰："某家住洪州，将于北都求官，于此得疾且死，其命也。"因出囊金百两遗勉，曰："某之仆使，无知有此者，足下为余毕死事，余金奉之。"勉许为办事，余金乃密置于墓中而葬焉。后数年，勉尉开封。书生兄弟赍洪州牒来，而累路寻生行止，至宋州，知李为主丧事，专诣开封，诘金之所。勉请假至墓所，出金付焉。

——（唐）李绰《尚书谈录》

21 孟信不卖病牛

永熙末，除奉朝请。从孝武帝入关，封东州子，赵平太守。政尚宽和，权豪无犯。山中老人会以？酒馈之，信和颜接引，殷勤劳问，乃自出酒，以铁铛温之，素木盘盛芜青菹，唯此而已。又以一铛借老人，但执一杯，各自斟酌，申酬酢[2]之意，谓老人曰："吾至

① 曩者：以前，从前，过去的。

② 酬酢：宾主互相敬酒（酬：向客人敬酒，酢：向主人敬酒），泛指交际应酬。

郡来，无人以一物见遗，今卿独有此饷。且食菜已久，欲为卿受一？髆耳。酒既自有，不能相费。”老人大悦，再拜，擘？进之。酒尽方别。及去官，居贫无食。唯有一老牛，其兄子卖之，拟供薪米。券契已讫，市法应知牛主住在所。信适从外来，见买牛人，方知其卖也。因告之曰：“此牛先来有病，小用便发，君不须也。”杖其兄子二十。买牛人嗟异良久，呼信曰：“孟公，但见与牛，未必须其力也。”苦请不得，乃罢。买牛者，周文帝帐下人，周文深叹异焉。

未几，举为太子少师，后迁太子太傅，儒者荣之。特加车骑大将军、仪同三司、散骑常侍。辞老请退，周文不夺其志，赐车马、几杖、衣服、床帐。卒于家。赠冀州刺史，谥曰戴。子儒。

——（唐）李延寿《北史》

22 魏侯期猎

魏文侯与虞人期猎。是日，饮酒乐，天雨。文侯将出，左右曰：“今日饮酒乐，天又雨，君将焉之?”文侯曰：“吾与虞人期猎，虽乐，岂可不一会期哉!”乃往，身自罢之。魏于是乎始强。

——（北宋）司马光《资治通鉴》

23 晏殊诚实守信

晏元献公为童子时，张文节荐之于朝廷，召至阙下。适值御试进士，便令公就试。公一见试题。曰：“臣十日前已作此赋，有赋草尚在，乞别命题。”上极爱其不隐。

及为馆职时，天下无事，许臣僚择胜燕饮。当时侍从文馆士大大各为燕集，以至市楼酒肆往往皆供帐为游息之地。公是时甚贫，不能出，独家居与昆弟讲习。一日，选东宫官，忽宫中批除晏殊，执政莫谕所因，次日复进，上谕之曰：“近闻馆阁臣僚无不嬉游燕赏，弥日继夕，唯殊杜门与兄弟读书，如此谨厚，正可为东宫官。”

公既受命得对，上面谕除授之意。公语言质野，则曰：“臣非不乐燕游者，直以贫，无可为之具；臣若有钱亦须往，但无钱不能出耳。”上益嘉其诚实，知事君体，眷注日深，仁宗朝卒至大用。

——（北宋）沈括《梦溪笔谈》

24 文正归金

范文正公仲淹贫悴，依睢阳朱氏家，常与一术者游。会术者病笃，使人呼文正而告曰：“吾善炼水银为白金，吾儿幼，不足以付，今以付子。”即以其方与所成白金一斤封志，内文正怀中。文正方辞避，而术者气已绝。后十余年，文正为谏官，术者之子长，呼而告之曰：“尔父有神术，昔之死也，以汝尚幼，故俾我收之，今汝成立，当以还汝。”出其方并白金授之，封识宛然。

——（北宋）魏泰《东轩笔录》

25 以实言对

宗道为人刚直，疾恶少容，遇事敢言，不为小谨。为谕德时，居近酒肆，尝微行就饮肆中，偶宋真宗亟召，使者及门，久之，宗道方自酒肆来。使者先入，约曰：“即上怪公来迟，何以为对？”宗道曰：“第以实言对。”使者曰：“然则公当得罪。”曰：“饮酒，人之常情；欺君，臣子之大罪也。”真宗果问，使者具以宗道所言对。帝诘之。谢曰：“有故人自乡里来，臣家贫无杯盘，故就酒家饮。”帝以为忠实可大用。

虞书云，肆类于上帝，极于六宗，望于山川，遍于群神。周礼大宗伯，掌天神人鬼地祇之礼，以吉礼祀邦国之鬼神只。《戴记》曰，天子祭天地，诸侯祭社稷，大夫祭五祀，庶士庶人立二祀，或立户，或立灶，非其所祭而祭之，名日淫祀，淫祀无福。又曰，凡祭有其举之，莫敢废也。《国语》曰，法施于民则祀之，以死勤事则祀之，以劳定国则祀之，能御大灾，捍大患，则祀之。加之以社稷山川之神，皆萨功烈于民者也。及前哲令德之人，所以为民质也。及天之三辰，民所瞻仰也。及地之五行，民所生殖也，非是不在祀典。鲁论曰，吾不与祭，如不祭。非其鬼而祭之，谄也。君子敬所当敬，崇德报功，务民之义，俯仰无愧，所谓事天以实不以文也。

——（宋）欧阳修《归田录》

26 待发而食

昔吴起出，遇故人，而止之食。故人曰："诺。"起曰："待公而食。"故人至暮不来，起不食待之。明日早，令人求故人，故人来，方与之食。起之不食以俟者，恐其自食其言也。其为信若此，宜其能服三军欤？欲服三军，非信不可也。

——（明）宋濂《龙门子凝道记》

27 大学士杨溥

大学士杨溥，父初商于淮。有西商某，急回家。以千金寄公处。三年不至，公乃携回家，埋花盆中，家人不知也。更遣人至陕西迹之，商已故，止一子，竟不知此事。公延至，指盆中曰，此尊公所寄千金也。其子不敢受。公日，系尔家物，何得辞。其子拜谢，持金去。公后生溥，历官太师，为名臣。

——《明宣宗实录》

28 宋濂诚实守信

尝与客饮，帝密使人侦视。翌日，问濂昨饮酒否，坐客为谁，馔何物。濂具以实对。笑曰："诚然，卿不朕欺。"间召问群臣臧否[①]，濂唯举其善者，曰"善者与臣友，臣知之；其不善者，不能知也。"主事茹太素上书万余言，帝怒，问廷臣。或指其书曰："此不敬，此诽谤非法。"问濂，对曰："彼尽忠于陛下，陛下方开言路，罪可深罪。"既而帝览其书，有足采者。悉召廷臣诘责，因呼

① 臧否：善恶，好坏。

濂字曰："微景濂几误罪言者。"

——（清）张廷玉等《明史·宋濂传》

29 明尚书尹旻

明尚书尹旻，其父初以市糕为业。一日，于路得遗金六百两。候其人，久不至，乃即其地埋之，植柳一株为识。数年后，家人无知者，尹仍守卖糕旧业而已。一日过其处，见有人伏地长号。问之，正于此地失银者，已流丐，贫，能归。尹细询其时日，果合。亟慰之曰，金固在也。相与诣柳阴下，掘地见金，其人泥首，请分半为谢。尹不受，泣拜而去。是年翁生子旻，历官吏部尚书。

——（清）张廷玉等《明史》

五　自强不息

一　本篇导读

自强不息是中华民族的重要精神品格。作为群经之首，《周易》是古代中华民族精神的重要结晶，其中《乾》与《坤》两卦的《象传》记载“天行健，君子以自强不息”，“地势坤，君子以厚德载物”，后来，“自强不息”和“厚德载物”一度被总结为中华民族的基本精神和重要品格，并被著名高等学府清华大学作为校训。事实上，在几千年的历史发展中，中华各族人民在广阔的土地上，无论生存条件何等艰苦，都能以顽强的精神辛勤劳动，努力开拓，不断创造出绚丽多彩的物质文明和精神文明。

“天行健，君子以自强不息”的本义是指日月星辰等天体的运行周而复始，从未停止过，君子也应该效法天道运行的规则，周而复始地运行，发愤图强，永不停歇。后来“自强不息”就被用来指自己不断努力向上，永不懈怠。作为中华传统美德，“自强不息”是指一个人不论身处何种困境，即使颠沛流离，也要不屈不挠，永不停息。严格来说，自强包含着努力进取、改革创新、穷则思变等多重思想意涵。

其一，自强不息、刚健有为的拼搏进取精神。

自强不息首先意味着刚健有为，意志坚强，刚毅卓绝。孟子尝曰：“故天将降大任于斯人也，必先苦其心志，劳其筋骨，饿其体肤，空乏其身，行拂乱其所为。”（《孟子·告子下》）亦即，凡成就一番大事业者，其内心和身体都要经受一番苦难和磨炼，这使得他们的意志得以坚定，才干得以增长。张载曾说“贫贱忧戚，庸玉汝于成也”（《西铭》），也是强调一个人唯有经过艰难困苦的磨炼，方能自强不息，奋发有为。作为一种精神力量，刚健有为、自强不息已经渗入中华民族的精神血脉中，成为中国文化不可或缺的精神因子。近代以来，自强不息、刚健有为的拼搏进取精神贯穿于整个中华民族抵御列强侵略、争取民族独立和人民解放的进程之中。在带领中国人民进行社会主义革命、建设和改革的过程中，中国共产党人将拼搏进取精神谱写成一曲又一曲的华美乐章，带领中国人民冲破了一个又一个艰难险阻，取得了一个又一个伟大胜利。

其二，穷则思变、革故鼎新的改革创新精神。

作为群经之首的《周易》，其中一个重要的内容便是讲“变易”。《周易·系辞上》曰：“日新之谓盛德，生生之谓易。”把生生不息、新陈代谢作为“易”之根本含义，把日新月异的变化、发展，视为天地万物最为根本的性质。《周易·系辞下》曰：“穷则变，变则通，通则久。”认为事物发展到了最后，又会新生，有新的事物出现，如此才能保持生生不息和长久不衰。中华民族不仅讲求“变通”“思变”的变革思想，同时推崇“苟日新，日日新，又日新”的创新精神，而“变通”“变革”乃是宇宙间最重要的推动力量。中国人始终相信努力能够改变现有的一切，中华民族精神中便包含着“变通”“思变”的思想。正因如此，中华民族才能够始终保持生生不息、与时俱进的精神。《诗经·大雅》曰：“周虽旧邦，其命维新”；《周易·革》也肯定：“天地革而万物成，汤武革命，顺乎天而应乎人，革之时大矣哉。”事实上，人类社会总是在不断创新创造中前进，世界文明总是在不断应变求变中发展。在中国历史的发展进程中，每当积弊日久时，就会发生或者改革或者革命之类的运动，诸如北宋的王安石变法、清末的康梁维新，都是穷则思变、革故鼎新的改革创新精神之具体体现。正因如此，中华民族才能够始终保持生生不息、昂扬向上的精神状态，巍然屹立于世界民族之林。

其三，厚德载物、上善若水的崇德尚柔精神。

《易经》讲到，"一阴一阳之谓道"，凡事皆有阴阳之分，阴阳配合，就是大道运行的法则。在《易经》当中，与"天行健，君子以自强不息"相对应的，就是"地势坤，君子以厚德载物"。这就意味着，一个有道德的人，不仅要有刚健有为、坚忍不拔的精神品格，自我力求进步，刚毅坚卓，发愤图强，永不停息；同时也应当像大地那样宽广厚实，容载万物，不争不贪，心胸宽阔。道家认为，在所有的德性当中，柔顺是最大的美德。《道德经》曰："上善若水，水善利万物而不争，处众人之所恶，故几于道。"上善若水，是德行的最高境界，如同水的品性一样，泽被万物而不争。如果说，自强不息、刚健有为的拼搏进取精神让中国人奋发有为，甚至知其不可为而为之，那么，厚德载物、上善若水的崇德尚柔精神塑造了中国人博大、宽厚、务实的道德心灵和精神风貌，使其知进知退。这恰恰构成了中国人精神品格的两极：一方面积极入世，乐观进取，奋发有为，以天下为己任，富贵不能淫，贫贱不能移，威武不能屈；另一方面超旷出世，追求超然事外、遗世绝俗的独立人格，彷徨乎尘垢之外，逍遥乎无为之业。换言之，"达则兼济天下，穷则独善其身"从根本上奠定了中国知识分子的文化心理基础，也奠定了知识分子的人格基础，使得中国的知识分子刚柔相济，能屈能伸，出处有道，进退自如，在心态上和行为上保持良好的分寸感和平衡感。历史上王维、李白、杜甫、白居易、苏轼、陆游、辛弃疾、马致远、曹雪芹等，都是既有匡世济民的良好愿望，又有超逸世俗的道德品格，都典型地表现了中国传统文化一刚一柔的精神风貌。

今天，我们处在多元化、快节奏的现代生活中，处在五光十色、变幻莫测的现代人生中，竞争激烈，知识爆炸，物欲横流，生死无常，如何保持心灵上的宁静和心理上的平衡，儒家"自强不息""厚德载物"的思想，对于培养健全人格，增强对变故的接受与适应能力，显然具有十分重要的现实意义。对于个体生命来说，“自强不息”“厚德载物”的思想，意味着在顺境中积极入世，建功立业，以匡正天下为己任；在困境中则保持心态平和，超然通达，知足保和。如此，我们的生命才会更有韧性，更有弹性，这是一种极高明的人生智慧。总之，作为中华文化浸润下的现代中国人，我们有必要秉承“自强不息”“厚德载物”的精神，“以积极入世之精神，而参以超旷出世之襟怀”，去塑造自己“内圣”与“外王”相结合的理想人生。

二　经典名篇

1 大禹谟

【提要】《大禹谟》出自《尚书》。该篇记叙了大禹、伯益和舜谋划政事的远古史料。历史上曾经争论该篇的真假问题，到现在也没有确定的结论。不过无论如何，该篇对宋明理学的影响特别大，无论真伪，其在思想史上的作用都是必须承认的。文章表现了当时人们对于克服自然灾害的积极进取精神。其中“五行”的思维方式，以及“人心惟危，道心惟微；惟精惟一，允执厥中”的精神，值得后人借鉴。“五行”思想表面上很朴素，实际上非常深邃，其中生克制化的作用可以解释世间万象纷纭变化的趋势，是与《易经》阴阳思想并列的中国传统逻辑思维之主流。

【原文】

皋陶矢厥谟，禹成厥功，帝舜申之。作《大禹》《皋陶谟》《益稷》。

曰若稽古大禹，曰文命[①]敷于四海，祗承于帝。曰：“后克艰厥后，臣克艰厥臣，政乃乂，黎民敏德。”

帝曰：“俞！允若兹，嘉言罔攸伏，野无遗贤，万邦咸宁。稽

---

① 文命：文德教化。

于众，舍己从人，不虐无告，不废困穷，惟帝时克。”

益曰：“都，帝德广运，乃圣乃神，乃武乃文。皇天眷命，奄有四海为天下君。”

禹曰：“惠迪吉，从逆凶，惟影响。”

益曰：“吁！戒哉！儆戒无虞，罔失法度。罔游于逸，罔淫于乐。任贤勿贰，去邪勿疑。疑谋勿成，百志惟熙。罔违道以干百姓之誉，罔咈百姓以从己之欲。无怠无荒，四夷来王。”

禹曰：“于！帝念哉！德惟善政，政在养民。水、火、金、木、土、谷，惟修；正德、利用、厚生、惟和。九功惟叙，九叙惟歌。戒之用休，董之用威，劝之以九歌俾勿坏。”

帝曰：“俞！地平[①]天成，六府三事允治，万世永赖，时乃功。”

帝曰：“格，汝禹！朕宅帝位三十有三载，耄[②]期倦于勤。汝惟不怠，总朕师。”

禹曰：“朕德罔克，民不依。皋陶迈种德，德乃降，黎民怀之。帝念哉！念兹在兹，释兹在兹，名言兹在兹，允出兹在兹，惟帝念功。”

帝曰：“皋陶，惟兹臣庶，罔或干予正。汝作士，明于五刑，以弼五教。期于予治，刑期于无刑，民协于中，时乃功，懋哉。”

皋陶曰：“帝德罔愆，临下以简，御众以宽；罚弗及嗣，赏延于世。宥过无大，刑故无小；罪疑惟轻[③]，功疑惟重；与其杀不辜，宁失不经；好生之德，洽于民心，兹用不犯于有司。”

帝曰：“俾予从欲以治，四方风动，惟乃之休。”

帝曰：“来，禹！降水儆予，成允成功，惟汝贤。克勤于邦，克俭于家，不自满假，惟汝贤。汝惟不矜，天下莫与汝争能。汝惟不伐，天下莫与汝争功。予懋[④]乃德，嘉乃丕绩，天之历数在汝躬，

---

① 地平：水土得到治理。

② 耄：八九十岁称耄。

③ 罪疑惟轻：罪已定矣，而于法之中有疑其可重可轻者，则从轻以罚之。

④ 懋：盛大，赞美。

汝终陟元后。人心惟危，道心惟微，惟精惟一，允执厥中。无稽之言勿听，弗询之谋勿庸。可爱非君？可畏非民？众非元后，何戴？后非众，罔与守邦？钦哉！慎乃有位，敬修其可愿，四海困穷，天禄永终。惟口出好兴戎，朕言不再。”

禹曰：“枚卜功臣，惟吉之从。”

帝曰：“禹！官占惟先蔽志，昆命于元龟。朕志先定，询谋佥同，鬼神其依，龟筮协从，卜不习吉。”禹拜稽首，固辞。

帝曰：“毋！惟汝谐。”

正月朔旦，受命于神宗，率百官若帝之初。

帝曰：“咨，禹！惟时有苗弗率，汝徂征。”

禹乃会群后，誓于师曰；“济济有众，咸听朕命。蠢兹有苗，昏迷不恭，侮慢自贤，反道败德，君子在野，小人在位，民弃不保，天降之咎，肆予以尔众士，奉辞伐罪。尔尚一乃心力，其克有勋。”

三旬，苗民逆命。益赞于禹曰：“惟德动天，无远弗届。满招损，谦受益，时乃天道。帝初于历山，往于田，日号泣于旻天，于父母，负罪引慝①。祗载见瞽叟，夔夔②斋栗，瞽亦允若。至诚感神，矧兹有苗。”

禹拜昌言曰：“俞！”班师振旅。帝乃诞敷文德，舞干羽于两阶，七旬有苗格。

2 修本

【提要】本篇选自汉末思想家徐干的《中论》。徐干认为人的道德和才能都来自自修，且学习的过程需贯穿一生。“君子修德，始乎笄丱，终乎鲐背。”其精神和现代社会终身学习的理念有共通之处。从心理学和哲学角度看，人的才能来自后天学习，是比较客观的。而天赋观念论的缺点在于容易引起人们得过且过、不求进取

① 负罪引慝（tè）：背负不孝的罪名，引来邪恶的名声。

② 夔夔（kuí）：敬慎恐惧的样子。

的颓废思想。在这层意义上，徐干坚持了唯物主义的经验论，符合儒家积极入世的本怀，其言论对于年轻人立志学习不无激发作用。

【原文】

人心莫不有理道，至乎用之则异矣。或用乎己，或用乎人；用乎己者谓之务本，用乎人者谓之近末。君子之理也，先务其本，故德建而怨寡；小人之理也，先近其末，故功废而仇多。孔子之制《春秋》也，详内而略外，急己而宽人，故于鲁也，小恶必书；于众国也，大恶始笔。夫见人而不自见者谓之蒙，闻人而不自闻者谓之聩，虑人而不自虑者谓之瞀。故明莫大乎自见，聪莫大乎自闻，睿莫大乎自虑。此三者举之甚轻，行之甚迩，而莫之知也。故知者举甚轻之事以任天下之重，行甚迩之路以穷天下之远。故德弥高而基弥固，胜弥众而爱弥广。《易》曰："《复》亨。出入无疾。朋来无咎。"其斯之谓欤！

君子之于己也，无事而不惧焉；我之有善，惧人之未吾好也；我之有不善，惧人之未吾恶也。见人之善，惧我之不能修也；见人之不善，惧我之必若彼也。故其向道，止则隅坐，行则骖乘；上悬乎冠緌①，下系乎带佩。昼也与之游，夜也与之息。此《盘铭》之谓"日新"，《易》曰："日新之谓盛德。"孔子曰："弟子勉之，汝毋自舍，人犹舍汝，况自舍乎？人违汝其远矣。"故君子不恤年之将衰，而忧志之有倦；不寝道焉，不宿义矣。

夫行异乎言，言之错也，无周于智。言异乎行，行之错也，有伤于仁。是故君子务以行前言也。人之过，在于哀死，而不在于爱生；在于悔往，而不在于怀来。喜语乎已然，好争乎遂事，堕于今日，而懈于后旬。如斯以及于老。故野人之事，不胜其悔；君子之悔，不胜其事。孔子谓子张曰："师，吾欲闻彼将以改此也；闻彼而不改此，虽闻何益？"故《书》举穆公之誓，善变也。《春秋》书卫北宫括伐秦，善摄也。夫珠之含砾，瑾之挟瑕，斯其性与良工

① 緌（ruí）：古时帽带打结后下垂的部分。

为之以纯其性，若夫素然，故观二物之既纯，而知仁德之可粹也。优者取多焉，劣者取少焉，在人而已，孰禁我哉？乘扁舟而济者，其身也安；粹大道而动者，其业也美；故《诗》曰：“追琢其章，金玉其相。勉勉我王，纲纪四方。”先民有言：明出乎幽，著生乎微。故宋井之霜，以基升正之寒；黄芦之萌，以兆大中之暑。事亦如之。故君子修德，始乎笄丱①，终乎鲐背，创乎夷原，成乎乔岳。《易》曰：“《升》元亨。用见大人，勿恤。南征吉。”积小致大之谓也。

小人朝为而夕求其成，坐施而立望其反，行一日之善，而求终身之誉，誉不至，则曰：“善无益矣。”遂疑圣人之言，背先王之教；存其旧术，顺其常好，是以身辱名贱而不免为人役也。孔子曰：“小人何以寿为？一日之不能善矣，久恶，恶之甚也。”盖人有大惑而不能自知者，舍有而思无也，舍易而求难也。身之与家，我之有也，治之诚易，而不肯为也；人之与国，我所无也；治之诚难，而愿之也。虽曰：“吾有术，吾有术。”谁信之欤？故怀疾者人不使为医，行移者人不使画法，以无验也。子思曰：“能胜其心，于胜人乎何有？不能胜其心，如胜人何？”故一尺之锦，足以见其巧；一仞之身，足以见其治；是以君子慎其寡也。

道之于人也，其简且易耳。其修之也，非若采金攻玉之涉历艰难也，非若求盈司利之竞逐嚣烦也。不要而遘，不征而盛，四时嘿而成，不言而信，德配乎天地，功侔乎四时，名参乎日月，此虞舜、大禹之所以由匹夫登帝位、解布衣、被文采者也。故古语曰：“至德之贵，何往不遂？至德之荣，何往不成？”后之君子，虽不及行，亦将至之云耳。琴瑟鸣，不为无听而失其调；仁义行，不为无人而灭其道。故弦绝而宫商亡，身死而仁义废。曾子曰：“士任重而道远，仁以为己任，不亦重乎？死而后已，不亦远乎？”夫路不险，则无以知马之良；任不重，则无以知人之德。君子自强其所重

---

① 笄丱（jīguàn）：谓初成年之时。丱，童子束发成两角貌。

以取福，小人日安其所轻以取祸。

或曰："斯道岂信哉?"曰："何为其不信也？世之治也，行善者获福，为恶者得祸；及其乱也，行善者不获福，为恶者不得祸，变数也。知者不以变数疑常道，故循福之所自来，防祸之所由至也。遇不遇，非我也，其时也。"夫施吉报凶谓之命，施凶报吉谓之幸，守其所志而已矣。《易》曰："君子以致命遂志。"然行善而不获福犹多，为恶而不得祸犹少，总夫二者，岂可舍多而从少也。曾子曰："人而好善，福虽未至，祸其远矣；人而不好善，祸虽未至，福其远矣。"故《诗》曰："习习谷风，惟山崔巍，何木不死？何草不萎?"言盛阳布德之月，草木犹有枯落而与时谬者，况人事之应报乎！故以岁之有凶穰而荒其稼穑者，非良农也；以利之有盈缩而弃其资货者，非良贾也；以行之有祸福而改其善道者，非良士也。《诗》云："颙颙卬卬①，如圭如璋，令闻令望。恺悌②君子，四方为纲。"举圭璋以喻其德，贵不变也。

3 经筵讲义

【提要】本篇出自宋人徐元杰的《楳埜集》。"经筵"是封建时代为皇帝或太子特设的经学讲座。而《经筵讲义》在宋代是一种格式文体。本篇提出"作圣工夫，不可有一息之间断也"，虽然现代社会人们的学习以技术为主，但古人强调努力用功之程度确实值得我们学习。至于作圣这一问题，对于现代人难道就毫无意义了吗？也不能一概而论。对于社会教育而言，这种作圣观念显得确实有些迂阔。但是对于个人的道德修养而言，它却植根于每一个人的心灵深处，只是有人加以重视扩充，有人予以忽视熄灭罢了。

【原文】

臣闻伊川程颐曰：孔子生而知之也，言亦由学而至，所以勉进后人也。又曰：孔子自言进德之序如此，圣人未必然，但为学者立

① 颙颙卬卬（yóngyóngángáng）：体貌庄重恭敬，气概轩昂。

② 恺悌：和乐平易。

教法，使之盈科而后进，成章而后达耳。臣尝以是推之，士希贤，贤希圣，圣希天，学之贵乎不已也。自圣人生知而言之，则由志学而至从心所欲，皆行健无息之天。自圣人亦由学而至言之，则曰志于学，曰不逾矩，皆自强不息，所以希乎天也。圣人之言工夫积累其序如此，诚欲勉进后人，由自强不息而至于行健无息。古者自十五岁入大学，合下立志，必自源头理防，直将透彻到底，故志在此则念念在此，为之而不厌，积十五年之功，遂能真见乎道，而卓然自立，利害得丧，无所动摇，而所守者益固。敛之则立己，散之则立人。又十五年而至乎事物之理莫不洞然乎其中，于理无所疑惑，则于应事接物，复何所疑惑哉！又十年而遂极于天命之能知，盖其穷理、尽性而至于命，故知事物之所当然者，万物之各具一太极也，事物之所以当然之故者，万物之统体一太极也。又十年而耳顺，事物之理，融防于心，声入心通，无所违逆，知之之至，不思而得，声为律，而身为度。至于七十而从心所欲不逾矩。矩者，法度之器，所以为方也。圣人德盛仁熟，随心所发动合乎法度之自然，是其安行自得，不勉而中，泛应而曲当，旁行而不流。以此知圣人之心，纯乎天理矣。大抵常人放心而逾矩，贤者存心而不敢逾矩，圣则心存而自不逾矩。何则？常人之欲私欲也，贤者之欲自可欲之善而充之，故曰“天行健，君子以自强不息”。吁！知此，则知作圣工夫，不可有一息之间断也。

4 朱子论乾健

【提要】《朱子论乾健》选自宋人黎靖德所编的《朱子语类》，该书是朱熹弟子记载他平日与门人问答的语录。全文围绕《易经·乾卦》展开，基本上贯彻了理气关系的一元论思想。乾代表积极进取，勇往直前的阳性品质，对于个人的事业发展与国家的繁荣富强都具有不可替代的作用。只有自强才能够立足社会，同时赢得别人的尊重和帮助。如果自己不进取，贸然希望得到别人的帮助，那也是不太可能的。文末颇有小品气韵，如说：“今人只是坐时，便见他健不健了，不待做事而后见也。”这种古代观人术的敏锐性和准确性有待进一步研究。

【原文】

厚之问：“健足以形容乾否?”曰：“可。伊川曰：‘健而无息谓之乾。’盖自人而言，固有一时之健，有一日之健。惟无息，乃天之健。”

问“天行健”。曰：“胡安定说得好。”其说曰：“天者，乾之形；乾者，天之用。天形苍然，南极入地下三十六度，北极出地上三十六度，状如倚杵[①]。其用则一昼一夜，行九十余万里，人一呼一吸为一息，一息之间，天行已八十余里。人一昼一夜有万三千六百余息，故天行九十余万里。天之行健可知，故君子法之以‘自强不息’云。”因言：“天之气运转不息，故阁得地在中间。”铢未达。先生曰：“如弄碗珠底，只恁运转不住，故在空中不坠。少有息，则坠矣。”

问：“卫老疑问中‘天行健’一段，先生批问他云：‘如何见得天之行健?’”德明窃谓：“天以气言之，则一昼一夜周行乎三百六十度之中，以理言之，则‘於穆不已’，无间容息，岂不是至健?’”先生曰：“他却不是如此，只管去‘自强不息’上讨。”又说邠老社仓宜避去事，举《易》之否象曰：“君子以俭德避难，不可荣以禄。”

问：“天运不息，‘君子以自强不息’。”曰：“非是说天运不息，自家去赶逐，也要学他如此不息。只是常存得此心，则天理常行，而周流不息矣。”又曰：“天运不息，非特四时为然；虽一日一时，顷刻之间，其运未尝息也。”

因说乾健，曰：“而今人只是坐时，便见他健不健了，不待做事而后见也。”又曰：“某人所记，刘元城每与人相见，终坐不甚交谈。欲起，屡留之，然终不交谈。或问之，元城曰：‘人坐久必倾

---

① 倚杵：细孔紫金牛，乃中国特有，非人工引种栽培，分布在广东，生长于密林中。

侧，久坐而不倾侧，必贵人也。故观人之坐起，可以知人之贵贱。’某后来见草堂先生说，又不如此。元城极爱说话。观草堂之说与某人所记之语，大抵皆同，多言其平生所履与行己立身之方。是时元城在南京，恣口极谈，无所顾忌。南京四方之冲，东南士大夫往来者无不见之。宾客填门，无不延接。其死之时，去靖康之祸只三四年间耳。元城与了斋死同时。不知二公若留到靖康，当时若用之，何以处也。”

5 轮对札子·论体刚健之德坚自强之志

【提要】本篇出自南宋卫泾的《后乐集》。该文是作者对皇帝的谏文，虽然毕恭毕敬，但是气宇轩昂，文字掷地有声。“愿陛下体刚健之德，坚自强之志，振纪纲以尊国体，明赏罚以厉偷惰，起万事于积废，图大业于日新。”实则明确了他要求肃清贪党的政治诉求。清代学者沈德潜称：“其人之挺然独立，百折不回，泾有如金石之坚贞者。”读斯文，其果然也。在南宋衰弱的国家军事背景下，作者能够有如此刚毅坚卓之情，实在是难能可贵。

【原文】

臣闻天君也，《易》曰：“天行健，君子以自强不息。”言天德主乎刚健，君德贵乎自强，故造化所以运用不穷，而德业所以光辉日新也。恭惟陛下，以不世出之资，乘大有为之防，飞龙之始，厉精图治，愤寇雠[①]之逆理，悼版图之未复，疆场备御之略不忘于念虑规恢广大之志，尝载于咏歌。以陛下英武神圣，锐意事功中兴之图，日月可冀，然历岁滋久，一事未就，仰惟天机洞照，庙谟密运，草茅书生固难窥识，而臣所得窃闻者，自陛下即位以来，八策多士，大抵曰兵、曰财、曰民、曰风俗、曰人才、曰赏罚、曰刑政、曰纪纲法度，孜孜讲求不外此十数端。而二十六年之间，凡所规画，凡所设施，凡所建立，孰非所以兴利除害，而课效无有，捄

---

① 寇雠：指仇视，极端不和谐的见解。

过不暇。行宽恤之政，而民困未苏；作武勇之气，而士弱未振；取财已浚，而常忧乏用；用人虽广，而尚多遗才。吏冗而未澄，令行而数改举。目前之事曾无足以少称，陛下意者而何暇规恢复之大计！事机易失，时不再来，陛下富于春秋，圣子圣孙本支日茂，以一祖八宗之业，太上皇付托之重，子孙亿万年之基绪，陛下一身任之，可不图终虑远，诒谋燕翼为宏远久大之规模，仅可以苟安无事而遂已耶？臣甲辰之春，获偕诸生冒上愚对，尝谓天下非治效不进之足忧，而风俗安于苟且之可畏。大略言陛下即位之始，锐于为治，不次而用将相委任，而责成功一时之臣徒，肆大言诞谩[①]亡补，往往负责而去，而陛下大有为之志亦因是少弛。故妄议陛下前日求治伤于太急，而今日之事又失于太缓，故庸常之流得以持禄保身，成偷安之习，上下苟且，莫肯任事！风俗日以坏，士气日以陋，民生日以困，刑法日以滋，天下之患将有出于意虑之外者，臣尝以更化之说为陛下献。臣所谓更化非变法易令之谓也，愿陛下体刚健之德，坚自强之志，振纪纲以尊国体，明赏罚以厉偷惰，起万事于积废，图大业于日新。顾岂在于纷纷多事耶？《诗》曰：“周虽旧邦，其命维新。”此之谓也。陛下过听擢置，首选兹绿，故实误恩收召，缀员班行，获因轮对，瞻望大日。臣窃伏惟，一介疏贱[②]，僭言朝廷大体，则未信，而谏圣人深戒。若掇拾细故，上渎渊听，则又负夙心，敢以奏篇之末议，尝蒙陛下所采录者诵言之。惟陛下贳其狂愚取进止。

6 示弟立志说

【提要】本篇选自明儒王守仁的《王阳明全集》。由于是家书性质的文章，所以读来非常亲切，也非常恳切。在阳明看来，立志不是挂在嘴边的口头禅，也不是贴在墙上的座右铭，而是一种刻于心间而体现于行动的大智慧、大境界。它需要辛勤的汗水去浇灌，

---

① 诞谩：欺诈；荒诞虚妄。

② 疏贱：关系疏远、地位低下的人。

也需要努力的付出去滋润。我们只有立下了目标，努力去实现，才会获得成功。立志和自强是具有内在联系的，如果立志而不自强，那么就是投机心理，这种空洞的雄心是永远不会实现的。所以，理想要用汗水来浇灌，要有志气来不断推动落实，才能够梦想成真。

【原文】

予弟守文来学，告之以立志。守文因请次第其语，使得时时观省；且请浅近其辞，则易于通晓也。因书以与之。

夫学，莫先于立志。志之不立，犹不种其根而徒事培拥灌溉，劳苦无成矣。世之所以因循苟且，随俗习非，而卒归于污下者，凡以志之弗立也。故程子曰："有求为圣人之志，然后可与共学。"人苟诚有求为圣人之志，则必思圣人之所以为圣人者安在？非以其心之纯乎天理而无人欲之私与？圣人之所以为圣人，惟以其心之纯乎天理而无人欲，则我之欲为圣人，亦惟在于此心之纯乎天理而无人欲耳。欲此心之纯乎天理而无人欲，则必去人欲而存天理。务去人欲而存天理，则必求所以去人欲而存天理之方。求所以去人欲而存天理之方，则必正诸先觉，考诸古训，而凡所谓学问之功者，然后可得而讲。而亦有所不容已矣。

夫所谓正诸先觉者，既以其人为先觉而师之矣，则当专心致志，惟先觉之为听。言有不合，不得弃置，必从而思之；思之不得，又从而辩之；务求了释，不敢辄生疑惑。故《记》曰："师严，然后道尊；道尊，然后民知敬学。"苟无尊崇笃信之心，则必有轻忽慢易之意。言之而听之不审，犹不听也；听之而思之不慎，犹不思也；是则虽曰师之，犹不师也。

夫所谓考诸古训者，圣贤垂训，莫非教人去人欲而存天理之方，若《五经》《四书》是已。吾惟欲去吾之人欲，存吾之天理，而不得其方，是以求之于此，则其展卷之际，真如饥者之于食，求饱而已；病者之于药，求愈而已；暗者之于灯，求照而已；跛者之于杖，求行而已。曾有徒事记诵讲说，以资口耳之弊哉！

夫立志亦不易矣。孔子，圣人也，犹曰："吾十有五而志于学。

三十而立。”立者，志立也。虽至于“不逾矩”，亦志之不逾矩也。志岂可易而视哉！夫志，气之帅也，人之命也，木之根也，水之源也。源不浚则流息，根不植则木枯，命不续则人死，志不立则气昏。是以君子之学，无时无处而不以立志为事。正目而视之，无他见也；倾耳而听之，无他闻也。如猫捕鼠，如鸡覆卵，精神心思凝聚融结，而不复知有其他，然后此志常立，神气精明，义理昭著。一有私欲，即便知觉，自然容住不得矣。故凡一毫私欲之萌，只责此志不立，即私欲便退；听一毫客气之动，只责此志不立，即客气便消除。或怠心生，责此志，即不怠；忽心生，责此志，即不忽；燥心生，责此志，即不燥；妒心生，责此志，即不妒；忿心生，责此志，即不忿；贪心生，责此志，即不贪；傲心生，责此志，即不傲；吝心生，责此志，即不吝。盖无一息而非立志责志之时，无一事而非立志责志之地。故责志之功，其于去人欲，有如烈火之燎毛，太阳一出，而魍魉潜消也。

自古圣贤因时立教，虽若不同，其用功大指无或少异。《书》谓“惟精惟一”，《易》谓“敬以直内，义以方外”，孔子谓“格致诚正，博文约礼”，曾子谓“忠恕”，子思谓“尊德性而道问学”，孟子谓“集义养气，求其放心”，虽若人自为说，有不可强同者，而求其要领归宿，合若符契。何者？夫道一而已。道同则心同，心同则学同。其卒不同者，皆邪说也。

后世大患，尤在无志，故今以立志为说。中间字字句句，莫非立志。盖终身问学之功，只是立得志而已。若以是说而合精一，则字字句句皆精一之功；以是说而合敬义，则字字句句皆敬义之功。其诸“格致”“博约”“忠恕”等说，无不吻合。但能实心体之，然后信予言之非妄也。

7 七日闭关开心孔昭

【提要】 本篇选自阳明后学泰州学派代表人物颜钧的《颜钧集》卷五。该文颇具神秘性，但是其中专一、逼拶、进取、坚持不懈的精神值得关注。颜钧所谓“闭关”，是指在闭目、塞耳、禁语、调息、减食等身体或生理控制的基础上，收敛外骋之心，反观内照，通过意志的控制达到内心无念无虑、宁静澄澈的状态。颜钧倡导的闭关方法作为一种个体化的过程或体验，非常突出主体自身的自主选择作用，表现出自主性特征。我们今天在社会主义建设中，提倡人们强力挖掘自身潜能，不断创新，本篇主旨是符合时代潮流的。

【原文】

先生体冬至之阳，微乎其生，在剥尽复来。即如凡人有身，住立尘世，穷日劳劳，衣食家务，有谋无谋，率皆至亥子丑时，就枕鼾睡，安恬甘美。然后醒来，自觉形气松爽，鸡鸣起坐，复为经营，又供一日劳劳。却似闭关七日之阳复，利有攸往消息。所以圣神教世克制《复卦》七日闭关之成功，摄伏初生三月之赤心，使皆自知时习日用之保养。此赤心三月后，方可出入顺利有攸往，自天子至于庶民，无老少男女圣凡，同此天性神能，无增益也。奈何有生以后，父母溺爱，无所不尽其骄养，养至知觉，无所不尽其喜好；入塾教读，师友无所不引其识见。凡此长驱，赤心糜烂，将若何而能复还此知此能之良哉！是故耕樵有生叨受父母生育，师友教道，幸未落利臼，亦未丧此天性。二十四岁，又际阳明传引良知心学。传自仲兄钟溪。笔示四句曰：“精神心思，凝聚融结，如猫捕鼠，如鸡覆卵。”耕樵触目激心，即如四语默坐澄心，自为七日之闭关，自囚神思之无适。竞获天机先启，孔昭焕发，巧力有决沛江河之势，形气遂左右逢源之效。嗣是，试诱寡慈，牖开忧怀，三月底豫，家乡萃和，直若孔子入鲁大治也。由是放游，遇师先授三教活机，后乃大成仁道。据此蒸蒸操炼方向三十年，岂知危言危行，招来匡桓，煅熟南狱。近溪援救，全生归庐。乃谋邱隅之难成，遂笔炉铸之绪功。功先设立，回光腔寰，三日苦磨困神，各致其力，于闭关七日之前曰：凡有志者，欲求此设武功，或二日夜，或三日夜，必须择扫楼居一所，摊铺联榻，然后督置愿坐几人，各就榻上正坐，无纵偏倚，任我指点：收拾各人身子，以绢缚两目，昼夜不开；绵塞两耳，不纵外听；紧闭唇齿，不出一言；擎拳两手，不动一指；趺跏两足，不纵伸缩；直耸肩背，不肆惰慢；垂头若寻，回光内照。如此各各自加严束，此之谓闭关。夫然后又从而引发各各内照之功，将鼻中吸收满口阳气，津液漱噀，咽吞直送，下灌丹田，自运旋滚几转，即又吸噀津液，如样吞灌，百千轮转不停，二日三日，不自已已。如此自竭辛力作为，虽有汗流如洗，不许吩咐展拭，或至骨节疼痛，不许欠伸喘息。各各如此，忍捱咽吞，不能堪用，方许告知，解此缠缚，倒身鼾睡，任意自醒，或至沈睡，竟日夜尤好。醒后不许开口言笑，任意长卧七日，听我时到各人耳边密语安置，曰：各人此时此段精神，正叫清明在躬，形爽气顺，皆尔连日苦辛中得来，即是道体黜聪，脱胎换骨景象。须自辗转，一意内顾深用，滋味精神，默识天性，造次不违不乱，必尽七日之静卧，无思无虑，如不识，如不知，如三月之运用，不忍轻自散涣。如此安恬周保，七日后方许起身，梳洗衣冠，礼拜天地、皇上、父母、孔孟、师尊之生育传教，直犹再造此生。嗣此，左右师座，听受三月，口传默受，神聪仁知，发明《大学》《中庸》，浑融心性阖辟，此之谓正心诚意，知格辚辚乎修齐身家，曲成不遗也。故曰：三月成功，翕通心性之孔昭；七日卧味，透活精神常丽躬。三月转教，全活满腔之运，即《大学》之切磋琢磨，洞获瑟僩喧赫[①]者也；《中庸》之率修慎独，驯入中和位育也。合发以来朋，成风动四方，正谓知行居止邱隅之于天下如反掌，后开八款以冲日用程级，以宏七日成功，永久坐致，可曰上知易能、下愚不可移易哉！何疑此功三年不可变易天下之无道也！

8 砺志

【提要】 本篇选自曾国藩的《挺经》。曾国藩一生可谓自强不

---

① 喧赫：形容声势或权势盛大。

息的典范，该文中他提出人要立大志，要经得起磨炼，要为理想长期奋斗。“君子之立志也，有民胞物与之量，有内圣外王之业，而后不忝于父母之生，不愧为天地之完人。故其为忧也，以不如舜不如周公为忧也，以德不修学不讲为忧也。”这种为做完人而奋进不息的精神，是中华传统伦理思想的精华。我们即使最终无法达到，也不应该放弃努力。恐怕这也是曾氏之见，因而他说：“但问耕耘，莫问收获。”

【原文】

君子之立志也，有民胞物与之量，有内圣外王之业，而后不忝于父母之生，不愧为天地之完人。故其为忧也，以不如舜不如周公为忧也，以德不修学不讲为忧也。是故顽民梗化则忧之，蛮夷猾夏[①]则忧之，小人在位贤才否闭则忧之，匹夫匹妇不被己泽则忧之，所谓悲天命而悯人穷，此君子之所忧也。若夫一身之屈伸，一家之饥饱，世俗之荣辱得失、贵贱毁誉，君子固不暇忧及此也。

明德、新民、止至善，皆我分内事也。若读书不能体贴到身上去，谓此三项与我身了不相涉，则读书何用？虽使能文能诗，博雅自诩，亦只算得识字之牧猪奴耳！岂得谓之明理有用之人也乎？朝廷以制艺取士，亦谓其能代圣贤立言，必能明圣贤之理，行圣贤之行，可以居官莅[②]民、整躬率物也。若以明德、新民为分外事，则虽能文能诗，而于修己治人之道实茫然不讲，朝廷用此等人作官，与用牧猪奴作官何以异哉？

累月奔驰酬应，犹能不失常课，当可日进无已。人生惟有常是第一美德。余早年于作字一道，亦尝苦息力索，终无所成。近日朝朝摹写，久不间断，遂觉月异而岁不同。可见年无分老少，事无分难易，但行之有恒，自如种树畜养，日见其大而不觉耳。进之以猛，持之以恒，不过一二年，精进而不觉。言语迟钝，举止端重，则德进矣。作文有峥嵘雄快之气，则业进矣。

---

① 蛮夷猾夏：外族侵扰中国。

② 莅：管理，统治。

9 变法自强

【提要】 本篇选自清人谭嗣同的《仁学》。谭嗣同创作《仁学》，熔儒、墨、道、佛、耶之学以及西学于一炉，以“以太”为“仁”的基础，论证“通”为“仁”之第一义，冲决一切黑暗否塞和网罗，并最终实现“仁—通—平等—大同”之理想世界。本文开篇提出“以心挽劫”，要求当政者发挥“心力”，变法自强。文章放眼世界形势，欲令人深知不变法就会有亡国灭种的危机。虽然在历史上，谭嗣同的主张没有得到认可，“戊戌变法”也没有成功，但是他的理想和精神长期感召着无数仁人志士继续为振兴中华民族而不断努力。

【原文】

以心挽劫者，不惟发愿救本国，并彼极强盛之西国，与夫含生之类，一切皆度之。心不公，则道力不进也。故凡教主教徒，不可自言是某国人，当加耶稣之立天国，平视万国皆其国，皆其民，质言之，曰无国可也。立一法，不惟利于本国，必无损于各国，使皆有利；创一教，不惟可行于本国，必合万国之公理，使智愚皆可授法。以此为心，始可言仁，言恕，言诚，言絜矩①，言参天地、赞化育。以感一二人而一二化，则以感天下而劫运可挽也。

今夫西国，岂非所谓极盛强者哉？然以衡诸地球万万年之全运，为人言思拟议所不能及之盛，则犹堆积盈野之弦，特微引其绪耳，乌足为极！且致衰之道亦不一矣。中国、土耳其、阿富汗、波斯、朝鲜，海内所号为病夫者也。英、美、德、法诸国，不并力强革其弊政，以疗其病，则其病将传染于无病之人。而俄罗斯则故曲〈狥〉其守旧之意，虚为保护之貌，惟恐他国革其弊政，所以阴弱之。又以自固其君主国之势，又使守旧者感其惠，而守旧之国，亦竟深相倚寄。中国则订密约矣，朝鲜寄居其使馆，且授兵柄矣。乘

① 絜（xié）矩：度量，法度。

渴而饮以鸩酒，乘饥而饱以漏脯。愚公之愚，固折人于俄而不足惜，彼旁观者，独不虑孙策坐大乎？中国官吏虐杀回回人，西宁有已降老弱妇孺万余人，镇将邓增一夕尽杀之，而以克复三国关张皇入告。回回切齿，思归俄国。土耳其又虐杀希腊教人、革雷得岛亚米尼亚人，兵连祸结，数年不息。希腊教人切齿，思归俄国。呜呼！吾将见可杀克之马兵蹂躏欧、亚两洲，而各国宁能无恙耶！即彼两国，亦宁能无物极必反，俱伤而两败耶！地球战祸，殆于不可纪极矣。顾此犹其显而易见者也。

若夫各国致衰之由，则不宁惟是。吾敢明断之曰：各国欺陵远、近东病夫之道，即其所以致衰之道。何也？国于天地，必有与立，则信与义，其内治外交之胶粘物也。各国之强盛，罔不由于信义，天下既共闻而共见之矣，不幸独遇所谓病夫者，以信义待之，彼反冥然罔觉，悍然不顾。于是不得已而胁之以威，诈之以术。又不幸胁与诈而果得所欲，且逾其初志焉，将以为是果外交之妙用也已。相习成风，转视信义为迂缓。则以之待病夫者，旋不觉以施诸无病之人。无病之人，不能忍受，别求所以相报。由是相诡相遁，外交之信义亡矣。又相习愈深，以待与国者，旋不觉以施诸国中之人。上下同列，相诡相遁，内治之信义又亡矣。信义不立，其不同为病者与有几？故夫人与已，本非二致；而人心者，又可固不可撄[①]者也。撄之以信义，在有道者观之，犹以为其效必极于不信不义，况撄之以不信不义，其祸胡可言哉！今将挽救之，而病夫者，非是则莫肯率从。甚矣病夫之累人，而各国遭遇之苦，诚有不幸也！然为各国计，莫若明目张胆，代其革政，废其所谓葛主，而择其国之贤明者，为之民主，如墨子所谓“选天下之贤者，立为天子”，俾人人自主，有以固存，斯信义可复也。

若虑俄国之扰也，则先修欧、亚两洲东西大铁路，东起朝鲜，

---

① 撄（yīng）：纠缠，扰乱。

贯中国、阿富汗、波斯、东土耳其，梁君士但丁峡，达西土耳其，作为万国公路，皆不得侵犯之。按诸地图，此诸病夫者，在北纬三十度至四十度之间，天若豫为位置，令其土壤成一直线。苟因天之巧，济以人力，以三万余里之铁轨穿为一贯，如牛鼻之有雉，鱼腮之有柳，诸病夫戢戢相依，托余生于铁路，不致为大力者负之而走，其病亦自向苏，而各国所获铁路之利，抑孔厚矣。

俄国西比利亚之铁路成，则东西洋之商旅皆将出于其途。俄之厚，邻之薄也。今修此路，则彼为其弧，此为其弦；远之于近，其利一。彼路长则成功劳，此路短则成效速；艰之于易，其利二。彼路长则行李稍淹，此路短则计日加捷；迟之于速，其利三。彼越乌拉岭之南北干山，与铁路正交，此循葱岭之东西干山，与铁路平行；险之于夷，其利四。彼近寒带，天时凛冽，此在温带，天时和煦；寒之于暖，其利五。彼荒寒枯瘠，物产萧寥，此农矿膏腴，物产充牣；歉之于盈，其利六。彼工艺制造，寂然无闻，此商货灌输，日不暇给；僻之于繁，其利七。彼人民野悍，驾驭虽周，此人民柔顺，驱使易效；梗之于驯，其利八。彼人少工价昂，此人多任务价廉；散之于聚，其利九。彼一国孤撑，此众擎共举；重之于轻，其利十。彼专利于一方，此溥利于万国；私之于公，其利十一。彼以危人之安，此以安人之危；利之于羲，其利十二。彼路为众心共疾，此路为群情争向；恶之于好，其利十三。彼路成，适以召天下之兵，此路成，足以定天下之乱；失之于得，其利十四。总此十四利，则彼之借款虽，此之招股易；背之于向，其利十五。总此十五利，则彼之偿息多，此之偿息少；疑之于信，其利十六。总此十六利，则彼之成本重，此之成本轻；耗之于省，其利十七。总此十七利，则彼之获利微，此之获利巨；啬之于丰，其利十八。总此十八利，则彼之铁路，十年积虑，尽掷黄金于虚牝，此之铁路，一旦出争，立致青云于顷刻；废之于兴，其利十九。总此十九利，则彼不能以铁路侵人国土，此转欲以铁路致其死命；败之于功，其利二十。且夫弭将发之兵端，保五洲之太平，仁政也；拯垂亡之弱国，植极困之遗黎[1]，义举也；笼总汇之商务，收溢散之利源，智谋也；争棋劫之先看，杜横流之后患，勇功也。以言乎其宜，则详于二十；以言乎其名，则略举有四。此盖〈直〉天绝地之勋德，夫何惮而久不为也？英、法、德、意、奥、和、比、日、葡、瑞、挪、丹、日本皆以商为国，即皆宜肩此责。而英之商务尤大，尤宜倡首。英见美修万余里之大铁路，遂于加拿大效其所为，修路以与之平行。夫加拿大不及美之土地富厚，犹欲与之争驰，有反乎此者，乃熟视而澹忘之与？美国固素守局外，然此于商务有关，亦何可甘居人后！且华盛顿倡民主于前，林肯复释黑奴于后，羲闻宣昭，炳跃寰宇，乘此时攘臂而出，光烈可缵，鼎足成三，不必别为弭兵之费，抑然俟于公断之约，神武睿智，其有取诸！日本《国民杂志》称：由中部亚洲而出扬子江畔为第一好路，不独中国之利，天下亦将享受其便。英伦《泰晤士报》称：俄路既通之后，当通第二条华路，中国一切商务，可由波斯、土耳其而达欧洲，与俄路平行。亦各粗著其端，惜乎未究厥旨；众生业力将消，中外必多同心者矣。

然则中国谋自强，益不容缓矣。名之曰“自强”，则其责在己而不在人，故慎毋为复仇雪耻之说，以自乱其本固也。任彼之轻贱我，欺陵我，我当视为兼弱攻昧，取乱侮亡，彼分内可应为，我不变法，即不应不受。反躬自责，发愤为雄，事在人为，怨尤胥泯，然后乃得一意督责，合并其心力，专求自强于一己。则诋毁我者，金王我也；干戈我者，药石我也。无事不可借鉴，即随地皆可见功。耶曰：“视敌如友”，亦诚有友之益也。管子之术，“人弃我取”，“因祸为福”，“转败为功”，斯亦天下之至巧者矣。盖心力之用，以专以一。佛教密宗，宏于咒力，咒非他，用心专耳。故梵咒不通翻译，恐一求其义，即纷而不专。然而必尚传授者，恐自我创造，又疑而不专。思之思之，鬼神通之。孔曰：“民可使由之，不

① 遗黎：亡国之民。

可使知之。”殆谓此也。自强者，强自而已矣；知其为自，已觉多此一知，况欲以加乎人哉。

今夫自强之策，其为世俗常谈者，吾弗瑕论；论其至要，亦惟求诸己而已矣。行之则王，否则亡。不俟蓍蔡[①]，毅然可决，则曰变衣冠。文化之消长，每兴日用起居之繁简得同式之比例。人惟窳惰，不欲兴事，则心无意于求简，而听其繁。苟民智大开，力将经天纬地，酬酢[②]万物之不暇，岂暇事此繁缛之衣冠？繁必滞，简必侄；惟简然后能驭繁。故繁于物者，必先简于己。一定之理，无可移易。吾闻西人之论力言矣：教化极盛之国，其言者必简而轻灵，出于唇齿者为多，舌次之，牙又次之，喉为寡，深喉则几绝焉。发音甚便利，而成言也不劳；所操甚约，而错综可至于无极。教化之深浅，成率是以为差。此亦繁简之辨也。又闻之法律家矣：头等教化之国，国律时时更改，以起于便，而变通尽利，斯法为人用，人不至反为法用；其次则有一定之律矣。教化之深浅，咸率是以为差。此又灵滞之辨也。夫于衣冠，又何独不然？既非上衣下裳，而偏为长齐博袖；既非席地屈坐，而偏为跪拜顿首。事之颠倒失理，宁或过此？以士大夫而为此，则犹可言矣；顾农夫之于畎亩，工役之于机器，兵卒之于战阵，佣隶之于趋走，于今之衣冠礼范有大不使者，而亦不闻异其制，何耶？呜呼！君主之弱天下也，必为正繁重之礼与俗，使竭毕生之精神，仅足以胜其繁重，而保其身以不戾于时，则天下必无瑕分其精力，思兴君主抗，积之既久，忘其本始，遂以为理之当然，而事之固然，不恤役志于繁重，以自塞锢其聪明，虽祸患在眉睫，亦将不及顾，或语以简便，则反诧为诡异。故中国士民之不欲变法，良以繁重之习，渐渍于骨髓；不变其至切近之衣冠，终无出耸其听闻，决其志虑，而咸与新也。日本之强，则自变衣冠始，可谓知所先务矣。乃若中国，尤有不可不亟变者，

---

① 蓍蔡（shīcài）：比喻德高望重的人。

② 酬酢（chóuzuò）：泛指应酬。

薙[1]发而垂发辫是也。姑无论其出于北狄鄙俗之制，为生人之大不便；吾试举古今中外所以处发之道，听人之自择焉。处发之道凡四，曰“全发”，中国之古制是也。发受于天，必有所以用之，盖保护脑气筋者也。全而不修，此其所以长也；而其病则有重腿之累。曰“全薙”，僧制是也。清洁无累，此其所以长也；而其病则无以护恼。曰“半剪”，西制是也。既足以护脑，而又轻其累，是得两利。曰“半薙”，蒙古、鞑靼之制是也。薙处迈当大脑，既无以蔽护于前，而长发垂辫，又适足以重累于后，是得两害。孰得孰失，奚去奚从，明者自能辨之，无俟烦言而解矣。

10 制洋器议、善驭夷议

【提要】 此二篇选自冯桂芬《校邠庐抗议》。冯桂芬是近代中国具有开拓意义且影响深远的思想家。他的思想沿着林则徐、魏源的路线发展，对中国近代思想政治有着积极的影响。在民族危急关头，他提出较为全面的“采西学”主张，其理论以“中体西用”为特点，并给出了比较务实的、系统的变法建议，旨在自强救国。今天学习西方文化是习以为常之事，但是在那个年代，知识分子能够放下成见，迈出步子去学习西方先进的科学技术文化，是有胆有识、自立自强的表现。

【原文】

制洋器议

有天地开辟以来未有之奇愤，凡有心知血气莫不冲冠发上指者，则今日之以广运万里，地球中第一大国，而受制于小夷也！以地球三百六十度，每度二百五十里，如圆周积计之，大海三分去一，实为方一里者十三亿五千万。我大清国北自兴安岭，南至崖州，距四十三度，计万七百余里；东自库页岛，西至噶什喀尔，距七十七度，计万九千余里。截赢补缩，约南北八千里，东西万一千

① 薙（tì）：同“剃”，用刀刮去毛发。

里，为方一里者八千八百万，是一国而居地球十有五分之一也。余百许国，俄、英、法、米为大，据英人《地里全志》稽之，我中华幅员八倍于俄，十倍于米，百倍于法，二百倍于英。但就本国言，属部不与，地之大如是，五洲之内，日用百需，无求于他国而自足者，独有一中华。地之善又如是，虽彼中舆地书，必以中华首列，非畏我，非尊我，直以国最大，天时、地利、物产无不甲于地球而已。而今顾腼然屈于四国之下者，则非天时、地利、物产之不如也，人实不如耳！彼人非俱首重瞳之奇，我人非僬侥[①]三尺之弱，人奚不如？且中华扶舆灵秀，磅礴而郁积，巢、燧、羲、轩数神圣，前民利用所创始，诸夷晚出，何尝不窃我绪余，人又奚不如？则非天赋人以不如也，人自不如耳！天赋人以不如，可耻也；可耻而无可为也，人自不如，尤可耻也。然可耻而有可为也，如耻之，莫如自强。

夫所谓不如，实不如也，忌嫉之无益，文饰之不能，勉强之无庸。向时中国积习长技俱无所施，道在实知其不如之所在，彼何以小而强，我何以大而弱？必求所以如之，仍亦存乎人而已矣。以今论之，约有数端，人无弃材不如夷，地无遗利不如夷，君民不隔不如夷，名实必符不如夷。四者道在反求，惟皇上振刷纪纲，一转移间耳，此无待于夷者也。

至于军旅之事，船坚炮利不如夷，有进无退不如夷，而人材健壮未必不如夷。是夷得其三，我得其一，故难胜。北兵亦能有进无退，是我得其二，故间胜。粤人军械半购诸夷而不备，并能有进无退，是我得其二有半，故半胜。然即良将劲兵，因械于敌，如天之福，十战十胜，而彼能来我不能往，犁庭扫闾固无其事，后患正无已时，而况乎胜负未可知也。得三与得二有半，究有间也，何如全乎其为得三之相当也。果全乎其为得三，不特主客异形，劳逸异势，且我有可以穷追之道，彼有惧我报复之心，殆不啻相当焉，斯

① 僬侥（jiāoyáo）：古代传说中的矮人。

百战百胜之术矣。夫得二之效，亦道在反求而无待于夷，然则有待于夷者，独船坚炮利一事耳。

魏氏源论驭夷，其曰：“以夷攻夷，以夷款夷。”无论语言文字之不通、往来聘问之不习，忽欲以疏间亲，万不可行。且是欲以战国视诸夷，而不知其情事大不侔也。魏氏所见夷书、新闻纸不少，不宜为此说。盖其人生平学术喜自居于纵横家者流，故有此蔽。愚则以为不能自强，徒逞谲诡[①]，适足取败而已，独“师夷长技以制夷”一语为得之。夫九州岛之人，亿万众之心思材力，殚精竭虑于一器，而谓竟无能之者，吾谁欺？惟是输、倕之巧至难也，非上知不能为也；圬镘之役至贱也，虽中材不屑为也。愿为者不能为，能为者不屑为，必不合之势矣，此所以让诸夷以独能也。道在重其事，尊其选，特设一科以待能者。

宜于通商各口拨款设船炮局，聘夷人数名，招内地善运思者，从受其法，以授众匠，工成与夷制无辨者赏给举人一体会试，出夷制之上者赏给进士一体殿试，廪其匠倍蓰，勿令他适。夫国家重科目，中于人心久矣。聪明智巧之士，穷老尽气，销磨于时文、试帖、楷书无用之事，又优劣得失无定数，而莫肯徙业者，以上之重之也。今令分其半，以从事于制器尚象之途，优则得，劣则失，划然一定，而仍可以得时文、试帖、楷书之赏，夫谁不乐闻？且其人有过人之禀，何不可以余力治文学，讲吏治，较之捐输所得不犹愈乎？即较之时文、试帖、楷书所得不犹愈乎？即如另议，改定科举，而是科却可并行不悖，中华之聪明智巧必在诸夷之上，往时特不之用耳。上好下甚，风行响应，当有殊尤异敏、出新意于西法之外者，始则师而法之，继则比而齐之，终则驾而上之。自强之道，实在乎是。

昔吴受乘车战阵之法于晋，而争长于晋；赵武灵为胡服而胜胡。近事俄夷有比达王者，微服佣于英局三年，尽得其巧技，国遂

---

① 谲诡：变化多端；怪诞。

勃兴。安南、暹罗等国，近来皆能仿造西洋船炮。前年西夷突入日本国都，求通市，许之，未几，日本亦驾火轮船十数遍历西洋，报聘各国，多所要约，诸国知其意，亦许之。日本蕞尔[①]国耳，尚知发愤为雄，独我大国，将纳污含垢以终古哉？孟子曰："国家闲暇，及是时明其政刑。"又以敌国外患同于法家、拂士。尹铎曰："委土可以为师保。"今者诸夷互市，聚于中土，适有此和好无事之闲隙，殆天与我以自强之时也。不于此急起乘之，只迓天休命，后悔晚矣。或曰：管仲攘夷狄，夫子仁之；郲用夷礼，《春秋》贬之。今之所议，毋乃非圣人之道耶？是不然，夫所为攘者，必实有以攘之，非虚骄之气也。居今日而言攘夷，试问其何以攘之？所谓不用者，亦实见其不足用，非迂阔之论也。夫世变代嬗，质趋文，拙趋巧，其势然也。时宪之历，钟表、枪炮之器，皆西法也。居今日而据六历以颁朔，修刻漏以稽时，挟弩矢以临戎，曰：吾不用夷礼也，可乎？且用其器，非用其礼也，用之乃所以攘之也。以经费言之，军械之价常十倍，然利钝所分，胜败系之，固当别论。轮船亦然。然彼则一年而一运，此则一年而一二十运，移往时盐船、粮船费用改造轮船，即百船已不止千船之用，无事可以运盐转粟，有事可以调兵赴援，呼应奔走无不捷，岂特十倍之利哉？

或曰：购船雇人何如？曰：不可，能造、能修、能用，则我之利器也；不能造、不能修、不能用，则仍人之利器也。利器在人手，以之转漕，而一日可令我饥饿；以之运盐，一日可令我食淡；以之涉江海，一日可令我覆溺。仓卒有隙，幡然倒戈，舟中敌国，遂为实事。而购值不赀、岁修不赀、赏犒不赀、使令之不便、驾驭之不易，其小焉者也。是尚未如借兵雇船之为愈也，借兵雇船皆暂也，非常也。目前固无隙，故可暂也；日后岂能必无隙？故不可常也，终以自造、自修、自用之为无弊也，夫而后内可以荡平区宇，夫而后外可以雄长瀛寰，夫而后可以复本有之强，夫而后可以雪从

---

① 蕞尔：形容小。

前之耻，夫而后完然为广运万里！地球中第一大国，而正本清源之治、久安长治之规，可从容议也。

夫穷兵黩武，非圣人之道，原不必尤而效之。但使我有隐然之威，战可必克也，不战亦可屈人也，而我中华始可自立于天下。不然者，有可自强之道，暴弃之而不知惜；有可雪耻之道，隐忍之而不知所为计，亦不独俄、英、法、米之为虑也。我中华且将为天下万国所鱼肉，何以堪之？此贾生之所为痛哭流涕者也！

善驭夷议

今国家以夷务为第一要政，而剿贼次之，何也？贼可灭，夷不可灭也；一夷灭，百夷不俱灭也。一夷灭，代以一夷，仍不灭也；一夷为一夷所灭，而一夷弥强，不如不灭也。盛衰倚伏之说，可就一夷言，不可就百夷言，此夷衰，彼夷盛，夷务仍自若。然则驭夷之道可不讲乎？驭夷之道不讲，宜战反和，宜和反战，而夷务坏。忽和忽战，而夷务坏。战不一于战，和不一于和，而夷务更坏。今既议和，宜一于和，坦然以至诚待之，猜嫌疑忌之迹，一切无所用，耳属于垣，钟闻于外，无益事机，适启瑕衅[①]。子贡曰："无报人之志而令人疑之，拙也。有报人之意而使人知之，殆也。事未发而先闻，危也。三者举事之大患。"以今日行之，直所谓无报人之志而令人疑之者也，然则将一切曲从乎？曰：非也，愚正以为曲从其外、猜疑嫌忌其中之非计也。

夷人动辄称理，吾即以其人之法还治其人之身，理可从从之，理不可从据理以折之。诸夷不知三纲而尚知一信，非真能信也，一不信而百国群起而攻之、钳制之，使不得不信也。吉勇烈之事，即能为理屈之明证。然则和可久恃乎？曰：难言也，盖尝博采旁咨，而知诸夷不能无异志，而目前数年中则未也。中华为地球第一大国，原隰衍沃[②]，民物蕃阜，固宜百国所垂涎。年来遍绘地图，辙迹及乎滇、黔、川、陕，其意何居？然而目前必无事者，则以俄、

① 瑕衅：可乘之隙；嫌隙；隔阂。

② 原隰衍沃（yuánxíyǎnwò）：分别指不同的土地类型。

英、法、米四国地丑德齐，外睦内猜，互相钳制，而莫敢先发也。俄与英、法讲和未久，米尝大困于英，英、法亦世构兵，其于他国亦无岁无战争，要其终，讲和多而兼并少。故诸夷多千年，数百年旧国，不特兼并难，即臣属亦不易，何则？诸夷意中各有一彼国独强即我国将弱之心，故一国有急难，无论远近辄助之，盖不仅辅车唇齿之说，其识见远出乎秦时六国之上，如土耳其欲并希腊，俄、英、法救之；俄欲并土耳其，西班牙欲并摩洛哥，皆英、法救之，讫归于和。彼于小国犹尔，况敢觊觎一大国哉？

津门戊午之事，发端于英，辄牵率三国而来者，无他，不敢专其利也，惧三国之议其后也。庚申之事，得当即已者，亦惧俄、米之议其后也。可取而忽舍，可进而忽退，夫安有兴师动众、间关跋涉八万里之远，无端而去、无端而复来哉？不待智者而知其不然矣。故曰目前必无事也，可以坦然无疑也。将来四国之交既固，协以谋我，或四国自相斗，一国胜而三国为所制，而后及于我，然四国之相仇，胜于仇我，交必不能固，而自斗则为日必不远，可虑也。

又西藏之南及新疆天山南路，皆与英属部孟加拉本若等境接壤，可虑也。俄境东自兴安岭，西至科布多，毗连者数千里，近闻俄夷踪迹已及绥芬河一带，距长白、吉林不甚远，更可虑也。然则前议自强之道，诚不可须臾缓矣。不自强而有事，危道也；不自强而无事，幸也，而不能久幸也。矧可猜嫌疑忌，以速之使有事也？自强而有事，则我有以待之。矧一自强而即可弭之使无事也？自强而无事，则我不为祸始，即中外生灵之福，又何所用其猜嫌疑忌为哉。

11 发愤著书

【提要】 本篇选自清代黄元御的《四圣心源》。作者通过对历史的回顾，表达了虽处逆境，在不被认可的情况下，仍然自立自强，无怨无悔地奋斗于高尚事业的决心。同时文章也表现了作者高尚的胸怀和积极进取的生命力。黄元御是一代名医，同时也是天纵英才，面对事业的挫折，发出“丈夫得失之际，非俗人之所知也”的豪言壮语，其中包含着深刻的人生智慧。作者看到了这种磨难是自身命运的固有物，更是实现自己更高价值的阶梯。全文看似低沉，但是没有丝毫的抱怨之情，若没有极深涵养，必然不能有此等胸襟。对于今天我们面对逆境的思考，本文具有非常强的感染力和鼓舞性。

【原文】

维时霖雨初晴，商飙徐发，落木飘零，黄叶满阶。玉楸子处萧凉之虚馆，坐寂寞之闲床，起他乡之遥恨，生故国之绵思。悲哉！清秋之气也，黯然远客之心矣！爰取《心源》故本，加之润色。

嗟乎！往者虞卿违赵而著《春秋》，屈原去楚而作《离骚》。古人论述，往往失地远客，成于羁愁郁闷之中。及乎书竣业就，乃心独喜，然后知当时之失意，皆为后此之得意无穷也。向使虞卿终相赵国，屈原永宦楚邦，则《离骚》不作，《春秋》莫著，迄于今，其人已朽，其书不传，两人之得意，不如其失意也。

当世安乐之人，其得天者诚厚。然隙驷不留，尺波电谢，生存而处华屋，零落而归山丘，身与夕露同晞，名与朝华并灭。荆棘狐兔之中，樵牧歌吟之下，其为安乐者焉在！窃以为天之厚安乐之人，不如其厚羁愁之士。丈夫得失之际，非俗人之所知也。

顾自己巳，以至壬申，历年多矣，元草未就，是天既长与以穷愁之境，而不频假以萧闲之日。帝眷之隆，何可恃也，良时非多，勖之而已。

12 留侯论

【提要】 本篇作者是宋代文雄苏东坡。该文系作者为答御试策而写的一批论策中的一篇。通过对张良气节和豪情的论述，作者展现了自己积极进取的雄心和心怀天下的胸襟。张良出身寒微，品格高洁，知恩图报，其智慧足以保身，其兼爱足以利世，但是其人生中所经历的种种波折，在绝大多数现代人眼中，恐怕是难以承受的，在存亡关头更是难以做出恰当的抉择。这些其实都是我们研读古代经典文献时需要学习之处。另外这篇文章文笔纵横捭阖、曲折变化，行文雄辩而富有气势，体现了苏轼表达其历史哲学思想时汪洋恣肆的议论风格。

【原文】

古之所谓豪杰之士者，必有过人之节。人情有所不能忍者，匹夫见辱，拔剑而起，挺身而斗，此不足为勇也。天下有大勇者，卒然临之而不惊，无故加之而不怒。此其所挟持者甚大，而其志甚远也。

夫子房受书于圯上之老人也，其事甚怪；然亦安知其非秦之世，有隐君子者出而试之。观其所以微见其意者，皆圣贤相与警戒之义；而世不察，以为鬼物，亦已过矣。且其意不在书。

当韩之亡，秦之方盛也，以刀锯鼎镬待天下之士。其平居无罪夷灭者，不可胜数。虽有贲、育，无所复施。夫持法太急者，其锋不可犯，而其势未可乘。子房不忍忿忿之心，以匹夫之力而逞于一击之间；当此之时，子房之不死者，其间不能容发，盖亦已危矣。

千金之子，不死于盗贼，何者？其身之可爱，而盗贼之不足以死也。子房以盖世之才，不为伊尹、太公之谋，而特出于荆轲、聂政之计，以侥幸于不死，此圯上老人所为深惜者也。是故倨傲鲜腆而深折之。彼其能有所忍也，然后可以就大事，故曰：“孺子可教也。”

楚庄王伐郑，郑伯肉袒牵羊以逆；庄王曰：“其君能下人，必能信用其民矣。”遂舍之。勾践之困于会稽，而归臣妾于吴者，三年而不倦。且夫有报人之志，而不能下人者，是匹夫之刚也。夫老人者，以为子房才有余，而忧其度量之不足，故深折其少年刚锐之气，使之忍小忿而就大谋。何则？非有生平之素，卒然相遇于草野之间，而命以仆妾之役，油然而不怪者，此固秦皇之所不能惊，而项籍之所不能怒也。

观夫高祖之所以胜，而项籍之所以败者，在能忍与不能忍之间而已矣。项籍唯不能忍，是以百战百胜而轻用其锋；高祖忍之，养其全锋而待其弊，此子房教之也。当淮阴破齐而欲自王，高祖发怒，见于词色。由此观之，犹有刚强不忍之气，非子房其谁全之？

太史公疑子房以为魁梧奇伟，而其状貌乃如妇人女子，不称其志气。呜呼！此其所以为子房欤！

13 陋室铭

【提要】本篇作者是唐代的刘禹锡。作者借陋室托物言志，通过极力形容陋室的不陋，表达了自己不屈不挠的乐观主义精神。“斯是陋室，惟吾德馨”是本文中心，实际上也就是借陋室之名烘托道德品质之实，表达出主人高洁傲岸、自强不息的节操和安贫乐道的情趣。文章虽然短小，但是韵味却是无穷。读罢掩卷，总是令人深思，令人豁然开朗。古代贤者可以卜居自处，自娱自乐，弹琴读经，欣赏山水之美。这种对生命存在状态和生活方式的质朴理解，对于现代人来说看似有一定距离。但是实际上，无论技术发展到什么程度，人的真正幸福可能不会超出这间“陋室”所能给予的。

【原文】

山不在高，有仙则名。水不在深，有龙则灵。斯是陋室，惟吾德馨。苔痕上阶绿，草色入帘青。谈笑有鸿儒，往来无白丁。可以调素琴，阅金经。无丝竹之乱耳，无案牍之劳形。南阳诸葛庐，西蜀子云亭。孔子云：何陋之有？

14 上孝宗皇帝第一书

【提要】本篇是南宋名臣陈亮的代表作之一。他针对南宋建都临安后，统治阶级不思恢复版图，耽于声乐，置国家危亡、民族耻辱于不顾的状况，提出变革时弊、富国强兵、北伐中原的主张。全文浩浩荡荡，上下纵横，囊括春秋以下千余年兴衰成败历史，又从军事角度畅述南宋当时所处的地理形势，提出了一系列积极雄健的政治主张。陈亮的哲学在思想史上被称为“事功哲学”，在某种意义上这是可以成立的。但是，在更全面考察陈亮思想以后，我们发现“事功哲学”只能够代表他思想的一个局部。在这篇文章中，除了事功以外，还反映了作者内在涵养的浩然之气。

【原文】

臣惟中国天地之正气也，天命所钟也，人心所会也，衣冠礼乐所萃也，百代帝王之所相承也。挈中国衣冠礼乐而寓之偏方，虽天命人心犹有所系，然岂以是为可久安而无事也！天地之正气，郁遏而久不得骋，必将有所发泄，而天命人心，固非偏方所可久系也。

国家二百年太平之基，三代之所无也；二圣北狩之痛，汉、唐之所未有也。方南渡之初，君臣上下，痛心疾首，誓不与之俱生，卒能以奔败之余而胜百战之敌。及秦桧倡邪议以沮之，忠臣义士斥死南方，而天下之气惰矣！三十年之余，虽西北流寓皆抱孙长息于东南，而君父之大仇一切不复关念，自非海陵送死淮南，亦不知兵戈为何事也。况望其愤故国之耻而相率以发一矢哉！

丙午、丁未之变，距今尚以为远，而海陵之祸，盖陛下即位之前一年也。独陛下奋不自顾，志于殄灭，而天下之人安然如无事。时方口议腹非，以陛下为喜功名而不恤后患，虽陛下亦不能以崇高之势而独胜之，隐忍以至于今又十有七年矣。

昔春秋时，君臣父子相戕杀之祸，举一世皆安之。而孔子独以为三纲既绝，则人道遂为禽兽，皇皇奔走，义不能以一朝安。然卒于无所遇，而发其志于《春秋》之书，犹能以惧乱臣贼子。今举一世而忘君父之大仇，此岂人道所可安乎？使学者知学孔子之道，当道陛下以有为，决不沮陛下以苟安也。南师之不出，于今几年矣，岂无一豪杰之能自奋战？其势必有时而发泄矣。苟国家不能起而承之，必将有承之者矣。不可恃衣冠礼乐之旧，祖宗积累之深，以为天命人心可以安坐而久系也。“皇天无亲，惟德是辅；民心无常，惟惠之怀。”自三代圣人皆知其为甚可畏也。

春秋之末，齐、晋、秦、楚皆衰，吴、越起于小邦而举兵以临齐、晋，如履无人之地，遂伯诸侯。黄池之会，孔子所甚痛也，可以明中国之无人矣。此今世儒者之所未讲也。今金源之植根既久，不可以一举而遂灭；国家之大势未张，不可以一朝而大举。而人情皆便于通和者，劝陛下积财养兵，以待时也。臣以为通和者，所以成上下之苟安，而为妄庸两售之地，宜其为人情之所甚便也。自和好之成，十有余年。凡今日之指画方略者，他日将用之以坐筹也；今日之击球射雕者，他日将用之以决胜也。府库充满，无非财也；介胄鲜明，无非兵也。使兵端一开，则其迹败矣。何者？人才以用而见其能否，安坐而能者不足恃也；兵食以用而见其盈虚，安坐而盈者不足恃也。而朝廷方幸一旦之无事，庸愚龌龊之人皆得以守格令、行文书，以奉陛下之使令，而陛下亦幸其易制而无他也。徒使度外之士摈弃而不得骋，日月蹉跎而老将至矣。臣故曰：通和者所以成上下之苟安，而为妄庸两售之地也。

东晋百年之间，南北未尝通和也，故其臣东西驰骋，多可用之才。今和好一不通，朝野之论，常如敌兵之在境，惟恐其不得和也，虽陛下亦不得而不和矣。昔者金人草居野处，往来无常，能使人不知所备，而兵无日不可出也。今也城郭宫室，政教号令，一切不异于中国，点兵聚粮，文移往反，动涉岁月，一方有警，三边骚动，此岂能岁出师以扰我乎？是固不知势者之论也。然使朝野常如敌兵之在境，乃国家之福，而英雄所用以争天下之机也，执事者胡为速和以惰其心乎？

晋、楚之战于邲也，栾书以为："楚自克庸以来，其君无日不讨国人而训之：'于！民生之不易，祸至之无日，戒惧之不可以怠。'在军，无日不讨军实而申儆之：'于！胜之不可保，纣之百克而卒无后。'"晋、楚之弭兵于宋也，子罕以为："兵所以威不轨而昭文德也，圣人以兴，乱人以废。废兴、存亡、昏明之术，皆兵之由也。而求去之，是以诬道蔽诸侯也。"夫人心之不可惰，兵威之不可废，故虽成、康太平，犹有所谓"四征不庭""张皇六师"

者，此李沆所以深不愿真宗皇帝之与辽和亲也。况南北角立之时，而废兵以惰人心，使之安于忘君父之大仇，而置中国于度外，徒以便妄庸之人，则执事者之失策亦甚矣！陛下何不明大义而慨然与金绝也？

贬损乘舆，却御正殿，痛自克责，誓必复仇，以励群臣，以振天下之气，以动中原之心，虽未出兵，而人心不敢惰矣。东西驰骋而人才出矣。盈虚相补而兵食见矣。狂妄之辞不攻而自息，懦庸之夫不却而自退缩矣。当有度外之士起，而惟陛下之所欲用矣。是云合响应之势，而非可安坐所致也。臣请为陛下陈国家立国之本末，而开今日大有为之略；论天下形势之消长，而决今日大有为之机。惟陛下幸听之。

唐自肃、代以后，上失其柄，藩镇自相雄长，擅其土地人民，用其甲兵财赋，官爵惟其所命，而人才亦各尽心于其所事，卒以成君弱臣强、正统数易之祸。艺祖皇帝一兴，而四方次第平定，藩镇拱手以趋约束，使列郡各得自达于京师。以京官权知，三年一易，财归于漕司，而兵各归于郡。朝廷以一纸下郡国，如臂之使指，无有留难。自管库微职，必命于朝廷，而天下之势一矣。故京师尝宿重兵以为固，而郡国亦各有禁军，无非天子所以自守其地也。兵皆天子之兵，财皆天子之财，官皆天子之官，民皆天子之民，纲纪总摄，法令明备，郡县不得以一事自专也。士以尺度而取，官以资格而进，不求度外之奇才，不慕绝世之隽功。天子蚤夜忧勤于其上，以义理廉耻婴士大夫之心，以仁义公恕厚斯民之生，举天下皆由于规矩准绳之中，而二百年太平之基从此而立。

然契丹遂得以猖狂恣睢，与中国抗衡，俨然为南北两朝，而头目手足混然无别。微澶渊一战，则中国之势浸微，根本虽厚而不可立矣。故庆历增币之事，富弼以为朝廷之大耻，而终身不敢自论其劳。盖契丹征令，是主上之操也；天子供贡，是臣下之礼也。契丹之所以卒胜中国者，其积有渐也。立国之初，其势固必至此。故我祖宗常严庙堂而尊大臣，宽郡县而重守令。于文法之内未尝折困天下之富商巨室，于格律之外有以容奖天下之英伟奇杰：皆所以助立国之势而为不虞之备也。

庆历诸臣，亦尝愤中国之势不振矣，而其大要，则使群臣争进其说，更法易令，而庙堂轻矣；严按察之权，邀功生事，而郡县又轻矣。岂惟于立国之势无所助，又从而朘削之，虽微章得象、陈执中以排沮其事，亦安得而不自沮哉！独其破去旧例，以不次用人，而劝农桑，务宽大，为有合于因革之宜，而其大要已非矣。此所以不能洗契丹平视中国之耻而卒发神宗皇帝之大愤也。

王安石以正法度之说首合圣意，而其实则欲籍天下之兵尽归于朝廷，别行教阅以为强也；括郡县之利尽入于朝廷，别行封桩以为富也。青苗之政，惟恐富民之不困也；均输之法，惟恐商贾之不折也。罪无大小，动辄兴狱，而士大夫缄口畏罪矣。西北两边至使内臣经画，而豪杰耻于为役矣。徒使神宗皇帝见兵财之数既多，锐然南北征伐，卒乖圣意，而天下之势实未尝振也。彼盖不知朝廷立国之势，正患文为之太密，事权之太分，郡县太轻于下而委琐不足恃，兵财太关于上而重迟不易举。祖宗惟用前四者以助其势，而安石竭之不遗余力，不知立国之本末者，真不足以谋国也。元祐、绍圣一反一复，而卒为金人侵侮之资，尚何望其振中国以威四裔哉？

南渡以来，大抵遵祖宗之旧，虽微有因革增损，不足为轻重有无。如赵鼎诸臣固已不穷变通之理；况秦桧尽取而沮毁之，忍耻事仇，饰太平于一隅以为欺，其罪可胜诛哉！陛下愤王业之屈于一隅，励志复仇，不免籍天下之兵以为强，括郡县之利以为富。加惠百姓，而富人无五年之积；不重征税，而大商无巨万之藏，国势日以困竭。臣恐尺籍之兵，府库之财，不足以支一旦之用也。陛下蚤朝晏罢，冀中兴日月之功，而以绳墨取人，以文法莅事；圣断裁制中外，而大臣充位；胥吏坐行条令，而百司逃责，人才日以阘茸。臣恐程文之士，资格之官，不足当度外之用也。艺祖经画天下之大略，太宗已不能尽用，今其遗意，岂无望于陛下也！陛下苟推原其意而行之，可以开社稷数百年之基，而况于复故物乎！不然，维持之具既穷，臣恐祖宗之积累亦不足恃也。陛下试令臣毕陈于前，则今日大有为之略，必知所处矣。

夫吴、蜀天地之偏气，钱塘又吴之一隅。当唐之衰，钱镠以闾巷之雄起王其地，自以不能独立，常朝事中国以为重。及我宋受命，俶以其家入京师而自献其土。故钱塘终始五代，被兵最少，而二百年之间人物日以繁盛，遂甲于东南。及建炎、绍兴之间，为六飞所驻之地，当时论者，固已疑其不足以张形势而事恢复矣。秦桧又从而备百司庶府，以讲礼乐于其中，其风俗固已华靡，士大夫又从而治园囿台榭，以乐其生于干戈之余，上下晏安，而钱塘为乐国矣。一隙之地，本不足以容万乘，而镇压且五十年，山川之气盖亦发泄而无余矣。故谷粟、桑麻、丝枲之利，岁耗于一岁，禽兽、鱼鳖、草木之生，日微于一日，而上下不以为异也。公卿将相大抵多江、浙、闽、蜀之人，而人才亦日以凡下，场屋之士以十万数，而文墨小异，已足以称雄于其间矣。陛下据钱塘已耗之气，用闽、浙日衰之士，而欲鼓东南习安脆弱之众，北向以争中原，臣是以知其难也。

荆、襄之地，在春秋时楚用以虎视齐、晋，而齐、晋不能屈也。及战国之际，独能与秦争帝。其后三百余年，而光武起于南阳，同时共事，往往多南阳故人。又二百余年，遂为三国交据之地，诸葛亮由此起辅先主，荆楚之士从之如云，而汉氏赖以复存于蜀；周瑜、鲁肃、吕蒙、陆逊、陆抗、邓艾、羊祜皆以其地显名。又百余年而晋氏南渡，荆、雍常雄于东南，而东南往往倚以为强，梁竟以此代齐。及其气发泄无余，而隋、唐以来，遂为偏方下州。五代之际，高氏独常臣事诸国。本朝二百年之间，降为荒落之邦，北连许、汝，民居稀少，土产卑薄，人才之能通姓名于上国者，如晨星之相望。况至于建炎、绍兴之际，群盗出没于其间，而被祸尤极，以迄于今，虽南北分画交据，往往又置于不足用，民食无所从出，而兵不可由此而进。议者或以为忧，而不知其势之足用也。其地虽要为偏方，然未有偏方之气五六百年而不发泄者。况其东通吴会，西连巴蜀，南极湖湘，北控关洛，左右伸缩皆足以为进取之机。今诚能开垦其地，洗濯其人，以发泄其气而用之，使足以接关洛之气，则可以争衡于中国矣，是亦形势消长之常数也。

陛下慨然移都建业，百司庶府皆从草创，军国之仪皆从简略，又作行宫于武昌，以示不敢宁居之意；常以江、淮之师为金人侵轶之备，而精择一人之沉鸷有谋、开豁无他者，委以荆、襄之任，宽其文法，听其废置，抚摩振厉于三数年之间，则国家之势成矣。至于相时弛张以就形势者，有非书之所能尽载也。

石晋失卢龙一道，以成开运之祸，盖丙午、丁未岁也。明年，艺祖皇帝始从郭太祖征伐，卒以平定天下。其后契丹以甲辰败于澶渊，而丁未、戊申之间，真宗皇帝东封西祀，以告太平，盖本朝极盛之时也。又六十年，而神宗皇帝实以丁未岁即位，国家之事于此一变矣。又六十年丙午、丁未，遂为靖康之祸。天独启陛下于是年，而又启陛下以北向复仇之志。今者去丙午、丁未，近在十年间矣。天道六十年一变，陛下可不有以应其变乎？此诚今日大有为之机，不可苟安以玩岁月也。

臣不佞，自少有驱驰四方之志，常欲求天下豪杰之士而与之论今日之大计。尝数至行都，人物如林，其论皆不足以起人意，臣是以知陛下大有为之志孤矣。辛卯、壬辰之间，始退而穷天地造化之初，考古今沿革之变，以推极皇帝王伯之道，而得汉、魏、晋、唐长短之由，天人之际昭昭然可考而知也。始悟今世之儒士，自以为得正心诚意之学者，皆风痹不知痛痒之人也。举一世安于君父之仇，而方低头拱手以谈性命，不知何者谓之性命乎？陛下接之而不任以事，臣于是服陛下之仁。又悟今世之才臣，自以为得富国强兵之术者，皆狂惑以肆叫呼之人也。不以暇时讲究立国之本末，而方扬眉伸气以论富强，不知何者谓之富强乎？陛下察之而不敢尽用，臣于是服陛下之明。陛下励志复仇足以对天命；笃于仁爱足以结民心；而又仁明足以照临群臣一偏之论：此百代之英主也。今乃委任庸人，笼络小儒，以迁延大有为之岁月，臣不胜愤悱，是以忘其贱而献其愚。陛下诚令臣毕陈于前，岂惟臣区区之愿，将天地之神、祖宗之灵，实与闻之。

15 袁州雪岩钦禅师普说

【提要】本篇选自明代高僧袾宏的《禅关策进》一书。所涉内容虽是禅宗修行，但是其中自强不息、积极进取的精神意趣感人至深。禅僧为了追求无形无相的禅道，尚且能够孤注一掷，朝乾夕惕，不辞辛苦，不达目的誓不罢休。文章是钦禅师自述生涯，读此一篇我们可以知道禅僧生涯大略。其中他遇到的这位修上座，在禅宗史上没有记载，但是毫无疑问他修证高深，似这样默默无闻的大智者古来不知有多少。看看古人勤奋自强之精神，在社会生活中，我们上为报效祖国、孝敬父母，下为养家糊口、安身立命，更应该发扬"天行健，君子以自强不息"的奋斗精神。

【原文】

时不待人，转眼便是来生。何不趁身强力健，打教彻去，讨教明白去。何幸又得在此名山大泽，神龙世界，祖师法窟，僧堂明净，粥饭清洁，汤火稳便。若不向这打教彻，讨教明白去，是尔自暴自弃，自甘陆沈，为下劣愚痴之汉。若果是茫无所知，何不博问先知。凡遇五参，见曲录床上老汉横说竖说，何不历在耳根，反复寻思，毕竟是个甚么道理。

山僧五岁出家，在上人侍下，见与宾客交谈，便知有此事，便信得及，便学坐禅。十六为僧，十八行脚。在双林远和尚会下，打十方，从朝至暮，不出户庭。纵入众寮，至后架，袖手当胸，不左右顾，目前所视不过三尺。初看无字，忽于念头起处，打一个返观，这一念当下冰冷，直是澄澄湛湛，不动不摇，过一日如弹指顷，都不闻钟鼓之声。十九在灵隐挂搭。见处州来书，说钦禅尔这工夫是死水，不济事。动静二相，打作两橛。参禅须是起疑情，小疑小悟，大疑大悟。被州说得着，便改了话头。看个干屎橛，一味东疑西疑，横看竖看。却被昏散交攻，顷刻洁净也不能得。移单过净慈，结甲七个兄弟坐禅，封被胁不沾席。外有修上座，每日在蒲团上，如个铁橛子相似。地上行时开两眼，垂两臂，亦如个铁橛子相似。要与亲近说话，更不可得。因两年不倒身，捱得昏困，遂一放都放了。两月后，从前整顿得这一放，十分精神。元来要究明此事，不睡也不得。须是到中夜熟睡一觉，方有精神。一日廊下见修，方得亲近。却问，去年要与尔说话，只管避我，如何。修云：真正办道人，无剪爪之工。更与尔说话在？因问，即今昏散打屏不去。修道，尔自不猛烈。须是高着蒲团，竖起脊梁，尽浑身并作一个话头，更讨甚昏散。依修做工夫，不觉身心俱忘。清清三昼夜，两眼不交睫。第三日午后，在三门下，如坐而行。又撞见修。问，尔在此做甚么。答云，办道。修云，尔唤甚么作道。遂不能对。转加迷闷。即欲归堂坐禅，又撞见首座。道，尔但大开了眼，看是甚么道理。又被提这一句，只欲归堂。才上蒲团，面前豁然一开，如地陷一般。是时呈似人不得，非世间一切相可喻。便下单寻修。修见便道，且喜，且喜。握手门前柳堤上行一转。俯仰天地间，森罗万象，眼见耳闻，向来所厌、所弃之物，与无明烦恼，元来都是自己妙明真性中流出。半月余动相不生。可惜不遇大手眼尊宿。不合向这坐住。谓之见地不脱，碍正知见。每于睡着时，打作两橛。公案有义路者，则理会得。如银山铁壁者，却又不会。虽在无准先师会下，多年入室升座，无一语打着心下事。经教语录上，亦无一语可解此病。如是碍在胸中者十年。一日在天目佛殿上行，抬眼见一株古柏，触目省发。向来所得境界，碍膺之物，扑然而散，如暗室中出在白日。从此不疑生，不疑死，不疑佛，不疑祖，始得见径山老人立地处，好与三十拄杖。天目高妙禅师示众。此事只要当人的有切心。才有切心，真疑便起。疑来疑去，不疑自疑，从朝至暮，粘头缀尾，打成一片，撼亦不动，趁亦不去，昭昭灵灵，常现在前。此便是得力时也。更须确其正念，慎无二心。至于行不知行，坐不知坐，寒热饥渴，悉皆不知，此境界现前，即是到家消息。也巴得构，也撮得着，只待时刻而已。却不得见恁么说，起一念精进心求之。又不得将心待之，又不得纵之弃之。但自坚凝正念，以悟为则。当此之时，有八万四千魔军，在汝六根门头伺候。一切奇异善恶等事，随汝心现。汝若瞥起毫厘着心，便堕他圈缋，被他作主，受他指挥，口说魔话，身行魔事，般若正因，从兹永绝，菩提种子，不复生芽。但莫起心。如个守尸鬼子，守来守去，疑团子然爆地一声，管取惊天动地。

三　历史典故

1 纪昌学射

甘蝇，古之善射者，彀弓而兽伏鸟下。弟子名飞卫，学射于甘蝇，而巧过其师。纪昌者，又学射于飞卫。飞卫曰："尔先学不瞬，而后可言射矣。"

纪昌归，偃卧其妻之机下，以目承牵挺。二年后，虽锥末倒眦，而不瞬也。以告飞卫。飞卫曰。"未也，必学视而后可。视小如大，视微如著，而后告我。"

昌以牦悬虱于牖，南面而望之。旬日之间，浸大也；三年之后，如车轮焉。以睹余物，皆丘山也。乃以燕角之弧，朔蓬之竿射之，贯虱之心，而悬不绝。以告飞卫。飞卫高蹈拊膺曰："汝得之矣！"

——《列子·汤问》

2 愚公移山

太行、王屋二山，方七百里，高万仞，本在冀州之南，河阳之北。北山愚公者，年且九十，面山而居。惩山北之塞，出入之迂也，聚室而谋曰："吾与汝毕力平险，指通豫南，达于汉阴，可乎？"杂然相许[①]。其妻献疑曰："以君之力，曾不能损魁父之丘，

① 杂然相许：纷纷表示同意。

如太行、王屋何？且焉置土石？”杂曰：“投诸渤海之尾，隐土之北。”遂率子孙荷担者三夫，叩石垦壤，箕畚[①]运于渤海之尾。邻人京城氏之孀妻有遗男，始龀，跳往助之。寒暑易节，始一反焉。

河曲智叟笑而止之曰：“甚矣，汝之不惠！以残年余力，曾不能毁山之一毛，其如土石何？”北山愚公长息曰：“汝心之固，固不可彻，曾不若孀妻弱子。虽我之死，有子存焉；子又生孙，孙又生子；子又有子，子又有孙；子子孙孙无穷匮也，而山不加增，何苦而不平？”河曲智叟亡以应。

操蛇之神闻之，惧其不已也，告之于帝。帝感其诚，命夸娥氏二子负二山，一厝朔东[②]，一厝雍南。自此，冀之南，汉之阴，无陇断焉。

——《列子·汤问》

3 精卫填海

又北二百里，曰发鸠之山，其上多柘木，有鸟焉，其状如乌，文首[③]，白喙，赤足，名曰“精卫”，其鸣自詨。是炎帝之少女，名曰女娃。女娃游于东海，溺而不返，故为精卫，常衔西山之木石，以堙[④]于东海。漳水出焉，东流注于河。

——《山海经》

4 破釜沉舟

项羽已杀卿子冠军，威震楚国，名闻诸侯。乃遣当阳君、蒲将军将卒二万渡河，救巨鹿。战少利，陈余复请兵。项羽乃悉引兵渡河，皆沉船，破釜甑，烧庐舍，持三日粮，以示士卒必死，无一还心。于是至则围王离，与秦军遇，九战，绝其甬道，大破之，杀苏

---

① 箕畚（jīběn）：竹木编制的筐篮。

② 一厝朔东：厝，放置。朔，古朔方指今宁夏回族自治区北部灵武一带。

③ 文首：头上有花纹。

④ 堙（yīn）：填塞。

角，虏王离。涉间不降楚，自烧杀。当是时，楚兵冠诸侯。诸侯军救巨鹿下者十余壁，莫敢纵兵。及楚击秦，诸将皆从壁上观。楚战士无不一以当十，楚兵呼声动天，诸侯军无不人人惴恐。于是已破秦军，项羽召见诸侯将，入辕门，无不膝行而前，莫敢仰视。项羽由是始为诸侯上将军，诸侯皆属焉。

——（西汉）司马迁《史记·项羽本纪》

5 商鞅变法

商君者，卫之诸庶孽公子也，名鞅，姓公孙氏，其祖本姬姓也。鞅少好刑名之学，事魏相公叔痤为中庶子。公叔痤知其贤，未及进。会痤病，魏惠王亲往问病，曰："公叔病有如不可讳，将奈社稷何？"公叔曰："痤之中庶子公孙鞅，年虽少，有奇才，愿王举国而听之。"王嘿然[①]。王且去，痤屏人言曰："王即不听用鞅，必杀之，无令出境。"王许诺而去。公叔痤召鞅谢曰："今者王问可以为相者，我言若，王色不许我。我方先君后臣，因谓王即弗用鞅，当杀之。王许我。汝可疾去矣，且见禽[②]。"鞅曰："彼王不能用君之言任臣，又安能用君之言杀臣乎？"卒不去。惠王既去，而谓左右曰："公叔病甚，悲乎，欲令寡人以国听公孙鞅也，既又劝寡人杀之，岂不悖哉！"

……

孝公既用卫鞅，鞅欲变法，恐天下议己。卫鞅曰："疑行无名，疑事无功。且夫有高人之行者，固见非于世；有独知之虑者，必见敖于民。愚者暗于成事，知者见于未萌。民不可与虑始，而可与乐成。论至德者不和于俗，成大功者不谋于众。是以圣人苟可以强国，不法其故；苟可以利民，不循其礼。"孝公曰："善。"甘龙曰："不然。圣人不易民而教，知者不变法而治。因民而教，不劳而成功；缘法而治者，吏习而民安之。"卫鞅曰："龙之所言，世俗

---

① 嘿（mò）然：沉默无言的样子。嘿：同"默"。

② 禽：同"擒"，拘捕，捕捉。

之言也。常人安于故俗，学者溺于所闻。以此两者居官守法可也，非所与论于法之外也。三代不同礼而王，五伯不同法而霸。智者作法，愚者制焉；贤者更礼，不肖者拘焉。”杜挚曰：“利不百，不变法；功不十，不易器。法古无过，循礼无邪。”卫鞅曰：“治世不一道，便国不法古。故汤武不循古而王，夏殷不易礼而亡。反古者不可非，而循礼者不足多。”孝公曰：“善。”以卫鞅为左庶长，卒定变法之令。

——（西汉）司马迁《史记·商君列传》

6 毛遂自荐

秦之围邯郸，赵使平原君求救，合从于楚，约与食客门下有勇力文武备具者二十人偕。平原君曰：“使文能取胜，则善矣。文不能取胜，则歃血于华屋之下，必得定从而还。士不外索，取于食客门下足矣。”得十九人，余无可取者，无以满二十人。门下有毛遂者，前，自赞于平原君曰：“遂闻君将合从于楚，约与食客门下二十人偕，不外索。今少一人，愿君即以遂备员①而行矣。”平原君曰：“先生处胜之门下几年于此矣?”毛遂曰：“三年于此矣。”平原君曰：“夫贤士之处世也，譬若锥之处囊中，其末立见。今先生处胜之门下三年于此矣，左右未有所称诵，胜未有所闻，是先生无所有也。先生不能，先生留。”毛遂曰：“臣乃今日请处囊中耳。使遂蚤得处囊中，乃颖脱而出②，非特其末见而已。”平原君竟与毛遂偕。十九人相与目笑之而未废也。

毛遂比至楚，与十九人论议，十九人皆服。平原君与楚合从，言其利害，日出而言之，日中不决。十九人谓毛遂曰：“先生上。”毛遂按剑历阶而上③，谓平原君曰：“从之利害，两言而决耳。今日出而言从，日中不决，何也?”楚王谓平原君曰：“客何为者也?”

---

① 备员：凑数。

② 颖脱而出：连锥头都露出来了。颖：细长东西的尖端，此指锥的头部。

③ 历阶而上：超越阶石而上，意即两级当作一级登。

平原君曰："是胜之舍人也。"楚王叱曰："胡不下！吾乃与而君言，汝何为者也！"毛遂按剑而前曰："王之所以叱遂者，以楚国之众也。今十步之内，王不得恃楚国之众也，王之命县于遂手。吾君在前，叱者何也？且遂闻汤以七十里之地王天下，文王以百里之壤而臣诸侯，岂其士卒众多哉，诚能据其势而奋其威。今楚地方五千里，持戟百万，此霸王之资也。以楚之强，天下弗能当。白起，小竖子耳，率数万之众，兴师以与楚战，一战而举鄢郢，再战而烧夷陵，三战而辱王之先人。此百世之怨而赵之所羞，而王弗知恶焉。合从者为楚，非为赵也。吾君在前，叱者何也？"楚王曰："唯唯，诚若先生之言，谨奉社稷而以从。"毛遂曰："从定乎？"楚王曰："定矣。"毛遂谓楚王之左右曰："取鸡狗马之血来。"毛遂奉铜盘而跪进之楚王曰："王当歃血而定从，次者吾君，次者遂。"遂定从于殿上。毛遂左手持盘血而右手招十九人曰："公相与歃此血于堂下。公等录录，所谓因人成事[①]者也。"

平原君已定从而归，归至于赵，曰："胜不敢复相士。胜相士多者千人，寡者百数，自以为不失天下之士，今乃于毛先生而失之也。毛先生一至楚，而使赵重于九鼎大吕。毛先生以三寸之舌，强于百万之师。胜不敢复相士。"遂以为上客。

——（西汉）司马迁《史记·平原君虞卿列传》

7 百折不挠

公讳玄，字公祖，梁国睢阳人也。大鸿胪之曾孙，广川相之孙，东莱太守之元子也。膺受纯性，诞有特表，岐嶷[②]而超等，总角[③]而逸群。至于初绅，高明卓异，为众桀雄。其性庄，疾华尚朴，有百折不挠、临大节而不可夺之风……春秋七十五，光和七年五月

① 因人成事：依赖他人，坐享其成。

② 岐嶷（qíyí）：形容幼年聪慧。

③ 总角：比喻童年。旧时未成年男女，编扎头发，形如两角，称为"总角"，故用以指未成年的男女。

甲寅薨。公性质直，不惮强御，在宪台则有尽规之忠，领州郡则有虎彤之威。其拔贤如旋流，讨恶如霆击。每所临向，清风先翔，远近豫震，慈可谓超越众庶、彰于远迩者已。于是故吏司徒博陵顾烈、廷尉河南吴整等，以为至德在己，扬之由人，苟不述，夫何考焉。乃共勒嘉石，永昭芳烈。

——（汉）蔡邕《太尉桥玄碑》

8 张仲景采众方著《伤寒》

论曰：余每览越人入虢之诊，望齐侯之色，未尝不慨然叹其才秀也。怪当今居世之士，曾不留神医药，精究方术，上以疗君亲之疾，下以救贫贱之厄，中以保身长全，以养其生。但竞逐荣势，企踵权豪，孜孜汲汲，惟名利是务，崇饰其末，忽弃其本，华其外而悴其内。皮之不存，毛将安附焉？……若是轻生，彼何荣势之云哉？而进不能爱人知人，退不能爱身知己，遇灾值祸，身居厄地，蒙蒙昧昧，惷[①]若游魂。哀乎！趋世之士，驰竞浮华，不固根本，忘躯徇物，危若冰谷，至于是也！

余宗族素多，向余二百。建安纪年以来，犹未十稔，其死亡者，三分有二，伤寒十居其七。感往昔之沦丧，伤横夭之莫救，乃勤求古训，博采众方，撰用《素问》《九卷》《八十一难》《阴阳大论》《胎胪药录》，并《平脉辨证》，为《伤寒杂病论》合十六卷，虽未能尽愈诸病，庶可以见病知源，若能寻余所集，思过半矣。

——（东汉）张仲景《伤寒论·自序》

9 投笔从戎

班超字仲升，扶风平陵人，徐令彪之少子也。为人有大志，不修细节。然内孝谨，居家常执勤苦，不耻劳辱。有口辩，而涉猎书传。永平五年，兄固被召诣校书郎，超与母随至洛阳。家贫，常为

---

① 惷（chōng）：愚笨。

官佣书以供养。久劳苦，尝辍业投笔叹曰："大丈夫无它志略，犹当效傅介子、张骞立功异域，以取封侯，安能久事笔砚间乎？"左右皆笑之。超曰："小子安知壮士志哉！"后超出使西域，竟立功封侯。

——（南朝·宋）范晔《后汉书·班超传》

10 马革裹尸

马援字文渊，扶风茂陵人也。援年十二而孤，少有大志，诸兄奇之。常谓宾客曰："丈夫为志，穷当益坚，老当益壮。"世祖即位，援因留西川，隗嚣甚敬重之，以援为绥德将军，与决筹策。建武四年冬，嚣使援奉书洛阳，帝甚壮之。十一年夏，玺书拜援陇西太守。援务开恩信，宽以待下，宾客故人，日满其门。

二十年秋，振旅[①]还京师。将至，故人多迎劳之。平陵人孟冀，名有计谋，于坐贺援。援谓之曰："吾望子有善言，反同众人邪？昔伏波将军路博德开置七郡，裁封数百户；今我微劳，猥飨大县，功薄赏厚，何以能长久乎？先生奚用相济？"冀曰："愚不及。"援曰："方今匈奴、乌桓尚扰北边，欲自请击之。男儿要当死于边野，以马革裹尸还葬耳，何能卧床上在儿女子手中邪？"冀曰："谅[②]为烈士，当如此矣。"

——（南朝·宋）范晔《后汉书·马援传》

11 蔡伦造纸

蔡伦字敬仲，桂阳人也。以永平末始给事宫掖，建初中，为小黄门。及和帝即位，转中常侍，豫参帷幄。伦有才学，尽心敦慎，数犯严颜[③]，匡弼得失。每至休沐，辄闭门绝宾，暴体田野。后加位尚方令。永元九年，监作秘剑及诸器械，莫不精工坚密，为后世

① 振旅：整队班师。

② 谅：确实，实在。

③ 数犯严颜：屡次冒犯皇上。

法。自古书契[①]多编以竹简，其用缣帛[②]者谓之为纸。缣贵而简重，并不便于人。伦乃造意，用树肤、麻头及敝布、鱼网以为纸。元兴元年奏上之，帝善其能[③]，自是莫不从用焉，故天下咸称"蔡侯纸"。

——（南朝·宋）范晔《后汉书·蔡伦传》

12 制地动仪

张衡字平子，南阳西鄂人也。……衡善机巧，尤致思于天文、阴阳、历算。安帝雅闻衡善术学，公车特征拜郎中，再迁为太史令。遂乃研核[④]阴阳，妙尽璇玑[⑤]之正，作浑天仪，著《灵宪》《算罔论》，言甚详明。……阳嘉元年，复造候风地动仪。以精铜铸成，员径八尺，合盖隆起，形似酒尊，饰以篆文山龟鸟兽之形。中有都柱，傍行八道，施关发机。外有八龙，首衔铜丸，下有蟾蜍，张口承之。其牙机巧制[⑥]，皆隐在尊中，覆盖周密无际。如有地动，尊则振龙，机发吐丸，而蟾蜍衔之。振声激扬，伺者因此觉知。虽一龙发机，而七首不动，寻其方面，乃知震之所在。验之以事，合契若神。自书典所记，未之有也。尝一龙机发而地不觉动，京师学者咸怪其无征。后数日驿至，果地震陇西，于是皆服其妙。自此以后，乃令史官记地动所从方起。

——（南朝·宋）范晔《后汉书·张衡传》

13 祖冲之精算圆周率

古之九数，圆周率三，圆径率一，其术疏舛[⑦]。自刘歆、张衡、

---

① 书契：指文字。契是刻，古代文字多用刀刻，故名。

② 缣帛：缣，双丝的细绢；帛，丝织物的总称。古人用缣帛做纸。

③ 帝善其能：汉和帝对他的才干非常赞赏。

④ 研核：研究考核。

⑤ 璇玑：北斗七星中的前四星，为天象中的枢纽部分。

⑥ 牙机巧制：言互相咬合的机关结构精巧。

⑦ 疏舛：粗疏而多谬误。

刘徽、王蕃、皮延宗之徒，各设新率，未臻折衷[①]。宋末，南徐州从事史祖冲之，更开密法，以圆径一亿为一丈，圆周盈数三丈一尺四寸一分五厘九毫二秒七忽，朒[②]数三丈一尺四寸一分五厘九毫二秒六忽，正数在盈朒二限之间。密率，圆径一百一十三，圆周三百五十五。约率，圆径七，周二十二。又设开差幂，开差立，兼以正圆参之。指要精密，算氏之最者也。所著之书，名为《缀术》，学官莫能究其深奥，是故废而不理。

——（唐）魏徵等《隋书·律历上》

14 孙思邈撰《千金方》

余缅寻圣人设教，欲使家家自学，人人自晓。君亲有疾不能疗之者，非忠孝也。末俗小人，多行诡诈，倚傍圣教而为欺，遂令朝野士庶咸耻医术之名。多教子弟诵短文，构小策，以求出身之道。医治之术，阙而弗论，吁可怪也。嗟乎！深乖圣贤之本意。吾幼遭风冷，屡造医门，汤药之资，罄尽家产。所以青衿之岁，高尚兹典；白首之年，未尝释卷。至于切脉诊候，采药合和，服饵节度，将息避慎，一事长于己者，不远千里伏膺取决。至于弱冠，颇觉有悟，是以亲邻国中外有疾厄者，多所济益。在身之患，断绝医门，故知方药本草不可不学。吾见诸方部帙浩博[③]，忽遇仓猝，求检至难，比得方讫，疾已不救矣。呜呼！痛夭枉之幽厄，惜堕学之昏愚，乃博采群经，删裁繁重，务在简易，以为《备急千金要方》一部，凡三十卷。虽不能究尽病源，但使留意于斯者，亦思过半矣。以为人命至重，有贵千金，一方济之，德逾于此，故以为名也。未可传于士族，庶以贻厥私门[④]。

——（唐）孙思邈《备急千金要方·序》

① 未臻折衷：尚未到达无所偏颇的境地。

② 朒（nǜ）：不足，与“盈”相对。

③ 部帙浩博：指书的篇幅太长，内容太多。

④ 贻厥私门：传授给老百姓。

15 左思十年赋三都

左思，字太冲，齐国临淄人也。家世儒学。父雍，起小吏，以能擢授殿中侍御史。思少学钟、胡书及鼓琴，并不成。雍谓友人曰："思所晓解，不及我少时。"思遂感激勤学，兼善阴阳之术。貌寝，口讷，而辞藻壮丽。不好交游，惟以闲居为事。

造《齐都赋》，一年乃成。复欲赋三都，会妹芬入宫，移家京师，乃诣著作郎张载，访岷邛之事。遂构思十年，门庭藩溷[①]皆著笔纸，遇得一句，即便疏之。自以所见不博，求为秘书郎。及赋成，时人未之重。思自以其作不谢班、张，恐以人废言。安定皇甫谧有高誉，思造而示之。谧称善，为其赋序。张载为注《魏都》，刘逵注《吴》《蜀》而序之曰："观中古以来为赋者多矣，相如《子虚》擅名于前，班固《两都》理胜其辞，张衡《二京》文过其意。至若此赋，拟议数家，傅辞会义，抑多精致，非夫研核者不能练其旨，非夫博物者不能统其异。世咸贵远而贱近，莫肯用心于明物。"陈留卫权又为思赋作《略解》……自是之后，盛重于时，文多不载。司空张华见而叹曰："班、张之流也。使读之者尽而有余，久而更新。"于是豪贵之家竞相传写，洛阳为之纸贵。

——（唐）房玄龄等《晋书·左思传》

16 李春巧建赵州桥

赵郡洨河石桥，隋匠李春之迹也。制造奇特，人不知其所以为。试观乎用石之妙，楞平碪斗，方版促郁，緎穹隆崇[②]，豁然无楹。吁！可怪也！又详乎叉插骈坒[③]，磨砻[④]致密，甃百象一[⑤]，仍

---

① 藩溷（hùn）：篱笆与厕所。

② 緎（cù）穹隆崇：缩紧的桥拱隆高耸立。緎，紧缩。

③ 叉插骈坒：石块穿插连排相接。

④ 磨砻：磨砺。

⑤ 甃（zhòu）百象一：白块石头修砌在一起，像一块一样。

糊灰璺[①]，腰纤铁蹙。两涯嵌四穴，盖以杀怒水之荡突，虽怀山而固护焉。非夫深智远虑，莫能创是！其栏槛华柱，锤斫龙兽之状，蟠绕拏踞，眭盱翕欻[②]，若飞若动，又足畏乎！夫通济利涉，三才一致。故辰象昭回，天江临乎析木；鬼神幽助，海石到乎扶桑。亦有停杯渡河，羽毛填塞，引弓击水，鳞甲攒会者，徒闻于耳，不觌于目。目所觌者，工所难者，比于是者，莫之与京。

——（北宋）姚铉《唐文萃》卷六十七张嘉贞《石桥铭并序》

17 鉴真东渡

唐高僧鉴真，本姓淳于，扬州江阳人，年十四出家为僧。稍长，遍游长安、洛阳，寻问名师，专研戒律。唐天宝元年，应日僧普照辈延，东渡日本。然东海风骤浪高，或船覆，或粮匮，或失向，历十二载，五渡未成。其时僧目盲，唯志不渝。天宝十二年，竟至日，翌年于奈良东建戒台，授戒法。

——《鉴真东渡日本》

18 徐霞客历游中华

徐霞客者，名弘祖，江阴梧塍里人也。……年三十，母遣之出游。每岁三时出游，秋冬觐省，以为常。东南佳山水，如东西洞庭、阳羡、京口、金陵、吴兴、武林，浙西径山、天目，浙东五泄、四明、天台、雁宕，南海落迦，皆几案衣带间物耳。有再三至，有数至，无仅一至者。

其行也，从一奴或一僧、一仗、一襆被，不治装，不裹粮；能忍饥数日，能遇食即饱，能徒步走数百里，凌绝壁，冒丛箐，扳援下上，悬度绠汲，捷如青猿，健如黄犊；以崟岩为床席，以溪涧为

---

① 仍糊灰璺（wèn）：仍然用石灰涂抹缝隙。璺，陶瓷砖面上的裂纹，此指缝隙。

② 眭盱翕欻（guìxūxīchuā）：眭盱，健壮貌。翕欻。迅疾貌。

饮沐，以山魅、木客、王孙、玃父[①]为伴侣，僒僒粥粥[②]，口不能道；时与之论山经，辨水脉，搜讨形胜，则划然心开。……

已而游黄山、白岳、九华、匡庐；入闽，登武夷，泛九鲤湖；入楚，谒玄岳；北游齐、鲁、燕、冀、嵩、洛；上华山，下青柯坪……访黄石斋于闽，穷闽山之胜，皆非闽人所知。登罗浮，谒曹溪，归而追及石斋于云阳。往复万里，如步武耳。由终南背走峨眉，从野人采药，栖宿岩穴中，八日不火食，抵峨眉，属奢酋阻兵，乃返。只身戴釜，访恒山于塞外，尽历九边厄塞。归，过余山中，剧谈四游四极，九州九府，经纬分合，历历如指掌。……泛洞庭，上衡岳，穷七十二峰。再登峨眉，北抵岷山，极于松潘。又南过大渡河，至黎、雅，登瓦屋、晒经诸山。复寻金沙江，极于牦牛徼外。由金沙南泛澜沧，由澜沧北寻盘江，大约在西南诸夷境，而贵竹、滇南之观亦几尽矣。过丽江，憩点苍、鸡足。瘗静闻骨于迦叶道场，从宿愿也。由鸡足而西，出玉门关数千里，至昆仑山，穷星宿海，去中夏三万四千三百里。登半山，风吹衣欲堕，望见方外黄金宝塔。又数千里，至西番，参大宝法王。鸣沙以外，咸称胡国，如迷卢、阿耨诸名，由旬不能悉。……

还至峨眉山下，托估客附所得奇树虬根以归。并以《溯江纪源》一篇寓余，言《禹贡》岷山导江，乃泛滥中国之始，非发源也。中国入河之水为省五，入江之水为省十一，计其吐纳，江倍于河，按其发源，河自昆仑之北，江亦自昆仑之南，非江源短而河源长也。又辨三龙大势，北龙夹河之北，南龙抱江之南，中龙中界之，特短；北龙只南向半支入中国，惟南龙磅礴半宇内，其脉亦发于昆仑，与金沙江相并南出，环滇池以达五岭。龙长则源脉亦长，江之所以大于河也。其书数万言，皆订补桑《经》郦《注》及汉、宋诸儒疏解《禹贡》所未及。

——（清）钱谦益《徐霞客传》

---

① 玃（jué）父：兽名。

② 僒僒粥粥：昏昧，糊涂。

19 自学成儒

凌晓楼名曙，嘉庆间江淮大儒也，治《何氏春秋》《郑氏礼》尤精审。其少时读书之苦，有与牧豕、负薪相仿佛者。十岁就塾，年余，读《四子书》未毕，即去香作，杂佣保。然停作，辄默诵所已读书。苦不明了，邻之富人为子弟延经义师，乘夜，狙其轩外，听讲论数月。其师觉之，乃闭外户不纳。愤甚，求得已离句之旧籍于市，私读之达旦，而日中佣作如故。年二十，乃弃旧业，集童子为塾师。童子从之游，则书必熟，作字正楷，以故信从众，修脯入稍多。益市书，遂博通嫥壹①，学以大成。

——（清）徐珂《清稗类钞·教育类》

20 李时珍勤修本草

李时珍，字东璧，蕲州人，好读医书。医家《本草》，自神农所传止三百六十五种，梁陶弘景所增亦如之，唐苏恭增一百一十四种，宋刘翰又增一百二十种，至刘禹锡、唐慎微辈，先后增补合一千五百五十八种，时称大备。然品类既烦，名称多杂，或一物而析为二三，或二物而混为一品，时珍病之。乃穷搜博采，芟②烦补阙，历三十年，阅书八百余家，稿三易而成书，曰《本草纲目》。

——（清）张廷玉等《明史·李时珍传》

21 顾炎武著《日知录》

顾炎武，字宁人，原名绛，昆山人。明诸生。生而双瞳，中白边黑。读书目十行下。见明季多故，讲求经世之学。明南都亡，奉嗣母王氏避兵常熟。昆山令杨永言起义师，炎武及归庄从之。鲁王授为兵部司务，事不克，幸而得脱，母遂不食卒，诫炎武弗事二姓。唐王以兵部职方郎召，母丧未赴，遂去家不返。炎武自负用世

---

① 嫥壹：专心致志。

② 芟（shān）：除去。

之略，不得一遂，所至辄小试之。垦田于山东长白山下，畜牧于山西雁门之北，五台之东，累致千金。遍历关塞，四谒孝陵，六谒思陵，始卜居陕之华阴。谓："秦人慕经学，重处士，持清议，实他邦所少；而华阴绾毂关河之口，虽足不出户，亦能见天下之人，闻天下之事。一旦有警，入山守险，不过十里之遥；若有志四方，则一出关门，亦有建瓴之便。"乃定居焉。

生平精力绝人，自少至老，无一刻离书。所至之地，以二骡二马载书，过边塞亭障①，呼老兵卒询曲折，有与平日所闻不合，即发书对勘；或平原大野，则于鞍上默诵诸经注疏。

炎武之学，大抵主于叙华就实。凡国家典制、郡邑掌故、天文仪象、河曹兵农之属，莫不穷原究委，考正得失，撰《天下郡国利病书》百二十卷；别有《肇域志》一编，则考索之余，合图经而成者。精韵学，撰《音论》三卷，又广交贤豪长者，虚怀商榷，不自满假。

——赵尔巽等《清史稿·儒林传二》

22 阎若璩卅年辨伪

阎若璩，字百诗，太原人。世业盐筴，侨寓淮安。父修龄，以诗名家。若璩幼多病，读书暗记不出声，年十五，以商籍补山阳县学生员。研究经史，深造自得。尝集陶弘景、皇甫谧语题其柱云："一物不知，以为深耻；遭人而问，少有暇日。"其立志如此。海内名流过淮，必主其家②。年二十，读《尚书》至古文二十五篇，即疑其伪。沉潜三十余年，乃尽得其症结所在，作《尚书古文疏证》八卷。引经据古，一一陈其矛盾之故，古文之伪大明。所列一百二十八条，毛奇龄《古文尚书冤词》百计相轧，终不能以强辞夺正理，则有据之言先立于不可败也。

——赵尔巽等《清史稿·儒林传二》

---

① 亭障：古代在边疆险要处所筑的用于观察敌情的建筑物。

② 主其家：住在他家，以其为主人。

23 长风破浪

宗悫，字元干，南阳人也。叔父炳，高尚不仕。悫年少时，炳问其志，悫曰："愿乘长风破万里浪。"炳曰："汝不富贵，即破我家矣。"兄泌娶妻，始入门，夜被劫。悫年十四，挺身拒贼，贼十余人皆披散，不得入室。时天下无事，士人并以文义为业，炳素高节，诸子群从皆好学，而悫独任气好武，故不为乡曲所称。

——（南朝·梁）沈约《宋书·宗悫传》

24 自誓不倚

暹在家孝友，爱抚异母弟昱甚厚。常以公清勤俭为己任，弱冠便自誓不受亲友赠遗，以终其身。及卒，上甚悼惜之，遣中使就家视其丧事，内出绢三百匹以赐之。尚书省及故吏赙赠者，其子孝友遵其素约，皆拒而不受。

——（后晋）刘昫等《旧唐书·杜暹传》

25 有志天下

范仲淹二岁而孤，母贫无依，再适长山朱氏。既长，知其世家，感泣辞母，去之南都入学舍。昼夜苦学，五年未尝解衣就寝。或夜昏怠，辄以水沃面。往往糜粥不充，日昃始食，遂大通六经之旨，慨然有志于天下。常自诵曰："士当先天下之忧而忧，后天下之乐而乐。"

——（南宋）朱熹、李幼武《宋名臣言行录》

六　勤劳俭朴

一　本篇导读

勤劳俭朴是中华民族世代相传的道德规范，也是中国文化中各家各派所共同推崇的价值取向。勤劳，是指对待生产劳动的态度和品质，它要求人们积极劳动，不怕苦累，不偷懒。俭朴，是指人对待生活欲望、对待财物消费的态度和品质，它要求人们约束自己，尽量减少消费，节约用度。在中国古代典籍中，《尚书·大禹谟》即有大禹“克勤于民，克俭于家”的记载。该书还记载，大臣伊尹劝谏商王太甲要以节俭为美德，以谋求国家的长治久安：“慎乃俭德，惟怀永图。”（《尚书·太甲上》）此外，《左传》庄公二十四年也有“俭，德之共也；奢，恶之大也”的论述。事实上，以儒、道、佛为主体的中国文化蕴含着丰富的勤劳俭朴思想，这些思想不仅是人类道德宝库中的重要组成部分，同时也是今天社会主义道德建设的重要理论资源。

其一，儒家文化提倡宁俭勿奢、惠而不费。在儒家那里，节俭作为一种美德，是处于奢侈和吝啬之间的一种节制之美、中庸之道。在“林放问礼之本”时，孔子答曰：“大哉问！礼，与其奢也，宁俭。丧，与其易也，宁戚。”（《论语·八佾》）在孔子看来，与其铺张奢侈，宁可俭约朴素；至于丧礼，与其仪式周全，不如心中哀戚。孔子还呼吁执政者节省财用，爱养人民，使民以时，不妨碍农务，“节用而爱人，使民以时”（《论语·学而》）。同时将“惠而不费”（《论语·尧曰》）推崇为君子“五美”之首。孔子不仅大力倡导节俭思想，同时在日常生活中身体力行，他并不在意衣食是否华美，“君子食无求饱，居无求安”（《论语·颜渊》），也不追求奢华无度的生活，即便“饭疏食饮水，曲肱而枕之，乐亦在其中矣”（《论语·述而》）。故而子贡用五个字评价其老师：“温、良、恭、俭、让。”（《论语·学而》）其中“俭”字便是用于描述孔子俭朴的生活品行。

后世儒家继承并发扬了孔子的节俭思想，如孟子提出“贤君必恭俭礼下，取于民有制”（《孟子·滕文公上》），荀子主张“足国之道，节用裕民，而善藏其余”（《荀子·富国》）。历代家训也将儒家宁俭勿奢、惠而不费的价值取向作为重要内容，提倡“施而不奢，俭而不吝”（《颜氏家训·治家》）、“一粥一饭，当思来处不易；半丝半缕，恒念物力维艰”（《朱子治家格言》），这些传统美德，历经岁月风云的不断洗刷，迄今仍闪耀着璀璨之光芒。

其二，道家文化强调少私寡欲、去甚去奢。道家提倡节俭节欲、去甚去奢、知足知止、见素抱朴。老子在《道德经》十二章中集中阐述了贪欲与奢侈对人之身体所带来的种种妨害和摧残：“五色令人目盲；五音令人耳聋；五味令人口爽；驰骋畋猎，令人心发狂；难得之货，令人行妨。”在老子看来，物欲的诱惑和过度的消费会使人的感官享受偏离常态，出现眼花缭乱、听觉不敏、舌不知味、心志迷乱及行为不轨等种种偏离本性的感受与举止。老子还认为，过分地沉溺于欲望之中不仅会丧失自身的本性，甚至会危及自身的生命：“祸莫大于不知足，咎莫大于欲得”（《道德经》四十六章），“甚爱必大费，多藏必厚亡”（《道德经》四十四章）。老子由此得出结论：“知足不辱，知止不殆，可以长久。”（《道德经》四十四章）亦即只有遵循俭啬之道，少私寡欲，方为保全生命的长生久视之道。

老子特别劝诫统治者“去甚、去奢、去泰”（《道德经》二十九章），自觉抵制对物欲的过度索求并自觉放弃奢侈华靡的生活方式。那么，执政者如何才能减少私心，降低欲望呢？老子给出的答案是："见素抱朴，少私寡欲。"（《道德经》十九章）即外表单纯，内心朴素，减少私心，节制欲望，保持一颗淳朴清廉之心，以此抵御物欲诱惑，克除贪婪之心，进而回归人自然质朴的原始本性。要做到这一点，必须深悟"少则得，多则惑"（《道德经》二十二章）、"故知足之足，常足矣"（《道德经》四十六章）之人生智慧。可以说，"见素抱朴，少私寡欲"既是对一个人道德素质的基本要求，也是对执政者理想人格的最高期望。显然，道家有关少私寡欲、去甚去奢的论述对我们当代人节制贪欲、端正品格依然具有重要的理论与实践意义。

其三，佛教文化重视克制欲念、惜福种福。在佛教理论中，贪欲是指对世间的财、色、名、食、睡，色、声、香、味、触、法等五欲六尘，以及钱财名位等的执着、妄想、迷恋和过多的、非分的贪占、追求。贪欲使人烦恼不安，驱动人发起有漏业尤其是发起不善有漏业，由有漏业导致生死苦果。佛教将贪、嗔、痴视为人生"三毒"，这是人生诸苦之本源。人的贪欲一旦不能得到满足，自然就会生出怨忿之心、痴妄之念，这也是人生种种苦恼之根源。佛教认为，由于无明污染、迷障深重，人的真性隐而不显，唯有靠智慧转迷成悟，去妄归真，方能开显本心真性，觉悟世界人生的真相，复归生命之本真境界。佛教提倡用"三学"即戒、定、慧来破除"三毒"。"戒"主要是用来约束、节制信奉者的言行举止；"定"主要是用来止息种种意念思虑，使身心得以安定；"慧"则是克制自己的种种无明，达致佛教之特殊智慧。

佛家特别重视"惜福"。在佛教理论中，人一生的物质享受（即"福报"）乃是有限的，犹如柜中钱、袋中米，愈用愈少，用完则止。如果肆意挥霍浪费，固定的库存便会随之减少，从而遭受贫穷的果报。倘若能细水长流，时时节约，不但今生享用不完，来生还可延续，甚至子孙后代也能获得荫佑，故而，只有惜福种福，才能福泽绵长。为此，佛教反对挥霍浪费，提倡简单生活，在饮食内容上偏重于粗茶淡饭，以素食为主，在饮食形式上不挑剔食物粗细，以简便易行为好。这些观念对于当代人克制无限膨胀的种种欲望，树立绿色的生活方式无疑颇有启迪意义。

事实上，勤劳和俭朴是密切联系的。无勤则财物没有来源，无俭则财物将消耗殆尽。清代石成金《传家宝》说："勤俭两件，犹阴阳表里，缺一不可。勤而不俭，譬如漏卮，虽满积而亦无所存；俭而不勤，譬如石田，虽谨守而亦无所获。须知勤必要俭，俭必要勤。"（石成金《传家宝》初集卷五《知世事》）。庞尚鹏《庞氏家训》也说："勤俭乃居家之本。勤者财之来，俭者财之蓄。常见好闲之辈，似乎情气天成，稍有盈余，即喜丰而好胜。不思一时侈欲，转向囊空，悔何及哉！故不勤不得以成家，即不俭不可以守家也。冠婚丧祭，称家有无衣食，人情随分自适。与其奢情而终搓不足，何若勤俭常欣有余。为祖宗惜往日之勤劳，为子孙计将来之生业。语云：一勤天下无难事。又曰：有钱不可使尽。愿后人其敬听之。"认为懒惰会导致贫穷，而勤劳才能够致富，为此，要将勤俭作为居家之根本美德。

总之，中国传统文化中儒、道、佛诸家以勤劳为美、俭约为德的思想，是古人留给我们的一笔宝贵精神财富。在当今社会，随着经济快速增长，人们物质生活水平不断提高，流行于西方发达国家的以消费至上为核心内容的消费主义，以及拜金主义与享乐主义思潮，已经在中华大地滋生蔓延。为此，挖掘整理中国传统文化中有关勤劳俭朴的有益成分，大力弘扬勤劳为美、俭约为德的优良传统，树立俭而不吝、俭之有度的正确观念，乃是当前道德建设中不可忽略的环节。

二　经典名篇

1 公父文伯之母论劳逸

【提要】本篇出自《国语》一书。该篇讲述了一位贤明母亲劝说为官儿子的故事。文章祖述古法，讲到过去圣王治理百姓，总是挑选贫瘠的土地来安置他们，使百姓辛勤劳动，把土地耕种好，所以能长久地统治天下。百姓勤劳就会想到节俭，想到节俭就会产生善良的心。反之，安逸则会放荡，放荡就会忘记善良，忘记善良就会产生坏心。生活在肥沃土地上的百姓不能成材，就是因为太安逸了；生活在贫瘠土地上的百姓无不向往仁义，这是因为勤劳的缘故。上面这种观点颇具哲理性。

【原文】

公父文伯退朝，朝其母，其母方绩。文伯曰："以歜[①]之家而主犹绩，惧憾季孙之怒也。其以歜为不能事主乎！"

其母叹曰："鲁其亡乎！使僮子备官而未之闻耶？居，吾语女。昔圣王之处民也，择瘠土而处之，劳其民而用之，故长王天下。夫民劳则思，思则善心生；逸则淫，淫则忘善，忘善则恶心生。沃土之民不材，逸也。瘠土之民莫不向义，劳也。是故天子大采朝日，与三公、九卿祖识地德；日中考政，与百官之政事，师尹维旅、牧、相宣序民事；少采夕月，与大史、司载纠虔天刑；日入监九御，使洁奉禘、郊之粢盛，而后即安。诸侯朝修天子之业命，昼考其国职，夕省其典刑，夜儆百工，使无慆[②]淫，而后即安。卿大夫朝考其职，昼讲其庶政，夕序其业，夜庀其家事，而后即安。士朝受业，昼而讲贯，夕而习复，夜而计过无憾，而后即安。自庶人以下，明而动，晦而休，无日以怠。

"王后亲织玄紞，公侯之夫人加之以纮、綖，卿之内子为大带，命妇成祭服，列士之妻加之以朝服，自庶士以下，皆衣其夫。社而赋事，蒸而献功，男女效绩，愆则有辟，古之制也。君子劳心，小人劳力，先王之训也。自上以下，谁敢由心舍力？今我，寡也，尔又在下位，朝夕处事，犹恐忘先人之业。况有怠惰，其何以避辟！吾冀而朝夕修我曰：'必无废先人。'尔今曰：'胡不自安。'以是

① 歜（chù），意思是盛怒，气盛。

② 慆（tāo），意思是娱乐。

承君之官，余惧穆伯之绝嗣也。”仲尼闻之曰：“弟子志之，季氏之妇不淫矣。”

2 季文子论妾马

【提要】 本篇也是《国语》中的名篇。该篇通过鲁国正卿季文子“妾不衣帛，马不食粟”的故事，宣扬德行可感动后进的思想。文章运用两种思想交锋的手法，对“以子为爱，且不华国”的错误看法进行批驳，最后以仲孙它用实际行动改正错误结束全文。并且告诉人们要节约、节俭，不可铺张浪费。实际上，现实中很多人找各种借口为自己贪图享受作掩护，就像文中所讲的那样，但是明眼人一下子就可以看出来所谓“华国”动机背后的私心。此外文章表现了廉正者对旁人思想意识的巨大感染力。

【原文】

季文子相宣、成，无衣帛之妾，无食粟之马。

仲孙它谏曰：“子为鲁上卿，相二君矣，妾不衣帛，马不食粟，人其以子为爱，且不华国乎！”文子曰：“吾亦愿之。然吾观国人，其父兄之食粗而衣恶者犹多矣，吾是以不敢。人之父兄食粗衣恶，而我美妾与马，无乃非相人者乎！且吾闻以德荣为国华，不闻以妾与马。”

文子以告孟献子，献子囚之七日。自是，子服之妾衣不过七升之布，马饩不过稂莠。文子闻之，曰：“过而能改者，民之上也。”使为上大夫。

3 节用上

【提要】 本篇选自《墨子》。节用是墨子十大主张之一，在思想史上非常著名。其节用思想还和节葬关系密切，我们这里只选《节用》三篇之一作为代表。墨子认为，衣服是为御寒暑；饮食是为充虚继气，强股肱；宫室是为御风寒暑雨；舟车是为通四方之利。衣食住行等消费，足够供给民用，就应适可而止。徒增各种费用，违反人民利益的事，圣王是不会做的。这种以民用、民利为标准的消费经济观，贯穿以民为本的人文精神，是墨子思想的精髓。此外，文章认为节约用项，相当于使财富翻番，奢侈浪费，相当于使财富减半，这无疑是符合实际情况的。

【原文】

圣人为政一国，一国可倍也；大之为政天下，天下可倍也。其倍之非外取地也，因其国家，去其无用之费，足以倍之。圣王为政，其发令兴事，使民用财也，无不加用而为者，是故用财不费，民德不劳，其兴利多矣。其为衣裘何？以为冬以圉寒，夏以圉暑。凡为衣裳之道，冬加温，夏加凊者，芊䱉不加者去之。其为宫室何？以为冬以御风寒，夏以御暑雨，有盗贼加固者，芊䱉不加者去之。其为甲盾五兵何？以为以御寇乱盗贼，若有寇乱盗贼，有甲盾五兵者胜，无者不胜。是故圣人作为甲盾五兵。凡为甲盾五兵加轻以利，坚而难折者，芊䱉不加者去之。其为舟车何？以为车以行陵陆，舟以行川谷，以通四方之利。凡为舟车之道，加轻以利者，芊䱉不加者去之。凡其为此物也，无不加用而为者，是故用财不费，民德不劳，其兴利多矣。

有去大人之好聚珠玉、鸟兽、犬马，以益衣裳、宫室、甲盾、五兵、舟车之数于数倍乎！若则不难，故孰为难倍？唯人为难倍。然人有可倍也。昔者圣王为法曰："丈夫年二十，毋敢不处家。女子年十五，毋敢不事人。"此圣王之法也。圣王既没，于民次也，其欲蚤处家者，有所二十年处家；其欲晚处家者，有所四十年处家。以其蚤与其晚相践，后圣王之法十年。若纯三年而字，子生可以二三年矣。此不惟使民蚤处家而可以倍与？且不然已。

今天下为政者，其所以寡人之道多，其使民劳，其籍敛厚，民财不足，冻饿死者不可胜数也。且大人惟毋兴师以攻伐邻国，久者终年，速者数月，男女久不相见，此所以寡人之道也。与居处不安，饮食不时，作疾病死者，有与侵就伏橐[1]，攻城野战死者，不

---

① 橐（tuó）：口袋。

可胜数。此不令为政者，所以寡人之道数术而起与？圣人为政特无此，不圣人为政，其所以众人之道亦数术而起与？”故子墨子曰：“去无用之费，圣王之道，天下之大利也。”

4 无逸

【提要】 本篇是周公所作，载于《尚书》。相传它是周公劝诫成王之辞。无逸的意思是不要荒淫逸乐。周初政局可谓内忧外患，既有政治、经济、社会等方面的问题，亦有统治者自身执政能力建设的问题。于是作为太傅的周公告诫成王要“敬天保民，明德勤政”，唯其如此才能使周王朝的统治长久稳固。文中“先知稼穑之艰难，乃逸，则知小人之依”这句话颇为著名，体现了伟大政治家以良知之心来治国的感人之处，同时也告诉后人应该“先难后易”，否则是不会懂得如何爱人的。

【原文】

周公作《无逸》。

周公曰：“呜呼！君子所，其无逸。先知稼穑之艰难，乃逸，则知小人之依。相小人，厥父母勤劳稼穑，厥子乃不知稼穑之艰难，乃逸乃谚。既诞，否则侮厥父母曰：‘昔之人无闻知。’”

周公曰：“呜呼！我闻曰：昔在殷王中宗，严恭寅畏，天命自度，治民祗惧，不敢荒宁。肆中宗之享国七十有五年。其在高宗，时旧劳于外，爰暨小人。作其即位，乃或亮阴，三年不言。其惟不言，言乃雍。不敢荒宁，嘉靖殷邦。至于小大，无时或怨。肆高宗之享国五十年有九年。其在祖甲，不义惟王，旧为小人。作其即位，爰知小人之依，能保惠于庶民，不敢侮鳏寡。肆祖甲之享国三十有三年。自时厥后立王，生则逸，生则逸，不知稼穑之艰难，不闻小人之劳，惟耽乐之从。自时厥后，亦罔或克寿。或十年，或七八年，或五六年，或四三年。”

周公曰：“呜呼！厥亦惟我周太王、王季，克自抑畏。文王卑服，即康功田功。徽柔懿恭，怀保小民，惠鲜鳏寡。自朝至于日中昃，不遑暇食，用咸和万民。文王不敢盘于游田，以庶邦惟正之供。文王受命惟中身，厥享国五十年。”

周公曰：“呜呼！继自今嗣王，则其无淫于观、于逸、于游、于田，以万民惟正之供。无皇曰：‘今日耽乐。’乃非民攸训，非天攸若，时人丕则有愆。无若殷王受之迷乱，酗于酒德哉！”

周公曰：“呜呼！我闻曰：‘古之人犹胥训告，胥保惠，胥教诲，民无或胥诪张为幻。’此厥不听，人乃训之，乃变乱先王之正刑，至于小大。民否则厥[1]心违怨，否则厥口诅祝。”

周公曰：“呜呼！自殷王中宗及高宗及祖甲及我周文王，兹四人迪哲。厥或告之曰：‘小人怨汝詈[2]汝。’则皇自敬德。厥愆，曰：‘朕之愆。’允若时，不啻不敢含怒。此厥不听，人乃或诪张为幻，曰小人怨汝詈汝，则信之，则若时，不永念厥辟，不宽绰厥心，乱罚无罪，杀无辜。怨有同，是丛于厥身。”

周公曰：“呜呼！嗣王其监于兹。”

5 修务训

【提要】本篇出自《淮南子》一书。与老庄思想一律强调无为不同，该篇把无为理解为不要做违反自然的事情。而对于人力范围内的事情，不但要有为，还要勤奋努力，不断学习，才能够开物成务，达到理想的目标，正所谓“服习积贯之所致”。可以说，在道家文献中这种观点并不多见。但是到后世道教思想中，在无为的终极价值之前建议有为的思路就变得比较常见了。在一定意义上，这体现了道家思想和儒家思想的某种合流取向，这也是人们在运用这些思想过程中根据现实情况做出的必要调整。

【原文】

或曰：“无为者，寂然无声，漠然不动，引之不来，推之不往。

---

① 厥（jué），本义是指憋气发力，采石于崖，引申义是尽全力、憋气发力、突然喘不过气来而昏倒。

② 詈（lì），本义是指骂人，也指从旁编造对方的缺点或罪状并责骂之。

如此者，乃得道之像。”吾以为不然。尝试问之矣：“若夫神农、尧、舜、禹、汤，可谓圣人乎?”有论者必不能废。以五圣观之，则莫得无为，明矣。古者，民茹草饮水，采树木之实，食蠃蠬[①]之肉。时多疾病毒伤之害，于是神农乃始教民播种五谷，相土地宜，燥湿肥硗高下，尝百草之滋味，水泉之甘苦，令民知所辟就。当此之时，一日而遇七十毒。尧立孝慈仁爱，使民如子弟。西教沃民，东至黑齿，北抚幽都，南道交趾。放欢兜于崇山，窜三苗于三危，流共工于幽州，殛[②]鲧于羽山。舜作室，筑墙茨屋，辟地树谷，令民皆知去岩穴，各有家室。南征三苗，道死苍梧。禹沐浴霪雨，栉扶风，决江疏河，凿龙门，辟伊阙[③]，修彭蠡之防，乘四载，随山刊木，平治水土，定千八百国。汤夙兴夜寐，以致聪明，轻赋薄敛，以宽民氓，布德施惠，以振困穷，吊死问疾，以养孤孀。百姓亲附，政令流行，乃整兵鸣条，困夏南巢，谯以其过，放之历山。此五圣者，天下之盛主，劳形尽虑，为民兴利除害而不懈。奉一爵酒不知于色，挈一石之尊则白汗交流，又况赢天下之忧，而海内事者乎？其重于尊亦远也！且夫圣人者，不耻身之贱，而愧道之不行；不忧命之短，而忧百姓之穷。是故禹之为水，以身解于阳盱之河。汤旱，以身祷于桑山之林。圣人忧民，如此其明也，而称以“无为”，岂不悖哉！

且古之立帝王者，非以奉养其欲也；圣人践位者，非以逸乐其身也。为天下强掩弱，众暴寡，诈欺愚，勇侵怯，怀知而不以相教，积财而不以相分，故立天子以齐一之。为一人聪明而不足以遍照海内，故立三公九卿以辅翼之。绝国殊俗、僻远幽间之处，不能被德承泽，故立诸侯以教诲之。是以地无不任，时无不应，官无隐事，国无遗利。所以衣寒食饥，养老弱而息劳倦也。若以布衣徒步

---

① 蠬（lóng）：古书上记载的一种虫。

② 殛（jí）：从“歹”，表示杀死。

③ 伊阙：今河南省洛阳市区南约2公里处的龙门。两山对峙，伊水中流，如天然门阙，故曰伊阙。

之人观之，则伊尹负鼎而干汤，吕望鼓刀而入周，百里奚转鬻，管仲束缚，孔子无黔，墨子无暖席。是以圣人不高山，不广河，蒙耻辱以干世主，非以贪禄慕位，欲事起天下利，而除万民之害。盖闻传书曰："神农憔悴，尧瘦癯[①]，舜霉黑，禹胼胝。"由此观之，则圣人之忧劳百姓甚矣。故自天子以下至于庶人，四肢不动，思虑不用，事治求澹者，未之闻也。

夫地势，水东流，人必事焉，然后水潦得谷行。禾稼春生，人必加功焉，故五谷得遂长。听其自流，待其自生，则鲧、禹之功不立，而后稷之智不用。若吾所谓无为者，私志不得入公道，嗜欲不得枉正术，循理而举事，因资而立，权自然之势，而曲故不得容者，事成而身弗伐，功立而名弗有，非谓其感而不应，攻而不动者。若夫以火熯井，以淮灌山，此用己而背自然，故谓之有为。若夫水之用舟，沙之用鸠，泥之用輴[②]，山之用蔂[③]，夏渎而冬陂，因高为田，因下为池，此非吾所谓为之。

圣人之从事也，殊体而合于理，其所由异路而同归，其存危定倾若一，志不忘于欲利人也。何以明之？昔者楚欲攻宋，墨子闻而悼之，自鲁趋而十日十夜，足重趼而不休息，裂衣裳裹足，至于郢，见楚王。曰："臣闻大王举兵将攻宋，计必得宋而后攻之乎？亡其苦众劳民，顿兵挫锐，负天下以不义之名，而不得咫尺之地，犹且攻之乎？"王曰："必不得宋，又且为不义，曷为攻之！"墨子曰："臣见大王之必伤义而不得宋。"王曰："公输，天下之巧士，作云梯之械，设以攻宋，曷为弗取！"墨子曰："令公输设攻，臣请守之。"于是公输般设攻宋之械，墨子设守宋之备，九攻而墨子九却之，弗能入。于是乃偃兵，辍不攻宋。段干木辞禄而处家，魏文侯过其闾而轼之。其仆曰："君何为轼？"文侯曰："段干木在，是以轼。"其仆曰："段干木布衣之士，君轼其闾，不已甚乎？"文侯

① 癯（wò）：好肉。

② 輴（chūn）：古代行泥泞道路的一种交通工具。

③ 蔂：一种像葛的蔓生植物。

曰："段干木不趋势利，怀君子之道，隐处穷巷，声施千里，寡人敢勿轼乎！段干木光于德，寡人光于势；段干木富于义，寡人富于财。势不若德尊，财不若义高。干木虽以己易寡人不为。吾日悠惭于影，子何以轻之哉！"其后秦将起兵伐魏，司马庾谏曰："段干木贤者，其君礼之，天下莫不知，诸侯莫不闻，举兵伐之，无乃妨于义乎！"于是秦乃偃兵，辍不攻魏。

夫墨子跌蹄而趋千里，以存楚、宋；段干木阖门不出，以安秦、魏。夫行与止也，其势相反，而皆可以存国，此所谓异路而同归者也。今夫救火者，汲水而趋之，或以瓮瓴[①]，或以盆盂，其方员锐椭不同，盛水各异，其于灭火钧也。故秦、楚、燕、魏之歌也，异转而皆乐；九夷八狄之哭也，殊声而皆悲，一也。夫歌者，乐之征也；哭者，悲之效也。愤于中则应于外，故在所以感。夫圣人之心，日夜不忘于欲利人，其泽之所及者，效亦大矣。

世俗废衰，而非学者多。"人性各有所修短，若鱼之跃，若鹊之驳，此自然者，不可损益。"吾以为不然。夫鱼者跃，鹊者驳也，犹人马之为人马，筋骨形体，所受于天，不可变。以此论之，则不类矣。夫马之为草驹之时，跳跃扬蹄，翘尾而走，人不能制，啮咋足以噆[②]肌碎骨，蹶蹄足以破颅陷匈；及至御人扰之，良御教之，掩以衡扼，连以辔衔，则虽历险超堑弗敢辞。故其形之为马，马不可化；其可驾御，教之所为也。马，聋虫也，而可以通气志，犹待教而成，又况人乎！且夫身正性善，发愤而成仁，帽凭而为义，性命可说，不待学问而合于道者，尧、舜、文王也；沉湎耽荒，不可教以道，不可喻以德，严父弗能正，贤师不能化者，丹朱、商均也。曼颊皓齿，形夸骨佳，不待脂粉芳泽而性可说者，西施、阳文也；啳[③]睽哆咴，籧蒢[④]戚施[⑤]，虽粉白黛黑弗能为美者，嫫母、仳

---

① 瓴（líng）：房屋上仰盖的瓦组成的"瓦沟"。

② 噆（zǎn）：本义是叮咬，引申义是口衔。

③ 啳（quán）：相貌丑。

④ 籧蒢［jǔchú］：古代指用竹或苇编的粗席。

⑤ 戚施：蟾蜍的别名。

倠也。夫上不及尧、舜，下不及商均，美不及西施，恶不若嫫母，此教训之所谕也，而芳泽之所施。且子有弑父者，然而天下莫疏其子，何也？爱父者众也。儒有邪辟者，而先王之道不废，何也？其行之者多也。今以为学者之有过而非学者，则是以一饱之故，绝谷不食，以一蹪之难，辍足不行，惑也。

今有良马，不待策錣[1]而行，驽马，虽两錣之不能进，为此不用策錣而御，则愚矣。夫怯夫操利剑，击则不能断，刺则不能入，及至勇武攘卷一捣，则折肋伤干，为此弃干将、镆邪而以手战，则悖矣。所谓言者，齐于众而同于俗。今不称九天之顶，则言黄泉之底，是两末之端议，何可以公论乎！夫橘柚冬生，而人曰冬死，死者众；荠麦夏死，人曰夏生，生者众。江、河之回曲，亦时有南北者，而人谓江、河东流；摄提镇星日月东行，而人谓星辰日月西移者，以大氐为本。胡人有知利者，而人谓之駤；越人有重迟者，而人谓之秒，以多者名之。若夫尧眉八彩，九窍通洞，而公正无私，一言而万民齐；舜二瞳子，是谓重明，作事成法，出言成章；禹耳参漏，是谓大通，兴利除害，疏河决江；文王四乳，是谓大仁，天下所归，百姓所亲；皋陶马喙，是谓至信，决狱明白，察于人情；禹生于石；契生于卵；史皇产而能书；羿左臂修而善射。若此九贤者，千岁而一出，犹继踵而生。今无五圣之天奉，四俊之才难，欲弃学而循性，是谓犹释船欲蹍水也。

夫纯钧、鱼肠之始下型，击则不能断，刺则不能入，及加之以砥砺，摩其锋锷，则水断龙舟，陆剸犀甲。明镜之始下型，蒙然未见形容，及其粉以玄锡，摩以白旃[2]，鬓眉微豪，可得而察。夫学，亦人之砥锡也，而谓学无益者，所以论之过。知者之所短，不若愚者之所修；贤者之所不足，不若众人之有余。何以知其然？夫宋画吴冶，刻刑镂法，乱修曲出，其为微妙，尧、舜之圣不能及。蔡之幼女，卫之稚质，捆纂组，杂奇彩，抑墨质，扬赤文，禹、汤之智

---

① 錣：古代一种顶上带铁刺的马鞭。

② 旃（zhān）：（1）古代的一种车色曲柄旗。（2）通“毡”，一种毛织品。

不能逮。夫天之所覆，地之所载，包于六合之内，托于宇宙之间，阴阳之所生，血气之精，含牙戴角，前爪后距，奋翼攫肆，蚑行蛲动之虫，喜而合，怒而斗，见利而就，避害而去，其情一也。虽所好恶，其与人无以异。然其爪牙虽利，筋骨虽强，不免制于人者，知不能相通，才力不能相一也。各有其自然之势，无禀受于外，故力竭功沮。

夫雁顺风，以爱气力，衔芦而翔，以备矰弋。蚁知为垤，貛貉为曲穴，虎豹有茂草，野彘有艽莦，槎栉堀虚，连比以像宫室，阴以防雨，景以蔽日。此亦鸟兽之所以知求合于其所利。今使人生于辟陋之国，长于穷檐漏室之下，长无兄弟，少无父母，目未尝见礼节，耳未尝闻先古，独守专室而不出门，使其性虽不愚，然其知者必寡矣。昔者，仓颉作书，容成造历，胡曹为衣，后稷耕稼，仪狄作酒，奚仲为车，此六人者，皆有神明之道，圣智之迹，故人作一事而遗后世，非能一人而独兼有之。各悉其知，贵其所欲达，遂为天下备。今使六子者易事，而明弗能见者何？万物至众，而知不足以奄之。周室以后，无六子之贤，而皆修其业；当世之人，无一人之才，而知其六贤之道者何？教顺施续，而知能流通。由此观之，学不可已，明矣！

今夫盲者目不能别昼夜，分白黑，然而搏琴抚弦，参弹复徽，攫援摽拂[①]，手若蔑蒙[②]，不失一弦。使未尝鼓瑟者，虽有离朱之明，攫掇之捷，犹不能屈伸其指。何则？服习积贯之所致。故弓待檠[③]而后能调，剑待砥而后能利。玉坚无敌，镂以为兽，首尾成形，礛诸[④]之功。木直中绳，揉以为轮，其曲中规，檃括之力。唐碧坚忍之类，犹可刻镂，揉以成器用，又况心意乎！且夫精神滑淖纤微，倏忽变化，与物推移，云蒸风行，在所设施。君子有能精摇摩监，砥砺其才，自试神明，览物之博，通物之壅，观始卒之端，见无外

---

① 摽拂：弹奏古琴的抚按指法。

② 蔑蒙：用以形容飞扬。

③ 檠（qíng）：矫正弓弩的器具。

④ 礛（jiān）诸：打磨玉石用的青色磨石。

之境，以逍遥仿佯于尘埃之外，超然独立，卓然离世，此圣人之所以游心。若此而不能，间居静思，鼓琴读书，追观上古及贤大夫，学问讲辩，日以自娱，苏援世事，分白黑利害，筹策得失，以观祸福，设仪立度，可以为法则，穷道本末，究事之情，立是废非，明示后人，死有遗业，生有荣名。如此者，人才之所能逮。然而莫能至焉者，偷慢懈惰，多不暇日之故。夫瘠地之民多有心力者，劳也；沃地之民多不才者，饶也。由此观之，知人无务，不若愚而好学。自人君公卿至于庶人，不自强而功成者，天下未之有也。《诗》云："日就月将，学有缉熙于光明。"此之谓也。名可务立，功可强成，故君子积志委正，以趣明师，励节亢高，以绝世俗。

何以明之？昔者南荣畴耻圣道之独亡于己，身淬霜露，敕蹻跌[1]，跋涉山川，冒蒙荆棘，百舍重趼，不敢休息，南见老聃。受教一言，精神晓泠，纯闻条达，欣然七日不食，如飨太牢，是以明照四海，名施后世，达略天地，察分秋豪，称誉叶语，至今不休。此所谓名可强立者。吴与楚战，莫嚣大心抚其御之手曰："今日距强敌，犯白刃，蒙矢石，战而身死，卒胜民治，全我社稷，可以庶几乎？"遂入不返，决腹断头，不旋踵运轨而死。申包胥竭筋力以赴严敌，伏尸流血，不过一卒之才，不如约身卑辞，求于诸侯。于是乃赢粮跣走，跋涉谷行，上峭山，赴深溪，游川水，犯津关，躐[2]蒙笼，蹶沙石，跖达膝曾茧重胝，七日七夜，至于秦庭。鹤跱而不食，昼吟宵哭，面若死灰，颜色霉墨，涕液交集，以见秦王。曰："吴为封豨[3]修蛇，蚕食上国，虐始于楚。寡君失社稷，越在草茅，百姓离散，夫妇男女，不遑启处，使下臣告急。"秦王乃发车千乘，步卒七万，属之子虎，逾塞而东，击吴浊水之上，果大破之，以存楚国。烈藏庙堂，著于宪法。此功之可强成者也。夫七尺之形，心知忧愁劳苦，肤知疾痛寒暑，人情一也。圣人知时之难

---

① 蹻跌（qiāoguì）：举足疾行。

② 躐（liè）：逾越。

③ 豨（xī）：巨大的野猪。

得，务可趣也，苦身劳形，焦心怖肝，不避烦难，不违危殆。盖闻子发之战，进如激矢，合如雷电，解如风雨，员之中规，方之中矩，破敌陷陈，莫能壅御，泽战必克，攻城必下。彼非轻身而乐死，务在于前，遗利于后，故名立而不堕。此身强而成功者也。是故田者不强，囷仓不盈；官御不厉，心意不精；将相不强，功烈不成；侯王懈惰，后世无名。《诗》云："我马唯骐，六辔如丝。载驰载驱，周爰谘谟。"以言人之有所务也。

通于物者，不可惊以怪；喻于道者，不可动以奇；察于辞者，不可耀以名；审于形者，不可遁以状。世俗之人，多尊古而贱今，故为道者必托之于神农、黄帝而后能入说。乱世暗主，高远其所从来，因而贵之。为学者蔽于论而尊其所闻，相与危坐而称之，正领而诵之。此见是非之分不明。夫无规矩，虽奚仲不能以定方圆；无准绳，虽鲁般不能定曲直。是故钟子期死而伯牙绝弦破琴，知世莫赏也；惠施死而庄子寝说言，见世莫可为语者也。夫项托七岁为孔子师，孔子有以听其言也。以年之少，为闾丈人说，救敲不给，何道之能明也？

昔者，谢子见于秦惠王，惠王说之，以问唐姑梁，唐姑梁曰："谢子，山东辩士，固权说以取少主。"惠王因藏怒而待之。后日复见，逆而弗听也。非其说异也，所以听者易。夫以征为羽，非弦之罪；以苦为甘，非味之过。楚国有烹猴而召其邻人，以为狗羹也，而甘之。后闻其猴也，据地而吐之，尽写其食。此未始知味者也。邯郸师有出新曲者，托之李奇，诸人皆争学之。后知其非也，而皆弃其曲，此未始知音者也。鄙人有得玉璞者，喜其状，以为宝而藏之。以示人，人以为石也，因而弃之。此未始知玉者也。故有符于中，则贵是而同今古；无以听其说，则所从来者远而贵之耳。此和氏之所以泣血于荆山之下。

今剑或绝侧羸文，啮缺卷鋋[1]，而称以顶襄之剑，则贵人争带

[1] 卷鋋（juànrén）：刀剑卷刃。

之；琴或拨刺枉桡，阔解漏越，而称为楚庄之琴，侧室争鼓之。苗山之鋋，羊头之销，虽水断龙舟，陆剸兕甲，莫之服带。山桐之琴，涧梓之腹，虽鸣廉修营[①]，唐牙莫之鼓也。通人则不然。服剑者期于铦利，而不期于墨阳、莫邪；乘马者期于千里，而不期于骅骝、绿耳；鼓琴者期于鸣廉修营，而不期于滥胁、号钟；诵《诗》《书》者期于通道略物，而不期于《洪范》《商颂》。圣人见是非，若白黑之于目辨，清浊之于耳听。众人则不然。中无主以受之，譬若遗腹子之上陇，以礼哭泣之，而无所归心。故夫孪子之相似者，唯其母能知之；玉石之相类者，唯良工能识之；《书》《传》之微者，惟圣人能论之。今取新圣人书，名之孔、墨，则弟子句指而受者必众矣。故美人者，非必西施之种；通士者，不必孔、墨之类。晓然意有所通于物，故作书以喻意，以为知者也。诚得清明之士，执玄鉴于心，照物明白，不为古今易意，摅书明指以示之，虽阖棺亦不恨矣。

昔晋平公令官为钟。钟成，而示师旷。师旷曰："钟音不调。"平公曰："寡人以示工，工皆以为调。而以为不调，何也？"师旷曰："使后世无知音者则已，若有知音者，必知钟之不调。"故师旷之欲善调钟也，以为后之有知音者也。三代与我同行，五伯与我齐智，彼独有圣智之实，我曾无有闾里之闻，穷巷之知者何？彼并身而立节，我诞谩而悠忽。今夫毛嫱、西施，天下之美人，若使之衔腐鼠，蒙猬皮，衣豹裘，带死蛇，则布衣韦带之人过者，莫不左右睥睨而掩鼻。尝试使之施芳泽，正娥眉，设笄[②]珥，衣阿锡，曳齐纨，粉白黛黑，佩玉环，揄步，杂芝若，笼蒙目视，冶由笑，目流眺，口曾挠，奇牙出，酺摇，则虽王公大人，有严志颉颃之行者，无不惮悇痒心而悦其色矣。今以中人之才，蒙愚惑之智，被污辱之行，无本业所修，方术所务，焉得无有睥面掩鼻之容哉！

今鼓舞者，绕身若环，曾挠摩地，扶旋猗那，动容转曲，便媚

---

① 修营：声音清亮和谐。

② 笄（jī）：古代女子用以装饰发耳的一种簪子，用来插住挽起的头发，或插住帽子。

拟神。身若秋药被风，发若结旌，骋驰若骛；木熙者，举梧槚，据句枉，猿自纵，好茂叶，龙夭矫，燕枝拘，援丰条，舞扶疏，龙从鸟集，搏援攫肆，蔑蒙踊跃。且夫观者莫不为之损心酸足，彼乃始徐行微笑，被衣修擢。夫鼓舞者非柔纵，而木熙者非眇劲，淹浸渍渐摩使然也。是故生木之长，莫见其益，有时而修；砥砺靡坚，莫见其损，有时而薄。藜藿之生，蠕蠕然日加数寸，不可以为栌栋[①]；楩楠豫章之生也，七年而后知，故可以为棺舟。夫事有易成者名小，难成者功大。君子修美，虽未有利，福将在后至。故《诗》云："日就月将，学有缉熙于光明。"此之谓也。

6 刺奢

【提要】 本篇选自西汉学者刘向的《新序》。刺是古代的一种文体，即驳论文，以逻辑论证的方式表达对某些事物的反对态度。文章列举从桀、纣到邹穆公以来的大量正反历史案例，说明奢侈浪费有亡国之害，俭朴节用可以常保社稷的道理。这里伊尹的故事还表达了贤人择主而事的观点。实际上，勤奋做事本身必须有一个合情合理的前提，否则可能劳而无功。即使是勤俭精神也需要深刻理解其精神内涵，才可以长期贯彻，不至于随着物质条件的改变而改变，甚则有违初衷。

【原文】

桀作瑶台，罢民力，殚民财，为酒池糟堤，纵靡靡之乐，一鼓而牛饮者三千人，群臣相持歌曰："江水沛沛兮，舟楫败兮，我王废兮，趣归薄兮，薄亦大兮。"又曰："乐兮乐兮，四牡蹻兮，六辔沃兮，去不善而从善，何不乐兮？"伊尹知天命之至，举觞而告桀曰："君王不听臣之言，亡无日矣。"桀拍然而作，哑然而笑曰："子何妖言，吾有天下，如天之有日也，日有亡乎？日亡吾亦亡矣。"于是接履而趣，遂适汤，汤立为相。故伊尹去官入殷，殷王

---

① 栌栋：一种落叶灌木。

而夏亡。

纣为鹿台，七年而成，其大三里，高千尺，临望云雨。作炮烙之刑，戮无辜，夺民力。冤暴施于百姓，惨毒加于大臣，天下叛之，愿臣文王。及周师至，令不行于左右。悲乎！当是时，求为匹夫不可得也，纣自取之也。

魏王将起中天台，令曰："敢谏者死。"许绾负蔂操锸入曰："闻大王将起中天台，臣愿加一力。"王曰："子何力有加？"绾曰："虽无力，能商台。"王曰："若何？"曰："臣闻天与地相去万五千里，今王因而半之，当起七千五百里之台，高既如是，其趾须方八千里，尽王之地，不足以为台趾。古者尧舜建诸侯，地方五千里，王必起此台，先以兵伐诸侯，尽有其地犹不足，又伐四夷，得方八千里乃足以为台趾，材木之积，人徒之众，仓廪之储，数以万亿度。八千里以外，当尽农亩之地，足以奉给王之台者，台具以备，乃可以作。"魏王默然无以应，乃罢起台。

卫灵公以天寒凿池，宛春谏曰："天寒起役，恐伤民。"公曰："天寒乎？"宛春曰："君衣狐裘，坐熊席，陬隅[①]有灶，是以不寒，今民衣弊不补，履决不苴。君则不寒，民则寒矣。"公曰："善。"令罢役。左右谏曰："君凿池不知天寒，以宛春知而罢役，是德归宛春，怨归于君。"公曰："不然。宛春，鲁国之匹夫，吾举之，民未有见焉，今将令民，以此见之。且春也有善，寡人有春之善，非寡人之善与？"灵公论宛春，可谓知君之道矣。

齐宣王为大室，大盖百亩，堂上三百户，以齐国之大，具之三年而未能成，群臣莫敢谏者。香居问宣王曰："荆王释先王之礼乐而为淫乐，敢问荆邦为有主乎？"王曰："为无主。""敢问荆邦为有臣乎？"王曰："为无臣。"居曰："今主为大室，三年不能成，而群臣莫敢谏者，敢问王为有臣乎？"王曰："为无臣。"香居曰："臣请避矣。"趋而出。王曰："香子留，何谏寡人之晚也？"遽召

---

① 陬隅（yùyú）：室的西南角。借指内室。

尚书曰："书之，寡人不肖，为大室，香子止寡人也。"

赵襄子饮酒五日五夜，不废酒，谓侍者曰："我诚邦士也。夫饮酒五日五夜矣，而殊不病。"优莫曰："君勉之，不及纣二日耳。纣七日七夜，今君五日。"襄子惧，谓优莫曰："然则吾亡乎？"优莫曰："不亡。"襄子曰："不及纣二日耳，不亡何待？"优莫曰："桀纣之亡也遇汤武，今天下尽桀也，而君纣也，桀纣并世，焉能相亡，然亦殆矣。"

齐景公饮酒而乐，释衣冠自鼓缶，谓侍者曰："仁人亦乐是夫？"梁丘子曰："仁人耳目亦犹人也，奚为独不乐此也？"公曰："速驾迎晏子。"晏子朝服以至。公曰："寡人甚乐此乐也，愿与夫子共之，请去礼。"晏子对曰："君之言过矣，齐国五尺之童子，力尽胜婴而又胜君，所以不敢乱者，畏礼也。上若无礼，无以使其下；下若无礼，无以事其上。夫麋鹿唯无礼，故父子同尘。人之所以贵于禽兽者，以有礼也，《诗》曰：'人而无礼，胡不遄死？'故礼不可去也。"公曰："寡人无良，左右淫琨寡人，以至于此，请杀之。"晏子曰："左右无罪，君若好礼，左右有礼者至，无礼者去。君若恶礼，亦将如之。"公曰："善。请革衣冠，更受命。"乃废酒而更尊朝服而坐，觞三行，晏子趋出。

魏文侯见箕季其墙坏而不筑，文侯曰："何为不筑？"对曰："不时，其墙枉而不端。"问曰："何不端？"曰："固然。"从者食其园之桃，箕季禁之。少焉日晏，进粝[1]餐之食，瓜瓠之羹。文侯出，其仆曰："君亦无得于箕季矣。曩者进食，臣窃窥之，粝餐之食，瓜瓠之羹。"文侯曰："吾何无得于季也？吾一见季而得四焉。其墙坏不筑，云待时者，教我无夺农时也。墙枉而不端，对曰固然者，是教我无侵封疆也。从者食园桃，箕季禁之，岂爱桃哉！是教我下无侵上也。食我以粝餐者，季岂不能具五味哉！教我无多敛于百姓，以省饮食之养也。"

---

① 粝（lì）：粗粮，糙米。

士尹池为荆使于宋，司城子罕止而觞之，南家之墙，拥于前而不直，西家之潦，经其宫而不止。士尹池问其故，司城子罕曰："南家，工人也，为鞔[①]者也，吾将徙之，其父曰：'吾特为鞔，已食三世矣，今徙，是宋邦之束鞔者，不知吾处也，吾将不食，愿相国之忧吾不食也。'为是故吾不徙。西家高，吾宫卑，潦之经吾宫也利，为是故不禁也。"士尹池归荆，适兴兵欲攻宋，士尹池谏于王曰："宋不可攻也，其主贤，其相仁。贤者能得民，仁者能用人，攻之无功，为天下笑。"楚释宋而攻郑。孔子闻之曰："夫修之于庙堂之上，而折冲于千里之外者，司城子罕之谓也"。

鲁孟献子聘于晋，宣子觞之三徙，钟石之县，不移而具。献子曰："富哉冢！"宣子曰："子之家庸与我家富？"献子曰："吾家甚贫，惟有二士，曰颜回，兹无灵者，使吾邦家安平，百姓和协，惟此二者耳！吾尽于此矣。"客出，宣子曰："彼君子也，以养贤为富。我鄙人也，以钟石金玉为富。"孔子曰："孟献子之富，可著于春秋。"

邹穆公有令食凫鹰必以秕，无得以粟，于是仓无秕，而求易于民，二石粟而得一石秕，吏以为费，请以粟食之。穆公曰："去，非汝所知也！夫百姓饱牛而耕，暴背而耘，勤而不惰者，岂为鸟兽哉？粟米，人之上食，奈何其以养鸟？且尔知小计，不知大会。周谚曰：'囊漏贮中。'而独不闻欤？夫君者，民之父母，取食之粟，移之于民，此非吾之粟乎？鸟苟食邹之秕，不害邹之粟也，粟之在仓与在民，于我何择？"邹民闻之，皆知私积与公家为一体也，此之谓知富邦。

7 涉务

【提要】本篇选自北朝学者颜之推《颜氏家训》一书。该篇首揭勤奋学习、认真工作的重要性，并继承周公的思想，认为一个人

---

① 鞔（mán）：拉伸皮张以覆蒙。

只有适当从事农业生产，才能够懂得勤劳俭朴之道。“未尝目观起一垡土，耘一株苗；不知几月当下，几月当收，安识世间余务乎？故治官则不了，营家则不办，皆优闲之过也。”这里悠闲的意思不是现在意义上的悠闲，指的是懒惰和贪图享受，此为作者所深斥。在历来家训内容中都有对勤俭的讨论，可见对于安身立命、家资丰足而言，勤劳和节俭是非常实际的思路，也最为稳妥。

【原文】

士君子之处世，贵能有益于物耳，不徒高谈虚论，左琴右书，以费人君禄位也。国之用材，大较不过六事：一则朝廷之臣，取其鉴达治体，经纶博雅；二则文史之臣，取其著述宪章，不忘前古；三则军旅之臣，取其断决有谋，强干习事；四则藩屏之臣，取其明练风俗，清白爱民；五则使命之臣，取其识变从宜，不辱君命；六则兴造之臣，取其程功节费，开略有术，此则皆勤学守行者所能辨也。人性有长短，岂责具美于六涂哉？但当皆晓指趣，能守一职，便无愧耳。

吾见世中文学之士，品藻古今，若指诸掌，及有试用，多无所堪。居承平之世，不知有丧乱之祸；处庙堂之下，不知有战陈之急；保俸禄之资，不知有耕稼之苦；肆吏民之上，不知有劳役之勤，故难可以应世经务也。晋朝南渡，优借士族，故江南冠带，有才干者，擢为令仆已下尚书郎中书舍人已上，典掌机要。其余文义之士，多迂诞浮华，不涉世务；纤微过失，又惜行捶楚，所以处于清高，盖护其短也。至于台阁令史，主书监帅，诸王签省，并晓习吏用，济办时须，纵有小人之态，皆可鞭杖肃督，故多见委使，盖用其长也。人每不自量，举世怨梁武帝父子爱小人而疏士大夫，此亦眼不能见其睫耳。

梁世士大夫，皆尚褒衣博带，大冠高履，出则车舆，入则扶侍，郊郭之内，无乘马者。周弘正为宣城王所爱，给一果下马，常服御之，举朝以为放达。至乃尚书郎乘马，则纠劾之。及侯景之乱，肤脆骨柔，不堪行步，体羸气弱，不耐寒暑，坐死仓猝者，往往而然。建康令王复性既儒雅，未尝乘骑，见马嘶喷陆梁，莫不震慑，乃谓人曰："正是虎，何故名为马乎?"其风俗至此。

古人欲知稼穑之艰难，斯盖贵谷务本之道也。夫食为民天，民非食不生矣，三日不粒，父子不能相存。耕种之，薅锄之，刈获之，载积之，打拂之，簸扬之，凡几涉手，而入仓廪，安可轻农事而贵末业哉？江南朝士，因晋中兴，南渡江，卒为羁旅，至今八九世，未有力田，悉资俸禄而食耳。假令有者，皆信僮仆为之，未尝目观起一坺土，耘一株苗；不知几月当下，几月当收，安识世间余务乎？故治官则不了，营家则不办，皆优闲之过也。

8 训俭示康

【提要】本篇是北宋理学家司马光的《训俭示康》。该文不仅富有文采，而且以亲身感受和翔实的史料阐述了"历览前贤国与家，成由勤俭败由奢"的道理。司马光本人出身贫寒，所以对俭朴持家的道理有感同身受的理解。他当上国家的宰相后，同样重视勤俭对社会经济和人的思想道德的重要作用。尽管在司马光的思想体系里保守有余，创新不足，但是其中崇尚勤俭，并且以身作则的方面是必须予以肯定的。此外，一个从小就如此不尚享受和奢侈的孩子能够成就如此大的事业，对当今社会家庭教育不无启示。

【原文】

吾本寒家，世以清白相承。吾性不喜华靡，自为乳儿，长者加以金银华美之服，辄羞赧弃去之。二十忝科名，闻喜宴①独不戴花。同年曰："君赐不可违也。"乃簪一花。平生衣取蔽寒，食取充腹；亦不敢服垢弊②以矫俗干名③，但顺吾性而已。众人皆以奢靡为荣，吾心独以俭素为美。人皆嗤吾固陋，吾不以为病。应之曰："孔子

---

① 闻喜宴：唐制，进士中榜后，醵钱宴乐于曲江亭子，称曲江宴，亦称闻喜宴。后唐明宗天成二年诏命行新科进士闻喜之宴，年赐钱四百贯。

② 垢弊：肮脏破烂的衣服。

③ 矫俗干名：故意用与世不合的姿态来骗取名声。

称‘与其不逊也宁固。’又曰：‘以约失之者鲜矣。’又曰：‘士志于道，而耻恶衣恶食者，未足与议也。’古人以俭为美德，今人乃以俭相诟病。嘻，异哉！”

近岁风俗尤为侈靡，走卒类士服，农夫蹑丝履①。吾记天圣中，先公为群牧判官，客至未尝不置酒，或三行、五行，多不过七行。酒酤于市，果止于梨、栗、枣、柿之类；肴止于脯、醢、菜羹②，器用瓷、漆。当时士大夫家皆然，人不相非也。会数而礼勤，物薄而情厚。近日士大夫家，酒非内法，果、肴非远方珍异，食非多品，器皿非满案，不敢会宾友，常量月营聚，然后敢发书。苟或不然，人争非之，以为鄙吝。故不随俗靡者，盖鲜矣。嗟乎！风俗颓弊如是，居位者虽不能禁，忍助之乎！

9 居家制用

【提要】本篇出自宋代学者陆九韶的《陆氏家制》。这位陆九韶是大名鼎鼎的哲学家陆九渊的同胞兄弟，所以这个《家制》和陆九渊思想之间也应该具有一定关系。文中指出：一旦家庭财产入不敷出，就一定要“清心俭素，经营足食之路”，量入为出，清心节俭，否则必然返贫，只能厚着脸皮求亲访友，寻求救济。陆九韶的观点是：自己有才是真的有。存节免辱，不招怨，不讨嫌。这种经世济用之学，水平之高，见解之透，很难有人达其高度。以至于后来的张英、曾国藩都在家书中对其大加赞扬。

【原文】

居家制用上

古之为国者，冢宰制国用，必于岁之杪，五谷皆入，然后制国用。用之大小，视年之丰耗。三年耕，必有一年之食。九年耕，必有三年之食。以三十年之通制国用，虽有凶旱水溢，民无菜色。国既若是，家亦宜然。故凡家有田畴，足以赡给者，亦当量入而为

---

① 走卒类士服，农夫蹑丝履：跑腿的都穿士人的衣服，农民种田也要穿丝织品做的鞋。

② 脯、醢（hǎi）、菜羹：肉干、肉酱、蔬菜羹。

出，然后用度有准，丰俭得中，怨讟不生，子孙可守。今以田畴所收，除租税及种盖粪治之外，所有若干，以十分均之，留三分为水旱不测之备。

专存米谷，不可变易银钱轻货，但当逐年增置仓廪。

一分为祭祀之用，祭祀谓先祖中溜社稷之神。

六分分十二月之用，闰月则分作十三月之用。

取一月合用之数，约为三十分，日用其一。茶饭鱼肉，宾客酒浆，子孙纸笔，先生束修，干事奴仆等，皆取诸其间。

可余而不可尽，用至七分，为得中。不及五分，为太啬。盖于所余太多，则家益富，不至僭侈无度，而入于罪戾矣。

其所余者，别置簿收管，以为伏腊裘葛、修葺墙屋、医药宾客、吊丧问疾、时节馈送。又有余，则以周给邻族之贫弱者，贤士之穷困者，佃人之饥寒者，过往之无聊者，毋以妄施僧道。盖僧道本是蠹[①]民，况今之僧道，无不丰足。施之适足以济其嗜欲，长其过恶，而费农夫血汗勤劳所得之物，未必不增吾冥罪，果何福之有哉？其田畴不多，日用不能有余，则一味节啬，裘葛取诸蚕绩，墙屋取诸畜养，杂种蔬果皆以助用，不可侵过次日之物。一日侵过，无时可补，则便有破家之渐，当谨戒之！其有田少而用广者，但当清心俭素，经营足食之路，于接待宾客，吊丧问疾，时节馈送，聚会饮食之事，一切不讲，免致干求亲旧，以滋过失责望，故素以生怨尤，负讳通借，以招耻辱。家居如此，方为称宜，而远吝侈之咎。积是成俗，岂惟一家不忧水旱天灾，虽一县一郡通天下皆无忧矣！其利岂不博哉！

居家制用下

居家之病有七，曰呼，曰游，曰饮食，曰土木，曰争讼，曰玩好，曰惰慢。有一于此，皆能破家。其次贫薄而务周旋，丰余而尚鄙啬，事虽不同，其终之害，或无以异，但在迟速之间耳。夫丰余

---

① 蠹（dù）：蛀蚀。

而不用者，宜若无害也，然已既丰余，则人望以周济。今乃恝然，必失人之情。既失人之情，则人不佑之，惟恐其无隙。苟有隙可乘，则争媒糵[①]之，虽其子孙，亦怀不满之意。一旦入手，若决堤破防矣。前所言存留十之三者，为丰余之多者制也。苟所余不能三分，则存二分亦可。又不能二分，则存一分亦可。又不能一分，则宜樽节用度，以存赢余，然后家可长久。不然一旦有意外之事，必遂破家矣。

记曰：丧用三年之仂。注谓仂，什一也。计今所存留三分之数，丧葬所费，其丰约之节，当以此为准。余谓人家婚礼，当视丧礼所费，则丰约亦似得中。其有贫者，岂复可立准则？所谓敛手足形，还葬而无椁，人岂有非之者？则婚礼亦宜俱无所费，所谓逭其谓之是矣。

前所谓一切不讲者，非绝其事也。谓不能以货财为礼耳。如吊丧则以先往后罢为助，宾客则樵苏供爨[②]清谈而已。至如奉亲，最急也，啜菽饮水，尽其欢，斯谓之孝；祭祀，最严也，蔬食菜羹，足以致其敬。凡事皆然。则人固不我责，而我亦何歉哉！如此，则礼不废而财不匮矣。前所言以其六分为十二月之用，以一月合用之数约为三十分者，非谓必于其日用尽，但约见每月每日之大概，其间用度，自为赢缩，惟是不可先次侵过，恐难追补。宜先余而后用，以无贻鄙啬之讥。世皆谓用度有何穷尽？盖是未尝立法，所以丰俭皆无准则。好丰者妄用以破家，好俭者多藏以敛怨，无法可依，必至于此。愚今考古经国之制，为居家之法，随赀产之多寡，制用度之丰俭。合用万钱者，用万钱不谓之侈；合用百钱者，用百钱不谓之吝，是取中可久之制也。

10 致勤谨、禁赌博、戒游惰

【提要】 本篇选自元人王结的《善俗要义》。该文非常具体地

---

① 糵（niè）：树木砍去后又长出来的新芽，泛指植物由茎的基部长出的分枝。

② 爨（cuàn）：（1）烧火煮饭；（2）灶。

阐明了游手好闲、铺张浪费的危害，并且以条目的形式指出正确的生活习惯，严禁懒惰、赌博、结交恶友等行为。文章说："人之营治生理，各有常业，能安其分，衣食自充。"这就是说，要经营治理生产生活，应该每个人都具有长期固定的职业，安心踏实工作，如此实行下去，就自然而然能够丰衣足食。看似浅显的道理，实则包含着深刻的生活哲理。客观来说，这是一篇伦理规范类的说明文，对于当今家庭教育有一定借鉴价值。

【原文】

古语云："勤能胜贫，谨能胜祸。"盖言勤力可以不贫，谨身可以免祸。务耕桑，修蚕织，葺园圃，栽树株，利沟渠，理堤堰，通货财，皆勤力之事也。孝于父母，顺于兄长，言行慎密，出入安详，非善勿友，非义勿取，不学赌博，不作盗贼，不好争讼，不竞贪淫，皆谨身之道也。人能如此，不惟胜贫免祸，乡党识者必皆爱重，称为善人君子矣。

人之营治生理，各有常业，能安其分，衣食自充。近年所在贫民为赀本不多，利息微细，凡交易诸物，不肯依理货卖，辄行用钱赌博，妄意一胜以图获利之多，而买物之人亦思侥幸，共争胜负。似此愚民，岂有家业增充，但见贫窘日甚，而又触冒禁条，重负刑责。又有游荡无赖之徒，专以赍持钱物共为赌博，胜者则视为易得之财，非理费用，负者则思为报复之计，再破家赀，一胜一负，各致穷空，别无所图，皆化为贼盗矣。今后仰随处社长及人家父兄，各宜以此劝谕社众，训教子弟，依理勤谨治生，勿得照前妄作。若不悛改，更仰申报官司，依法惩治。

士农工商，各有常业，谨身勤力，衣食自充，前已屡言之矣。颇闻人家子弟多有不遵先业，游荡好闲，或蹴踘[①]击球，或射弹黏雀，或频游歌酒之肆，或常登优戏之楼，放恣日深，家产尽废，贫穷窘迫，何恶不为。乡村之民亦有不务耕锄，不勤蚕织，呼召党

---

① 蹴踘（cùjū）：我国古代的一种足球运动，起源甚早。

类，趁集饮酒者，甚至与妻同往，以致男女混淆。今后果有似此游荡之人，父兄严加训戒，社长丁宁劝谕，庶能悔过自新。若循袭不改，仰申报所在官司，依法惩戒。

11 勤本、节用

【提要】 本篇选自明清之际丁耀亢的《家政须知》。丁耀亢即《增删卜易》的作者野鹤老人，所以又名丁野鹤。野鹤一生经历坎坷，人生经验丰富，这一点在其卜筮名作中表现得最为明显。然而通达世故、练达人情的野鹤老人对于居家度日的要点也能娓娓道来，勤劳俭朴即其中关键之处。文中所讲千亩、百亩的道理是建立在古代农耕为主的社会环境之上，当时生产力极不发达，而在今天的技术水平下，则不能按同样的标准来讲此道理。然而反过来，亦更能够说明，在古代勤俭具有生死存亡的意义，而当今的人们亦应有忧患意识。

【原文】

万物生于土而财聚焉，故王道先于农桑。周礼重于食货，勤本之道莫重于农。太史公《货殖传》曰："凡人有千亩之田而不能富者，庸人也。"古人百亩之田，可以无饥，以其勤于农而俭于用。今有千亩之田，欠租税而苦不足者，盖不能取地之利，有钱粮之累，耗于用而寡于积耳。治田之要，莫急于积粪。积粪之法，莫先于畜牧。牛羊之粪有限，积草之粪无穷，《月令》所谓"溽[1]暑杀草，可以粪田畴、美土疆"是也。计三伏共一月，初伏九日，入伏日取草积濠中，初伏昼即取出。中伏十日，亦于中伏初取草如前法。末伏十二日，再取草亦如前。凡凿濠必于湾下积水之地，水愈深而积粪愈多。或择隙地共为一濠，公家积粪而公用焉。或各家自为小濠而各用焉。今北方勤农，锄田之外，凡有暇时，尽取草根。道旁无旷土，无宿草，如此则畜牧虽少，每亩得数十车。立秋后至

---

① 溽（rù）：湿润，闷热。

初冬，复取道旁枯草作堆，尽抬入牛羊圈中，名之曰“牛脚草”。一冬牛羊所践踏以成粪者也。北方地少农勤，或至争草兴讼，则重粪可知。又有拆火炕之粪，拆向阳之墙以为粪者。人粪，鸽粪，油坊麻饼之粪，阴沟淤泥之粪，种种不一。其廑粪如此，田安得不茂乎？如粪少田多，则轮转上粪。今岁粪麦田，即来岁黍谷地；又为麦地，加粪如前。三年轮转，其粪皆均。一曰“先时”，凡耕种因时争先，则谷力能全。一曰“因地”，择地高下燥湿，以分谷性。耕之不深，如不耕同；锄之不净，与不锄同。秋耕早，阳气入地而肥；春耕太早，霜气入地而瘦。凡田少者当自力农，田广者不能自力而分种，我失其五矣；分种而不得其人，粪少农惰，我失其七矣；不得已而行贡法，此田多不得利也。可用公田之法，自种其十之一，取力于众农，亦是一法。《诗》云：“无田甫田，唯莠骄骄。”为惰农戒耳。

吾观太史公《货殖传》，白圭、猗顿[①]、陶朱之术，要不过“生众食寡，为疾用舒”四语而尽。生众为疾者，勤也；食寡用舒者，俭也。四语中要不过“勤俭”二字而尽。《礼记》云：“国君以三十年之通计国用，量入以为出。”故庶民之家，一年必有三月之食，三年必有一年之食，十年必有三年之食，则财恒足矣。齐俗喜功利，好夸诈，故其民多豪奢自矜。一会乡邻，或破数日之费，而家无担石者。吴越之俗，喜轻扬，好游晏，有熏香衣罗而无隔宿之食者。燕赵之俗，尚游侠，盛服饰，有美其饮食而无卓锥之地者，谓之寄生之民，以不知节用故也。唯唐风尚俭，而过于陋。素封之家，终年无肉食；担夫贩竖，葛履履霜，家有千金之积。故云晋国天下莫强焉，以其富而节也。财物之生有限，人情之奢欲无涯。以无涯之欲而耗有限之财，以一夕之乐而费经旬之积，吾知其不能继也。余尝忆明神宗时，乡绅大老童仆无青衣而服短褂，出门无大轿而乘小车，非请县官不设戏，非行大礼不宰牲，饮食皆用小

---

① 猗顿（yīdùn）：春秋时鲁国人，他向陶朱公学致富之术，积累了很多财物。

器，衣服不尚文绣。当是寸，斗粟不过十文，尺布不过五文，鸡豚之肉，其贱如土。爷屋之民，积粟至数千石者。犬不夜吠，吏不催征，物愈丰而用愈节也。今天下庶人衣王侯之服，田舍享大官之奉，每会必用大器，婚丧皆拟乡绅，倾中人之产而博豪侠之名，罄囊[①]揭债，骄夸乡里，贵贱等威，一无所辨。一亩之田，赋役加于数倍，终年之积，耗费尽于一时。横征急敛，敲皮剥骨，民无常业，村无乐土，用愈奢而愈不节矣。故必节其饮食而甘粗粝，则有余食矣，节其衣服而甘质陋，则有余衣矣；节其晏饮交游，则有余财矣；节其婚姻丧祭，则有余力矣。盖千金之家，亦有羸余，千乘之国，或苦不足者，节不节之故耳。

12 勤俭说

【提要】 本篇选自明代理学家冯从吾的《少墟集》。冯氏不仅对儒家气学的研究非常深入，且是名副其实的教育家，一生都在从事教育工作。这篇《勤俭说》平易近人，语言非常善巧，立论非常特别。具体言之，本文虽是论述勤俭，也认同勤俭的重要性，但是指出仅仅依靠勤俭还是不够的，并用实际事例来加以证明。作者认为，除了勤俭，还必须好学，如果不崇尚和贯彻学习的讲求，只是一味勤劳俭朴，不但不能够兴家，还会出现文中所举的败家现象。如果人脱离学习就会产生错误的思想观念，使勤劳努力出现方向、路线上的错误，这是要予以避免的。

【原文】

越中有二士夫，其一人讲学，其一人不信学。二公家俱裕，俱以勤俭二字训其子。其子少年初亦奢惰，后俱折节为勤俭，廪廪[②]遵父命惟谨。其讲学公之子汲汲皇皇读书求友，有勤无惰，自奉甚俭，即敝衣粝食宴如也，而周族党赈贫乏略不少吝。其家日裕，而声望亦日起，卒为名儒。其不信学者之子，亦汲汲皇皇持筹治生，

---

① 罄囊：竭尽囊中所有。

② 廪廪（lǐnlǐn）：危殆、阽危；惊慌貌、危惧貌。

有勤无惰，自奉甚俭，即敝衣粝食亦宴如也，而至亲族党一毫无所施予，人多以是怨之，由是众叛亲离，讼狱烦兴，家事亦渐销落，而营利愈甚，卒为乡里所不与。夫此二子者，其勤同，其俭同，其凛凛遵父命同，而家道之隆替若此，其异何哉？盖以学问为勤俭，则鸡鸣而起，孳孳为善。吉人为善，惟日不足，其勤也为真勤，菲饮食而致孝乎？神恶衣服，而致美乎黻冕①，卑宫室而尽力乎沟洫，其俭也为真俭，故人品家道，成则俱成。以世俗为勤俭，则其勤也为奔忙，为营求，其俭也为贪鄙，为啬吝，故人品家道，败则俱败耳！然则家道之败也，其病岂独在惰与奢哉！夫子孙而能勤俭亦足称矣，而止因学之不讲，遂至以此，败其家而不悟，呜呼！昔人有言，毋以嗜欲杀身，毋以货财杀子孙，毋以学术杀天下后世。为人父祖者，奈何以讲学为非，而至以勤俭杀子孙也哉？悲夫！余闻其事而有感，因为之说以贻同好。

13 朱子治家格言

【提要】《朱子治家格言》是古代家训中的名篇，在社会上流传很广，影响巨大。其作者明末朱柏庐先生是一位道德高深的饱儒。该文开篇就提出勤劳的重要性，然后依次从俭朴、有备、饮食、房田、婚姻、美色、祭祖、读书、教育、财酒、戒性、交友、纳税、为官、积德等诸多方面予以教导，核心就是要让人成为一个正大光明、知书明理、生活严谨、宽容善良、理想崇高的人，这也是中国文化的一贯追求。文中有很多处体现规避风险、未雨绸缪的深谋远虑，并非简单理智所及，比如远离三姑六婆，避免艳冶娇容等。

【原文】

黎明即起，洒扫庭除，要内外整洁；既昏便息，关锁门户，必亲自检点。一粥一饭，当思来处不易；半丝半缕，恒念物力维艰。

---

① 黻冕（fúmiǎn）：古代祭服。

宜未雨而绸缪，毋临渴而掘井。自奉必须俭约，宴客切勿留连。器具质而洁，瓦缶胜金玉；饮食约而精，园蔬愈珍馐。勿营华屋，勿谋良田。

三姑六婆，实淫盗之媒；婢美妾娇，非闺房之福。童仆勿用俊美，妻妾切忌艳妆。

祖宗虽远，祭祀不可不诚；子孙虽愚，经书不可不读。居身务期质朴，教子要有义方。勿贪意外之财，勿饮过量之酒。与肩挑贸易，勿占便宜；见贫苦亲邻，须加温恤。刻薄成家，理无久享；伦常乖舛，立见消亡。兄弟叔侄，需分多润寡；长幼内外，宜法肃辞严。听妇言，乖骨肉，岂是丈夫；重资才，薄父母，不成人子。嫁女择佳婿，毋索重聘；娶媳求淑女，毋计厚奁。

见富贵而生谄容者，最可耻；遇贫穷而作骄态者，贱莫甚。居家戒争讼，讼则终凶；处世戒多言，言多必失。毋恃势力而凌逼孤寡，勿贪口腹而恣杀生禽。乖僻自是，悔误必多；颓惰自甘，家道难成。

狎昵恶少，久必受其累；屈志老成，急则可相依。

轻听发言，安知非人之谮愬[①]？当忍耐三思。因事相争，焉知非我之不是？须平心暗想。施惠无念，受恩莫忘。凡事当留余地，得意不宜再往。

人有喜庆，不可生妒忌心；人有祸患，不可生喜幸心。善欲人见，不是真善；恶恐人知，便是大恶。见色而起淫心，报在妻女；匿怨而用暗箭，祸延子孙。家门和顺，虽饔飧[②]不继，亦有余欢；国课早完，即囊橐[③]无余，自得至乐。

读书志在圣贤，为官心存君国。守分安命，顺时听天。为人若此，庶乎近焉。

---

① 谮愬（zènshuò）：谗毁攻讦。

② 饔飧（yōngsūn）：早饭和晚饭；饭食。

③ 囊橐（nángtuó）：袋子。

14 勤俭

【提要】这篇文章出自清代学者魏裔介的《琼琚佩语》。该文深入浅出地阐明了勤俭有保身之用。“不厚费者不多营，不妄用者不过取。”意思是，不过分浪费者，不会对钱财作过多的追求。不随便乱用钱的人，不会贪图非分之财，不贪不取非分之财才能长久平安。文末指出：“走江湖不如乐田园，炼丹砂不如惜五谷，结权贵不如乐妻孥，奉仙佛不如歆祖考。”这是简单直接但寓意深刻的人生哲理。若非在世间历尽沧桑者，恐怕很难理解这种包含经验的智慧，即使理解了也难以做到。我们应该尽力为之，也一定会有相应收获。

【原文】

一年之计在于春，一日之计在于寅。

民生在勤，勤则不匮。一夫不耕，必受其饥；一妇不蚕，必受其寒。是勤可免饥寒也。农民昼则力作，夜则颓然甘寝，非心淫念无从而生，是勤可远患也。户枢不蠹，流水不腐，周公论三宗文王之寿，必归之无逸。是勤可致寿考也。故大禹必惜寸阴。

俭于听可以养虚，俭于视可以养神，俭于言可以养气，俭于门闼可无盗贼，俭于嫔嫱可保寿命，俭于心可出生死。是知俭为万化之柄。

有保一器毕生不璺[①]者，有挂一裘十年不敝者，斯人也，可以司粟帛，可以亲百姓，可以掌符玺，可以即清静之道。

生财不如节财，省用方能足用。

不厚费者不多营，不妄用者不过取。

走江湖不如乐田园，炼丹砂不如惜五谷，结权贵不如乐妻孥，奉仙佛不如歆祖考。

---

① 璺（wèn）：陶瓷、玻璃等器具上的裂痕。

15 康熙皇帝论勤俭

【提要】 本篇是康熙皇帝对勤俭的论述，载于清人章梫编写的《康熙政要》。由于作者身份特别，所以立论角度与众不同，可谓高瞻远瞩，涉及面广，既有普通人关注的勤俭兴家，也涉及经国大事上要勤俭务本。康熙推崇节俭之风，从自身做起，宫中用度钱粮非常节省，常常“化雕返朴，袪肆崇敬”。对于八旗子弟赌博奢靡的行为“断不轻贷，必将为首者立正典刑”，即严惩不贷。康熙认为“崇宫室、丰饮食、美衣服”都是人的私欲，容易使人沉溺其中，欲望膨胀，荒废政务，产生懈怠，从而距离良治越来越远。

【原文】

圣祖崇尚勤俭，尝著《勤俭论》以自警，论曰：尝观尧以执中之旨授舜，舜以执中之旨授禹，而孔子称禹日无闲然，舜以羡其勤邦俭家。盖以禹之奉己简薄，而于天地祖宗生民数大事，克备夫道以至其厚，有合于中之旨焉。夫崇宫室、丰饮食、美衣服，此皆人心也，其几易溺；敬天地、孝祖宗、拯生民，此道心也，其几易怠。溺则侈，侈则嗜欲日荒；怠则逸，逸则理道日远。发于一心，见于天下，而盛衰治乱之途叛矣。傅曰：私欲宏多，则德义鲜少。德义不行，则迩者骚离，远者距违。甚言奢之不可不戒也。至书载文王卑服，即康功田功，又言自朝至于日中昃，不遑暇食，用试和万民，伊尹之告太甲曰：慎乃俭德，惟怀永图。噫，俭与勤之道尽之矣。朕检身省心，常恐弗及。故万机日御，以自砥励。而宫中府中之用，刻意损抑，较之前代，每岁所需，十不及一。虽不敢以于大禹文王之为君，而兢兢勿侈勿逸之念，恒欲化雕返朴，袪肆崇敬，以务几道乎。忽人心危而道心微。苟侈泰之心，中于几微，势必形于国家，其弊有不可遏者。则慎修思永，尤执中之要道也欤。

《圣祖庭训》曰：朕此居殿，见铺毡[1]片等物，殆及三四十年

---

① 毡（zhān）：用兽毛或化学纤维制成的片状物。

而未便换者有之，朕生性廉洁，不欲奢于用度也。

《训》曰：民生本务在勤，勤则不匮。一夫不耕，或受之饥，一妇不织，或受之寒，是勤可以免饥寒也。至于人生衣食财禄，皆有定数，若俭约不贪，则可以养祖，亦可以致寿。若夫为官者俭，则可以养祖，亦可以致寿。若夫为官者俭，则可以养廉，居官居乡，只缘不俭。宅舍欲美，妻妾欲奉，仆隶欲多，交流欲广，不贪何从给之？与其寡廉，孰若寡欲。语云俭以成廉，侈以成贪，此乃理之必然者。

《训》曰：古人尝言三年耕必有一年之积，九年耕必有三年之积，此先事预防之至计，所当讲求于平日者。近见小民蓄积匮乏，一遇水旱，遂致难支，比皆丰稔之年粒米狼戾，不能储备之故也。国计若是，家计亦然。故凡家有田畴足以赡给者，亦当量入为出，然后用度有难，丰俭得中，安分养福，子孙常守。

《训》曰：老子曰知足者富，又曰知足者不辱，知止不殆，可以长久，奈何世人衣不过被体，而衣千金之裘，犹以为不足。不知箪食瓢饭者，固自乐也。朕念及于此，恒自知足。虽贵为天子，衣服不过适体；富有四海，而每日常膳，除赏赐外，所用肴馔，从不兼味。此非朕勉强为之，实由天性自然。汝等见朕如此俭德，其共勉之。

《训》曰：世之财物，天地所生以养人者有限，人若节用，自可有余，奢用则顷刻尽耳。何处得增益耶？朕为帝王，何等物不可用，然而朕之衣服，毫无过费。所以然者，特为天地所生有限之财而惜之也。

《圣祖讲筵·绪论》曰：国家财赋出于民，民力有限，当思樽节爱养，则国家常见其有余。每见明季诸君，奢侈无度，宫中服食及创造寺观，动到数十万，我朝崇尚朴质，较之当时仅百之一二耳。

16 勤俭

【提要】 本篇选自清人张廷华的《香艳丛书·新妇谱补》。该篇从家庭入手，指出娶有勤俭之德之妻的重要性。文称："勤俭乃治家之本，为读书人妇，尤要讲究。每见人家丈夫，姿禀绝胜，往往其妻，好佚妄用，家计日落时，不胜内顾之忧，并学业亦废者有之。语云：家贫思贤妻，此至言也。"这种过来人语，足可警醒后人。作者生活于清末，故文中"读书人"一词则未必指官吏，而是泛指有一定社会地位的读书人。如此家庭中的妇女，最容易好逸恶劳，而文章提出对治方案，是有进步意义的。

【原文】

勤俭乃治家之本，为读书人妇，尤要讲究。每见人家丈夫，姿禀绝胜，往往其妻，好佚妄用，家计日落时，不胜内顾之忧，并学业亦废者有之。语云：家贫思贤妻，此至言也。内外之事，并须细心综理，宽而不弛，方合中道。虽新妇无预外事，而今日房中之人即他日受代当家之人，故须预习勤俭。为新妇贪懒好闲，多费妄用，养成习气，异日一时难变矣，戒之戒之。凡家裏要做事务，并须及早趱[①]完。盖先时则暇豫，后时则忙促，忙促则难为力，暇豫则易为功。先之劳之，为国之经，亦治家之经也。无事切勿妄用一文。凡物，须留赢余，以待不时之须。随手用尽，俗语所谓"眼前花"，此大病也。家虽富厚常要守分，甘淡泊，喜布素，见世间珍宝锦缯[②]，及一切新奇美好之物，若不干我事，方是有识见妇人。

凡物要有收拾，凡事要有料理，此又是勤俭中最吃紧工夫。苟无收拾、没料理，纵使极勤极俭，其实与不勤俭同。正如读书人只读死书，了无处用也。但所谓收拾料理之法，亦非言说可尽，皆在新妇自己心上做出，唯用意深详者为得之。盖凡事虚心访求，只管要好，便有无穷学问。虽如日月饮食，煮粥煮饭，至庸至易，愚不肖咸与知能。苟求其至，亦自有精细工夫。况进而上之，道理原自无穷，而可卤莽灭裂乎？亦如读书人，作文愈造愈妙，更无底止。新妇唯能不自是，而处处用心，则做人作家，俱臻上乘矣。

---

① 趱（zǎn）：赶（路）；快走。

② 缯（zēng）：丝织品的总称。

17 勤俭社约

【提要】 本篇选自近代余治的《得一录》。该文从社会救助的角度，对当时的慈善组织人员加以教育，指出要重点帮助当地贫困人口脱贫，在此背景下作者力倡勤俭的重要性，并对勤俭工作予以量化考核，无疑是一剂对治贫穷的良方。作者认为人生中大多数困难和痛苦的原因是缺乏勤俭，看似有些极端，但实际上往往符合实情。表面上艰难困苦的原因不仅仅在经济方面，还有感情、健康、官运等。但是深入思考，经济状况和感情、健康或官运的通顺程度也存在一定联系，不能骤然割裂。

【原文】

人生困苦之遭，大半由于不勤不俭。勤能致富，俭可成家，人亦有言，良非虚语。以日省二文为积谷备荒计，节小用以成大用，洵可随地倡行也。述勤俭社约。

一，勤俭解

贫富皆少不得勤俭二字。勤非孜孜为利，惟在专心正务；俭非鄙吝过情，止是量入为出。故不习勤，好安逸贪懒惰者，家富则入于下流，家贫则必为乞丐。苟不习俭，酒肉是务、华丽是崇、淫滥赌博者，家富则至于破荡，家贫则必为盗窃。昔有论做人家者，少年子弟不可听其浮闲无业，必察其资性才力，无论士农工商，授一业与之习，则心有所系，身有所拘，外而经营，内而谋画，自然无暇他想矣。若任其闲游饱食终日，必流入花酒呼卢斗狠之中，诸般歹事都做出来，势必荡产倾家，丧身败行。故为人父兄者，于少年子弟，必寻一事，早令他勤苦做做。非定要得利也，即其事无大利而拘束了身心，演习了世务，谙练了人情，长进了学识，这便是大利益也，岂必得金乎？若纵容子弟浮闲惯了，是送上了贫穷道路。虽遗金千万，有何益哉？故做人家，以勤为第一要著。至于节俭，与鄙吝不同；慷慨，与奢华不同。鄙吝者止知做家而不知做人，奢华者止知做人而不知做家。

究之，做人要好，不尚奢华。故曰："与其奢也，宁俭。"又曰："俭则示之以礼，斯俭而得中矣。"

二，勤俭歌

人要勤，人要勤，男耕女织各经心。耕得田禾吃饱饭，织得布帛着衣裙。听我歌，该认真。迟眠早起学成人。游手好闲流下贱，为匪作歹受官刑。古云坐吃山空了，要望成家只在勤。

人要俭，人要俭，淡饭粗衣安贫贱。酒肉宾朋个个亲，手里无钱人都厌。听我歌，存主见。血汗求财经百炼。有钱常想没钱时，没钱应用何处变。绝无花费白便宜，若怕求人当省俭。

三，劝日积二钱励勤俭说

礼曰："货恶其弃于地也，不必藏于己。力恶其不出于身也，不必为己。"夫货弃于地为不俭，力不出于身为不勤。不俭不勤，非独大同之世所不容，即求处小康之时而不可得，此常人所尽知也，然而不勤不俭者实多。才能，人所矜也，而不勤者无由能。富厚，人所羡也，而不俭者无由富。且不第无能与无富也，甚或为人贱恶而贫困不克自存，则害亦深矣。而天下之不穷不俭者犹多，何也？无勤与俭之心也。即有心而不能持久者，则无所事以日淬厉之也。吾请为一说，以劝人心。

苟勤，虽鄙事，不必无一钱之余。人身苟俭，虽小用亦可省一钱之出。所余所省，皆别储之，则一日必有二钱之积，岁终可得七百二十文。而一家少者以五口计，亦合为三千余钱焉。噫！贫家当岁暮逋集，呼索盈门。乞限则夙已负期，转贷则旧赊已遍，捡箱囊而物无可售，计田宅而券已质人。当此之时，苟有别储之钱出以偿之，而明岁可复通乞假，纵储少而不能给，亦可略与之以求缓，分偿之以冀恕。是何异昔之人每治饭时必取少米别储者，后竟以济断炊之急欤！推此以思，平昔之耗于无形而驯至大困者，盖无日不有不勤不俭之端以致之也。倘能日以自绳，而藉勤俭二钱为之课功而稽旷则上焉者；扩充乎此，而无一事不勤俭，并能持戒与修福，以邀天佑而获素封；次之亦兢兢不遑，罔敢侈肆，外可见原于债家，而少纾[①]迫胁，内亦可支吾凑垫，不遽至于辱行丧身。斯岂非勤俭二钱，日相激劝，而有以淬厉之欤！则此诚疗贫之良剂也。

而吾谓斯又保富之要术。古称富，视其所与；贫，视其所不取。是知贫尚廉，富尚惠。如前之所言，则贫者日积而可鲜妄取，富者亦宜日积而可资广欤。语云："富人者贫人之母，思母之怜子果何如，则富之怜贫当何如。"佛书言："能布施者，得富厚报。"自思吾之有富，非祖父先世之能施，必吾身前世之能施，故得免贫之苦也。既以施获富，富遂不复施，富何能久？富而益施，富终无尽，而子孙可期永享矣。然而，富者财施犹易，心施实难。心施者时念贫者之艰，而思损己以益之，故功德尤大。诚能每日勉亲细务，而省一钱，复节昼食而省一钱。钱虽微，而此克己裕贫之怀，晨夕往还于方寸，吾知其慈祥恻怛，必能默契幽冥而福禄日增矣。至于储以待用，则莫大于丰年积谷以备荒。不徒施济之利溥也，亦以豫免饥民之哄夺，岂非保富要术欤！然则富者之俭所以惜物而赒贫，故曰："货恶弃地而不必藏于己也。"富者之勤所以习劳而体贫，故曰："力恶其不出而不必为己也。"由是群富共相淬厉，习以成风，俾菽[②]粟如水火而贫富相安，岂非大同之盛复见今日，而共庆升平于万祀哉。

四，劝立勤俭社为积谷备荒积钱作善法

勤俭两钱一日，七百廿钱一年。十万人余七万千，积谷还资积善。不善固宜不入，万善胡弗同归。劝君立社幸无违，备荒此为上策。亲睦相扶相助，联络大小村庄。一社合成周利仓，积谷三年千担。八百六十四位，一年六百廿千。约来千担合三年，照此城乡并劝。一社百零八席，一席分定八人。每人一月六十文，席长一人是问。社长总理百八，年终汇数收齐。二十七席一分司，四季四人司事。一社积钱储谷，每年粜陈籴新。平粜只许社中□，社外一升不应。富者惠周同里，贫者利倍自身。利人利己免饥民，勤俭推恩无

① 纾（shū）：解除；使宽裕；宽舒；延缓。

② 菽（shū）：豆类的总称。

尽。荒岁议蠲[①]议赈，一时设法俱穷。藏富何如里井中，预备仓开济众。仿行乡饮酒礼，少长咸集于堂。型仁讲让遍城乡，孝义满门一样。子弟之率必谨，父兄之教必先。势有不行且从权，易子而教尤善。合家大小男女，个个宜俭宜勤。一日留心在二文，好吃懒做无分。积日堆金两个，悉归勤俭筒中。余钱再积再归筒，七百廿钱归总。劝君勤俭事大，莫说两钱甚微。时时谋食又谋衣，那肯丝毫滥费。一切当用则用，凡事当为则为。俭勤两字万般推，知进尤宜知退。一俭则邪心去，一勤则善心生。善恶何须别劝惩，本正源清无讼。自古耕三余一，于今年不如年。不勤不俭莫求天，普劝及时立愿。有愿即今有谷，无心终久无钱。非从人愿在三年，且待他时请念。要识天心仁爱，凶荒已减刀兵。逢凶化吉善心诚，如此诚求必应。人能定天亦胜，有荒岁无荒民。我今求雨复求晴，惟有善门乞命。大用之而大效，小集焉而小成。八人一席各书名，百八今年圆定。到处男勤女俭，一时俗易风移。积钱作善莫迟疑，舍此难回天意。然后驱而之善，故民从之也轻。万善同归万万人，从此升平永庆。

此法行之一年，便有成效。行之一处，即可感兴。岂惟有备饥荒，大益人心风化。不勤俭则日用不足，一勤俭而岁计有余。请试行之，今年为始。多则上下三村，席以百八为率。必如是积谷三年，处处凶荒有备矣。少则八人一席，钱止五千有零。仅如是积赀[②]三载，家家作善有基矣。即少渐可成多，畏难终无成日。吾以此二字劝人立社有年矣，而知其善者惟不果于行，故至今仍不能有备无患。吾方恨其行不及早，致无备于今兹。吾犹□其行莫再迟，可有备于他日。此亦犹七年之病求三年之艾，及今蓄之，止待三年。苟为不蓄，终身不得。今之视昔，悔难追矣。后之视今，嗟何及哉！呜呼，今天下之通病，大都起于不勤不俭所致。吾今劝人立社积谷，即所谓兼收并蓄。医师之良，是正欲以勤俭医人。所以养

---

① 蠲（juān）：积存。

② 赀（zī）：财货。

人身而不至于冻馁者，其利犹小；所以养人心而不陷于死亡者，其利无穷。是真良药苦口利于病者，安得不大声疾呼以求人人响应共出涂炭之苦，而咸登衽席之安也夫。

三 历史典故

1 立身勤劳

公父文伯退朝，朝其母，其母方绩[①]，文伯曰："以歜之家而主犹绩，惧干季孙之怒也。其以歜为不能事主乎？"其母叹曰："鲁其亡乎？使僮子[②]备官而未之闻耶？居，吾语女。昔圣王之处民也，择瘠土而处之，劳其民而用之，故长王天下。夫民劳则思，思则善心生；逸则淫，淫则忘善；忘善则恶心生。……今我寡也，尔又在下位，朝夕处事，犹恐忘先人之业。况有怠惰，其何以避辟？……余惧穆伯之绝祀也？"仲尼闻之曰："弟子志之，季氏之妇不淫矣！"

——《国语·鲁语下》

2 晏子辞赐

晏子朝，乘弊车，驾驽马。景公见之曰："嘻！夫子之禄寡耶？何乘不佼[③]之甚也？"晏子对曰："赖君之赐，得以寿三族，及国游士，皆得生焉。臣得暖衣饱食，弊车驽马，以奉其身，于臣足矣。"晏子出，公使梁丘据遗之辂车[④]乘马，三返不受。公不说，趣召晏子。晏子至，公曰："夫子不受，寡人亦不乘。"晏子对曰："君使臣临百官之吏，臣节其衣服饮食之养，以先国之民；然犹恐其侈靡而不顾其行也。今辂车乘马，君乘之上，而臣亦乘之下，民之无

① 绩：缉麻线。

② 僮子：不懂事的孩子。

③ 佼：好。

④ 辂车：大车。多指君王用的车。

义，侈其衣服饮食而不顾其行者，臣无以禁之。”遂让不受。

——《晏子春秋·内篇杂下第六》

3 持家有方

重，字君云，世善农稼，好货殖。重性温厚，有法度，三世共财，子孙朝夕礼敬，常若公家。其营理产业，物无所弃，课役童隶，各得其宜，故能上下戮力，财利岁倍，至乃开广田土三百余顷。尝欲作器物，先种梓漆，时人嗤之，然积以岁月，皆得其用，向之笑者咸求假焉。资至巨万，而赈赡宗族，恩加乡闾。外孙何氏兄弟争财，重耻之，以田二顷解其忿讼。县中称美，推为三老。年八十余终。遗令焚削文契。责家闻者皆惭，争往偿之。诸子从敕，竟不肯受。

——（南朝·宋）范晔《后汉书·樊宏传》

4 不别治生

初，亮自表后主曰：“成都有桑八百株，薄田十五顷，子弟衣食，自有余饶。至于臣在外任，无别调度①，随身衣食悉仰于官，不别治生，② 以长尺寸。若臣死之日，不使内有余帛，外有赢财，以负陛下。”及卒，如其所言。

——（西晋）陈寿《三国志·蜀书·诸葛亮传》

5 范宣受绢

范宣年八岁，后园挑菜，误伤指，大啼。人问：“痛邪?”答曰：“非为痛，身体发肤，不敢毁伤，是以啼耳。”宣洁行廉约，韩豫章遗绢百匹，不受；减五十匹，复不受；如是减半，遂至一匹，既终不受。韩后与范同载，就车中裂二丈与范，云：“人宁可使妇

① 调度：安排，调遣。

② 不别治生：不需要另外谋生计。别：另外。

无裈[①]邪？”范笑而受之。

——（南朝·宋）刘义庆《世说新语·德行》

6 身无长物

王恭从会稽还，王大看之。见其坐六尺簟[②]，因语恭：“卿东来，故应有此物，可以一领及我？”恭无言。大去后，既举所坐者送之。既无余席，便坐荐上。后大闻之，甚惊，曰：“吾本谓卿多，故求耳。”对曰：“丈人不悉恭，恭作人无长物。”

——（南朝·宋）刘义庆《世说新语·德行》

7 仲堪拾粒

殷仲堪既为荆州，值水俭[③]，食常五碗盘，外无余肴，饭粒脱落盘席间，辄拾以啖之。虽欲率物，亦缘其性真素。每语子弟云：“勿以我受任方州，云我豁平昔时意，今吾处之不易。贫者，士之常，焉得登枝而损其本！尔曹其存之。”

——（南朝·宋）刘义庆《世说新语·德行》

8 陶侃检厉

陶公性检厉，勤于事。作荆州时，敕船官悉录锯木屑，不限多少。咸不解其意。后正会，值积雪始晴，听事前除雪后犹湿，于是悉用木屑覆之，都无所妨。官用竹，皆令录厚头，积之如山。后桓宣武伐蜀，装船，悉以作钉。

——（南朝·宋）刘义庆《世说新语·政事》

9 卖狗嫁女

初，隐之为奉朝请，谢石请为卫将军主簿。隐之将嫁女，石知

① 裈：有裆的裤子。

② 簟（diàn）：竹席。

③ 水俭：因水灾而年成不好。俭：歉收，年成不好。

其贫素，遣女必当率薄，乃令移厨帐助其经营。使者至，方见婢牵犬卖之，此外萧然无办。后至自番禺，其妻刘氏赍沈香一斤，隐之见之，遂投于湖亭之水。

——（唐）房玄龄等《晋书·吴隐之传》

10 不置田园

嘉贞虽久历清要，然不立田园。及在定州，所亲有劝植田业者，嘉贞曰："吾忝[①]历官荣，曾任国相，未死之际，岂忧饥馁？若负谴责，虽富田庄，亦无用也。比见朝士广占良田，及身没后，皆为无赖子弟作酒色之资，甚无谓[②]也。"闻者皆叹伏。

——（后晋）刘昫等《旧唐书·张嘉贞传》

11 邵子勤训

治生之道，莫尚乎勤。故邵子云："一日之计在于晨，一岁之计在于春，一生之计在于勤。"言虽近而旨则远。无如人之常情，恶劳而好逸，甘食褕衣[③]，玩日愒岁[④]。以之为农，则不能深耕而易耨[⑤]；以之为工，则不能计日而效功；以之为商，则不能乘时而趋利；以之为士，则不能笃志而力行。徒然食息于天地之间，是一蠹耳！夫天地之化，日新则不敝，故户枢不蠹，流水不腐，诚不欲其常安也。人之心与力，何独不然？劳则思，逸则忘，物之情也。大禹之圣，且惜寸阴，陶侃之贤，且惜分阴，又况圣贤不若彼者乎？

——（北宋）邵雍《恒斋文集》

12 以俭遗孙

近故张文节公为宰相，所居堂室，不蔽风雨；服用饮膳，与始

① 忝：辱，有愧于，常用作谦恭。
② 无谓：无意义。
③ 甘食褕衣：美好的食物，漂亮的衣服。
④ 玩日愒（kài）岁：消磨时光，荒废时日。
⑤ 易耨：修治农具。易：修治；耨：除草工具。

为河阳书记时无异。其所亲或规之曰："公月入俸禄几何，而自奉俭薄如此。外人不以公清俭为美，反以为有公孙布被之诈。"文节叹曰："以吾今日之禄，虽侯服王食，何忧不足？然人情由俭入奢则易，由奢入俭则难。此禄安能常恃，一旦失之，家人既习于奢，不能顿俭，必至失所，曷若无失其常！吾虽违世，家人犹如今日乎！"闻者服其远虑。此皆以德业遗子孙者也，所得顾不多乎？

——（北宋）司马光《家范·祖》

13 饼羹待客

王安石在相位，子妇之亲萧氏子至京师，因谒公，公约之饭。翌日，萧氏子盛服而往，意为公必盛馔。日过午，觉饥甚而不敢去。又久之，方命坐，果蔬皆不具，其人已心怪之。酒三行，初供胡饼两枚，次供猪脔[1]数四，顷即供饭，傍置菜羹而已。萧氏子颇骄纵，不复下箸，惟啖胡饼中间少许，留其四傍。公取自食之，其人愧甚而退。

——（宋）曾敏行《独醒杂志》卷二

14 荤素五品

袁黄公力行节俭，与缙绅相约：每会荤素五品，不许宰牲。然县门左右各有熟食店，具来已久，日杀牲甚众，公亦不能禁也。已而渐少，期年之后，并无一家卖熟食者。盖向来买食，皆由讼者邀宴吏胥。今公随问随结，庭无滞狱[2]，买者鲜少，则卖者折阅，故皆徙业耳。

——（宋）无名氏《感应篇》

15 俭遗家风

吾居贫，不喜为人言，故知者少。今启手足之后，乃至不能办

---

① 脔（luán）：切成小块的肉。

② 滞狱：因积压或拖延未予审决的案件。

棺殓，度不免以累亲故，然当痛节所费，但或入土则已矣，更不可借口干人，以资他用。

——（南宋）陆游《放翁家训》

16 张俭旧袍

重熙五年，帝幸礼部贡院及亲试进士，皆俭发之。进见不名，赐诗褒美。俭衣唯䌷帛，食不重味，月俸有余，周给亲旧。方冬，奏事便殿，帝见衣袍弊恶，密令近侍以火夹穿孔记之，屡见不易。帝问其故，俭对曰："臣服此袍已三十年。"时尚奢靡，故以此微讽喻之。上怜其清贫，令恣取内府物，俭奉诏持布三端而出，益见奖重。俭弟五人，上欲俱赐进士第，固辞。有司获盗八人，既戮之，乃获正贼。家人诉冤，俭三乞申理。上勃然曰："卿欲朕偿命耶！"俭曰："八家老稚无告，少加存恤，使得收葬，足慰存没矣。"乃从之。俭在相位二十余年，裨益为多。

——（元）脱脱等《辽史·列传》

17 李沆造屋

沆性直谅，内行修谨，言无枝叶，识大体。居位慎密，不求声誉，动遵条制，人莫能干以私。家人劝治居第，未尝答。弟维因语次及之，沆曰："身食厚禄，时有横赐，计囊装亦可以治第，但念内典以此世界为缺陷，安得圆满如意，自求称足？今市新宅，须一年缮完，人生朝暮不可保，又岂能久居？巢林一枝，聊自足耳，安事丰屋哉？"

——（元）脱脱等《宋史·列传》

18 王曾送纸

曾资质端厚，眉目如画。在朝廷，进止皆有常处，平居寡言笑，人莫敢干以私。少与杨亿同在侍从，亿喜谈谑，凡僚友无不狎侮。至与曾言，则曰："余不敢以戏也。"平生自奉甚俭，有故人子孙京来告别，曾留之具馔，食后，合中送数轴简纸，启视之，皆它人书简后裁取者也。

——（元）脱脱等《宋史·王曾传》

19 清贫乐施

仲淹内刚外和，性至孝，以母在时方贫，其后虽贵，非宾客不重肉。妻子衣食，仅能自充。而好施予，置义庄里中，以赡族人。泛爱乐善，士多出其门下，虽里巷之人，皆能道其名字。死之日，四方闻者，皆为叹息。为政尚忠厚，所至有恩，邠、庆二州之民与属羌，皆画像立生祠事之。及其卒也，羌酋以数百人，哭之如父，斋三日而去。

——（元）脱脱等《宋史·范仲淹传》

20 不畜衣粮

唐通慧，三十出家，入太白山不赍粮，取给草果，渴则饮水，息则依树，坐起禅思。经于五年，因以木打块，块破形销，廓然大悟。晚年一裙一被，所着麻鞋至廿载，布纳重缝，冬夏不易焉。

——（明）莲池《缁门崇行录》

21 诲众清约

宋慈受深禅师，小参示众云："忘名利，甘淡薄，世间心轻微，道念自然浓厚。匾担山和尚，一生拾橡栗为食；永嘉大师，不吃锄头下菜；高僧惠休，三十年着一衲鞋，遇软地则赤脚。汝今种种受用，未饥而食，未寒而衣，未垢而浴，未睡而眠；道眼未明，心漏未尽，如何消得？"

——（明）莲池《缁门崇行录》

22 左溪遁迹

唐玄郎，傅大士六世孙也。常行头陀，依严傍涧，号左溪尊者。宴居一室，自以为法界之宽。一郁多罗，四十余年；一尼师坛，终身不易。非寻经典，不轻燃一烛；非觐圣容，不妄行一步。洗钵则群猿争捧，诵经则众鸟交翔。刺史王正容屡请入城；师不欲往，竟辞以疾。赞曰："今人读永嘉答书，藐视朗师等之僻见，不知永嘉特一时遣著之语。而左溪遗范，正学者今日事也。明眼者审之。"

——（明）莲池《缁门崇行录》

23 青菜于公

（于清端）自江防迁闽臬，舟将发，趣[①]人买萝卜至数云。人笑曰："贱物耳，何多为?"公曰："我沿途供馔，赖此矣。"其自北直赴江宁也，与幼子赁驴车一辆，各袖钱数十文，投旅舍，未尝烦驿递公馆也。在制府署，日惟啖青菜，江南人或呼为"于青菜"。仆从无从得茗，则日采衙后槐叶啖之，树为之秃。诸子冬衣褐[②]，或木棉袍，未尝制一裘。官楚时，长公子将归，署中偶有腌鸭，刳半与之。民间有"于公豆腐量太狭，长公临行割半鸭"之谣。公卒之日，僚吏见床头敝笥中，惟绨袍[③]一袭，靴带二事，瓦瓮中粗米数斛，盐豉数器而已。

——（清）陈康祺《郎潜纪闻二笔》

24 不分遗产

黄蛟门，名以旗，嘉庆朝之江宁增生也。父有遗产，殁后，五子均分，蛟门以长男独不与。既贫甚，常为童子师以自给，盖冬不裘、夏不帷幕者三十余年，冠履虽垢敝不易也，时有补缀痕。有笑之者，惟以一笑为答。常膳不具兼味，人或招与饮食，必坚拒逃匿，须要觅牵持，不得已而后至，经数日，辄相酬，其丰腆恒

① 趣：通"促"，催促。

② 褐：粗布衣服。

③ 绨（tí）袍：厚缯制成之袍。绨：一种粗厚光滑的丝织品。

倍之。

——（清）徐珂《清稗类钞·廉俭类》

25 蹙额珍馔

彭雪琴力崇俭朴，偶微服出，状如村夫子。巡阅长江时，每赴营官处，营官急将厅事陈设之古玩及华焕①之铺陈，一律撤去，始敢迎入。副将某以千金购玉钟，闻公至，捧而趋，砰然坠地。公见之，微笑曰："惜哉！"副将悚服，不敢仰视。曾饭友人处，见珍馔，辄蹙额，终席不下箸，惟嗜辣椒豆腐。友人谒之于西湖"退省庵"，公衣茧绸袍，加羊毛外褂，已裂数处，冠缨作黄色。室中除笔砚外，惟竹簏②二事。久之，命饭，园蔬数种，中置肉一盘而已。

——陆春祥《新世说》

---

① 华焕：光彩绚丽。

② 簏（lù）：书箱。

七　孝亲尊师

一　本篇导读

孝亲尊师是中华民族的传统美德，古往今来，代代相传。孝亲是调整子女与父母之间的家庭伦理关系，尊师则是调整学生与老师之间的社会伦理关系。

在中国传统社会，“孝亲”不仅是维系家庭关系的基本准则，也是最基本的家庭伦理道德。中国古人历来注重孝悌人伦的培养与教化：“夫有人民而后有夫妇，有夫妇而后有父子，有父子而后有兄弟：一家之亲，此三而已。自兹以往，至于九族，皆本于三亲焉，故于人伦为重者也，不可不笃。”（《颜氏家训》）

在中国古人看来，孝亲的重要性在于：

其一，孝亲是人之本性。人一出生，便与自己的亲人血脉相连，从而构成了每个人都割舍不下、忘却不掉的至深至重的内在情感。《吕氏春秋·季秋纪第九》记载：“父母之于子也，子之于父母也，一体而两分，同气而异息。若草莽之有华实也，若树木之有根心也，虽异处而相通，隐志相及，痛疾相救，忧思相感，生则相欢，死则相哀，此之谓骨肉之亲。神出于忠，而应乎心，两精相得，岂待言哉?”依据此论，父母对子女，子女对父母，大家是一体而二分的、气息相通的。就像草丛中有鲜花果实，就像树木之间有根须，虽然在不同的地方但是精气相通，心事相连，痛疾相合，愁思相染，活着就互相欢喜，死了就互相悲伤，这就叫骨肉之情。

精神在忠孝里产生，在心中应和，两种精神相通，哪里还用说呢？为此，《大戴礼记》将子女的身体视为“亲之遗体”，父母对子女有生与育之“大恩大德”，因此便内在地要求子女应该具备“孝”之德性，“一举足不敢忘父母，一出言不敢忘父母”，在举手投足之间都应当心存对父母的感念与关心。

其二，孝亲为立德之本。孔子曾断言“夫孝，德之本也”，那份植根于血缘关系的最朴素、最本初的骨肉亲情，乃是整个人伦道德的情感基础。儒家提出：“君子务本，本立而道生，孝弟也者，其为仁之本与。”这就意味着，对父母的爱心、感恩之心，是一个人道德行为的起点，孝乃是一切道德规范的根本及其发展的前提。《隋书·帝纪》更是明确指出，“孝悌有闻，人伦之本，德行敦厚，立身之基”，认为“孝悌有闻”是人伦的根本，“德行敦厚”是立身的基础。正因如此，孝不仅是德行之根本，也是道德教化的出发点。《孝经》曰：“夫孝，德之本也，教之所由生也。”《魏志》曰：“夫孝敬仁义，百行之首，而立身之本也。孝敬则宗族安之，仁义则乡党重之。此行成于内，名著于外者矣。”这就意味着，孝敬仁义，既是立身处世的根本所在，也是扬名于外的基本前提，故而也是教化的根本。明代张居正因父丧而不回家守孝，在朝中引起风波，受到天下读书人的指责。古人认为，作为儿女，如果对生养自己的父母都不能真心尽子女之孝，对其他人、其他事又怎么能“尽心”呢？

事实上，中国古代思想家把孝上升为具有普遍社会意义的伦理准则，千百年来一直作为伦理道德之本、行为规范之首，备受推崇，并渗透到了几千年来中国社会生活的方方面面。应当指出的是，儒家注重“孝”，其根本目的在于“治”，即由“伦理”上升为“政治”，这是一个从内到外、由近及远、由亲到疏的逻辑关系。《孝经》中说：“始于事亲，中于事君，终于立身。”指出孝是个体心性修为、社会道德建设之基础。在传统宗法社会，统治者巧妙地将原本属于家庭道德范畴的“孝”与作为政治伦理规范的“忠”

联系起来，适应了中国传统社会家国一体的结构，有效地维护了宗法等级社会秩序。中国古人所谓“求忠臣必于孝子之门”（《后汉书·韦彪传》）的论断和做法，即是这一逻辑的产物。如今，在新的历史时期，面对老龄化社会的挑战，我们有必要大力弘扬传统孝道，并赋予其新的内涵，以裨益于当代社会。

如果说，孝亲是对血缘之情的知恩图报，那么，尊师则是对精神传承的知恩图报。事实上，尊师重教、崇智尚学是中华民族的优良传统。荀子尝言“国将兴，必贵师而重傅；贵师而重傅，则法度存”，认为国家兴盛，必然要尊师重教，尊师重教，国家的法度就得到了保存；韩愈曾说“举世不师，故道益离”，认为只有尊师重道，方能不偏离“道统”；苏轼也说“斯文有传，学者有师”，强调礼乐教化、典章制度以及文学典籍等要后继有人，求学问的人要有老师的指导；李觏还说“善之本在教，教之本在师”，认为善良的根本在于教育，教育的根本在于老师。在中国文化当中，老师不仅仅是指在学校教育中“传道授业解惑”者。孔子说“三人行，必有我师焉”，这就意味着，在人生的某一阶段，我们曾受到教益、获得启发的人，都可以称之为“老师”。那么，在一个人的生命历程当中，亲人、朋友、领导、同事甚至恋人、学生、子女，都有可能扮演老师的角色。此外，儒家主张以圣贤为师，见贤思齐，故而，古圣先贤皆可成为老师。诸如，孟子与孔子虽然相隔近两百年，但他一生以孔子为师，“乃所愿，则学孔子也”，他曾坦言，“予未得为孔子徒也，予私淑诸人也”。

在中国古人看来，“尊师”的意义主要在于：

其一，尊重老师，意味着保持谦恭。谦恭是一种美德，也是一种能力。中国古人讲谦恭，完整的意思是说谦虚是外在的表现，恭敬是内心的状态，只有内心做到恭敬，才是真正的谦虚，否则就是孔子所说的“巧言令色鲜矣仁”（《论语·学而》）。在《周易》六十四卦中，《谦卦》六爻皆吉，“谦，亨”，“君子有终，吉”。这说明，谦虚乃是天地之间趋吉避凶的正道。历史也反复证明，谦卑恭敬的人会得到众人的拥戴和帮助，这是天道，是自然规律。正因如此，孔子告诫学生说：“如有周公之才之美，使骄且吝，其余不足观也已。”（《论语 · 泰伯》）即使有周公那样美好的才能，如果自大而又贪鄙，那么其他方面也就不足观了。事实上，一个懂得尊重老师的人，内心必定是谦恭的、真诚的、敞开的，也只有如此，才能保持学习的态度，才能够接收到老师所传达的信息。

其二，尊重老师，意味着懂得感恩。中国古人常说“投之以桃，报之以李”，“滴水之恩，当涌泉相报”，“衔环结草，以恩报德”，还说“羊有跪乳之恩”“鸦有反哺之义”。尊重老师，意味着懂得感恩。感恩，是一种充满正能量的生活态度，也是生活当中的大智慧。一个懂得感恩老师的人，才会懂得宽容，懂得付出，懂得回报。而一个不懂得感恩的人，成长的道路上必然布满了荆棘。一个懂得尊重老师的人，才有可能将这份尊重推广于其他人；一个懂得感恩老师的人，才有可能将这份感恩推广于其他人。因为心存感恩，一个人对生命的体验和见解将会更加深入。

从现代意义上说，传统尊师的观念依然有其重要意义。事实上，尊重老师，就是尊重自己——尊重自己的精神历程，尊重那个内在的自己。外在的、有形的老师只是为了启发并显现那个内在的、无形的老师。外在老师的教诲也许只是具体的、阶段性的，而内在老师的教导则是根本的、恒久的。倘若没有内在的老师，任凭外在的老师如何努力，也无法真正发挥作用。就此而言，尊重外在的老师，就是尊重那个内在的老师，尊重那个“我固有之”的本心。事实上，唯有懂得尊重老师的人，智慧之门才会真正向他（她）敞开。

二　经典名篇

1 子道

【提要】 本篇选自《荀子》。文章重点论述的是孝悌之道，但它的重点在于把人的普通情感、行为导向“大孝”的精神境界。文中指出孝悌只是人的“小行”，只有追求道义才是“大行”，这样就把孝悌原则和道义原则结合起来，给孝悌理念注入了更加深刻、更加普遍性的精神内涵。人当以道义为根本，行孝悌之道，人能致力于此，则儒者之道，尽在其中，就是大孝。大孝也不是空洞的精神境界，其中包含对具体德目的实际践行，也就是从小孝到大孝的过程，而大孝的表现在功业上与小孝不同。

【原文】

入孝出弟，人之小行也。上顺下笃，人之中行也；从道不从君，从义不从父，人之大行也。若夫志以礼安，言以类使，则儒道毕矣。虽尧舜不能加毫末于是矣。孝子所不从命有三：从命则亲危，不从命则亲安，孝子不从命乃衷；从命则亲辱，不从命则亲荣，孝子不从命乃义；从命则禽兽，不从命则修饰，孝子不从命乃敬。故可以从命而不从，是不子也；未可以从而从，是不衷也；明于从不从之义，而能致恭敬，忠信、端悫[①]、以慎行之，则可谓大孝矣。传曰：“从道不从君，从义不从父。”此之谓也。故劳苦、雕萃[②]而能无失其敬，灾祸、患难而能无失其义，则不幸不顺见恶而能无失其爱，非仁人莫能行。《诗》曰：“孝子不匮。”此之谓也。

鲁哀公问于孔子曰：“子从父命，孝乎？臣从君命，贞乎？”三问，孔子不对。孔子趋出以语子贡曰：“乡者，君问丘也，曰：‘子从父命，孝乎？臣从君命，贞乎？’三问而丘不对，赐以为何如？”子贡曰：“子从父命，孝矣。臣从君命，贞矣，夫子有奚对焉？”孔子曰：“小人哉！赐不识也！昔万乘之国，有争臣四人，则封疆不削；千乘之国，有争臣三人，则社稷不危；百乘之家，有争臣二人，则宗庙不毁。父有争子，不行无礼；士有争友，不为不义。故子从父，奚子孝？臣从君，奚臣贞？审其所以从之之谓孝、之谓贞也。”

---

① 端悫［duānquè］：正直诚谨。

② 雕萃：同雕瘁，伤损病困；凋摧憔悴。

子路问于孔子曰："有人于此，夙兴夜寐，耕耘树艺，手足胼胝，以养其亲，然而无孝之名，何也？"孔子曰："意者身不敬与？辞不逊与？色不顺与？古之人有言曰：'衣与！缪与！不女聊。'今夙兴夜寐，耕耘树艺，手足胼胝[①]，以养其亲，无此三者，则何以为而无孝之名也？意者所友非仁人邪？"孔子曰："由志之，吾语汝。虽有国士之力，不能自举其身。非无力也，势不可也。故入而行不修，身之罪也；出而名不章，友之过也。故君子入则笃行，出则友贤，何为而无孝之名也！"

子路问于孔子曰："鲁大夫练而床，礼邪？"孔子曰："吾不知也。"子路出，谓子贡曰："吾以为夫子无所不知，夫子徒有所不知。"子贡曰："汝何问哉？"子路曰："由问：'鲁大夫练而床，礼邪？'夫子曰：'吾不知也。'"子贡曰："吾将为女问之。"子贡问曰："练而床，礼邪？"孔子曰："非礼也。"子贡出，谓子路曰："女谓夫子为有所不知乎！夫子徒无所不知。女问非也。礼：居是邑不非其大夫。"

子路盛服而见孔子，孔子曰："由，是裾裾[②]何也？昔者江出于岷山，其始出也，其源可以滥觞，及其至江之津也，不放舟，不避风，则不可涉也。非维下流水多邪？今女衣服既盛，颜色充盈，天下且孰肯谏女矣！子路趋而出，改服而入，盖犹若也。"孔子曰："由志之！吾语汝：奋于言者华，奋于行者伐，色知而有能者，小人也。故君子知之曰知之，不知曰不知，言之要也；能之曰能之，不能曰不能，行之至也。言要则知，行至则仁；既知且仁，夫恶有不足矣哉！"

子路入，子曰："由！知者若何？仁者若何？"子路对曰："知者使人知己，仁者使人爱己。"子曰："可谓士矣。"子贡入，子曰："赐！知者若何？仁者若何？"子贡对曰："知者知人，仁者爱人。"子曰："可谓士君子矣。"颜渊入，子曰："回！知者若何？

---

① 胼胝：俗称"老茧"。

② 裾裾：衣服华丽的样子。

仁者若何?”颜渊对曰:“知者自知，仁者自爱。”子曰:“可谓明君子矣。”

子路问于孔子曰:“君子亦有忧乎?”孔子曰:“君子其未得也，则乐其意，既已得之，又乐其治。是以有终生之乐，无一日之忧。小人者其未得也，则忧不得;既已得之，又恐失之。是以有终身之忧，无一日之乐也。”

2 弟子行

【提要】 本篇选自《孔子家语》。这是一篇首尾连贯的完整对话，文中有子贡对孔门数位弟子操行所做的评价。这些评价不似《论语》中那么简洁，有七十子后学之文风。后面还有孔子对历史人物的评价。尽管内容驳杂，但从侧面反映了孝亲尊师和公忠爱国之间的逻辑关系，体现了儒学的内在有机性。比如文中提到，孝是道德的起始，悌是道德的前进，信是道德的加深，忠是道德的准则。再如论述贤人品德:改变自己的行为来等待机遇，身处低位却不攀附高枝。四处游观，不可忘记父母;想到父母，即使不尽兴也须赶快归来;才能不足就去学习，以不造成终身的遗憾。本篇将尊师孝亲放在弟子修养的整体范围内进行考察，辩证联系地审视孝敬之德，文法奇特，因此显得弥足珍贵。

【原文】

卫将军文子问于子贡曰:“吾闻孔子之施教也，先之以《诗》《书》，导之以孝悌，说之以仁义，观之以礼乐，然后成之以文德。盖入室升堂者七十有余人，其孰为贤?”子贡对以不知。

文子曰:“以吾子常与学，贤者也。何为不知?”

子贡对曰:“贤人无妄，知贤即难。故君子之言曰:智莫难于知人。是以难对也。”

文子曰:“若夫知贤莫不难，今吾子亲游焉，是以敢问。”

子贡曰:“夫子之门人，盖有三千就焉。赐有逮及焉、未逮及焉。故不得徧知以告也。”

文子曰："吾子所及者，请问其行。"

子贡对曰："夫能夙兴夜寐，讽诵崇礼，行不贰过，称言不苟，是颜回之行也。孔子说之以《诗》曰：'媚兹一人，应侯慎德，永言孝思，孝思惟则。'若逢有德之君，世受显命，不失厥名，以御于天子，则王者之相也。

"在贫如客，使其臣如借，不迁怒，不深怨，不录旧罪，是冉雍之行也。孔子论其材曰：'有土之君子也，有众使也，有刑用也，然后称怒焉。'孔子告之以《诗》曰：'靡不有初，鲜克有终。'匹夫不怒，唯以亡其身，不畏强御，不侮矜寡，其言循性，其都以富，材任治戎，是仲由之行也。孔子和之以文，说之以《诗》曰：'受小共大共，而为下国骏厖[①]，荷天子之龙，不戁[②]不悚，敷奏其勇。'强乎武哉！文不胜其质。

"恭老恤幼，不忘宾旅，好学博艺，省物而勤也，是冉求之行也。孔子因而语之曰：'好学则智？孤则惠，恭则近礼，勤则有继，尧舜笃恭，以王天下。'其称之也，曰：'宜为国老。'斋庄而能肃，志通而好礼，傧相两君之事，笃雅有节，是公西赤之行也。子曰：'礼经三百，可勉能也；威仪三千，则难也。'公西赤问曰：'何谓也？'子曰：'貌以傧礼，礼以傧辞，是谓难焉；众人闻之，以为成也。'孔子语人曰：'当宾客之事，则达矣。'谓门人曰：'二三子之欲学宾客之礼者，其于赤也。'

"满而不盈，实而如虚，过之如不及，先王难之，博无不学，其貌恭，其德敦，其言于人也，无所不信，其骄于人也，常以浩浩，是以眉寿，是曾参之行也。孔子曰：'孝、德之始也；悌、德之序也；信、德之厚也；忠、德之正也。参中夫四德者也。'以此称之。

"美功不伐，贵位不善，不侮不佚，不傲无告，是颛孙师之行也。孔子言之曰：'其不伐，则犹可能也；其不弊百姓，则仁也。'

---

① 骏厖：亦作"骏蒙"，亦作"骏庞"。犹言笃厚。

② 戁：恐惧。

《诗》云：‘恺悌君子[①]，民之父母。’夫子以其仁为大，学之深，送迎必敬，上交下接若截焉，是卜商之行也。孔子说之以《诗》曰：‘式夷式已，无小人殆。’若商也，其可谓不险矣。

“贵之不喜，贱之不怒，苟利于民矣，廉于行己，其事上也，以佑其下，是澹台灭明之行也。孔子曰：‘独贵独富，君子耻之，夫也中之矣。’

“先成其虑，及事而用之，故动则不妄，是言偃之行也。孔子曰：‘欲能则学，欲知则问，欲善则详，欲给则豫，当是而行，偃也得之矣。’

“独居思仁，公言仁义，其于《诗》也，则一日三覆白圭之玷，是宫缘之行也。孔子信其能仁，以为异士。

“自见孔子，出入于户，未尝越履，往来过之，足不履影，启蛰不杀，方长不折，执亲之丧，未尝见齿，是高柴之行也。孔子曰：‘柴于亲丧，则难能也，启蛰不杀，则顺人道；方长不折，则恕仁也。成汤恭而以恕，是以日跻。’凡此诸子，赐之所亲睹者也。吾子有命而讯赐，赐也固，不足以知贤。”文子曰：“吾闻之也，国有道，则贤人兴焉，中人用焉，乃百姓归之。若吾子之论，既富茂矣，壹诸侯之相也，抑世未有明君，所以不遇也。”

子贡既与卫将军文子言，适鲁，见孔子曰：“卫将军文子问二三子之于赐，不一而三焉；赐也辞不获命，以所见者对矣。未知中否，请以告。”

孔子曰：“言之乎。”子贡以其辞状告孔子。子闻而笑曰：“赐！汝次为人矣。”子贡对曰：“赐也何敢知人，此以赐之所睹也。”孔子曰：“然。吾亦语汝耳之所未闻，目之所未见者，岂思之所不至，知之所未及哉！”子贡曰：“赐愿得闻之。”

孔子曰：“不克不忌，不念旧怨，盖伯夷叔齐之行也。

“思天而敬人，服义而行信，孝于父母，恭于兄弟，从善而不

---

① 恺悌君子：泛指品德优良、平易近人的人。

教，盖赵文子之行也。

“其事君也，不敢爱其死，然亦不敢忘其身，谋其身不遗其友，君陈则进而用之，不陈则行而退，盖随武子之行也。

“其为人之渊源也，多闻而难诞，内植足以没其世；国家有道，其言足以治；无道，其默足以生，盖铜鞮①伯华之行也。

“外宽而内正，自极于隐括之中，直己而不直人，汲汲于仁，以善自终，盖蘧伯玉之行也。孝恭慈仁，允德图义，约货去怨，轻财不匮，盖柳下惠之行也。

“其言曰：‘君虽不量于其身，臣不可以不忠于其君；是故君择臣而任之，臣亦择君而事之。’有道顺命，无道衡命，盖晏平仲之行也。蹈忠而行信，终日言，不在尤之内，国无道，处贱不闷，贫而能乐，盖老子之行也。

“易行以俟天命，居下不援其上，其亲观于四方也，不忘其亲，不尽其乐，以不能则学，不为己终身之忧，盖介子山之行也。”

子贡曰：“敢问夫子之所知者，盖尽于此而已乎？”

孔子曰：“何谓其然？亦略举耳目之所及而已。昔晋平公问祁奚曰：‘羊舌大夫、晋之良大夫也。其行如何？’祁奚辞以不知。公曰：‘吾闻子少长乎其所，今子掩之，何也？’祁奚对曰：‘其少也恭而顺，心有耻而不使其过宿；其为大夫，悉善而谦其端；其为舆尉也，信而好直其功。至于其为容也，温良而好礼，博闻而时出其志。’公曰：‘曩者问子，子奚曰不知也？’祁奚曰：‘每位改变，未知所止，是以不敢得知也。此又羊舌大夫之行也。’”

子贡跪曰：“请退而记之。”

3 怨慕

【提要】 本篇节选自《孟子·万章》，主题是“怨慕”，在孝道思想领域是非常深刻的一部分。“慕父母”，就是和父母亲之间具有

① 铜鞮：春秋晋邑名，在今山西省沁县南。晋平公曾筑铜鞮宫于此。

亲密感，而这种亲密感在人类儿童时期无不具有，但是成年以后却逐渐丧失。而“怨慕”恰恰是贤人向这种亲密感、合一感的努力回归。孝道可以令人坚强奋发，可以使人身体刚健，可以使人行为端正，可以使人内心强大，即孟子所谓“可以解忧”，其中原因很可能就在于“慕父母”，这是“亲”之所以为亲的根本所在，是人心内部的驱力源头，是孝道文化的核心。脱离了它，孝道就有沦为空洞说教之虞。

【原文】

万章问曰：“舜往于田，号泣于旻天，何为其号泣也？”

孟子曰：“怨慕也。”

万章曰：“父母爱之，喜而不忘；父母恶之，劳而不怨。然则舜怨乎？”

曰：“长息问于公明高曰：‘舜往于田，则吾既得闻命矣；号泣于旻天，于父母，则吾不知也。’公明高曰：‘是非尔所知也。’夫公明高以孝子之心，为不若是恝[①]，我竭力耕田，共为子职而已矣，父母之不我爱，于我何哉？帝使其子九男二女，百官牛羊仓廪备，以事舜于畎亩之中。天下之士多就之者，帝将胥天下而迁之焉。为不顺于父母，如穷人无所归。天下之士悦之，人之所欲也，而不足以解忧；好色，人之所欲，妻帝之二女，而不足以解忧；富，人之所欲，富有天下，而不足以解忧；贵，人之所欲，贵为天子，而不足以解忧。人悦之、好色、富贵，无足以解忧者，惟顺于父母可以解忧。人少，则慕父母；知好色，则慕少艾；有妻子，则慕妻子；仕则慕君，不得于君则热中。大孝终身慕父母。五十而慕者，予于大舜见之矣。”

4 孝行

【提要】本篇出自《吕氏春秋》。本篇认为，统治天下，治理

---

① 恝：淡然，无动于衷。

国家，必先致力于根本，而把非根本的东西放在后边。所谓根本，有不少内容，但其中没有比孝道更重要的了。君主做到孝，名声就会卓著荣耀，下面的人就会服从，天下的人就会赞誉；臣子做到孝，那么侍奉君主就忠诚，居官就清廉，面临灾难就能献身；士人百姓做到孝，耕耘就会用力，攻必克，守必固，不疲困，不败逃。可以说，这个逻辑关系是有一定合理性的。本篇把推行孝道的着眼点放在政治哲学的角度，令人耳目一新。

【原文】

凡为天下，治国家，必务本而后末。所谓本者，非耕耘种殖之谓，务其人也。务其人，非贫而富之，寡而众之，务其本也。务本莫贵于孝。人主孝，则名章荣，下服听，天下誉。人臣孝，则事君忠，处官廉，临难死。士民孝，则耕芸疾，守战固，不罢北。夫孝，三皇五帝之本务，而万事之纪也。

夫执一术而百善至、百邪去、天下从者，其惟孝也。故论人必先以所亲，而后及所疏；必先以所重，而后及所轻。今有人于此，行于亲重，而不简慢于轻疏，则是笃谨孝道，先王之所以治天下也。故爱其亲，不敢恶人；敬其亲，不敢慢人。爱敬尽于事亲，光耀加于百姓，究于四海，此天子之孝也。

曾子曰："身者，父母之遗体也。行父母之遗体，敢不敬乎？居处不庄，非孝也。事君不忠，非孝也。莅官不敬，非孝也。朋友不笃，非孝也。战陈无勇，非孝也。五行不遂，灾及乎亲，敢不敬乎？"

商书曰："刑三百，罪莫重于不孝。"

曾子曰："先王之所以治天下者五：贵德，贵贵，贵老，敬长，慈幼。此五者，先王之所以定天下也。所谓贵德，为其近于圣也。所谓贵贵，为其近于君也。所谓贵老，为其近于亲也。所谓敬长，为其近于兄也。所谓慈幼，为其近于弟也。"

曾子曰："父母生之，子弗敢杀。父母置之，子弗敢废。父母全之，子弗敢阙。故舟而不游，道而不径，能全支体，以守宗庙，可谓孝矣。”

养有五道：修宫室，安床笫，节饮食，养体之道也。树五色，施五采，列文章，养目之道也。正六律，和五声，杂八音，养耳之道也。熟五谷，烹六畜，和煎调，养口之道也。和颜色，说言语，敬进退，养志之道也。此五者，代进而厚用之，可谓善养矣。

乐正子春下堂而伤足，瘳[1]而数月不出，犹有忧色。门人问之曰：“夫子下堂而伤足，瘳而数月不出，犹有忧色，敢问其故？”乐正子春曰：“善乎而问之。吾闻之曾子，曾子闻之仲尼：父母全而生之，子全而归之，不亏其身，不损其形，可谓孝矣。君子无行咫步而忘之。余忘孝道，是以忧。”故曰：身者非其私有也，严亲之遗躬也。

民之本教曰孝，其行孝曰养。养可能也，敬为难。敬可能也，安为难。安可能也，卒为难。父母既没，敬行其身，无遗父母恶名，可谓能终矣。仁者仁此者也，礼者履此者也，义者宜此者也，信者信此者也，强者强此者也。乐自顺此生也，刑自逆此作也。

5 尊师

【提要】本篇亦选自《吕氏春秋》。本篇认为，教育是大义，学习是大智慧。没有比使他人获得利益更大的大义，没有什么能比教育更能使他人获得利益。没有比修养身心更大的智慧，没有比学习更好的修养身心之法。自身的修养完成了，那么做儿子的不用支使就孝顺了，做臣子的不用命令就忠诚了，做君主的不用勉强就公正了，拥有最有利形势的人就可以做天下的君主了。天子进入太学祭祀先代圣人，与曾经当过自己老师的人并排站立，不把他们当作臣子看待，这是敬重学习和尊重老师的表现。

---

① 瘳：痊愈。

【原文】

神农师悉诸，黄帝师大挠，帝颛顼师伯夷父，帝喾师伯招，帝尧师子州支父，帝舜师许由，禹师大成贽，汤师小臣，文王、武王师吕望、周公旦，齐桓公师管夷吾，晋文公师咎犯、随会，秦穆公师百里奚、公孙枝，楚庄王师孙叔敖、沈尹巫，吴王阖闾师伍子胥、文之仪，越王句践师范蠡、大夫种。此十圣人、六贤者，未有不尊师者也。今尊不至于帝，智不至于圣，而欲无尊师，奚由至哉？此五帝之所以绝，三代之所以灭。

且天生人也，而使其耳可以闻，不学，其闻不若聋；使其目可以见，不学，其见不若盲；使其口可以言，不学，其言不若爽；使其心可以知，不学，其知不若狂。故凡学，非能益也，达天性也。能全天之所生而勿败之，是谓善学。子张，鲁之鄙家也；颜涿聚，梁父之大盗也；学于孔子。段干木，晋国之大驵也，学于子夏。高何、县子石，齐国之暴者也，指于乡曲，学于子墨子。索卢参，东方之巨狡也，学于禽滑黎。此六人者，刑戮死辱之人也，今非徒免于刑戮死辱也，由此为天下名士显人，以终其寿，王公大人从而礼之，此得之于学也。

凡学，必务进业，心则无营，疾讽诵，谨司闻，观驩①愉，问书意，顺耳目，不逆志，退思虑，求所谓，时辨说，以论道，不苟辨，必中法，得之无矜，失之无惭，必反其本。

生则谨养，谨养之道，养心为贵；死则敬祭，敬祭之术，时节为务；此所以尊师也。治唐圃②，疾灌寖③，务种树；织葩屦④，结罝网，捆蒲苇；之田野，力耕耘，事五谷；如山林，入川泽，取鱼鳖，求鸟兽；此所以尊师也。视舆马，慎驾御；适衣服，务轻暖；临饮食，必蠲洁⑤；善调和，务甘肥；必恭敬；和颜色，审辞令；

---

① 驩：通“欢”，欢乐。

② 唐圃：场圃。指种植瓜果菜蔬的园地。

③ 灌寖：同灌浸。灌溉，水贯通流注之义。

④ 葩屦：麻鞋。

⑤ 蠲洁：清洁，明洁。

疾趋翔，必严肃。此所以尊师也。

君子之学也，说义必称师以论道，听从必尽力以光明。听从不尽力，命之曰背；说义不称师，命之曰叛；背叛之人，贤主弗内之于朝，君子不与交友。故教也者，义之大者也；学也者，知之盛者也。义之大者，莫大于利人，利人莫大于教。知之盛者，莫大于成身，成身莫大于学。身成则为人子弗使而孝矣，为人臣弗令而忠矣，为人君弗强而平矣，有大势可以为天下正矣。故子贡问孔子曰："后世将何以称夫子？"孔子曰："吾何足以称哉？勿已者，则好学而不厌，好教而不倦，其惟此邪。"天子入太学，祭先圣，则齿尝为师者弗臣，所以见敬学与尊师也。

6 曾子本孝

【提要】 本篇出自西汉儒家学者戴德所编的《大戴礼记》。曾子是以孝著称的儒家大贤，我们这里选了四篇有关曾子论孝道及其相关事迹的记载，历来被称为"孝四篇"，它们反映了孝道精神的不同侧面。《曾子本孝》这一篇的特点是在"忠孝"中强调个人品德。其开篇说："忠者，其孝之本与！"这个"忠"是发自内心的意思，一切侍奉父母的表现都要发自内心，这才是行孝的根本。行孝要先解决自身的问题，加强个人品德修养，细微之处乃至包括保护身体免受伤害。

【原文】

曾子曰：忠者，其孝之本与！孝子不登高，不履危，痹亦弗凭；不苟笑，不苟訾[①]，隐不命，临不指。故不在尤之中也。

孝子恶言死焉，流言止焉，美言兴焉，故恶言不出于口，烦言不及于己。

故孝子之事亲也，居易以俟命，不兴险行以徼幸[②]；孝子游之，

① 訾：诋毁。

② 徼幸：以求利益。

暴人违之；出门而使，不以或为父母忧也；险涂隘巷，不求先焉，以爱其身，以不敢忘其亲也。

孝子之使人也不敢肆，行不敢自专也；父死三年，不敢改父之道；又能事父之朋友，又能率朋友以助敬也。

君子之孝也，以正致谏；士之孝也，以德从命；庶人之孝也，以力恶食；任善，不敢臣三德。

故孝之于亲也，生则有义以辅之，死者哀以莅焉，祭祀则莅之以敬；如此，而成于孝子也。

7 曾子立孝

【提要】本篇也出自《大戴礼记》，侧重阐发在“礼孝”中实践家庭美德。文中称：“君子立孝，其忠之用，礼之贵。”这是说，君子立志行孝，不仅要做到“忠”，还要做到“礼”。关于孝与礼的关系，曾子说：“生事之以礼，死葬之以礼，祭之以礼，可谓孝矣。”由此看来，对待父母只要按礼制去做就是孝。这种观念和《论语》中“以礼节之”的观点是一致的。如果在实现某一德目的过程中不遵循礼的要求，这便不符合儒学观点。在现代社会，可以把礼理解为社会的习俗，乃至规章制度。

【原文】

曾子曰：君子立孝，其忠之用，礼之贵。

故为人子而不能孝其父者，不敢言人父不畜其子者；为人弟而不能承其兄者，不敢言人兄不能顺其弟者；为人臣而不能事其君者，不敢言人君不能使其臣者也。故与父言，言畜子；与子言，言孝父；与兄言，言顺弟；与弟言，言承兄；与君言，言使臣；与臣言，言事君。

君子之孝也，忠爱以敬；反是，乱也。尽力而有礼，庄敬而安之；微谏不倦，听从而不怠，欢欣忠信，咎故不生，可谓孝矣。尽力无礼，则小人也；致敬而不忠，则不入也。是故礼以将其力，敬以入其忠；饮食移味，居处温愉，着心于此，济其志也。

子曰："可人也，吾任其过；不可人也，吾辞其罪"《诗》云："有子七人，莫慰母心。"子之辞也。"夙兴夜寐，无忝[1]尔所生。"言不自舍也。不耻其亲，君子之孝也。

是故未有君，而忠臣可知者，孝子之谓也；未有长，而顺下可知者，弟弟之谓也；未有治，而能仕可知者，先修之谓也。故曰：孝子善事君，弟弟善事长，君子一孝一弟，可谓知终矣。

8 曾子大孝

【提要】本篇选自西汉学者戴德的《大戴礼记》一书。文章揭示了孝的天然本性。尽管历来社会把孝推举到政治教化的高度，但是实际上最初孝道只是自然人的一种心理现象和本能活动，政治化的孝道思想是从这个基础上发展出来的。父母生育子女如同天地阴阳化育万物一样，是自然规律；像万物是自然界的一部分一样，子女也是父母的一部分；像万物要回报自然界一样，子女也要回报父母。曾子所谓的"全体、贵生"之孝，旨在强调"亲之遗体"要保全不亏，重视传宗接代的生命延续。

【原文】

曾子曰："孝有三：大孝尊亲，其次不辱，其下能养。"

公明仪问于曾子曰："夫子可谓孝乎？"曾子曰："是何言与？是何言与？君子之所谓孝者，先意承志，谕父母以道。参直养者也，安能为孝乎？身者，亲之遗体也。行亲之遗体，敢不敬乎？故居处不庄，非孝也；事君不忠，非孝也；莅官不敬，非孝也；朋友不信，非孝也；战陈无勇，非孝也。五者不遂，灾及乎身，敢不敬乎？故烹熟鲜香，尝而进之，非孝也，养也。君子之所谓孝者，国人皆称愿焉，曰：'幸哉！有子如此！'所谓孝也。民之本教曰孝，其行之曰养。养，可能也；敬，为难。敬，可能也；安，为难。安，可能也；久，为难。久，可能也；卒，为难。父母既殁，慎行

① 无忝：不辜负，不愧对。

其身，不遗父母恶名，可谓能终也。

“夫仁者，仁此者也；义者，宣此者也；忠者，中此者也；信者，信此者也；礼者，体此者也；行者，行此者也；强者，强此者也；乐自顺此生，刑自反此作。夫孝者，天下之大经也。夫孝置之而塞于天地，衡之而衡于四海，施诸后世而无朝夕，推而放诸东海而准，推而放诸西海而准，推而放诸南海而准，推而放诸北海而准。《诗》云：‘自西自东，自南自北，无思不服’，此之谓也。孝有三：大孝不匮，中孝用劳，小孝用力。博施备物，可谓不匮矣。尊仁安义，可谓用劳矣。慈爱忘劳，可谓用力矣。

“父母爱之，喜而不忘；父母恶之，惧而无怨；父母有过，谏而不逆；父母既殁，以哀，祀之加之；如此，谓礼终矣。”

乐正子春，下堂而伤其足，伤瘳，数月不出，犹有忧色。门弟子问曰：“夫子伤足，瘳矣，数月不出，犹有忧色，何也？”乐正子春曰：“善！如尔之问也。吾闻之曾子，曾子闻诸夫子曰：‘天之所生，地之所养，人为大矣。父母全而生之，子全而归之，可谓孝矣；不亏其体，可谓全矣。’故君子顷步之不敢忘也。今予忘夫孝之道矣，予是以有忧色。故君子一举足不敢忘父母，一出言不敢忘父母。一举足不敢忘父母，故道而不径，舟而不游，不敢以先父母之遗体行殆也。一出言不敢忘父母，是故恶言不出于口，忿言不及于己，然后不辱其身，不忧其亲，则可谓孝矣。草木以时伐焉，禽兽以时杀焉。夫子曰：‘伐一木，杀一兽，不以其时，非孝也。’”

9 曾子事父母

【提要】本篇也是选自西汉人戴德的《大戴礼记》。继前三篇谈孝的基本理念之后，本篇主要阐述运用孝悌原则处理家庭内部关系中的具体问题，尤其指出家庭成员的行为不符合道义时应该怎么办。文中重点谈了三对关系：一是儿子和父亲，二是弟弟和哥哥，三是大人和小孩。这三组关系在家庭中最为重要，因为在古代社会，男子是社会的主体力量。在现代社会，这种观点需要进一步修正。运用孝道思想来帮助家庭伦理秩序的建立和疏导，是对孝道思想的重要运用。此外，在未成年人的礼仪方面，本篇也谈得较全面。

【原文】

单居离问于曾子曰："事父母有道乎？"曾子曰："有。爱而敬。父母之行若中道，则从；若不中道，则谏；谏而不用，行之如由己。从而不谏，非孝也；谏而不从，亦非孝也。孝子之谏，达善而不敢争辨；争辨者，作乱之所由兴也。由己为无咎，则宁；由己为贤人，则乱。孝子无私乐，父母所忧忧之，父母所乐乐之。孝子唯巧变，故父母安之。若夫坐如尸，立如齐，弗讯不言，言必齐色，此成人之善者也，未得为人子之道也。"

单居离问曰："事兄有道乎？"曾子曰："有。尊事之，以为己望也；兄事之，不遗其言。兄之行若中道，则兄事之；兄之行若不中道，则养之；养之内，不养于外，则是越之也；养之外，不养于内，则是疏之也；是故君子内外养之也。"

单居离问曰："使弟有道乎？"曾子曰："有。嘉事不失时也。弟之行若中道，则正以使之；弟之行若不中道，则兄事之，诎事兄之道若不可，然后舍之矣。"

曾子曰："夫礼，大之由也，不与小之自也。饮食以齿，力事不让，辱事不齿，执觞觚杯豆而不醉，和歌而不哀，夫弟者，不衡坐，不苟越，不干逆色，趋翔周旋，俛仰从命，不见于颜色，未成于弟也。"

10 孝经

【提要】 本篇选自位列"十三经"之一的《孝经》。该作品以"孝"为中心，通过孔子与其门人曾参谈话的形式，对孝的价值、意义、作用以及实行"孝"的要求和方法等问题进行了集中的阐述，是一部儒家孝伦理的系统化著作。它认为，"孝"是"天之经也，地之义也，民之行也"，"德之本也，教之所由生也"，也就是说孝是自然规律的体现，是人类行为的准则，是国家政治的根本。这种观点对中华文明影响深远，在改革开放的今天，仍然有其积极意义。

【原文】

开宗明义章第一

仲尼居，曾子侍。子曰："先王有至德要道，以顺天下，民用和睦，上下无怨。汝知之乎？"曾子避席曰："参不敏，何足以知之？"子曰："夫孝，德之本也，教之所由生也。复坐，吾语汝。身体发肤，受之父母，不敢毁伤，孝之始也。立身行道，扬名于后世，以显父母，孝之终也。夫孝，始于事亲，中于事君，终于立身。《大雅》云：'无念尔祖，聿修厥德。'"

天子章第二

子曰："爱亲者，不敢恶于人；敬亲者，不敢慢于人。爱敬尽于事亲，而德教加于百姓，刑于四海。盖天子之孝也。《甫刑》云：'一人有庆，兆民赖之。'"

诸侯章第三

在上不骄，高而不危；制节谨度，满而不溢。高而不危，所以长守贵也。满而不溢，所以长守富也。富贵不离其身，然后能保其社稷，而和其民人。盖诸侯之孝也。《诗》云："战战兢兢，如临深渊，如履薄冰。"

卿大夫章第四

非先王之法服不敢服，非先王之法言不敢道，非先王之德行不敢行。是故非法不言，非道不行；口无择言，身无择行。言满天下无口过，行满天下无怨恶。三者备矣，然后能守其宗庙。盖卿、大夫之孝也。《诗》云："夙夜匪懈[①]，以事一人。"

士章第五

资于事父以事母，而爱同；资于事父以事君，而敬同。故母取

① 夙夜匪懈：匪：不。形容日夜谨慎工作，勤奋不懈。

其爱，而君取其敬，兼之者父也。故以孝事君则忠，以敬事长则顺。忠顺不失，以事其上，然后能保其禄位，而守其祭祀，盖士之孝也。《诗》云："夙兴夜寐，无忝尔所生。"

庶人章第六

用天之道，分地之利，谨身节用，以养父母，此庶人之孝也。故自天子至于庶人，孝无终始，而患不及者，未之有也。

三才章第七

曾子曰："甚哉，孝之大也！"子曰："夫孝，天之经也，地之义也，民之行也。天地之经，而民是则之。则天之明，因地之利，以顺天下。是以其教不肃而成，其政不严而治。先王见教之可以化民也，是故先之以博爱，而民莫遗其亲，陈之德义，而民兴行。先之以敬让，而民不争；导之以礼乐，而民和睦；示之以好恶，而民知禁。《诗》云：'赫赫师尹，民具尔瞻。'"

孝治章第八

子曰："昔者明王之孝治天下也，不敢遗小国之臣，而况于公、侯、伯、子、男乎？故得万国之欢心，以事其先王。治国者，不敢侮于鳏寡，而况于士民乎？故得百姓之欢心，以事其先君。治家者，不敢失于臣妾，而况于妻子乎？故得人之欢心，以事其亲。夫然，故生则亲安之，祭则鬼享之。是以天下和平，灾害不生，祸乱不作。故明王之以孝治天下也如此。《诗》云：'有觉德行，四国顺之。'"

圣治章第九

曾子曰："敢问圣人之德，无以加于孝乎？"子曰："天地之性，人为贵。人之行，莫大于孝。孝莫大于严父。严父莫大于配天，则周公其人也。昔者，周公郊祀后稷以配天，宗祀文王于明堂，以配上帝。是以四海之内，各以其职来祭。夫圣人之德，又何以加于孝乎？故亲生之膝下，以养父母日严。圣人因严以教敬，因亲以教爱。圣人之教，不肃而成，其政不严而治，其所因者本也。父子之道，天性也，君臣之义也。父母生之，续莫大焉。君亲临之，厚莫重焉。故不爱其亲而爱他人者，谓之悖德；不敬其亲而敬他人者，谓之悖礼。以顺则逆，民无则焉。不在于善，而皆在于凶德，虽得之，君子不贵也。君子则不然，言思可道，行思可乐，德义可尊，作事可法，容止可观，进退可度，以临其民。是以其民畏而爱之，则而象之。故能成其德教，而行其政令。《诗》云：‘淑人君子，其仪不忒[①]。’”

纪孝行章第十

子曰：“孝子之事亲也，居则致其敬，养则致其乐，病则致其忧，丧则致其哀，祭则致其严。五者备矣，然后能事亲。事亲者，居上不骄，为下不乱，在丑不争。居上骄则亡，为下而乱则刑，在丑而争则兵。三者不除，虽日用三牲之养，犹为不孝也。”

五刑章第十一

子曰：“五刑之属三千，而罪莫大于不孝。要君者无上，非圣人者无法，非孝者无亲。此大乱之道也。”

广要道章第十二

子曰：“教民亲爱，莫善于孝。教民礼顺，莫善于悌。移风易俗，莫善于乐。安上治民，莫善于礼。礼者，敬而已矣。故敬其父，则子悦；敬其兄，则弟悦；敬其君，则臣悦；敬一人，而千万人悦。所敬者寡，而悦者众，此之谓要道也。”

广至德章第十三

子曰：“君子之教以孝也，非家至而日见之也。教以孝，所以敬天下之为人父者也。教以悌，所以敬天下之为人兄者也。教以臣，所以敬天下之为人君者也。《诗》云：‘恺悌君子，民之父母。’非至德，其孰能顺民如此其大者乎！”

广扬名章第十四

子曰：“君子之事亲孝，故忠可移于君。事兄悌，故顺可移于长。居家理，故治可移于官。是以行成于内，而名立于后世矣。”

---

① 忒：差错。

谏诤章第十五

曾子曰："若夫慈爱、恭敬、安亲、扬名，则闻命矣。敢问子从父之令，可谓孝乎?"子曰："是何言与，是何言与！昔者天子有争臣七人，虽无道，不失其天下；诸侯有争臣五人，虽无道，不失其国；大夫有争臣三人，虽无道，不失其家；士有争友，则身不离于令名；父有争子，则身不陷于不义。则子不可以不争于父，臣不可以不争于君；故当不义，则争之。从父之令，又焉得为孝乎！"

感应章第十六

子曰："昔者明王事父孝，故事天明；事母孝，故事地察；长幼顺，故上下治。天地明察，神明彰矣。故虽天子，必有尊也，言有父也；必有先也，言有兄也。宗庙致敬，不忘亲也；修身慎行，恐辱先也。宗庙致敬，鬼神著矣。孝悌之至，通于神明，光于四海，无所不通。《诗》云：'自西自东，自南自北，无思不服。'"

事君章第十七

子曰："君子之事上也，进思尽忠，退思补过，将顺其美，匡救其恶，故上下能相亲也。《诗》云：'心乎爱矣，遐不谓矣，中心藏之，何日忘之。'"

丧亲章第十八

子曰："孝子之丧亲也，哭不偯，礼无容，言不文，服美不安，闻乐不乐，食旨不甘，此哀戚之情也。三日而食，教民无以死伤生。毁不灭性，此圣人之政也。丧不过三年，示民有终也。为之棺椁衣衾而举之，陈其簠簋①而哀戚之；擗踊②哭泣，哀以送之；卜其宅兆，而安措之；为之宗庙，以鬼享之；春秋祭祀，以时思之。生事爱敬，死事哀戚，生民之本尽矣，死生之义备矣，孝子之事亲终矣。"

---

① 簠簋：两种盛黍稷稻粱之礼器。

② 擗踊：拍胸跺脚。

11 学行

【提要】 本篇出自西汉思想家扬雄的《法言》。《法言》模拟《论语》体裁，采用问答形式撰写而成。其《学行》篇扼要地阐述了作者的论学思想，其中关于崇尚师道的观点值得我们重视。首先他表明教人是学行之末，所以师者应以自身学行为本。文中说："学，行之，上也；言之，次也；教人，又其次也。咸无焉，为众人。"又说："师者，人之模范也。"只有自身值得尊敬，才能够真正被尊重。师者自尊在尊师伦理思想中是一个必要环节。

【原文】

学，行之，上也；言之，次也；教人，又其次也。咸无焉，为众人。

或曰："人羡久生，将以学也，可谓好学已乎？"曰："未之好也。学不羡。"

天之道，不在仲尼乎？仲尼驾说者也，不在兹儒乎？如将复驾其说，则莫若使诸儒金口而木舌。

或曰："学无益也，如质何？"曰："未之思矣。夫有刀者礲诸，有玉者错诸，不礲不错[①]，焉攸用？礲而错诸，质在其中矣。否，则辍。"

螟蛉之子，殪而逢，蜾蠃祝之曰："类我，类我。"久则肖之矣。速哉，七十子之肖仲尼也。

学以治之，思以精之，朋友以磨之，名誉以崇之，不倦以终之，可谓好学也已矣。

孔子习周公者也，颜渊习孔子者也。羿、逢蒙分其弓，良舍其策，般投其斧而习诸，孰曰非也？或曰："此名也，彼名也，处一焉而已矣。"曰："川有渎，山有岳，高而且大者，众人所不能逾也。"

---

① 不礲不错：不磨砺，不雕琢。

或问："世言铸金，金可铸与？"曰："吾闻觌君子者，问铸人，不问铸金。"或曰："人可铸与？"曰："孔子铸颜渊矣。"或人踧尔曰："旨哉！问铸金，得铸人。"

学者，所以修性也。视、听、言、貌、思，性所有也。学则正，否则邪。

师哉！师哉！桐子之命也。务学不如务求师。师者，人之模范也。模不模，范不范，为不少矣。

一哄之市，不胜异意焉；一卷之书，不胜异说焉。一哄之市，必立之平。一卷之书，必立之师。

习乎习，以习非之胜是也，况习是之胜非乎？于戏，学者审其是而已矣！或曰："焉知是而习之？"曰："视日月而知众星之蔑也，仰圣人而知众说之小也。"

12 勤求

【提要】本篇节选自东晋葛洪的《抱朴子·内篇》。本篇虽侧重神仙丹道方面，但是其中含有尊师伦理思想的普遍性价值。文中广泛深入地论述求真师、勤修炼等问题。劝人要勤于求师，而且要慎择真师。对现代人来讲，教师职业相对易入，受教育也是每个人的基本权利，但是我们当今的师道观念以及实际品质还存在有待深化的空间。很多师生关系流于形式，或者利益交涉太重，因此产生了诸多弊端。现代社会中固然不能照搬古代的尊师原则，但是文中可取之处还是颇多的。

【原文】

抱朴子曰："古人质正，贵行贱言，故为政者不尚文辨，修道者不崇辞说。风俗衰薄，外饰弥繁，方策既山积于儒门，而内书亦鞅掌于术家。初学之徒，即未便可授以大要。又亦人情以本末殷富者为快。故后之知道者，干吉容嵩桂帛诸家，各著千所篇，然率多教诫之言，不肯善为人开显大向之指归也。其至真之诀，或但口传，或不过寻尺之素，在领带之中，非随师经久，累勤历试者，不能得也。杂猥弟子，皆各随其用心之疏密，履苦之久远，察其聪明之所逮，及志力之所能辨，各有所授，千百岁中，时有尽其囊枕之中，肘腋之下，秘要之旨耳。或但将之合药，药成分之，足以使之不死而已，而终年不以其方文传之。故世闲道士，知金丹之事者，万无一也。而管见之属，谓仙法当具在于纷若之书，及于祭祀拜伏之闲而已矣。夫长生制在大药耳，非祠醮之所得也。昔秦汉二代，大兴祈祷，所祭太乙五神，陈宝八神之属，动用牛羊谷帛，钱费亿万，了无所益。况于匹夫，德之不备，体之不养，而欲以三牲酒肴，祝愿鬼神，以索延年，惑亦甚矣。或颇有好事者，诚欲为道，而不能勤求明师，合作异药，而但昼夜诵讲不要之书，数千百卷，诣老无益，便谓天下果无仙法。或举门扣头，以向空坐，烹宰牺牲，烧香请福，而病者不愈，死丧相袭，破产竭财，一无奇异，终不悔悟，自谓未笃。若以此之勤，求知方之师，以此之费，给买药之直者，亦必得神仙长生度世也。何异诣老空耕石田，而望千仓之收，用力虽尽，不得其所也。所谓适楚而道燕，马虽良而不到，非行之不疾，然失其道也。或有性信而喜信人，其聪明不足以校练真伪，揣测深浅；所博涉素狭，不能赏物。后世顽浅，趣得一人，自誉之子，云我有秘书，便守事之。而庸人小儿，多有外托有道之名，名过其实，由于夸诳，内抱贪浊，惟利是图，有所请为，辄强喑呜，俛仰抑扬。若所知宝秘乃深而不可得之状。其有所请，从其所求，俛仰含笑，或许以顷后，故使不觉者，欲罢而不能，自谓事之未勤，而礼币之尚轻也。于是笃信之心，尤加恭肃，赂以殊玩，为之执奴仆之役，不辞负重涉远，不避经险履危，欲以积劳自效，服苦求哀，庶有异闻。而虚引岁月，空委二亲之供养，捐妻子而不恤，戴霜蹈冰，连年随之，而妨资弃力，卒无所成。彼初诚欺之，末或惭之，懵然体中，实自空罄短乏，无能法以相教，将何法以成人乎？余目见此辈不少，可以有十余人。或自号高名，久居于世，世或谓之已三四百岁，但易名字，诈称圣人，托于人闲，而多有承事之者，余但不喜书其人之姓名耳。颇游俗闲，凡夫不识妍蚩，为共吹扬，增长妖妄，为彼巧伪之人，虚生华誉，歙习[①]遂广，莫能甄别。故或令高人偶不留意澄察，而但任两耳者，误于学者，常由此辈，莫不使人叹息也。每见此曹，欺诳天下，以规势利者，迟速皆受殃罚，天网虽疏，终不漏也。但误有志者可念耳。世人多逐空声，鲜能校实。闻甲乙多弟子，至以百许，必当有异，便载驰竞逐，赴为相聚守之徒，妨工夫以崇重彼愚陋之人也。而不复寻精，彼得门人之力。或以致富，辨逐之虽久，犹无成人之道，愚夫故不知此人不足可事，何能都不与悟，自可悲哉！夫搜寻仞之垄，求干天之木；漉牛迹之中，索吞舟之鳞，用日虽久，安能得乎？嗟乎！将来之学者，虽当以求师为务，亦不可以不详择为急也。陋狭之夫，行浅德薄，功微缘少，不足成人之道，亦无功课以塞人重恩也。深思其趣，勿令徒劳也。”

……

抱朴子曰：“昔者之著道书多矣，莫不务广浮巧之言，以崇玄虚之旨，未有究论长生之阶径，箴砭为道之病痛，如吾之勤勤者也。实欲令迷者知反，失之东隅，收之桑榆，坠井引绠，愈于遂没。但惜美疢[②]而距恶石者，不可如何耳。人谁无过，过而能改，日月之蚀，睎颜氏之子也。又欲使将来之好生道者，审于所托，故竭其忠告之良谋，而不饰淫丽之言，言发则指切，笔下则辞痛，惜在于长生而折抑邪耳，何所索哉？”

抱朴子曰：“深念学道艺养生者，随师不得其人，竟无所成，而使后之有志者，见彼之不得长生，因云天下之果无仙法也。凡自度生，必不能苦身约己以修玄妙者，亦徒进失干禄之业，退无难老之功，内误其身，外沮将来也。仙之可学致，如黍稷之可播种得，甚炳然耳。然未有不耕而获嘉禾，未有不勤而获长生度世也。”

---

① 歙习：不断张扬。

② 美疢：以病为美。

13 师说

【提要】本篇出自唐代文豪韩愈的《韩昌黎集》。该文的中心论点是“学者必有师”，说明老师的作用是“传道、授业、解惑”。从师的正确态度应该是“无贵无贱，无长无少，道之所存，师之所存”和“弟子不必不如师，师不必贤于弟子”，把以前师法、家法的壁垒打破了，把老师与学生的关系推进了一个新的发展阶段。实际上，只有把从师的范围普遍化，才算得上一个真正理解学习内涵的人。如果一个人的自我过于强烈，不肯虚心向他人学习，就是没有真正看懂学习的正道。

【原文】

古之学者必有师。师者，所以传道授业解惑也。人非生而知之者，孰能无惑？惑而不从师，其为惑也，终不解矣。生乎吾前，其闻道也固先乎吾，吾从而师之；生乎吾后，其闻道也亦先乎吾，吾从而师之。吾师道也，夫庸[①]知其年之先后生于吾乎？是故无贵无贱，无长无少，道之所存，师之所存也。

嗟乎！师道之不传也久矣！欲人之无惑也难矣！古之圣人，其出人也远矣，犹且从师而问焉；今之众人，其下圣人也亦远矣，而耻学于师。是故圣益圣，愚益愚。圣人之所以为圣，愚人之所以为愚，其皆出于此乎？爱其子，择师而教之；于其身也，则耻师焉，惑矣。彼童子之师，授之书而习其句读者，非吾所谓传其道解其惑者也。句读[②]之不知，惑之不解，或师焉，或不焉，小学而大遗，吾未见其明也。巫医乐师百工之人，不耻相师。士大夫之族，曰师曰弟子云者，则群聚而笑之。问之，则曰：“彼与彼年相若也，道相似也。位卑则足羞，官盛则近谀。”呜呼！师道之不复可知矣。巫医乐师百工之人，君子不齿，今其智乃反不能及，其可怪也欤！

---

① 庸：岂，表示反问的语气。

② 句读：也叫句逗。古代称文辞意尽处为句，语意未尽而须停顿处为读（逗），句号为圈，逗号为点。古代书籍上没有标点，老师教学童读书时要进行句逗的教学。

圣人无常师。孔子师郯子、苌弘、师襄、老聃。郯子之徒，其贤不及孔子。孔子曰：三人行，则必有我师。是故弟子不必不如师，师不必贤于弟子，闻道有先后，术业有专攻，如是而已。

李氏子蟠，年十七，好古文，六艺经传皆通习之，不拘于时，学于余。余嘉其能行古道，作师说以贻之。

14 父母恩重

【提要】 本篇节选自《佛说父母恩重难报经》。此经历来被认为是一部伪经，即不是从印度梵文翻译而来。这种观点是中肯的。本经具有浓厚的儒家孝道色彩，对父母之深恩描述得淋漓尽致，极富文学感染力，反映了父母恩情的伟大，能够唤起人们内心的感恩之心。搁置其真伪问题，其中弘扬之传统孝道精神方面仍具有积极意义。原文“十恩”部分有颂文，前面有缘起的故事，后面有密咒等，由于篇幅问题，在不影响阅读的情况下予以了删节。此外该经文的重点并不限于所选篇幅，如果想要全面了解佛教的孝道伦理，则需要研究该经的其他部分，及相关经典。

【原文】

佛告阿难：汝今谛听，我当为汝分别解说：母胎怀子，凡经十月，甚为辛苦。在母胎时，第一月中，如草上珠，朝不保暮，晨聚将来，午消散去。母怀胎时，第二月中，恰如凝酥。母怀胎时，第三月中，犹如凝血。母怀胎时，第四月中，稍作人形。母怀胎时，第五月中，儿在母腹生有五胞。何者为五？头为一胞，两肘两膝，各为一胞，共成五胞。母怀胎时，第六月中，儿在母腹，六精齐开，何者为六？眼为一精，耳为二精，鼻为三精，口为四精，舌为五精，意为六精。母怀胎时，第七月中，儿在母腹，生成骨节，三百六十，及生毛孔，八万四千。母怀胎时，第八月中，出生意智，以及九窍。母怀胎时，第九月中，儿在母腹，吸收食物，所出各质，桃梨蒜果，五谷精华。其母身中，生脏向下，熟脏向上，喻如地面，有山耸出，山有三名：一号须弥，二号业山，三号血山。此设喻山，一度崩来，化为一条，母血凝成胎儿食料。母怀胎时，第十月中，孩儿全体一一完成，方乃降生。若是决为孝顺之子，擎拳合掌，安详出生，不损伤母，母无所苦；倘若决为忤逆之子，破损母胎，扯母心肝，踏母跨骨，如千刀搅，又仿佛似万刃攒心。如斯重苦，出生此儿，更分析言，尚有十恩：第一怀胎守护恩；第二，临产受苦恩；第三，生子忘忧恩；第四，咽苦吐甘恩；第五，回干就湿恩；第六，哺乳养育恩；第七，洗濯不净恩；第八，远行忆念恩；第九，深加体恤恩；第十，究竟怜悯恩。……佛告阿难：我观众生，虽绍人品，心行愚蒙，不思爹娘有大恩德，不生恭敬，忘恩背义，无有仁慈，不孝不顺。阿娘怀子，十月之中，起坐不安，如擎重担，饮食不下，如长病人。

月满生时，受诸痛苦，须臾产出，恐已无常，如杀猪羊，血流遍地。受如是苦，生得儿身，咽苦吐甘，抱持养育，洗濯不净，不惮劬劳；忍寒忍热，不辞辛苦；干处儿卧，湿处母眠；三年之中，饮母白血。婴孩童子，乃至成年，教导礼义，婚嫁营谋，备求资业。携荷艰辛，勤苦百倍，不言恩惠。男女有病父母警忧，忧极生病，视同常事。子若病除，母病方愈。如斯养育，愿早成人。及其长成，反为不孝。尊亲与言，不知顺从，应对无礼，恶眼相视。欺凌伯叔，打骂兄弟，毁辱亲情，无有礼仪。虽曾从学，不遵范训，父母教令，多不依从；兄弟共言，每相违戾。出入来往，不启尊堂，言行高傲，擅意为事。父母训罚，伯叔语非，童幼怜愍，尊人遮护，渐渐成长，狠戾不调，不伏亏违，反生嗔恨。弃诸亲友，朋附恶人，习久成性，认非为是。或被人诱，逃往他乡，违背爹娘，离家别眷。或因经纪，或为政行，荏苒因循，便为婚娶，由斯留碍，久不还家。或在他乡，不能谨慎，被人谋害，横事钩牵，枉被刑责，牢狱枷锁。或遭病患，厄难萦缠，囚苦饥羸，无人看待，被人嫌贱，委弃街衢，因此命终，无人救治，膨胀烂坏，日曝风吹，白骨飘零。寄他乡土，便与亲族，欢会长乖，违背慈恩，不知二老，永怀忧念。或因啼泣，眼暗目盲；或因悲哀，气咽成病；或缘忆子，衰变死亡，作鬼抱魂，不曾割舍。或复闻子，不崇学业，朋逐异端，无赖粗顽，好习无益，斗打窃盗，触犯乡间，饮酒樗蒲，奸非过失，带累兄弟，恼乱爹娘。晨去暮还，不问尊亲，动止寒温；晦朔朝暮，永乖扶侍，安床荐枕，并不知闻，参问起居，从此间断。父母年迈，形貌衰羸，羞耻见人，忍受欺抑。或有父孤母寡，独守空堂，犹若客人，寄居他舍，寒冻饥渴，曾不知闻。尽夜常啼，自嗟自叹，应奉甘旨，供养尊亲。若辈妄人，了无是事，每作羞惭，畏人怪笑。或持财食，供养妻儿，忘厥疲劳，无避羞耻；妻妾约束，每事依从，尊长瞋呵，全无畏惧。或复是女，适配他人，未嫁之时，咸皆孝顺；婚嫁已讫，不孝逐增。父母微嗔，即生怨恨；夫婿打骂，忍受甘心。异姓他宗，情深眷重，自家骨肉，却以为疏。或随夫婿，外郡他乡，离别爹娘，无心恋慕，断绝消息，音信不通，逐使爹娘，悬肠挂肚，刻不能安，宛如倒悬，每思见面，如渴思浆；慈念后人，无有休息。父母恩德，无量无边；不孝之愆，卒难陈报。

15 父母师长之恩

【提要】本篇节选自清代高僧省庵的《劝发菩提心文》。该文较长，此处所选仅为其中和尊师孝亲主题相关之部分。该文语言华美，意义深刻，感情充沛，是一篇非常难得的劝孝劝尊之文。当然，文章本身的重点并非在这里，而是劝人以报恩之心发起无上正觉之心。读者从中体会父母师长之恩，也存在一个循序渐进之过程。作者认为，父母把身体给了我们，世间老师把人伦道理和其他知识教导给我们，而只有佛教的师父才能够把佛法教导给我们。这三种恩德都非常重要。因为要报恩，一个人就不能懈怠光阴，而应该发奋图强，上成菩提，下化众生，才为究竟。

【原文】

云何念父母恩？

哀哀父母，生我劬劳，十月三年，怀胎乳哺，推干去湿，咽苦吐甘。才得成人，指望绍继门风，供承祭祀。今我等既已出家，滥称释子，忝号沙门。甘旨不供，祭扫不给。生不能养其口体，死不能导其神灵。于世间则为大损，于出世又无实益。两途既失，重罪难逃。如是思惟，惟有百劫千生，常行佛道；十方三世，普度众生。则不惟一生父母，生生父母，俱蒙拔济。不惟一人父母，人人父母，尽可超升。是为发菩提心第二因缘也。

云何念师长恩？

父母虽能生育我身，若无世间师长，则不知礼义。若无出世师长，则不解佛法。不知礼义，则同于异类。不解佛法，则何异俗人？今我等粗知礼义，略解佛法，袈裟被体，戒品沾身。此之重恩，从师长得。若求小果，仅能自利。今为大乘，普愿利人。则世出世间二种师长，俱蒙利益。是为发菩提心第三因缘也。

三 历史典故

1 考叔“纯孝”感庄公

初，郑武公娶于申，曰武姜。生庄公及共叔段。庄公寤生，惊姜氏，故名曰“寤生”，遂恶之。爱共叔段，欲立之，亟请于武公，公弗许。及庄公即位，为之请制。公曰：“制，岩邑也，虢叔死焉，佗邑唯命。”请京，使居之，谓之“京城大叔”。

祭仲曰：“都，城过百雉，国之害也。先王之制：大都，不过参国之一；中，五之一；小，九之一。今京不度，非制也，君将不堪。”公曰：“姜氏欲之，焉辟害？”对曰：“姜氏何厌之有？不如早为之所，无使滋蔓。蔓，难图也。蔓草犹不可除，况君之宠弟乎？”公曰：“多行不义，必自毙，子姑待之。”

既而大叔命西鄙、北鄙贰于己。公子吕曰：“国不堪贰，君将若之何？欲与大叔，臣请事之；若弗与，则请除之，无生民心。”公曰：“无庸，将自及。”大叔又收贰以为己邑，至于廪延。子封曰：“可矣。厚将得众。”公曰：“不义不暱，厚将崩。”

大叔完聚，缮甲兵，具卒乘，将袭郑。夫人将启之。公闻其期，曰："可矣！"命子封帅车二百乘以伐京。京叛大叔段。段入于鄢。公伐诸鄢。五月辛丑，大叔出奔共。

遂置姜氏于城颍，而誓之曰："不及黄泉，无相见也。"既而悔之。

颍考叔为颍谷封人，闻之，有献于公。公赐之食。食舍肉。公问之，对曰："小人有母，皆尝小人之食矣，未尝君之羹。请以遗之。"公曰："尔有母遗，繄[①]我独无！"颍考叔曰："敢问何谓也？"公语之故，且告之悔。对曰："君何患焉？若阙地及泉，隧而相见，其谁曰不然？"公从之。公入而赋："大隧之中，其乐也融融！"姜出而赋："大隧之外，其乐也洩洩！"遂为母子如初。

君子曰：颍考叔，纯孝也。爱其母，施及庄公。

——《左传》隐公元年

2 子贡尊师

叔孙武叔语大夫于朝曰："子贡贤于仲尼。"子服景伯以告子贡。子贡曰："譬之宫墙，赐之墙也及肩，窥见室家之好。夫子之墙数仞[②]，不得其门而入，不见宗庙之美，百官之富。得其门者或寡矣。夫子之云，不亦宜乎！"

——《论语》

3 忠孝不易

楚有士申鸣者，在家而养其父，孝闻于楚国，王欲授之相，申鸣辞不受，其父曰："王欲相汝，汝何不受乎？"申鸣对曰："舍父之孝子而为王之忠臣，何也？"其父曰："使有禄于国，立义于庭，汝乐吾无忧矣，吾欲汝之相也。"申鸣曰："诺。"遂入朝，楚王因授之相。居三年，白公为乱，杀司马子期，申鸣将往死之，父止之

---

① 繄：句首语气词，作用与"惟"相近。

② 仞：七尺。

曰："弃父而死，其可乎？"申鸣曰："闻夫仕者身归于君而禄归于亲，今既去子事君，得无死其难乎？"遂辞而往，因以兵围之。白公谓石乞曰："申鸣者，天下之勇士也，今以兵围我，吾为之奈何？"石乞曰："申鸣者，天下之孝子也，往劫其父以兵，申鸣闻之必来，因与之语。"白公曰："善。"则往取其父，持之以兵，告申鸣曰："子与吾，吾与子分楚国；子不与吾，子父则死矣。"申鸣流涕而应之曰："始吾父之孝子也，今吾君之忠臣也；吾闻之也，食其食者死其事，受其禄者毕其能；今吾已不得为父之孝子矣，乃君之忠臣也，吾何得以全身！"援桴鼓之，遂杀白公，其父亦死，王赏之金百斤，申鸣曰："食君之食，避君之难，非忠臣也；定君之国，杀臣之父，非孝子也。名不可两立，行不可两全也，如是而生，何面目立于天下。"遂自杀也。

——（西汉）刘向《说苑·立节》

4 张良受书

良尝间从容步游下邳圯上，有一老父，衣褐[①]，至良所，直堕其履圯下，顾谓良曰："孺子，下取履！"良愕然，欲殴之。为其老，强忍，下取履。父曰："履我！"良业为取履，因长跪履之。父以足受，笑而去。良殊大惊，随目之。父去里所，复还，曰："孺子可教矣。后五日平明，与我会此。"良因怪之，跪曰："诺。"五日平明，良往。父已先在，怒曰："与老人期，后，何也？"去，曰："后五日早会。"五日鸡鸣，良往。父又先在，复怒曰："后，何也？"去，曰："后五日复早来。"五日，良夜未半往。有顷，父亦来，喜曰："当如是。"出一编书，曰："读此则为王者师矣。后十年兴，十三年孺子见我济北，谷城山下黄石即我矣。"遂去，无他言，不复见。旦日视其书，乃《太公兵法》

① 褐：粗布短衣。

也。良因异之，常习诵读之。

——（西汉）司马迁《史记·留侯世家》

5 子贡服丧

孔子葬鲁城北泗上，弟子皆服三年。三年心丧毕，相诀而去，则哭，各复尽哀。或复留。惟子贡庐于冢上凡六年，然后去。

——（西汉）司马迁《史记·孔子世家》

6 缇萦救父

文帝四年中，人上书言意，以刑罪当传，西之长安。意有五女，随而泣。意怒，骂曰："生子不生男，缓急无可使者！"于是少女缇萦伤父之言，乃随父西。上书曰："妾父为吏，齐中称其廉平，今坐法当刑。妾切痛死者不可复生，而刑者不可复续，虽欲改过自新，其道莫由，终不可得。妾愿入身为官婢，以赎父刑罪，使得改行自新也。"书闻，上悲其意，此岁中亦除肉刑法。

——（西汉）司马迁《史记·扁鹊仓公列传》

7 伯俞泣杖

汉韩伯俞，梁人，性至孝。母教素严，每有小过，辄杖之。伯俞跪受无怨。一日，复杖，伯俞大泣。母讶问曰："往者杖汝，常悦受之，未尝或泣。今日杖汝，何独泣乎？"伯俞曰："往者儿得罪，笞尝痛，知母康健。今母之力，不能使痛，知母力已衰，恐来日无多，是以悲泣耳。"

——（汉）刘向《说苑·建本》

8 皋鱼三悔

皋鱼曰："吾失之三矣：少而学，游诸侯，以后吾亲，失之一也；高尚吾志，间吾事君，失之二也；与友厚而小绝之，失之三矣。树欲静而风不止，子欲养而亲不待也。往而不可追者，年也，去而不可得见者，亲也。吾请从此辞矣。”

——（西汉）韩婴《韩诗外传》

9 三顾茅庐

臣本布衣，躬耕于南阳，苟全性命于乱世，不求闻达于诸侯。先帝不以臣卑鄙，猥[①]自枉屈，三顾臣于草庐之中，咨臣以当世之事，由是感激，遂许先帝以驱驰。

——（西晋）陈寿《三国志·蜀书·诸葛亮传》

10 司马芝临危护母

司马芝字子华，河内温人也。少为书生，避乱荆州，于鲁阳山遇贼，同行者皆弃老弱走，芝独坐守老母。贼至，以刃临芝，芝叩头曰：“母老，唯在诸君！”贼曰：“此孝子也，杀之不义。”遂得免害，以鹿车推载母。居南方十余年，躬耕守节。

——（西晋）陈寿《三国志·魏书·司马芝传》

11 陈情表

臣密言：臣以险衅，夙遭闵凶。生孩六月，慈父见背；行年四岁，舅夺母志。祖母刘悯臣孤弱，躬亲抚养。臣少多疾病，九岁不行，零丁孤苦，至于成立。既无伯叔，终鲜兄弟，门衰祚[②]薄，晚有儿息。外无期功强近之亲，内无应门五尺之僮，茕茕孑立[③]，形影相吊。而刘夙婴疾病，常在床蓐，臣侍汤药，未曾废离。

逮奉圣朝，沐浴清化。前太守臣逵察臣孝廉，后刺史臣荣举臣秀才。臣以供养无主，辞不赴命。诏书特下，拜臣郎中，寻蒙国恩，除臣洗马。猥以微贱，当侍东宫，非臣陨首所能上报。臣具以表闻，辞不就职。诏书切峻，责臣逋慢。郡县逼迫，催臣上道；州

---

① 猥：降低身份，自谦身份。

② 祚：福分。

③ 茕茕孑立：生活孤单无靠。

司临门，急于星火。臣欲奉诏奔驰，则刘病日笃；欲苟顺私情，则告诉不许：臣之进退，实为狼狈。

伏惟圣朝以孝治天下，凡在故老，犹蒙矜育，况臣孤苦，特为尤甚。且臣少仕伪朝[1]，历职郎署，本图宦达，不矜名节。今臣亡国贱俘，至微至陋，过蒙拔擢，宠命优渥，岂敢盘桓，有所希冀。但以刘日薄西山，气息奄奄，人命危浅，朝不虑夕。臣无祖母，无以至今日；祖母无臣，无以终余年。母孙二人，更相为命，是以区区不能废远。

臣密今年四十有四，祖母刘今年九十有六，是臣尽节于陛下之日长，报养刘之日短也。乌鸟私情，愿乞终养。臣之辛苦，非独蜀之人士及二州牧伯所见明知，皇天后土，实所共鉴。愿陛下矜悯愚诚，听臣微志，庶刘侥幸，保卒余年。臣生当陨首，死当结草[2]。臣不胜犬马怖惧之情，谨拜表以闻。

——（西晋）李密《陈情表》

12 李相敬拜“一字师”

李相读《春秋》，误读叔孙婼为婼。日读一卷，有小吏侍侧，常有不怿之色。公怪问曰：“尔常读此书耶？”曰：“然”“胡为闻我读至此而数色沮耶？”吏再拜言曰：“缘某师授，误呼文字，今闻相公呼婼为婼，方悟耳。”公曰不然吾未之师也自检释文而读必误在我非在尔也。因以释文示之。小吏因委曲言之。公大惭愧，命小吏受北面之礼，号为“一字师”。

——（唐）王定保《唐摭言·切磋》

13 汉明帝尊师

冬，十月，壬子，上幸辟雍，初行养老礼；以李躬为三老，桓荣为五更。三老服都纻大袍，冠进贤，扶玉杖；五更亦如之，不

① 伪朝：指蜀汉。

② 结草：用来作为报答恩人心愿的表示。

杖。乘舆到辟雍礼殿，御坐东厢，遣使者安车迎三老、五更于太学讲堂，天子迎于门屏，交礼；道自阼阶，三老升自宾阶；至阶，天子揖如礼。三老升，东面，三公设几，九卿正履，天子亲袒割牲，执酱而馈，执爵而酳，祝鲠在前[1]，祝饐在后。五更南面，三公进供，礼亦如之。礼毕，引桓荣及弟子升堂，上自为下说，诸儒执经问难于前，冠带搢绅之人圜桥门而观听者，盖亿万计。于是下诏赐荣爵关内侯；三老五更皆以二千石禄养终厥身。赐天下三老酒，人一石，肉四十斤。上自为太子，受《尚书》于桓荣，及即帝位，犹尊荣以师礼。尝幸太常府，令荣坐东面，设几杖，会百官及荣门生数百人，上亲自执业；诸生或避位发难，上谦曰："太师在是。"既罢，悉以太官供具赐太常家。荣每疾病，帝辄遣使者存问，太官、太医相望于道。及笃，上疏谢恩，让还爵士。帝幸其家问起居，入街，下车，拥经而前，抚荣垂涕，赐以床茵、帷帐、刀剑、衣被，良久乃去。自是诸侯、将军、大夫问疾者，不敢复乘车到门，皆拜床下。荣卒，帝亲自变服临丧送葬，赐冢茔于首山之阳。子郁当嗣，让其兄子泛；帝不许，郁乃受封，而悉以租入与之。帝以郁为侍中。

——（北宋）司马光《资治通鉴》

14 魏昭尊师

陈国童子魏昭请于泰曰："经师易遇，人师难遭，愿在左右，供给洒扫。"泰许之。泰尝不佳，命昭作粥，粥成，进泰，泰呵之曰："为长者作粥，不加意敬，使不可食！"以杯掷地。昭更为粥重进，泰复呵之。如此者三，昭姿容无变。泰乃曰："吾始见子之面，而今以后，知卿心耳！"遂友而善之。

——（北宋）司马光《资治通鉴》

---

① 祝鲠在前：指的是当三老、五更进餐时，派人在前后祝祷他们不要哽噎。

15 花木兰替父从军

唧唧[①]复唧唧，木兰当户织。不闻机杼声，惟闻女叹息。问女何所思，问女何所忆。女亦无所思，女亦无所忆。昨夜见军帖，可汗大点兵，军书十二卷，卷卷有爷名。阿爷无大儿，木兰无长兄，愿为市鞍马，从此替爷征。

——（宋）郭茂倩《乐府诗集》

16 芦衣顺母

周闵损，字子骞，早丧母。父娶后母，生二子，衣以棉絮；妒损，衣以芦花。父令损御车，体寒，失纼。父察知故，欲出后母。损曰："母在一子寒，母去三子单。"母闻，悔改。

——（元）郭居敬《二十四孝》

17 扇枕温衾

后汉黄香，年九岁，失母，思慕惟切，乡人称其孝。躬执勤苦，事父尽孝。夏天暑热，扇凉其枕簟；冬天寒冷，以身暖其被席。太守刘护表而异之。

——（元）郭居敬《二十四孝》

18 涤亲溺器

宋黄庭坚，元符中为太史，性至孝。身虽贵显，奉母尽诚。每夕，亲自为母涤溺器，未尝一刻不供子职。

——（元）郭居敬《二十四孝》

19 百里负米

周仲由，字子路。家贫，常食藜藿[②]之食，为亲负米百里之外。

---

① 唧唧：织布机的声音。

② 藜藿：粗劣的饭菜，可指野菜。

亲殁，南游于楚，从车百乘，积粟万钟，累茵而坐，列鼎而食，乃叹曰："虽欲食藜藿，为亲负米，不可得也。"

——（元）郭居敬《二十四孝》

20 亲尝汤药

前汉文帝，名恒，高祖第四子，初封代王。生母薄太后，帝奉养无怠。母长病，三年，帝目不交睫，衣不解带，汤药非口亲尝弗进。仁孝闻天下。

——（元）郭居敬《二十四孝》

21 程门立雪

杨时字中立，南剑将乐人。幼颖异，能属文，稍长，潜心经史。熙宁九年，中进士第。时河南程颢与弟颐讲孔、孟绝学于熙、丰之际，河、洛之士翕然师之。时调官不赴，以师礼见颢于颍昌，相得甚欢。其归也，颢目送之曰："吾道南矣。"四年而颢死，时闻之，设位哭寝门，而以书赴告同学者。至是，又见程颐于洛，时盖年四十矣。一日见颐，颐偶瞑坐，时与游酢侍立不去，颐既觉，则门外雪深一尺矣。德望日重，四方之士不远千里从之游，号曰龟山先生

——（元）脱脱等《宋史·杨时传》

22 陆陇其孝行感少年

陆清献公陇其再起应去博科，在都，闻封公讣，即徒跣出国门。抵家后，日夕哭泣，惟茹素，不入内寝，席地而卧。……

陆清献尝为灵寿令，政尚宽大，吏民莫不怀德。或以其性近书痴，故嬲[1]之，陆徐发其谋，不动声色，由是无敢有欺之者。一日，有老妪控子忤逆，呼其子至案前，则一年未弱冠之少年也。陆谓其

① 嬲：戏弄。

母曰："余署中无僮厮，尔子可暂服役，俟有代者，当为杖遣可也。"随命其子给事左右，毋得稍离。陆每晨，鹄立太夫人房外，太夫人起，即进盥漱，进茗饵。午餐，侍案侧，奉甘旨，时作孺子态，承色笑，太夫人食毕，方啜其余，晚餐亦如之。每公暇，辄侍坐，或述古事，或说民间情状，以为笑乐。太夫人稍不适，则扶掖搔爬，秤药量水，数夜不寐，了无倦容。如是者数月，某子忽跪请归省，陆曰："汝母子龃龉，何省为？"某子泣曰："小人向不知礼，开罪于母，悔不可追。"遂召其母至，子见母，痛哭自投，母亦哭，即令其母挈之归，后以孝闻。

——（清）徐珂《清稗类钞·孝友类》

23 崇明老人一家亲

康熙癸亥，崇明有吴姓老人者，年九十九，其妇亦九十七岁矣。老人生四子，壮年家贫，鬻子以自给，四子尽为富家奴。及四子长，咸自立，各赎身娶妇，遂同居而共养父母焉。

吴卜居县治西，列肆五间，伯花米店，仲布庄，叔腌腊店，季南北杂货店，四店并列，中一间为出入之所。四子奉养父母，曲尽孝道，始拟膳每月至一家，周而复始。其媳曰："翁姑老矣，若一月一周，则必历三月而方得侍奉颜色也，太疏。"复拟每日一周，周而复始。媳又曰："翁姑老矣，若一日一周，则历三日而方得侍奉颜色也，亦疏。"乃以一餐为率，如早餐伯，则午餐仲，晚餐叔，则明日早餐季，四餐一周。若逢五及十，则四子共设于中堂，老人坐其上，东则四子及诸孙辈，西则四媳及诸孙媳辈，分昭穆坐定，以次称觞献寿，率以为常。老人饮食之所，后置一厨，厨中，家各置钱一串。每串五十文，老人每食毕，反手于厨，随意取钱一串，即往市中嬉，买果饼啖之。厨中钱缺，则其子潜补之，不令老人知也。老人间与知交游，或博弈，或樗蒲[①]，四子知其所往，辄遣人

① 樗蒲：中国东汉至唐朝流行的掷赛游戏。

密持钱二三百文，安置所游家，且嘱其伴输钱于老人。老人胜，辄踊躍持钱归，老人亦不知也，亦率以为常，盖数十年无异也。

老人长子年七十七岁，余子皆颁白，孙与曾孙可二十余人。崇明总兵刘兆以联表其门曰："百龄夫妇齐眉，五世儿孙绕膝。"

——（清）徐珂《清稗类钞·孝友类》

24 少年刘琪十年寻父

康熙间，毕节刘琪生四岁，父出贾不返，琪时涕泣思父，辄依母陈氏问父形貌奚若，及平日言动，谨志之。既而请于母，欲求父所在，母曰："儿幼穉[①]，何能为？姑待之。"至年十四，泣谓母曰："儿行决矣。"母亦泣曰："若父始客滇，今十年，不知所往，儿能大索天下邪？慎无去我。"琪跪曰："儿幸有兄弟，可奉母，母无念儿。儿不得父，不可为子，儿行决矣。"则先求之滇，不得，则之蜀，之楚，西踰桂林，北走秦陇，险阻寒饿，屡濒于死。时距父客游时已辽远，传闻疑似，必踪迹达其地，望绝而后之它。思悲凄怆，为诗四十章传于人，冀有来告者。

既而琪又之吴越，之齐鲁，之燕，之赵，如是者十年。一日，忽于京师之国舅厂闻有乡音者，审里居姓名，则其父也。道家常事，悉符合，相持大恸，道路闻者皆流涕。琪侍父归，母犹无恙。家故贫，竭力营甘旨，孝养二十余年，及遭忧，年四十余矣。子五人，一举于乡，孙、曾并著文行。玄孙御史晟昌始以琪事实上于朝，覆按得实，乃命有司坊其县而祠祀之。

——（清）徐珂《清稗类钞·孝友类》

25 朱寿命赎母

朱寿命，江西余干人，康熙乙卯遭乱，与母李氏相失，日夜

① 穉：同"稚"。

泣，不欲生，如是者数年。一夕，梦若有神语云："汝母无恙，隶正蓝旗下。"寿命乃痛哭，遍拜其戚族邻里，与诀曰："苟不见母，不生还矣。"于是短衣芒屦，背黄袱，足胫赤露，匍匐三千余里，走京师。至则行乞市中。或遗以饼饵，则自食；遗以银钱，则纫衣缝中，竟日忍饿，不费一钱，为赎母计也。踪迹久之，果得母所在，如梦中语，而旗主故要重值以拒之，乃日跪其门外，双膝为肿。遇母生日，持肉面一盂，跪进母，伺母食毕，然后起。邵远平学士时官京师，义而赎之。既出，无所依，因留学士家。母性卞急[①]，小不如意，则诟骂不休，甚则捽而批其颊，寿命益嬉笑谢，曰："恐伤母手。"后数月，得便舟，乃奉之归余干。

——（清）徐珂《清稗类钞·孝友类》

26 雍正帝手谕皇子尊蒙师

国朝家法，皇子皇孙无不于六岁就外傅，非若明季诸臣之常以皇子出阁读书为请也。上书房在乾清门之东北向，卯入申出，攻《五经》《史》《汉》、策问、诗赋之学，虽穷寒盛暑不辍。旧例，皇子初就学见师傅，彼此皆长揖。徐元梦于康熙癸酉以原任侍讲入直，佟渊若于戊寅以检讨入直，曰教书，曰课读，尚无师傅之称。其居处为南薰殿西长房兆祥所咸福宫，亦无上书房之名。

雍正纪元，谕："诸皇子入学之日，与师傅预备杌子四张、高桌四张，将书籍笔砚安设桌上。皇子行礼时，尔等力劝其受礼。如不肯受，皇子向座一揖，以师儒之礼相敬。如此，则皇子知隆重师傅，师傅等得尽心教导，此古礼也。至桌张饭菜之预备，亦须竭诚尽礼，毋或稍间。"

——（清）徐珂《清稗类钞·孝友类》

---

① 卞急：急躁。

八　勤学笃行

一　本篇导读

在中国古代社会，勤学笃行主要是针对读书人提出的道德要求。勤学，是指努力学习；笃行，是指努力践履所学，做到“知行合一”。《礼记·中庸》曰：“博学之，审问之，慎思之，明辨之，笃行之。”就是强调勤学笃行，慎思明辨。北宋陈淳有诗曰：“学问思辨者，于中莹且精。欲实据而有，要在笃于行。”（《闲居杂咏三十二首·笃行》）也是强调勤学笃行之重要性。

中国古人向来重视读书。古人读书的动机，大致有二：其一，求取功名。孔子的弟子子夏提出“学而优则仕”的主张，开“读书做官”之先河。汉武帝独尊儒术，设立“五经”博士，并为博士置“弟子员”，为读书求官的儒者打开了朝廷的大门。唐朝沿袭隋制，完善了科举取士的制度，为平民百姓设计了通过读书入朝为官的道路，大大地激发了平民的读书热情。孟郊在《劝学诗》中说：“击石乃有火，不击元无烟。人学始知道，不学非自然。万事须己运，他得非我贤。青春须早为，岂能长少年。”宋真宗的《劝学》更具诱惑性：“富家不用买良田，书中自有千钟粟。安居不用架高堂，书中自有黄金屋。出门莫恨无人随，书中车马多如簇。娶妻莫恨无良媒，书中自有颜如玉。”在封建社会，“万般皆下品，唯有读书高”，几乎成了读书人的口头禅。其二，求道弘道。事实上，孔子读书并非为了追求荣华富贵，而是旨在求道与弘道。孔子声称自己“笃信好学，守死善道”（《论语·泰伯》）。所谓“笃信好学”，也就是说，“好学”要以“笃信”为前提。那么，孔子所说的“笃信好学”，是为了什么呢？当然是“求道”，即“守死善道”，这也是为学乃至人生的最高境界。孟子也坚信“学问之道无他，求其放心而已矣”，认为读书、做学问，就是要把那个迷失的本心本性给找回来，如此而已。朱熹就说：“古人读书，将以求道。不然，读作何用？”（《朱子语类》）可见，读书的主要目的，是明理求道、希圣希贤，找回本性。

就勤学而言，孔子堪作典范。从《论语》中可以看出，孔子勤奋好学，一生都在读书，自从“十有五而志于学”（《为政》），不仅“学而不厌，诲人不倦”（《述而》），“笃信好学，守死善道”（《泰伯》），而且将读书的习惯维系了一生。在五十岁之后，孔子迷上了《周易》，以至于“韦编三绝”，并发出感慨：“加我数年，五十以学《易》，可以无大过矣。”（《述而》）孔子还不无自豪地声称“十室之邑必有忠信如丘者，不如丘之好学也”（《公冶长》），“发愤忘食，乐以忘忧，不知老之将至云尔”（《述而》），可见孔子对于自己的好学是颇为自信的。孔子甚至形象地描述自己读书时患得患失的心态：“学如不及，犹恐失之”（《泰伯》）。孔子的“好学”不仅仅止于口头倡导，而是以身作则，躬行实践。据学生的回忆，孔子“入太庙，每事问”（《八佾》），甚至连唱歌时也是如此，“子与人歌而善，必使反之，而后和之”（《述而》）。事实上，孔子乃是学生和后人的榜样，人生的大道需要不断地学习，不断地求取，不断地保持。北宋文学家欧阳修也特别强调勤学：“玉不琢，不成器；人不学，不知道。然玉之为物，有不变之常德，虽不琢以为器，而犹不害为玉也。人之性，因物则迁，不学，则舍君子而为小人，可不念哉？”（《欧阳文忠公文集》）自古以来，多少读书人因为勤奋学习而成才，并留下“囊萤映雪”“悬梁刺股”“凿壁偷光”等许多千古佳话。

应当指出的是，中国古人所说的勤学并不意味着贪多求快、囫囫吞枣，而是强调细嚼慢咽、熟读深思。清代汪帷宪说：“古人读书贵精不贵多。非不事多也，积少以至多，则虽多而不杂，可无遗忘之患。此道如长日之加益，而人颇不觉也。是故由少而多，而精在其中矣。一言以蔽之：无间断。间断之害，甚于不学。”（汪帷宪《寒灯絮语》）除了极少数天资聪颖者，中国古代的读书人大抵都是尚慢不尚快，所谓“读书百遍，其义自见”实际上就是强调一个慢字，这个慢实际上就是勤的体现。古人读书，取书之前要求焚香净手，阅读之时还讲究正襟危坐，不但要朗读，而且要抄、背、默，“一章三遍读，一句十回吟”（白居易），反复推敲、琢磨其意。据史书记载，明代文豪张溥以抄读著称，“所读书必手抄，抄已，朗诵一过，即焚之；又抄，如是者六七始已”（《明史·张溥传》）。因此，他把自己的书房命名为“七录斋”。苏轼曾说，“旧书不厌百回读，熟读精思子自知”（《送安敦秀才失解西归》），清人孙洙也宣称“熟读唐诗三百首，不会作诗也会吟”（《唐诗三百首·序》），都是强调要细嚼慢咽、熟读深思。

在中国古人看来，勤学与笃行亦即知与行之关系，它们是一体之两面，恰如一个硬币的两面。正如王阳明所说：“知是行之始，行是知之成”，知的真切笃实就是行，行的明察精觉就是知，“真知即所以为行，不行不足谓之知”，因此“知行不可分作两事”（《传习录》）。

事实上，中华民族历来注重知行合一、躬行实践。《尚书》中的“非知之艰，行之惟艰”，《左传》中的“非知之实难，将在行之”，都论及知行的难易问题，认为求知重在运用。孔子也强调读书要知行统一，他曾说：“弟子入则孝，出则悌，谨而信，泛爱众，而亲仁。行有余力，则以学文。”（《学而》）在他看来，“学”是为了“行”，而且，相对于“学”，“行”是更为重要的。孔子还强调，作为君子，要“讷于言而敏于行”（《里仁》）。这句话就字面意思来看，是指说话要谨慎，行动要果敢，实际上则是强调学与行的结合——亦即儒学的另一位代表人物子思所说的“笃行之”，也就是要踏踏实实地把学到的知识运用到实践中去，在接受实践检验的同时，使理论知识得到丰富和发展。中国古代的相关论述还很多。诸如，老子说“上士闻道，勤而行之”，墨子说“士虽有学，而行为本焉”，荀子说“闻之不若见之，见之不若知之，知之不若行之”，都是强调实践比认识更重要；陆游在一首诗中也说，“纸上得来终觉浅，绝知此事要躬行”。朱熹更是提倡“知行常相须”，在他看来，“论先后，知为先；论轻重，行为重”，“知之愈明，则行之愈笃；行之愈笃，则知之益明”，他还说：“读书须要切己体验，不可只作文字看。”（《朱子语类》）朱熹所说的这种“切己体验”实际上就是融心性修养乃至生命体验于其中的读书，是学行并重、知行合一的读书。

时至今日，中国古人那种勤学笃行、知行合一的读书理念，已经显得十分遥远而模糊了。在学术界，一部分学者禁不住外界的诱惑，逐渐抛弃了传统知识分子“为天地立心，为生命立命，为往圣继绝学，为万世开太平”的学术传统，仅仅将学术研究当作求取功名的敲门砖，“好语虚无之事，争著雕丽之文”，将读书与践行、学术与人生彻底割裂开来，这样的“学术成果”有可能各领风骚三五年，但终究难以获得长久的生命力。为此，学者唯有讲究博学、审问、慎思、明辨、笃行，潜心研读经典，提出真知灼见，推出学术精品，才能真正“立乎其大”，进而做到“求其放心”。

二 经典名篇

1 非命上

【提要】本篇选自《墨子》，是墨子三篇《非命》之一，“非命”是墨子著名的十大主张之一。该篇在古代实践论方面非常重要。墨子认为相信命定论的人不努力治理国家，不用心从事生产，不积极追求学习进步，结果国家变得乱七八糟，生产也变得一塌糊涂，个人思想无法提升，这是有害于社会的。命定论是那些暴君、坏人为自己辩护的根据。因此，墨子提出了“三表”的方法，驳斥了命定论。

【原文】

子墨子言曰：古者王公大人为政国家者，皆欲国家之富，人民之众，刑政之治。然而不得富而得贫，不得众而得寡，不得治而得乱，则是本失其所欲，得其所恶，是故何也？子墨子言曰：执有命者以杂于民间者众。执有命者之言曰：“命富则富，命贫则贫，命众则众，命寡则寡，命治则治，命乱则乱，命寿则寿，命夭则夭。命虽强劲，何益哉？”上以说王公大人，下以驵百姓之从事，故执有命者不仁。故当执有命者之言，不可不明辨。

然则明辨此之说，将奈何哉？子墨子言曰：言必立仪。言而毋仪，譬犹运钧[①]之上而立朝夕者也，是非利害之辨，不可得而明知也。故言必有三表。何谓三表？子墨子言曰：有本之者，有原之者，有用之者。于何本之？上本之于古者圣王之事。于何原之？下原察百姓耳目之实。于何用之？废以为刑政，观其中国家百姓人民之利。此所谓言有三表也。

然而今天下之士君子，或以命为有，盖尝尚观于圣王之事。古者桀之所乱，汤受而治之。纣之所乱，武王受而治之。此世未易，民未渝，在于桀、纣则天下乱，在于汤、武则天下治。岂可谓有命哉！

然而今天下之士君子，或以命为有，盖尝尚观于先王之书。先王之书，所以出国家、布施百姓者，宪也。先王之宪亦尝有曰“福不可请，而祸不可讳，敬无益，暴无伤”者乎？所以听狱制罪者，刑也。先王之刑亦尝有曰“福不可请，祸不可讳，敬无益，暴无伤”者乎？所以整设师旅、进退师徒者，誓也。先王之誓亦尝有曰“福不可请，祸不可讳，敬无益，暴无伤”者乎？是故子墨子言曰：吾当未盐数，天下之良书不可尽计数，大方论数，而五者是也。今

---

① 运钧：亦作“运均”。陶瓷工人制作陶瓷时所用的转轮。

虽毋求执有命者之言，不必得，不亦可错乎？

今用执有命者之言，是覆天下之义。覆天下之义者，是立命者也，百姓之谇也。说百姓之谇者，是灭天下之人也。然则所为欲义在上者，何也？曰：义人在上，天下必治，上帝、山川、鬼神必有干主，万民被其大利。何以知之？子墨子曰：古者汤封于亳，绝长继短，方地百里，与其百姓兼相爱，交相利，移则分。率其百姓，以上尊天事鬼。是以天鬼富之，诸侯与之，百姓亲之，贤士归之，未殁其世而王天下，政诸侯。昔者文王封于岐周，绝长继短，方地百里，与其百姓兼相爱，交相利，则，是以近者安其政，远者归其德。闻文王者皆起而趋之，罢不肖股肱不利者，处而愿之，曰："奈何乎使文王之地及我吾，则吾利岂不亦犹文王之民也哉！"是以天鬼富之，诸侯与之，百姓亲之，贤士归之，未殁其世而王天下，政诸侯。乡者言曰：义人在上，天下必治，上帝、山川、鬼神必有干主，万民被其大利。吾用此知之。

是故古之圣王，发宪出令，设以为赏罚以劝贤。是以入则孝慈于亲戚，出则弟长于乡里，坐处有度，出入有节，男女有辨。是故使治官府则不盗窃，守城则不崩叛，君有难则死，出亡则送。此上之所赏，而百姓之所誉也。执有命者之言曰："上之所赏，命固且赏，非贤故赏也。上之所罚，命固且罚，命固且罚，不暴故罚也。"是故入则不慈孝于亲戚，出则不弟长于乡里，坐处不度，出入无节，男女无辨。是故治官府则盗窃，守城则崩叛，君有难则不死，出亡则不送。此上之所罚，百姓之所非毁也。执有命者言曰："上之所罚，命固且罚，不暴故罚也。上之所赏，命固且赏，非贤故赏也。"以此为君则不义，为臣则不忠，为父则不慈，为子则不孝，为兄则不良，为弟则不弟。而强执此者，此特凶言之所自生，而暴人之道也。

然则何以知命之为暴人之道？昔上世之穷民，贪于饮食，惰于从事，是以衣食之财不足，而饥寒冻馁之忧至。不知曰我罢不肖，从事不疾，必曰我命固且贫。

昔上世暴王，不忍其耳目之淫、心涂之辟，不顺其亲戚，遂以亡失国家，倾覆社稷。不知曰我罢不肖，为政不善，必曰吾命固失之。于《仲虺之告》曰：“我闻于夏人，矫天命，布命于下。帝伐之恶，龚[①]丧厥师。”此言汤之所以非桀之执有命也。于《太誓》曰：“纣夷处[②]，不肯事上帝鬼神，祸厥先神禔不祀，乃曰：‘吾民有命。无廖排漏。’天亦纵弃之而弗葆。”此言武王所以非纣执有命也。

今用执有命者之言，则上不听治，下不从事。上不听治，则刑政乱；下不从事，则财用不足。上无以供粢盛[③]酒醴，祭祀上帝鬼神；下无以降绥天下贤可之士；外无以应待诸侯之宾客；内无以食饥衣寒，将养老弱。故命上不利于天，中不利于鬼，下不利于人。而强执此者，此特凶言之所自生，而暴人之道也！

是故子墨子言曰：今天下之士君子，忠实欲天下之富而恶其贫，欲天下之治而恶其乱，执有命者之言不可不非，此天下之大害也。

2 劝学

【提要】本篇选自《荀子》，是先秦诸子中对治学论述最为全面、最为透彻的宏构巨笔。它系统地论述了学习的重要性、学习的途径和方法，特别强调了劝学、专一、礼法、贤师益友的作用。在中国治学史上，这是一篇占有特殊地位的重要文章。

【原文】

君子曰：学不可以已。

青，取之于蓝而青于蓝；冰，水为之而寒于水。木直中绳，輮以为轮[④]，其曲中规。虽有槁暴，不复挺者，輮使之然也。故木受

① 龚：依孙星衍说，当今为“用”之音近假借字，因此意。

② 处：当为“虐”。

③ 粢盛（zīchéng）：古代盛在祭器内以供祭祀的谷物。

④ 輮以为轮：輮，通“煣”，用火烤使木条弯曲（一种手工艺）。以，把。为，当作。

绳则直，金就砺[1]则利，君子博学而日参省乎己，则知明而行无过矣。

故不登高山，不知天之高也；不临深溪，不知地之厚也；不闻先王之遗言，不知学问之大也。干、越、夷、貉之子，生而同声，长而异俗，教使之然也。《诗》曰："嗟尔君子，无恒安息。靖共尔位，好是正直。神之听之，介尔景福。"神莫大于化道，福莫长于无祸。

吾尝终日而思矣，不如须臾之所学也；吾尝跂而望矣，不如登高之博见也。登高而招，臂非加长也，而见者远；顺风而呼，声非加疾也，而闻者彰。假舆马者，非利足也，而致千里；假舟楫者，非能水也，而绝江河。君子生非异也，善假于物也。

南方有鸟焉，名曰蒙鸠，以羽为巢，而编之以发，系之苇苕，风至苕折，卵破子死。巢非不完也，所系者然也。西方有木焉，名曰射干，茎长四寸，生于高山之上，而临百仞之渊，木茎非能长也，所立者然也。蓬生麻中，不扶而直；白沙在涅，与之俱黑。兰槐之根是为芷，其渐之滫，君子不近，庶人不服。其质非不美也，所渐者然也。故君子居必择乡，游必就士，所以防邪辟而近中正也。

物类之起，必有所始。荣辱之来，必象其德。肉腐出虫，鱼枯生蠹。怠慢忘身，祸灾乃作。强自取柱，柔自取束。邪秽在身，怨之所构。施薪若一，火就燥也；平地若一，水就湿也。草木畴生，禽兽群焉，物各从其类也。是故质的张，而弓矢至焉；林木茂，而斧斤至焉；树成荫，而众鸟息焉；醯酸，而蜹聚焉。故言有招祸也，行有招辱也，君子慎其所立乎！

积土成山，风雨兴焉；积水成渊，蛟龙生焉；积善成德，而神明自得，圣心备焉。故不积跬步，无以至千里；不积小流，无以成江海。骐骥[2]一跃，不能十步；驽马十驾，功在不舍。锲而舍之，

---

① 就砺：拿到磨刀石上去磨。砺，磨刀石。就，动词，接近，靠近。

② 骐骥：骏马，千里马。

朽木不折；锲而不舍，金石可镂。蚓无爪牙之利，筋骨之强，上食埃土，下饮黄泉，用心一也。蟹六跪而二螯，非蛇鳝之穴无可寄托者，用心躁也。

是故无冥冥之志者，无昭昭之明；无惛惛之事者，无赫赫之功。行衢道者不至，事两君者不容。目不能两视而明，耳不能两听而聪。螣蛇无足而飞，鼫鼠五技而穷。《诗》曰："尸鸠在桑，其子七兮。淑人君子，其仪一兮。其仪一兮，心如结兮！"故君子结于一也。

昔者瓠巴鼓瑟，而流鱼出听；伯牙鼓琴，而六马仰秣。故声无小而不闻，行无隐而不形。玉在山而草木润，渊生珠而崖不枯。为善不积邪？安有不闻者乎？

学恶乎始？恶乎终？曰：其数则始乎诵经，终乎读《礼》；其义则始乎为士，终乎为圣人，真积力久则入，学至乎没而后止也。故学数有终，若其义则不可须臾舍也。为之，人也；舍之，禽兽也。故《书》者，政事之纪也；《诗》者，中声之所止也；《礼》者，法之大分，类之纲纪也。故学至乎《礼》而止矣。夫是之谓道德之极。《礼》之敬文也，《乐》之中和也，《诗》《书》之博也，《春秋》之微也，在天地之间者毕矣。君子之学也，入乎耳，著乎心，布乎四体，形乎动静。端而言，蝡①而动，一可以为法则。小人之学也，入乎耳，出乎口；口耳之间，则四寸耳，曷足以美七尺之躯哉！古之学者为己，今之学者为人。君子之学也，以美其身；小人之学也，以为禽犊。故不问而告谓之傲，问一而告二谓之囋。傲、非也，囋、非也；君子如向矣。

学莫便乎近其人。《礼》《乐》法而不说，《诗》《书》故而不切，《春秋》约而不速。方其人之习君子之说，则尊以遍矣，周于世矣。故曰：学莫便乎近其人。

学之经莫速乎好其人，隆礼次之。上不能好其人，下不能隆

① 蝡：通"蠕"。

礼，安特将学杂识志，顺《诗》《书》而已耳。则末世穷年，不免为陋儒而已。将原先王，本仁义，则礼正其经纬蹊径也。若挈裘领，诎五指而顿之，顺者不可胜数也。不道礼宪，以《诗》《书》为之，譬之犹以指测河也，以戈舂黍也，以锥餐壶也，不可以得之矣。故隆礼，虽未明，法士也；不隆礼，虽察辩，散儒也。

问楛者，勿告也；告楛者，勿问也；说楛者，勿听也。有争气者，勿与辩也。故必由其道至，然后接之；非其道则避之。故礼恭，而后可与言道之方；辞顺，而后可与言道之理；色从，而后可与言道之致。故未可与言而言，谓之傲；可与言而不言，谓之隐；不观气色而言，谓瞽[①]。故君子不傲、不隐、不瞽，谨顺其身。《诗》曰："匪交匪舒，天子所予。"此之谓也。

百发失一，不足谓善射；千里蹞[②]步不至，不足谓善御；伦类不通，仁义不一，不足谓善学。学也者，固学一之也。一出焉，一入焉，涂巷之人也；其善者少，不善者多，桀纣盗跖也；全之尽之，然后学者也。

君子知夫不全不粹之不足以为美也，故诵数以贯之，思索以通之，为其人以处之，除其害者以持养之。使目非是无欲见也，使耳非是无欲闻也，使口非是无欲言也，使心非是无欲虑也。及至其致好之也，目好之五色，耳好之五声，口好之五味，心利之有天下。是故权利不能倾也，群众不能移也，天下不能荡也。生乎由是，死乎由是，夫是之谓德操。德操然后能定，能定然后能应。能定能应，夫是之谓成人。天见其明，地见其光，君子贵其全也。

3 笃志而体

【提要】 本篇节选自《荀子·修身》，篇名为编者所加。《修身》主要论述修养身心的方法。荀子认为修养身心的准则是"礼"，人的一言一行都必须以"礼"为据。其具体方法一是学

---

① 瞽（gǔ）：指没有识别能力。

② 蹞：古同"跬"。

“礼”，二是求师，三是专心一志，持之以恒。我们此处所选主要是第三部分。

【原文】

夫骥一日而千里，驽马十驾则亦及之矣。将以穷无穷，逐无极与？其折骨绝筋，终身不可以相及也；将有所止之，则千里虽远，亦或迟或速，或先或后，胡为乎其不可以相及也？不识步道者，将以穷无穷逐无极与？意亦有所止之与？夫坚白、同异、有厚无厚之察，非不察也，然而君子不辩，止之也；倚魁之行，非不难也，然而君子不行，止之也。故学曰：“迟彼止而待我，我行而就之，则亦或迟或速，或先或后，胡为乎其不可以同至也？”故跬步而不休，跛鳖千里；累土而不辍，丘山崇成；厌其源，开其渎，江河可竭；一进一退，一左一右，六骥不致。彼人之才性之相县也，岂若跛鳖之与六骥足哉？然而跛鳖致之，六骥不致，是无它故焉，或为之，或不为尔。道虽迩，不行不至；事虽小，不为不成。其为人也多暇日者，其出入不远矣。

好法而行，士也；笃志而体，君子也；齐明而不竭，圣人也。人无法，则伥伥然；有法而无志其义，则渠渠然；依乎法而又深其类，然后温温然。

4 知实

【提要】本篇选自汉代思想家王充的《论衡》。该文认为，圣人的耳闻目见与常人没有多大差别。任何人要获得知识都必须靠感官与外界接触，而感官的功能在人与人之间是不相上下的。圣人不是天生的，圣人之所以比一般人高明些，是由于他们的学习起步比别人早一些，学习进度比别人快一点，掌握的知识比别人多一点。智慧是通过学习获得的，所以圣人是人不是神。“圣可学为”，任何人通过勤奋学习和努力思考，都可以成为圣人。

【原文】

凡论事者，违实不引效验，则虽甘义繁说，众不见信。论圣人不能神而先知，先知之间，不能独见，非徒空说虚言，直以才智准况之工也，事有证验，以效实然。何以明之？

孔子问公叔文子于公明贾曰：“信乎，夫子不言、不笑、不取，有诸？”对曰：“以告者过也。夫子时然后言，人不厌其言；乐然后笑，人不厌其笑；义然后取，人不厌其取。”孔子曰：“岂其然乎？岂其然乎？”天下之人有如伯夷之廉，不取一芥于人，未有不言、不笑者也。孔子既不能如心揣度，以决然否，心怪不信，又不能达视遥见，以审其实，问公明贾乃知其情。孔子不能先知，一也。

陈子禽问子贡曰：“夫子至于是邦也，必闻其政。求之与？抑与之与？”子贡曰：“夫子温、良、恭、俭、让以得之。”温、良、恭、俭、让，尊行也。有尊行于人，人亲附之。人亲附之，则人告语之矣。然则孔子闻政以人言，不神而自知之也。齐景公问子贡曰：“夫子贤乎？”子贡对曰：“夫子乃圣，岂徒贤哉！”景公不知孔子圣，子贡正其名；子禽亦不知孔子所以闻政，子贡定其实。对景公云：“夫子圣，岂徒贤哉！”则其对子禽，亦当云：“神而自知之，不闻人言。”以子贡对子禽言之，圣人不能先知，二也。

颜渊炊饭，尘落甑①中，欲置之则不清，投地则弃饭，掇②而食之。孔子望见，以为窃食。圣人不能先知，三也。

涂有狂夫，投刃而候；泽有猛虎，厉牙而望。知见之者，不敢前进。如不知见，则遭狂夫之刃，犯猛虎之牙矣。匡人之围孔子，孔子如审先知，当早易道以违其害。不知而触之，故遇其患。以孔子围言之，圣人不能先知，四也。

子畏于匡，颜渊后。孔子曰：“吾以汝为死矣。”如孔子先知，当知颜渊必不触害，匡人必不加悖。见颜渊之来，乃知不死；未来之时，谓以为死。圣人不能先知，五也。

“阳货欲见孔子，孔子不见，馈孔子豚。孔子时其亡也，而往拜之，遇诸涂。”孔子不欲见，既往，候时其亡，是势必不欲见也。

---

① 甑（zèng）：古代炊具，底部有许多小孔，放在鬲（lì）上蒸食物。

② 掇（duō）：拾取，摘取。

反，遇于路。以孔子遇阳虎言之，圣人不能先知，六也。

“长沮、桀溺耦而耕[①]。孔子过之，使子路问津焉。”如孔子知津，不当更问。论者曰：“欲观隐者之操。”则孔子先知，当自知之，无为观也。如不知而问之，是不能先知，七也。

孔子母死，“不知其父墓，殡于五甫之衢。人见之者，以为葬也。”盖以无所合葬，殡之谨，故人以为葬也。邻人邹曼甫之母告之，然后得合葬于防。有茔自在防，殡于衢路，圣人不能先知，八也。

“既得合葬。孔子反。门人后，雨甚，至。孔子问曰：‘何迟也？’曰：‘防墓崩。’孔子不应。三，孔子泫然流涕曰：‘吾闻之，古不修墓。’”如孔子先知，当先知防墓崩，比门人至，宜流涕以俟之。人至乃知之，圣人不能先知，九也。

“子入太庙，每事问。”不知故问，为人法也。孔子未尝入庙，庙中礼器，众多非一，孔子虽圣，何能知之？“以尝见，实已知，而复问，为人法。”孔子曰：“疑思问。”疑乃当问邪？实已知，当复问，为人法？孔子知五经，门人从之学，当复行问，以为人法，何故专口授弟子乎？不以已知五经复问为人法，独以已知太庙复问为人法，圣人用心，何其不一也？以孔子入太庙言之，圣人不能先知，十也。

主人请宾饮食，若呼宾顿若舍。宾如闻其家有轻子洎[②]孙，必教亲彻馔退膳，不得饮食；闭馆关舍，不得顿。宾之执计，则必不往。何则？知请呼无喜，空行劳辱也。如往无喜，劳辱复还，不知其家，不晓其实。人实难知，吉凶难图。如孔子先知，宜知诸侯惑于谗臣，必不能用，空劳辱己，聘召之到，宜寝不往。君子不为无益之事，不履辱身之行。无为周流应聘，以取削迹之辱，空说非主，以犯绝粮之厄。由此言之，近不能知。论者曰：“孔子自知不用，圣思闵道不行，民在涂炭之中，庶几欲佐诸侯，行道济民，故

① 耦而耕：两个人合力耕作。

② 洎（jì）：及。

应聘周流，不避患耻。为道不为己，故逢患而不恶；为民不为名，故蒙谤而不避。”曰：此非实也。孔子曰：“吾自卫反鲁，然后乐正，《雅》《颂》各得其所。”是谓孔子自知时也。何以自知？鲁、卫，天下最贤之国也，鲁、卫不能用己，则天下莫能用己也，故退作《春秋》，删定《诗》《书》。以自卫反鲁言之，知行应聘时，未自知也。何则？无兆象效验，圣人无以定也。鲁、卫不能用，自知极也；鲁人获麟，自知绝也。道极命绝，兆象著明，心怀望沮，退而幽思。夫周流不休，犹病未死，祷卜使痊也，死兆未见，冀得活也。然则应聘未见绝证，冀得用也。死兆见舍，卜还医绝，揽笔定书。以应聘周流言之，圣人不能先知，十一也。

孔子曰：“游者可为纶，走者可为矰。至于龙，吾不知其乘云风上升！今日见老子，其犹龙邪！”圣人知物知事。老子与龙，人、物也；所从上下，事也，何故不知？如老子神，龙亦神，圣人亦神，神者同道，精气交连，何故不知？以孔子不知龙与老子言之，圣人不能先知，十二也。

孔子曰：“孝哉闵子骞！人不间于其父母、昆弟之言。”虞舜、大圣，隐藏骨肉之过，宜愈子骞。瞽叟与象，使舜治廪、浚井，意欲杀舜。当见杀己之情，早谏豫止；既无如何，宜避不行，若病不为。何故使父与弟得成杀己之恶，使人闻非父弟，万世不灭？以虞舜不豫见，圣人不能先知，十三也。

武王不豫，周公请命。坛墠[①]既设，策祝已毕，不知天之许己与不，乃卜三龟。三龟皆吉。如圣人先知，周公当知天已许之，无为顿复卜三龟知。圣人不以独见立法，则更请命，秘藏不见。天意难知，故卜而合兆，兆决心定，乃以从事。圣人不能先知，十四也。

晏子聘于鲁，堂上不趋，晏子趋；授玉不跪，晏子跪。门人怪而问于孔子。孔子不知，问于晏子。晏子解之，孔子乃晓。圣人不

① 坛墠（shàn）：古代祭祀或会盟用的场地。

能先知，十五也。

陈贾问于孟子曰："周公何人也?"曰："圣人。""使管叔监殷，管叔畔也。二者有诸?"曰："然。""周公知其畔而使？不知而使之与?"曰："不知也。""然则圣人且有过与?"曰："周公，弟也，管叔，兄也。周公之过也，不亦宜乎?"孟子，实事之人也，言周公之圣，处其下，不能知管叔之畔。圣人不能先知，十六也。

孔子曰："赐不受命，而货殖焉，亿则屡中。"罪子贡善居积，意贵贱之期，数得其时，故货殖多，富比陶朱。然则圣人先知也，子贡亿数中之类也。圣人据象兆，原物类，意而得之；其见变名物，博学而识之。巧商而善意，广见而多记，由微见较，若揆之今睹千载，所谓智如渊海。孔子见窍睹微，思虑洞达，材智兼倍，强力不倦，超逾伦等耳！目非有达视之明，知人所不知之状也。使圣人达视远见，洞听潜闻，与天地谈，与鬼神言，知天上地下之事，乃可谓神而先知，与人卓异。今耳目闻见，与人无别；遭事睹物，与人无异，差贤一等尔，何以谓神而卓绝？

夫圣犹贤也，人之殊者谓之圣，则圣贤差小大之称，非绝殊之名也。何以明之？

齐桓公与管仲谋伐莒，谋未发而闻于国。桓公怪之，问管仲曰："与仲甫谋伐莒，未发，闻于国，其故何也?"管仲曰："国必有圣人也。"少顷，当东郭牙至，管仲曰："此必是已。"乃令宾延而上之，分级而立。管曰："子邪，言伐莒?"对曰："然。"管仲曰："我不伐莒，子何故言伐莒?"对曰："臣闻君子善谋，小人善意，臣窃意之。"管仲曰："我不言伐莒，子何以意之?"对曰："臣闻君子有三色：驩然喜乐者，钟鼓之色；愁然清净者，衰绖之色；怫然充满，手足者，兵革之色。君口垂不噞[①]，所言莒也；君举臂而指，所当又莒也。臣窃虞国小诸侯不服者，其唯莒乎！臣故言之。"夫管仲，上智之人也，其别物审事矣。云"国必有圣人"

① 噞（yǎn）：食，品尝。

者，至诚谓国必有也。东郭牙至，云："此必是已。"谓东郭牙圣也。如贤与圣绝辈，管仲知时无十二圣之党，当云"国必有贤者"，无为言"圣"也。谋未发而闻于国，管仲谓"国必有圣人"，是谓圣人先知也。及见东郭牙，云"此必是已"，谓贤者圣也。东郭牙知之审，是与圣人同也。

客有见淳于髡于梁惠王者，再见之，终无言也。惠王怪之，以让客曰："子之称淳于生，言管、晏不及。及见寡人，寡人未有得也。寡人未足为言邪?"客谓髡。曰："固也！吾前见王志在远，后见王志在音，吾是以默然。"客具报。王大骇，曰："嗟乎！淳于生诚圣人也？前淳于生之来，人有献龙马者，寡人未及视，会生至。后来，人有献讴者，未及试，亦会生至。寡人虽屏左右，私心在彼。"夫髡之见惠王在远与音也，虽汤、禹之察，不能过也。志在胸臆之中，藏匿不见，髡能知之。以髡等为圣，则髡圣人也；如以髡等非圣，则圣人之知，何以过髡之知惠王也？观色以窥心，皆有因缘以准的之。

楚灵王会诸侯。郑子产曰："鲁、邾、宋、卫不来。"及诸侯会，四国果不至。赵尧为符玺御史，赵人方与公谓御史大夫周昌曰："君之史赵尧且代君位。"其后尧果为御史大夫。然则四国不至，子产原其理也；赵尧之为御史大夫，方与公睹其状也。原理睹状，处著方来，有以审之也。鲁人公孙臣，孝文皇帝时，上书言汉土德，其符黄龙当见。后黄龙见成纪。然则公孙臣知黄龙将出，案律历以处之也。

贤圣之知，事宜验矣。贤圣之才，皆能先知。其先知也，任术用数，或善商而巧意，非圣人空知。神怪与圣贤，殊道异路也。圣贤知不逾，故用思相出入；遭事无神怪，故名号相贸易。故夫贤圣者，道德智能之号；神者，眇茫恍惚无形之实。实异，质不得同；实钧，效不得殊。圣神号不等，故谓圣者不神，神者不圣。东郭牙善意，以知国情；子贡善意，以得货利。圣人之先知，子贡、东郭牙之徒也。与子贡、东郭同，则子贡、东郭之徒亦圣也。夫如是，圣贤之实同而名号殊，未必才相悬绝、智相兼倍也。

太宰问于子贡曰："夫子圣者欤？何其多能也？"子贡曰："故天纵之将圣，又多能也。"将者，且也。不言已圣，言"且圣"者，以为孔子圣未就也。夫圣若为贤矣，治行厉操，操行未立，则谓"且贤"。今言"且圣"，圣可为之故也。孔子曰："吾十有五而志于学，三十而立，四十而不惑，五十而知天命，六十而耳顺。"从知天命至耳顺，学就知明，成圣之验也。未五十、六十之时，未能知天命、至耳顺也，则谓之"且"矣。当子贡答太宰时，殆三十、四十之时也。

魏昭王问于田诎曰："寡人在东宫之时，闻先生之议曰：'为圣易。'有之乎？"田诎对曰："臣之所学也。"昭王曰："然则先生圣乎？"田诎曰："未有功而知其圣者，尧之知舜也。待其有功而后知其圣者，市人之知舜也。今诎未有功，而王问诎曰：'若圣乎？'敢问王亦其尧乎？"夫圣可学为，故田诎谓之易。如卓与人殊，禀天性而自然，焉可学？而为之安能成？田诎之言"为易圣"，未必能成；田诎之言为易，未必能是。言"臣之所学"，盖其实也。

贤可学，为劳佚殊，故贤圣之号，仁智共之。子贡问于孔子："夫子圣矣乎？"孔子曰："圣则吾不能，我学不餍[①]，而教不倦。"子贡曰："'学不餍'者，智也；'教不倦'者，仁也。仁且智，夫子既圣矣。"由此言之，仁智之人，可谓圣矣。孟子曰："子夏、子游、子张得圣人之一体，冉牛、闵子骞、颜渊具体而微。"六子在其世，皆有圣人之才，或颇有而不具，或备有而不明，然皆称圣人，圣人可勉成也。孟子又曰："非其君不事，非其民不使，治则进，乱则退，伯夷也。何事非君，何使非民，治亦进，乱亦进，伊尹也。可以仕则仕，可以已则已，可以久则久，可以速则速，孔子也。皆古之圣人也。"又曰："圣人，百世之师也，伯夷、柳下惠是也。故闻伯夷之风者，顽夫廉，懦夫有立志；闻柳下惠之风者，薄

---

① 餍（yàn）：满足。

夫敦，鄙夫宽。奋乎百世之上，百世之下闻之者，莫不兴起，非圣而若是乎？而况亲炙之乎？”夫伊尹、伯夷、柳下惠不及孔子，而孟子皆曰“圣人”者，贤圣同类，可以共一称也。宰予曰：“以予观夫子，贤于尧、舜远矣。”孔子圣，宜言“圣于尧、舜”，而言“贤”者，圣贤相出入，故其名称相贸易也。

5 治学

【提要】本篇选自汉代哲学家徐干的《中论》。徐干继承儒家重学的传统观念，认为勤学是成德立行之根本。学可“疏神达思，怡情理性”，即在调理人的精神、思维、情感和本性等方面都有重要作用，因此是“圣人之上务”。徐干强调学习要借助外界力量和条件：“独思则滞而不通，独为则困而不就。”即使是圣人，也要“学乎神明而发乎物类”。此外学习要坚持不懈，且学习是人长进的唯一途径。

【原文】

昔之君子，成德立行，身没而名不朽，其故何哉？学也。学也者，所以疏神达思，怡情理性，圣人之上务也。民之初载，其蒙未知。譬如宝在于玄室，有所求而不见，白日照焉，则群物斯辩矣。学者，心之白日也。故先王立教官，掌教国子，教以六德，曰：智、仁、圣、义、中、和；教以六行，曰：孝、友、睦、姻、任、恤；教以六艺，曰：礼、乐、射、御、书、数；三教备而人道毕矣。

学犹饰也，器不饰则无以为美观，人不学则无以有懿德。有懿德，故可以经人伦；为美观，故可以供神明。故《尚书》曰：“若作梓材，既勤朴斫，惟其涂丹雘[①]。”夫听黄钟之声，然后知击缶之细；视衮龙之文，然后知被褐之陋；涉庠序[②]之教，然后知不学之困。故学者，如登山焉，动而益高；如寤寐焉，久而愈足。顾所由

① 丹雘（dānhuò）：可供涂饰的红色颜料。

② 庠序：指地方办的乡学。泛指学校或教育事业。

来，则杳然其远，以其难而懈之，误且非矣。《诗》云："高山仰止，景行行止。"好学之谓也。倦立而思远，不如速行之必至也；矫首而徇飞，不如循雌之必获也；孤居而愿智，不如务学之必达也。故君子心不苟愿，必以求学；身不苟动，必以从师；言不苟出，必以博闻。是以情性合人，而德音相继也。孔子曰："弗学何以行？弗思何以得？小子勉之。"斯可谓师人矣。马虽有逸足，而不闲舆，则不为良骏；人虽有美质，而不习道，则不为君子。故学者，求习道也，若有似乎画采，玄黄之色既著，而纯皓之体斯亡，敝而不渝，孰知其素欤？

子夏曰："日习则学不忘，自勉则身不堕，亟闻天下之大言，则志益广。"故君子之于学也，其不懈，犹上天之动，犹日月之行，终身亹亹①，没而后已。故虽有其才，而无其志，亦不能兴其功也。志者，学之师也；才者，学之徒也。学者不患才之不赡，而患志之不立。是以为之者亿兆，而成之者无几，故君子必立其志。

《易》曰："君子以自强不息。"大乐之成，非取乎一音；嘉膳②之和，非取乎一味；圣人之德，非取乎一道。故曰学者所以总群道也。群道总乎己心，群言一乎己口，唯所用之。故出则元亨，处则利贞，默则立象，语则成文。述千载之上，若共一时；论殊俗之类，若与同室。度幽明之故，若见其情；原治乱之渐，若指已效。故《诗》曰"学有缉熙③于光明"，其此之谓也。

夫独思则滞而不通，独为则困而不就。人心必有明焉，必有悟焉，如火得风而炎炽，如水赴下而流速。故太昊观天地而画八卦，燧人察时令而钻火，帝轩闻凤鸣而调律，仓颉视鸟迹而作书。斯大圣之学乎神明，而发乎物类也。

贤者不能学于远，乃学于近，故以圣人为师。昔颜渊之学圣人也，闻一以知十，子贡闻一以知二，斯皆触类而长之，笃思而闻之

---

① 亹亹（wěiwěi）：形容勤勉不倦。

② 嘉膳：美馔。

③ 缉熙：光明，又引申为光辉。

者也。非唯贤者学于圣人，圣人亦相因而学也。孔子因于文、武，文、武因于成汤，成汤因于夏后，夏后因于尧、舜。故六籍者，群圣相因之书也。其人虽亡，其道犹存。今之学者，勤心以取之，亦足以到昭明而成博达矣！凡学者，大义为先，物名为后，大义举而物名从之。然鄙儒之博学也，务于物名，详于器械，矜于诂训，摘其章句，而不能统其大义之所极，以获先王之心，此无异乎女史诵诗，内竖传令也。故使学者劳思虑而不知道，费日月而无成功。故君子必择师焉。

6 贵验

【提要】 本篇亦选自徐干的《中论》。该篇和《治学》相互呼应，重在阐发笃行的一面。他认为行异于言“无周于智”，言异于行“有伤于仁”，二者均有损于己而失信于人。故行为比言论更重要，篇中引孔子的话“欲人之信己也，则微言而笃行之”以证之，即力行在先，言论则要尽量谨慎一些，含蓄一些，就不会有言行不符之事了。

【原文】

事莫贵乎有验，言莫弃乎无征。言之未有益也，不言未有损也。水之寒也，火之热也，金石之坚刚也，此数物未尝有言，而人莫不知其然者，信著乎其体也。使吾所行之信，若彼数物，而谁其疑我哉？今不信吾所行，而怨人之不信也，犹教人执鬼缚魅，而怨人之不得也，惑亦甚矣！孔子曰：“欲人之信己也，则微言而笃行之；笃行之，则用日久；用日久，则事著明；事著明，则有目者莫不见也，有耳者莫不闻也。其可诬哉！”故根深而枝叶茂，行久而名誉远。《易》曰：“《恒》亨。无咎。利贞。”言久于其道也。伊尹放太甲，展季覆寒女，商、鲁之民不称淫篡焉，何则？积之于素也。故染不积则人不观其色，行不积则人不信其事。子思曰：“同言而信，信在言前也；同令而化，化在令外也。”

谤言也，皆缘类而作、倚事而兴、加其似者也。谁谓华岱之不高、江汉之不长与？君子修德，亦高而长之，将何患矣？故求己而不求诸人，非自强也，见其所存之富耳！子思曰：“事，自名也；声，自呼也；貌，自眩也；物，自处也；人，自官也。”无非自己者。故怨人之谓壅，怨己之谓通。通也，知所悔；壅也，遂所误。遂所误也，亲戚离之；知所悔也，疏远附之。疏远附也，常安乐；亲戚离也，常危惧。自生民以来，未有不然者也。殷纣为天子而称独夫，仲尼为匹夫而称素王，尽此类也。故善钓者不易渊而殉鱼，君子不降席而追道。治乎八尺之中而德化光矣。古之人歌曰：“相彼玄鸟，止于陵阪；仁道在近，求之无远。”

人情也，莫不恶谤，而卒不免乎谤，其故何也？非爱致力而不已之也，已之之术反也。谤之为名也，逃之而愈至，距之而愈来，讼之而愈多。明乎此，则君子不足为也；暗乎此，则小人不足得也。帝舜屡省，禹拜昌言，明乎此者也。厉王蒙戮，吴起刺之，暗乎此者也。皆书名前策，著形列图，或为世法，或为世戒，可不慎之！曾子曰：“或言予之善，予惟恐其闻；或言予之不善，惟恐过而见予之鄙色焉。”故君子服过也，非徒饰其辞而已。诚发乎中心，形乎容貌，其爱之也深，其更之也速。如追兔，惟恐不逮，故有进业，无退功。《诗》曰：“相彼脊令，载飞载鸣。我日斯迈，而月斯征。”迁善不懈之谓也。夫闻过而不改，谓之丧心；思过而不改，谓之失体。失体、丧心之人，祸乱之所及也。君子舍旃。

《周书》有言：“人毋鉴于水，鉴于人也。”鉴也者，可以察形；言也者，可以知德。小人耻其面之不及子都也，君子耻其行之不如尧、舜也。故小人尚明鉴，君子尚至言。至言也，非贤友则无取之，故君子必求贤友也。《诗》曰：“伐木丁丁，鸟鸣嘤嘤。出自幽谷，迁于乔木。”言朋友之义务，在切直以升于善道者也。故君子不友不如己者，非羞彼而大我也，不如己者须己而植者也。然则扶人不暇，将谁相我哉？吾之偾也亦无日矣！故偾则纵多，友邪则己僻也。是以君子慎取友也。孔子曰：“居而得贤友，福之次也。”夫贤者，言足听，貌足象，行足法，加乎善奖人之美，而好摄人之过，其不隐也如影，其不讳也如响，故我之惮之，若严君在堂，而神明处室矣。虽欲为不善，其敢乎？故求益者之居游也，必近所畏而远所易。《诗》云：“无弃尔辅，员于尔辐。屡顾尔仆，不输尔载。”亲贤求助之谓也。

7 诫子书

【提要】这篇短文是诸葛亮告诫儿子的一封信。尽管篇幅不长，但内容却很丰富。既谈了做人，又谈了治学。关于治学，既谈了治学的意义，又谈了治学需要立志，还谈了治学的态度、方法。其中如“非淡泊无以明志，非宁静无以致远”等已经成了人们的座右铭。

【原文】

夫君子之行，静以修身，俭以养德。非淡泊①无以明志，非宁静无以致远。夫学须静也，才须学也，非学无以广才，非志无以成学。慆慢②则不能励精，险躁则不能治性。年与时驰，意与日去，遂成枯落，多不接世，悲守穷庐③，将复何及！

8 勉学

【提要】本篇选自北齐学者颜之推的《颜氏家训》。该文批判了传统的治学内容和治学方法，批判了当时盛行的形式主义学习风气，阐发了学习的本质和作用、学习的目的和内容、学习的态度和方法。关于儿童早期教育，本文还提出了“早教”和“晚教”相结合的问题。为了说明自己的观点，文章举了大量的各种类型的例子加以印证，颇具说服力。

【原文】

自古明王圣帝，犹须勤学，况凡庶乎！此事遍于经史，吾亦不

---

① 淡泊：恬淡寡欲，不追求名利。

② 慆慢：怠慢，怠惰。

③ 穷庐：贫贱者居住的房子。

能郑重，聊举近世切要，以启寤汝耳。士大夫子弟，数岁已上，莫不被教，多者或至《礼》《传》，少者不失《诗》《论》。及至冠婚，体性稍定；因此天机，倍须训诱。有志尚者，遂能磨砺，以就素业；无履立者，自兹堕慢，便为凡人。人生在世，会当有业：农民则计量耕稼，商贾则讨论货贿，工巧则致精器用，伎艺则沈思法术，武夫则惯习弓马，文士则讲议经书。多见士大夫耻涉农商，差务工伎，射则不能穿札，笔则才记姓名，饱食醉酒，忽忽无事，以此销日，以此终年。或因家世余绪，得一阶半级，便自为足，全忘修学；及有吉凶大事，议论得失，蒙然张口，如坐云雾；公私宴集，谈古赋诗，塞默低头，欠伸而已。有识旁观，代其入地。何惜数年勤学，长受一生愧辱哉！

梁朝全盛之时，贵游子弟，多无学术，至于谚云："上车不落则著作，体中何如则秘书。"无不熏衣剃面，傅粉施朱，驾长檐车，跟高齿屐，坐棋子方褥，凭斑丝隐囊，列器玩于左右，从容出入，望若神仙。明经求第，则顾人答策；三九公宴，则假手赋诗。当尔之时，亦快士也。及离乱之后，朝市迁革，铨衡选举，非复曩者之亲；当路秉权，不见昔时之党。求诸身而无所得，施之世而无所用。被褐而丧珠，失皮而露质，兀若枯木，泊若穷流，鹿独戎马之间，转死沟壑之际。当尔之时，诚驽材也。有学艺者，触地而安。自荒乱以来，诸见俘虏。虽百世小人，知读《论语》《孝经》者，尚为人师；虽千载冠冕，不晓书记者，莫不耕田养马。以此观之，安可不自勉耶？若能常保数百卷书，千载终不为小人也。

夫明《六经》之指，涉百家之书，纵不能增益德行，敦厉风俗，犹为一艺，得以自资。父兄不可常依，乡国不可常保，一旦流离，无人庇荫，当自求诸身耳。谚曰："积财千万，不如薄伎在身。"伎之易习而可贵者，无过读书也。世人不问愚智，皆欲识人之多，见事之广，而不肯读书，是犹求饱而懒营馔，欲暖而惰裁衣也。夫读书之人，自羲、农已来，宇宙之下，凡识几人，凡见几事，生民之成败好恶，固不足论，天地所不能藏，鬼神所不能隐也。

有客难主人曰："吾见强弩长戟，诛罪安民，以取公侯者有矣；文义习吏，匡时富国，以取卿相者有矣；学备古今，才兼文武，身无禄位，妻子饥寒者，不可胜数，安足贵学乎？"主人对曰："夫命之穷达，犹金玉木石也；修以学艺，犹磨莹雕刻也。金玉之磨莹，自美其矿璞[①]；木石之段块，自丑其雕刻；安可言木石之雕刻，乃胜金玉之矿璞哉？不得以有学之贫贱，比于无学之富贵也。且负甲为兵，咋笔为吏，身死名灭者如牛毛，角立杰出者如芝草；握素披黄，吟道咏德，苦辛无益者如日蚀，逸乐名利者如秋荼[②]，岂得同年而语矣。且又闻之：生而知之者上，学而知之者次。所以学者，欲其多知明达耳。必有天才，拔群出类，为将则暗与孙武、吴起同术，执政则悬得管仲、子产之教，虽未读书，吾亦谓之学矣。今子即不能然，不师古之踪迹，犹蒙被而卧耳。"

人见邻里亲戚有佳快者，使子弟慕而学之，不知使学古人，何其蔽也哉？世人但见跨马被甲，长癝[③]强弓，便云我能为将；不知明乎天道，辨乎地利，比量逆顺，鉴达兴亡之妙也。但知承上接下，积财聚谷，便云我能为相；不知敬鬼事神，移风易俗，调节阴阳，荐举贤圣之至也。但知私财不入，公事夙办，便云我能治民；不知诚己刑物[④]，执辔如组，反风灭火，化鸱为凤之术也。但知抱令守律，早刑晚舍，便云我能平狱；不知同辕观罪，分剑追财，假言而奸露，不问而情得之察也。爰及农商工贾，厮役奴隶，钓鱼屠肉，饭牛牧羊，皆有先达，可为师表，博学求之，无不利于事也。

夫所以读书学问，本欲开心明目，利于行耳。未知养亲者，欲其观古人之先意承颜[⑤]，怡声下气，不惮劬劳，以致甘腝[⑥]，惕然

---

① 矿璞：矿，未经冶炼的金属。璞，未经琢磨的玉石。

② 秋荼：荼至秋而花繁叶密，此喻其多。

③ 癝：古同"凛"。

④ 刑物：给人做出榜样。刑，同"型"。

⑤ 先意承颜：孝子先明父母之意而顺承其志。

⑥ 腝（chī）：肉柔软脆嫩。

惭惧，起而行之也；未知事君者，欲其观古人之守职无侵，见危授命，不忘诚谏，以利社稷，恻然自念，思欲效之也；素骄奢者，欲其观古人之恭俭节用，卑以自牧，礼为教本，敬者身基，瞿然自失，敛容抑志也；素鄙吝者，欲其观古人之贵义轻财，少私寡欲，忌盈恶满，周穷恤匮，赧然悔耻，积而能散也；素暴悍者，欲其观古人之小心黜己，齿弊舌存，含垢藏疾[①]，尊贤容众，苶然沮丧，若不胜衣也；素怯懦者，欲其观古人之达生委命，强毅正直，立言必信，求福不回，勃然奋厉，不可恐慑也：历兹以往，百行皆然。纵不能淳，去泰去甚。学之所知，施无不达。世人读书者，但能言之，不能行之，忠孝无闻，仁义不足；加以断一条讼，不必得其理；宰千户县，不必理其民；问其造屋，不必知楣横而棁竖也；问其为田，不必知稷早而黍迟也；吟啸谈谑，讽咏辞赋，事既优闲，材增迂诞，军国经纶，略无施用：故为武人俗吏所共嗤诋，良由是乎！

夫学者所以求益耳。见人读数十卷书，便自高大，凌忽长者，轻慢同列；人疾之如仇敌，恶之如鸱枭[②]。如此以学自损，不如无学也。

古之学者为己，以补不足也；今之学者为人，但能说之也。古之学者为人，行道以利世也；今之学者为己，修身以求进也。夫学者犹种树也，春玩其华，秋登其实；讲论文章，春华也，修身利行，秋实也。

人生小幼，精神专利，长成已后，思虑散逸，固须早教，勿失机也。吾七岁时，诵《灵光殿赋》，至于今日，十年一理，犹不遗忘；二十之外，所诵经书，一月废置，便至荒芜矣。然人有坎壈[③]，失于盛年，犹当晚学，不可自弃。孔子云："五十以学《易》，可以无大过矣。"魏武、袁遗，老而弥笃，此皆少学而至老不倦也。

---

① 含垢藏疾：包容污垢，藏匿恶物。形容宽仁大度。

② 鸱（chī）枭：鸱为猛禽，枭传说食母，古人以为皆恶鸟。

③ 坎壈（lǐn）：困顿；不得志。

曾子七十乃学，名闻天下；荀卿五十，始来游学，犹为硕儒；公孙弘四十余，方读《春秋》，以此遂登丞相；朱云亦四十，始学《易》《论语》；皇甫谧二十，始受《孝经》《论语》：皆终成大儒，此并早迷而晚寤也。世人婚冠未学，便称迟暮，因循面墙，亦为愚耳。幼而学者，如日出之光，老而学者，如秉烛夜行，犹贤乎瞑目而无见者也。

学之兴废，随世轻重。汉时贤俊，皆以一经弘圣人之道，上明天时，下该人事，用此致卿相者多矣。末俗已来不复尔，空守章句[①]，但诵师言，施之世务，殆无一可。故士大夫子弟，皆以博涉为贵，不肯专儒。梁朝皇孙以下，总丱[②]之年，必先入学，观其志尚，出身已后，便从文吏，略无卒业者。冠冕为此者，则有何胤、刘瓛、明山宾、周舍、朱异、周弘正、贺琛、贺革、萧子政、刘绦等，兼通文史，不徒讲说也。洛阳亦闻崔浩、张伟、刘芳，邺下又见邢子才：此四儒者，虽好经术，亦以才博擅名。如此诸贤，故为上品，以外率多田野间人，音辞鄙陋，风操蚩拙，相与专固，无所堪能，问一言辄酬数百，责其指归，或无要会。邺下谚云："博士买驴，书券三纸，未有驴字。"使汝以此为师，令人气塞。孔子曰："学也禄在其中矣。"今勤无益之事，恐非业也。夫圣人之书，所以设教，但明练经文，粗通注义，常使言行有得，亦足为人；何必"仲尼居"即须两纸疏义，燕寝讲堂，亦复何在？以此得胜，宁有益乎？光阴可惜，譬诸逝水。当博览机要，以济功业；必能兼美，吾无间焉。

俗间儒士，不涉群书，经纬之外，义疏[③]而已。吾初入邺，与博陵崔文彦交游，尝说《王粲集》中难郑玄《尚书》事，崔转为诸儒道之，始将发口，悬见排蹙，云："文集只有诗赋铭诔，岂当

---

① 章句：古书的章节句读。

② 总丱（huò）：《诗·齐风·甫田》："总角丱兮。"角，小髻。丱，儿童的发髻向上分开的样子。此指童年时代。

③ 义疏：解经之书。其名源于佛家的解释佛典，后指会通中国古书义理，加以阐释发挥，或指广搜群书，补充旧注，究明原委的书。

论经书事乎？且先儒之中，未闻有王粲也。”崔笑而退，竟不以粲集示之。魏收之在议曹，与诸博士议宗庙事，引据《汉书》，博士笑曰：“未闻《汉书》得证经术。”收便忿怒，都不复言，取《韦玄成传》，掷之而起。博士一夜共披寻之，达明，乃来谢曰：“不谓玄成如此学也。”

夫老、庄之书，盖全真养性，不肯以物累己也。故藏名柱史，终蹈流沙；匿迹漆园，卒辞楚相，此任纵之徒耳。何晏、王弼，祖述玄宗，递相夸尚，景附草靡，皆以农、黄之化，在乎己身，周、孔之业，弃之度外。而平叔以党曹爽见诛，触死权之网也；辅嗣以多笑人被疾，陷好胜之阱也；山巨源以蓄积取讥，背多藏厚亡之文也；夏侯玄以才望被戮，无支离拥肿[①]之鉴也；荀奉倩丧妻，神伤而卒，非鼓缶之情也；王夷甫悼子，悲不自胜，异东门之达也；嵇叔夜排俗取祸，岂和光同尘之流也；郭子玄以倾动专势，宁后身外己之风也；阮嗣宗沉酒荒迷，乖畏途相诫之譬也；谢幼舆赃贿黜削，违弃其余鱼之旨也：彼诸人者，并其领袖，玄宗所归。其余桎梏尘滓[②]之中，颠仆名利之下者，岂可备言乎！直取其清谈雅论，剖玄析微，宾主往复，娱心悦耳，非济世成俗之要也。洎于梁世，兹风复阐，《庄》《老》《周易》，总谓《三玄》。武皇、简文，躬自讲论。周弘正奉赞大猷[③]，化行都邑，学徒千余，实为盛美。元帝在江、荆间，复所爱习，召置学生，亲为教授，废寝忘食，以夜继朝，至乃倦剧愁愤，辄以讲自释。吾时颇预末筵，亲承音旨，性既顽鲁，亦所不好云。

齐孝昭帝侍娄太后疾，容色憔悴，服膳减损。徐之才为灸两穴，帝握拳代痛，爪入掌心，血流满手。后既痊愈，帝寻疾崩，遗诏恨不见山陵之事。其天性至孝如彼，不识忌讳如此，良由无学所

① 支离拥肿：支离和拥肿分别是庄子作品中的人和樗树，由于人的畸形、树的臃肿而终其天年。

② 桎梏尘滓：被俗世所禁锢。

③ 大猷：道术，此指治国之道。

为。若见古人之讥欲母早死而悲哭之，则不发此言也。孝为百行之首，犹须学以修饰之，况余事乎！

梁元帝尝为吾说：“昔在会稽，年始十二，便已好学。时又患疥，手不得拳，膝不得屈。闲斋张葛帏避蝇独坐，银瓯贮山阴甜酒，时复进之，以自宽痛。率意自读史书，一日二十卷，既未师受，或不识一字，或不解一语，要自重之，不知厌倦。”帝子之尊，童稚之逸，尚能如此，况其庶士，冀以自达者哉？

古人勤学，有握锥[①]投斧，照雪聚萤，锄则带经，牧则编简，亦为勤笃。梁世彭城刘绮，交州刺史勃之孙，早孤家贫，灯烛难办，常买荻尺寸折之，然明夜读。孝元初出会稽，精选寮寀[②]，绮以才华，为国常侍兼记室，殊蒙礼遇，终于金紫光禄。义阳朱詹，世居江陵，后出扬都，好学，家贫无资，累日不爨[③]，乃时吞纸以实腹。寒无毡被，抱犬而卧。犬亦饥虚，起行盗食，呼之不至，哀声动邻，犹不废业，卒成学士，官至镇南录事参军，为孝元所礼。此乃不可为之事，亦是勤学之一人。东莞臧逢世，年二十余，欲读班固《汉书》，苦假借不久，乃就姊夫刘缓乞丐客刺书翰纸末，手写一本，军府服其志尚，卒以《汉书》闻。

齐有宦者内参田鹏鸾，本蛮人也。年十四五，初为阍寺[④]，便知好学，怀袖握书，晓夕讽诵。所居卑末，使役苦辛，时伺闲隙，周章询请。每至文林馆，气喘汗流，问书之外，不暇他语。及睹古人节义之事，未尝不感激沈吟久之。吾甚怜爱，倍加开奖。后被赏遇，赐名敬宣，位至侍中开府。后主之奔青州，遣其西出，参伺动静，为周军所获。问齐主何在，绐云：“已去，计当出境。”疑其不信，欧捶服之，每折一支，辞色愈厉，竟断四体而卒。蛮夷童丱，犹能以学成忠，齐之将相，比敬宣之奴不若也。

---

① 握锥：指战国时苏秦以锥刺股事。

② 精选寮寀：《尔雅·释诂》：“寮，寀，官也。”寮，同“僚”。寀，同“采”。

③ 爨（cuàn）：烧火煮饭。

④ 阍（hūn）寺：官名。阍人寺人之省称。

邺平之后，见徙入关。思鲁尝谓吾曰：“朝无禄位，家无积财，当肆筋力，以申供养。每被课笃，勤劳经史，未知为子，可得安乎？”吾命之曰：“子当以养为心，父当以学为教。使汝弃学徇财，丰吾衣食，食之安得甘？衣之安得暖？若务先王之道，绍家世之业，藜羹[①]褲褐，我自欲之。”

《书》曰：“好问则裕。”《礼》云：“独学而无友，则孤陋而寡闻。”盖须切磋相起明也。见有闭门读书，师心自是，稠人广坐[②]，谬误差失者多矣。《谷梁传》称公子友与莒挐相搏，左右呼曰：“孟劳。”孟劳者，鲁之宝刀名，亦见《广雅》。近在齐时，有姜仲岳谓：“孟劳者，公子左右，姓孟名劳，多力之人，为国所宝。”与吾苦诤。时清河郡守邢峙，当世硕儒，助吾证之，赧然而伏。又《三辅决录》云：“灵帝殿柱题曰：‘堂堂乎张，京兆田郎。’”盖引《论语》，偶以四言，目京兆人田凤也。有一才士，乃言：“时张京兆及田郎二人皆堂堂耳。”闻吾此说，初大惊骇，其后寻愧悔焉。江南有一权贵，读误本《蜀都赋》注，解“蹲鸱，芋也”，乃为“羊”字；人馈羊肉，答书云：“损惠[③]蹲鸱。”举朝惊骇，不解事义，久后寻迹，方知如此。元氏之世，在洛京时，有一才学重臣，新得《史记音》，而颇纰缪，误反“颛顼”[④]字，顼当为许录反，错作许缘反，遂谓朝士言：“从来谬音‘专旭’，当音‘专翾’耳。”此人先有高名，翕然[⑤]信行；期年之后，更有硕儒，苦相究讨，方知误焉。《汉书·王莽赞》云：“紫色蛙声，余分闰位。”谓以伪乱真耳。昔吾尝共人谈书，言乃王莽形状，有一俊士，自许史学，名价甚高，乃云：“王莽非直鸱目虎吻，亦紫色蛙声。”又《礼乐志》云：“给太官挏马酒。”李奇注：“以马乳为酒也，揰挏[⑥]

① 藜羹：用嫩藜煮成的羹，这里指粗劣的食物。

② 稠人广坐：公共场合，自以为是。

③ 损惠：感谢对方赠送礼物的敬辞。

④ 颛顼（zhuānxū）：古代传说中的帝王。

⑤ 翕然：聚集的样子。

⑥ 揰挏（chòngdòng）：上下撞击。

乃成。”二字并从手。捶挏，此谓撞捣挺挏之，今为酪酒亦然。向学士又以为种桐时，太官酿马酒乃熟。其孤陋遂至于此。太山羊肃，亦称学问，读潘岳赋：“周文弱枝之枣”，为杖策之杖；《世本》：“容成造历。”以历为碓磨之磨。

谈说制文，援引古昔，必须眼学，勿信耳受。江南闾里间，士大夫或不学问，羞为鄙朴，道听途说，强事饰辞：呼征质为周、郑，谓霍乱为博陆，上荆州必称陕西，下扬都言去海郡，言食则皀口[①]，道钱则孔方，问移则楚丘，论婚则宴尔，及王则无不仲宣，语刘则无不公干。凡有一二百件，传相祖述，寻问莫知原由，施安时复失所。庄生有乘时鹊起之说，故谢朓诗曰：“鹊起登吴台。”吾有一亲表，作《七夕》诗云：“今夜吴台鹊，亦共往填河。”《罗浮山记》云：“望平地树如荠。”故戴皓诗云：“长安树如荠。”又邺下有一人《咏树》诗云：“遥望长安荠。”又尝见谓矜诞为夸毗，呼高年为富有春秋[②]，皆耳学之过也。

夫文字者，坟籍根本。世之学徒，多不晓字：读《五经》者，是徐邈而非许慎；习赋诵者，信褚诠而忽吕忱；明《史记》者，专徐、邹而废篆籀；学《汉书》者，悦应、苏而略《苍》《雅》。不知书音是其枝叶，小学乃其宗系。至见服虔、张揖音义则贵之，得《通俗》《广雅》而不屑。一手之中，向背如此，况异代各人乎？

夫学者贵能博闻也。郡国山川，官位姓族，衣服饮食，器皿制度，皆欲根寻，得其原本；至于文字，忽不经怀，己身姓名，或多乖舛，纵得不误，亦未知所由。近世有人为子制名：兄弟皆山傍立字，而有名机者；兄弟皆手傍立字，而有名昧者；兄弟皆水傍立字，而有名凝者。名儒硕学，此例甚多。若有知吾钟之不调，一何可笑。

吾尝从齐主幸并州，自井陉关入上艾县，东数十里，有猎闾

---

① 皀（jí）口：《左传·隐公十一年》：“而使皀其口于四方。”《说文·食部》：“皀，寄食也。”

② 富有春秋：指年纪小，春秋尚多，故称富。此与高年义正相反。春秋，指年数。

村。后百官受马粮在晋阳东百余里亢仇城侧。并不识二所本是何地，博求古今，皆未能晓。及检《字林》《韵集》，乃知猎闾是旧䝉馀聚，亢仇旧是𨾩䧢亭，悉属上艾。时太原王劭欲撰乡邑记注，因此二名闻之，大喜。

吾初读《庄子》"蜩[①]二首"，《韩非子》曰："虫有蜩者，一身两口，争令相龁，遂相杀也"，茫然不识此字何音，逢人辄问，了无解者。案：《尔雅》诸书，蚕蛹名蜩，又非二首两口贪害之物。后见《古今字诂》，此亦古之虺字，积年凝滞，豁然雾解。

尝游赵州，见柏人城北有一小水，土人亦不知名。后读城西门徐整碑云："㵗流东指。"众皆不识。吾案《说文》，此字古魄字也，㵗，浅水貌。此水汉来本无名矣，直以浅貌目之，或当即以㵗为名乎？

世中书翰[②]，多称勿勿，相承如此，不知所由，或有妄言此忽忽之残缺耳。案：《说文》："勿者，州里所建之旗也，象其柄及三斿之形，所以趣民事。故总遽者称为勿勿。"

吾在益州，与数人同坐，初晴日晃，见地上小光，问左右："此是何物？"有一蜀竖就视，答云："是豆逼耳。"相顾愕然，不知所谓。命取将来，乃小豆也。穷访蜀士，呼粒为逼，时莫之解。吾云："《三苍》《说文》，此字白下为匕，皆训粒，《通俗文》音方力反。"众皆欢悟。

愍楚友壻窦如同从河州来，得一青鸟，驯养爱玩，举俗呼之鹖[③]。吾曰："鹖出上党，数曾见之，色并黄黑，无驳杂也。故陈思王《鹖赋》云：'扬玄黄之劲羽。'"试检《说文》："䳋雀似鹖而青，出羌中。"《韵集》音介。此疑顿释。

梁世有蔡朗者讳纯，既不涉学，遂呼莼为露葵。面墙之徒，递

① 蜩（chóu）：传说中一身两口的怪物。《一切经音义》四六引《庄子》，作"虺二首"，蜩，虺之今字。

② 书翰：书信。翰，羽毛之长者。旧时以羽翰为笔，所以称毛笔曰翰，泛称笔写的书面文字为书翰。

③ 鹖（hé）：鸟名。又名鹖鸡。

相仿效。承圣中，遣一士大夫聘齐，齐主客郎李恕问梁使曰："江南有露葵否？"答曰："露葵是莼，水乡所出。卿今食者绿葵菜耳。"李亦学问，但不测彼之深浅，乍闻无以核究。

思鲁等姨夫彭城刘灵，尝与吾坐，诸子侍焉。吾问儒行、敏行曰："凡字与咨议名同音者，其数多少，能尽识乎？"答曰："未之究也，请导示之。"吾曰："凡如此例，不预研检，忽见不识，误以问人，反为无赖所欺，不容易[①]也。"因为说之，得五十许字。诸刘叹曰："不意乃尔！"若遂不知，亦为异事。

校定书籍，亦何容易，自扬雄、刘向，方称此职耳。观天下书未遍，不得妄下雌黄。或彼以为非，此以为是；或本同末异；或两文皆欠，不可偏信一隅也。

9 符读书城南

【提要】《符读书城南》一诗乃唐代文学家韩愈所作。观其文辞，韩愈把读书提高到人能否成为人的高度。人之所以为人，就在于肚子里有诗书道理等。而诗书只有勤奋才可习得，如果不勤奋就会空空如也，满肚子食物，只能算饭桶。人初生时相差无几，后来的差别都是读书与否造成的。

【原文】

木之就规矩，在梓匠轮舆。
人之能为人，由腹有诗书。
诗书勤乃有，不勤腹空虚。
欲知学之力，贤愚同一初。
由其不能学，所入遂异闾。
两家各生子，提孩巧相如。
少长聚嬉戏，不殊同队鱼。
年至十二三，头角稍相疏。

① 容易：此处是不在乎的意思。

二十渐乖张，清沟映污渠。
三十骨骼成，乃一龙一猪。
飞黄腾踏去，不能顾蟾蜍。
一为马前卒，鞭背生虫蛆。
一为公与相，潭潭府中居。
问之何因尔，学与不学欤。
金璧虽重宝，费用难贮储。
学问藏之身，身在则有余。
君子与小人，不系父母且。
不见公与相，起身自犁钽。
不见三公后，寒饥出无驴。
文章岂不贵，经训乃菑畬[①]。
潢潦无根源，朝满夕已除。
人不通古今，马牛而襟裾。
行身陷不义，况望多名誉。
时秋积雨霁，新凉入郊墟。
灯火稍可亲，简编可卷舒。
岂不旦夕念，为尔惜居诸。
恩义有相夺，作诗劝踌躇。

10 论知行

【提要】 本篇是朱熹论知行问题的几节语录，节选自《朱子语类》。他认为修养及学问中的精神追求不但要依托于日用实践，也是从日用实践中发展或升华起来的。朱子学这种笃实的风格对中国思想史的发展产生过重大影响，其“事事物物，皆得其理”的致学态度实际上具有近代启蒙思想的特征。但是可惜中国传统社会宗法制度的保守性，使科学技术没有从这个开端得到很好的延续和

---

① 菑畬（zīshē）：事物的根本。

发扬。

【原文】

知、行常相须，如目无足不行，足无目不见。论先后，知为先；论轻重，行为重。

论知之与行，曰："方其知之而行未及之，则知尚浅。既亲历其域，则知之益明，非前日之意味。"公谨。

圣贤说知，便说行。《大学》说"如切如磋，道学也"，便说"如琢如磨，自修也"。《中庸》说"学、问、思、辨"，便说"笃行"。颜子说"博我以文"，谓致知、格物；"约我以礼"，谓"克己复礼"。

致知、力行，用功不可偏。偏过一边，则一边受病。如程子云："涵养须用敬，进学则在致知。"分明自作两脚说，但只要分先后轻重。论先后，当以致知为先；论轻重，当以力行为重。

问："南轩云：'致知、力行互相发。'"曰："未须理会相发，且各项做将去。若知有未至，则就知上理会，行有未至，则就行上理会，少间自是互相发。今人知不得，便推说我行未到，行得不是，便说我知未至，只管相推，没长进。"因说一朋友有书来，见人说他说得不是，却来说我只是践履未至，涵养未熟，我而今且未须考究，且理会涵养。"被他截断，教人与他说不得，都只是这个病。"

汪德辅问："须是先知，然后行？"曰："不成未明理，便都不持守了！且如曾点与曾子，便是两个样子：曾点便是理会得底，而行有不掩；曾子便是合下持守，旋旋明理，到一唯处。"

圣贤千言万语，只是要知得，守得。

只有两件事：理会，践行。

学者以玩索、践履为先。

某与一学者言，操存与穷格[①]，不解一上做了。如穷格工夫，

---

① 穷格：穷究事物的道理。

亦须铢积寸累，工夫到后，自然贯通。若操存工夫，岂便能常操。其始也，操得一霎，旋旋到一食时；或有走作，亦无如之何。能常常警觉，久久自能常存，自然光明矣。

操存涵养，则不可不紧；进学致知，则不可不宽。

所谓穷理，大底也穷，小底也穷，少间都成一个物事。所谓持守者，人不能不牵于物欲，才觉得，便收将来。久之，自然成熟。非谓截然今日为始也。

千言万语，说得只是许多事。大概在自家操守讲究，只是自家存得些在这里，便在这里。若放去，便是自家放了。

思索义理，涵养本原。儒用。

涵养中自有穷理工夫，穷其所养之理；穷理中自有涵养工夫，养其所穷之理，两项都不相离。才见成两处，便不得。

择之问："且涵养去，久之自明。"曰："亦须穷理。涵养、穷索，二者不可废一，如车两轮，如鸟两翼。如温公，只恁行将去，无致知一段。"

人之为学，如今雨下相似：雨既下后，到处湿润，其气易得蒸郁。才略晴，被日头略照，又蒸得雨来。前日亢旱时，只缘久无雨下，四面干枯；纵有些少，都滋润不得，故更不能蒸郁得成。人之于义理，若见得后，又有涵养底工夫，日日在这里面，便意思自好，理义也容易得见，正如雨蒸郁得成后底意思。若是都不去用力者，日间只恁悠悠，都不曾有涵养工夫。设或理会得些小道理，也滋润他不得，少间私欲起来，又间断去，正如亢旱不能得雨相似也。

学者工夫，唯在居敬、穷理二事。此二事互相发。能穷理，则居敬工夫日益进；能居敬，则穷理工夫日益密。譬如人之两足，左足行，则右足止；右足行，则左足止。又如一物悬空中，右抑则左昂，左抑则右昂，其实只是一事。

人须做工夫，方有疑。初做工夫时，欲做此一事，又碍彼一事，便没理会处。只如居敬、穷理两事便相碍。居敬是个收敛执持底道理，穷理是个推寻究竟底道理。只此二者，便是相妨。若是熟时，则自不相碍矣。

主敬、穷理虽二端，其实一本。

持敬是穷理之本；穷得理明，又是养心之助。

学者若不穷理，又见不得道理。然去穷理，不持敬，又不得。不持敬，看道理便都散，不聚在这里。

持敬观理，如病人相似。自将息，固是好，也要讨些药来服。

文字讲说得行，而意味未深者，正要本原上加功，须是持敬。持敬以静为主。此意须要于不做工夫时频频体察，久而自熟。但是着实自做工夫，不干别人事。“为仁由己，而由人乎哉!”此语的当，更看有何病痛。知有此病，必去其病，此便是疗之之药。如觉言语多，便用简默；意思疏阔，便加细密；觉得轻浮浅易，便须深沉重厚。张先生所谓“矫轻警惰”，盖如此。

或问：“致知必须穷理，持敬则须主一。然遇事则敬不能持，持敬则又为事所惑，如何?”曰：“孟子云：‘操则存，舍则亡。’人才一把捉，心便在这里。孟子云：‘求放心’[①]，已是说得缓了。心不待求，只警省处便见。‘我欲仁，斯仁至矣。’‘为仁由己，而由人乎哉?’其快如此。盖人能知其心不在，则其心已在了，更不待寻。”

致知、敬、克己，此三事，以一家譬之：敬是守门户之人，克己则是拒盗，致知却是去推察自家与外来底事。伊川言：“涵养须用敬，进学则在致知。”不言克己。盖敬胜百邪，便自有克，如诚则便不消言闲邪之意。犹善守门户，则与拒盗便是一等事，不消更言别有拒盗底。若以涵养对克己言之，则各作一事亦可。涵养，则譬如将息；克己，则譬如服药去病。盖将息不到，然后服药。将息则自无病，何消服药。能纯于敬，则自无邪僻，何用克己。若有邪僻，只是敬心不纯，只可责敬。故敬则无己可克，乃敬之效。若初

---

① 求放心：通过找回丧失的“本心”，恢复善性，培养善德。

学，则须是功夫都到，无所不用其极。

学者吃紧是要理会这一个心，那纸上说底，全然靠不得。或问：“心之体与天地同其大，而其用与天地流通”云云。先生曰：“又不可一向去无形迹处寻，更宜于日用事物、经书指意，史传得失上做工夫。即精粗表里，融会贯通，而无一理之不尽矣。”

为学先要知得分晓。以下论知为先。

问致知涵养先后。曰：“须先致知而后涵养。”问：“伊川言：‘未有致知而不在敬。’如何？”曰：“此是大纲说。要穷理，须是着意。不着意，如何会理会得分晓？”

尧卿问：“穷理、集义孰先？”曰：“穷理为先。然亦不是截然有先后。”曰：“穷是穷在物之理，集是集处物之义否？”曰：“是。”

万事皆在穷理后。经不正，理不明，看如何地持守，也只是空。

痛理会一番，如血战相似，然后涵养将去。因自云：“某如今虽便静坐，道理自见得。未能识得，涵养个甚！”

有人专要理会躬行，此亦是孤。

王子充问：“某在湖南，见一先生只教人践履[1]。”曰：“义理不明，如何践履？”曰：“他说：‘行得便见得。’”曰：“如人行路，不见，便如何行。今人多教人践履，皆是自立标致去教人。自有一般资质好底人，便不须穷理、格物、致知。圣人作个《大学》，便使人齐入于圣贤之域。若讲得道理明时，自是事亲不得不孝，事兄不得不弟，交朋友不得不信。”

而今人只管说治心、修身。若不见这个理，心是如何地治？身是如何地修？若如此说，资质好底便养得成，只是个无能底人；资质不好，便都执缚不住了。傅说云：“学于古训乃有获。事不师古，以克永世，匪说攸闻。”古训何消读他做甚？盖圣贤说出，道理都在里，必学乎此，而后可以有得。又云：“惟学逊志，务时敏，厥修乃

① 践履：本为足踏地之意，后引申为行动、实行、实践。

来。允怀于兹，道积于厥躬。惟斆①学半。念终始典于学，厥德修罔觉。”自古未有人说“学”字，自傅说说起。他这几句，水泼不入，便是说得密。若终始典于学，则其德不知不觉自进也。义刚录云：“人如何不博学得！若不博学，说道修身行己，也猛撞做不得。《大学》‘诚意’，只是说‘如好好色，如恶恶臭’。及到说修身处时，已自宽了。到后面也自无甚事。其大本只是理会致知、格物。若是不致知、格物，便要诚意、正心、修身；气质纯底，将来只便成一个无见识底呆人。若是意思高广底，将来遏不下，便都颠了，如刘淳叟之徒。六经说‘学’字，自傅说方说起来：‘王，人求多闻，时惟建事。学于古训，乃有获。’先生至此，讽诵‘念终始典于学，厥德修罔觉’，曰：‘这数句，只恁地说，而其曲折意思甚密。便是学时自不知不觉，其德自修。而今不去讲学，要修身，身如何地修！’”

见，不可谓之虚见。见无虚实，行有虚实。见只是见，见了后却有行，有不行。若不见后，只要硬做，便所成者窄狭。

学者须常存此心，渐将义理只管去灌溉。若卒乍未有进，即且把见成在底道理将去看认。认来认去，更莫放着，便只是自家底。缘这道理，不是外来物事，只是自家本来合有底，只是常常要点检。如人一家中，合有许多家计，也须常点认若不如此，被外人蓦然捉将去，也不知。又曰：“‘温故而知新’，不是离了故底别有一个新，须是常常将故底只管温习，自有新意：一则向时看与如今看，明晦便不同；一则上面自有好意思；一则因这上面却别生得意思。伊川云：‘某二十以前读《论语》，已自解得文义。到今来读，文义只一般，只是意思别。’”

学聚、问辨，明善、择善，尽心、知性，此皆是知，皆始学之功也。

11 论知行先后之义·答吴晦叔

【提要】 本篇选自朱熹的《经济文衡》，该文和第十篇选文有

---

① 斆（xiào）：教导。

若干呼应，可以相互结合起来考察。该篇主张、强调的“行重于知”，不是指知识来源于实践这种现代认识论的主张，而是指儒家修养论认为日用实践是道德良知的完成形态，一切有志于成圣成贤的儒者都必须将目标追求、手段途径贯彻于日用实践之中，而不能局限在语言文辞、文献典册之内。

【原文】

泛论知行之理而就一事之中以观之，则知之为先，行之为后，无可疑者。（如孟子所谓知，皆扩而充之。程子所谓，“譬如行路，须得光照”。及《易·文言》所谓，“知至至之，知终终之”之类是也。）然合夫知之浅深，行之大小而言，则非有以先成乎其小，亦将何以驯致乎其大哉！（如子夏教人以洒扫应对进退为先。程子谓，未有致知而不在敬者。及《易·文言》所言：知至知终，皆在忠信修辞之后之类是也。）盖古人之教，自其孩幼而教之以孝悌诚敬之实，及其少长而博之以诗书礼乐之文，皆所以使之即夫一事一物间各有以知其义理之所在，而致涵养践履之功也。（此小学之事，知之浅而行之小者也。）及其十五成童学其大学，则其洒扫应对之间，礼乐射御之际，所以涵养践履之者略已小成矣。于是不离乎此，而教之以格物，以致其知焉。致知云者，因其所已知者，推而致之以及其所未知者，而极其至也。是必至于举天地万物之理，而一以贯之，然后为知之至，而所谓诚意、正心、修身、齐家、治国、平天下者，至是而无所不尽其道焉。（此大学之道，知之深而行之大者也。）今就其一事之中而论之，则先知后行固各有其序矣，诚欲因夫小学之成以进乎大学之始，则非涵养践履之有素，亦岂能居然以夫杂乱纷纠之心而格物以致其知哉！且易之所谓忠信修辞者，圣学之实事，贯终始而言者也，以其浅而小者言之，则自其常视毋诳男唯女俞之时，固已知而能之矣。知至至之，则由行此而又知其所至也，此知之深者也。知终终之，则由知至而又进以终之也。此行之大者也。故《大学》之书，虽以格物致知为用力之始，终非谓初不涵养践履而直从事于此也。又非谓物未格、知未至，则意可以不诚、心可以不正、身可以不修、家可以不齐也，但以为必知之至，然后所以治己治人者，始有以尽其道耳。若曰必俟知至而后可行，则夫事亲从兄，承上接下，乃人生之所不能一日废者，岂可谓吾知未至而暂辍以俟其至而后行哉！（按：五峰作《复齐记》有“立志居敬身亲格之之说”，盖深得乎此者。但《知言》所论于知之浅深，不甚区别而一以知先行后概之，则有所未安耳。）

12 省心杂言

【提要】《省心杂言》的作者是宋代学者李邦献。该作品以格言的形式论述人生哲理，内容涉及广泛：从为人处事到言谈举止，从功名官位到财物声色，从修身到养心，从生死祸福到忠孝节义，从君王士卒到黎民百姓。其中涉及勤学笃行议题的闪光之处甚多。不过本文是类似《增广贤文》这样的汇编文字，其中缺乏一篇文章应有的理路。不过作为整体思想风格一致的格言录，这种文献也具有特殊价值。

【原文】

出必告，反必面，昏定晨省，问寝视膳，是人子之于亲，无顷刻忘也。今士大夫之家，子弟幼则视，乳哺长则命，师友非不爱也。及其一命在身，则挈妻携子从事于外，以亲为客寄。父欲子之进，而忘其爱子，欲自致显宦，而忘其亲。是父不父，子不子，岂不为名教罪人。求忠臣于孝子之门，固不足诛。贤父兄之过亦多矣。

用过其才则败事，享过其分则丧身。

量有余，则不隘。力有余，则不乏。德有余，则不争。色有余，则不妒。

用舍在人，不在我。行藏在我，不在人。在我者道，在人者时。

言，心声也。心正者言直，心诐者言诞，心不公者，言不中理，心夸大者，言不究实。

事君如事父，以实不以文，以诚不以巧，尊而畏之，爱而敬之，尊则不敢欺，畏则不敢侮，爱则不忍隐，敬则不忍犯。

伊吕起耕钓，傅说举版筑，汤文高宗致治之本也。汉高祖得先圣之心，故用萧何追亡臣，为将削平祸乱，与黼藻[1]太平举措不同。

欲饱暖者，事农桑。兴王霸者，图秦晋。农桑者，衣食之本。秦晋者，兵马之区。

卧重冰而厚裀褥，耽大欲而储药石，知所患，而不知所畏，宴安之惑也。

不深耕易耨[2]，难以责天时，不正心诚意，难以服众议。

有违于亲者，不足以言孝。有欺于君者，不足以言忠。有欲者无刚，有私者无断。

养刚大之气者，不溺于富贵。明取舍之义者，不戚于贫贱。然后可以断大事，立大节，岂小丈夫所能？

锻者夏不畏烈火，渔者冬不畏寒冰，好名者不顾安危，耽欲者不顾生死。

贵贱有分，大小有量。分在天，贱不能贵。量在人，小不能大。君子修己以俟天，小人怨天而不度己。

忧国者不谋身，周人者不私己。

君子去取以是非，小人毁誉以好恶，君子合以同道，小人合以附己。

事无大小，理在其中。当理者，必能践其言而卒于成。理不当者，虽词穷力竭，而终于有画。

孝弟忠信，立身之大本。礼义廉耻，行己之先务。

窃富贵以巧者，甚于穿窬残性命，以欲者过于焚溺。

忠言似苦，味之则有理。捷径似直，行之则背道。忠言难于求知，直道惟可行己。

---

① 黼藻（fǔzǎo）：使臻完美。

② 耨（nòu）：古代锄草的农具。

13 宋濂苦学

【提要】本篇节选自《送东阳马生序》一文，题目为编者所加。作为翰林学士和《元史》的总裁官，宋濂的学识之渊博，用明太祖的话来说，当为“开国文臣之首”。所以，说起他的治学经验，自是不言而喻极为丰富的。然而，洪武十一年，他到京师朝见太祖时，国子监学生、他的同乡马君则来拜见他，他只是抓住他早年求学艰辛一事，撰成此文，相赠马生，可见这段生活，在他的整个治学生涯中居于何等重要的地位。阅读此文，我们不能不为他当年艰难的生活发出深深的感叹，更不能不为他顽强的学习毅力所感动。可以说，这篇文章对马生、对所有的学子都是一种鞭策、一种鼓舞、一种力量。

【原文】

余幼时即嗜[①]学。家贫，无从致书以观，每假借于藏书之家，手自笔录，计日以还。天大寒，砚冰坚，手指不可屈伸，弗之怠。录毕，走送之，不敢稍逾约。以是人多以书假余，余因得遍观群书。既加冠，益慕圣贤之道，又患无硕师[②]、名人与游，尝趋百里外，从乡之先达执经叩问。先达德隆望尊，门人弟子填其室，未尝稍降辞色。余立侍左右，援疑质理，俯身倾耳以请；或遇其叱咄，色愈恭，礼愈至，不敢出一言以复；俟其欣悦，则又请焉。故余虽愚，卒获有所闻。

当余之从师也，负箧曳屣[③]，行深山巨谷中，穷冬烈风，大雪深数尺，足肤皲裂而不知。至舍，四支僵劲不能动，媵人[④]持汤沃灌，以衾拥覆，久而乃和。寓逆旅，主人日再食，无鲜肥滋味之享。同舍生皆被绮绣，戴朱缨宝饰之帽，腰白玉之环，左佩刀，右

---

① 嗜：爱好或特别爱好，喜欢。

② 硕师：学问渊博的老师。

③ 负箧曳屣：箧，箱子。曳屣，拖着鞋子。

④ 媵人：陪嫁的女子，这里指女仆。

备容臭，烨然若神人；余则缊袍敝衣处其间，略无慕艳意。以中有足乐者，不知口体之奉不若人也。

14 知行合一

【提要】 本篇选自明儒王阳明的《传习录》。王阳明认为："知是行之始，行是知之成"；"未有知而不行者；知而不行，只是未知"。认为学者必须"知行并进"，既要反对"懵懵懂懂的任意去做"，也要反对"茫茫荡荡悬空去思索"。但他所谓知，即是致吾心之良知；所谓行，即是致良知于事事物物；知行合一即是把行统一于知。

【原文】

爱因未会先生知行合一之训，与宗贤、惟贤往复辩论，未能决。以问于先生。先生曰："试举看。"爱曰："如今人尽有知得父当孝，兄当弟者，却不能孝，不能弟。便是知与行分明是两件。"先生曰："此已被私欲隔断，不是知行的本体了。未有知而不行者。知而不行，只是未知。圣贤教人知行，正是要复那本体。不是着你只恁的便罢。故《大学》指个真知行与人看，说'如好好色，如恶恶臭'。见好色属知，好好色属行。只见那好色时，已自好了。不是见了后，又立个心去好。闻恶臭属知，恶恶臭属行。只闻那恶臭时，已自恶了。不是闻了后，别立个心去恶。如鼻塞人虽见恶臭在前，鼻中不曾闻得，便亦不甚恶。亦只是不曾知臭。就如称某人知孝，某人知弟。必是其人已曾行孝行弟，方可称他知孝知弟。不成只是晓得说些孝弟的话，便可称为知孝弟。又如知痛，必已自痛了，方知痛。知寒，必已自寒了。知饥，必已自饥了。知行如何分得开？此便是知行的本体，不曾有私意隔断的。圣人教人，必要是如此，方可谓之知。不然，只是不曾知。此却是何等紧切着实的工夫。如今苦苦定要说知行做两个，是甚么意？某要说做一个，是甚么意？若不知立言宗旨。只管说一个两个，亦有甚用？"爱曰："古人说知行做两个，亦是要人见个分晓，一行做知的功夫，一行做行的功夫，即功夫始有下落。”先生曰：“此却失了古人宗旨也。某尝说知是行的主意，行是知的功夫。知是行之始，行是知之成。若会得时，只说一个知已自有行在，只说一个行已自有知在。古人所以既说一个知，又说一个行者，只为世间有一种人，懵懵懂懂的任意去做，全不解思惟省察，也只是个冥行妄作。所以必说个知，方才行得是。又有一种人，茫茫荡荡，悬空去思索，全不肯着实躬行，也只是个揣摸影响。所以必说一个行，方才知得真。此是古人不得已，补偏救弊的说话。若见得这个意时，即一言而足。今人却就将知行分作两件去做，以为必先知了，然后能行。我如今且去讲习讨论做知的工夫。待知得真了，方去做行的工夫，故遂终身不行，亦遂终身不知。此不是小病痛，其来已非一日矣。某今说个知行合一，正是对病的药。又不是某凿空杜撰。知行本体，原是如此。今若知得宗旨时，即说两个亦不妨，亦只是一个。若不会宗旨，便说一个，亦济得甚事？只是闲说话。”

15 答钱生钦之

【提要】本篇出自明儒刘宗周的《刘蕺山集》。该文主旨在于倡导“力行”，因为后世学者分作两截用功，失却知行本体，故有合一说。刘宗周继承了王阳明心学的基本思想，但是对心的解释加入了新的内涵，重点是在心的概念之上继续区分了一般的心和作为心性之大心。这是对心学思想的推进，在后者的意义上，刘宗周的思想应该被称为性学。

【原文】

力行二字甚佳，而所该亦详。以尽如体认是力行第一义，存养①是力行第二义，省察是力行第三义，践履是力行第四义，应事接物是力行第五义。善反之，则应事接物正是践履之实，践履正是省察之实，省察正是存养之实，存养正是体认之实，归到体认二

① 存养：保持本心，培养善性。

字，只致良知足以尽之，此正所谓力行之实也。今人以致知为一项，以力行为一项，所以便有病痛。又就其中每事都作逐件看，或后先错杂，或支离纷解，愈远而愈不合矣。人之气质不同，不免囿于所见，而不能相通。若良知则只是一个也，然仆作此言，亦是影响。不知于良知二字有分晓否？幸交勉之可乎！

16 由道

【提要】本篇出自清代学者颜元的《颜元集》。他站在实学的立场，大力反对空谈学问，推行笃行实践的主张。他指出："圣人学、教、治，皆一致也。"即根据儒家古法立论，来证明自己的观点，显得既传统，又符合时代要求。因此他的思想在当时产生了广泛的影响，在今天也有借鉴价值。

【原文】

圣人学、教、治，皆一致也。"民可使由之，不可使知之"，是孔子明言千圣百王持世成法，守之则易简而有功，失之徒繁难而寡效。故罕言命，自处也；性道不可得闻，教人也；立法鲁民歌怨，为治也。他如予欲无言、无行不与、莫我知诸章，何莫非此意哉！当时及门皆望孔子以言，孔子惟率之以下学而上达，非吝也，学、教之成法固如是也。

道不可以言传也，言传者有先于言者也，颜、曾守此不失。子思时，异端将盛，或亦逆知天地气薄，自此将不生孔子其人，势必失性、学、治本旨，不得已而作《中庸》，直指性天，已近太泻。故孟子承之，教人必以规矩，引而不发，断不为拙工改废绳墨。离娄方员、深造诸章，尤于先王成法致意焉。至宋而程、朱出，乃动谈性命，相推发先儒所未发。以仆观之，何曾出《中庸》分毫！但见支离分裂，参杂于释、老，徒令异端轻视吾道耳。若是者何也？以程、朱失尧、舜以来学、教之成法也。何不观精一之旨，惟尧、禹得闻，天下所可见者，命九官、十二牧所为而已。阴阳秘旨，文、周寄之于《易》；天下所可见者，王政、制礼、作乐而已。一贯之道，惟曾、赐得闻；及门与天下所可见者，《诗》《书》、六艺而已。乌得以天道性命常举诸口而人人语之哉！

是以当日谈天论性，聪明者如打诨猜拳，愚浊者如捉风听梦，但仿佛口角，各自以为孔、颜复出矣。至于靖康之际，户比肩摩皆主敬习静之人，而朝陛疆场无片筹寸绩之士。朱子乃独具只眼，指其一二硕德，程子所许为后身者，曰“此皆禅也”，而未知二程之所以教之者实近禅，故徒见其弊，无能易其辙。以致朱学之末流，犹之程学之末流矣，以致后世之程、朱，皆如程学、朱学之末流矣。长此不返，乾坤尚安赖哉！

或曰：佛氏托于明心见性，程、朱欲救人而摈之，不得不抉精奥以示人。余曰：噫！程子所见已稍浸入释氏分界，故称其“弥近理而大乱真”。若以不肖论之，只以君子之道四一节指示，虽释迦恶魁，亦当垂头下泪，并不必及性命以上也。然则如之何？曰：彼以其虚，我以其实。程、朱当远宗孔子，近师安定，以六德、六行、六艺及兵农、钱谷、水火、工虞之类教其门人，成就数十百通儒。朝廷大政，天下所不能办，吾门人皆办之；险重繁难，天下所不敢任，吾门人皆任之，吾道自尊显，释、老自消亡矣。

今彼以空言乱天下，吾亦以空言与之角，又不斩其根而反授之柄，我无以深服天下之心而鼓吾党之气，是以当日一出，徒以口舌致党祸；流而后世，全以章句误乾坤。上者只学先儒讲着，稍涉文义即欲承先启后；下者但问朝廷科甲，才能揣摩皆骛富贵利达。浮言之祸甚于焚坑，吾道何日再见其行哉！友人刁蒙吉翻孟子之言曰：“著之而不行焉，察矣而不习焉，终身知之而不由其道者，众也！”其所慨深矣！吾意上天仁爱，必将笃生圣哲，刬[1]荆棘，而兴尧、舜以来中庸之道，断不忍终此元会，直如此而已也！

17 王夫之论知行关系

【提要】 本篇选自明清之际著名学者王夫之的《船山全书》。

① 刬：同“铲”。

王夫之不但强调人的认识能力与实践能力，更宣称普通人也应该有“相天造命”的能动性，因而包含着明显的资本主义思想萌芽。因此，他所讲之“尽器贯道”“凝道成德”的人格理想，也就不再是少数圣贤君子的事情，而且也是普通百姓的事情。他认为，就对具体的感性世界认知而言，即使是圣人也不能穷尽；而在把握抽象的天道时，普通人也可能有不凡之处。

【原文】

诚明相资以为体，知行相资以为用，惟其各有致功而亦各有其效，故相资以互用，则于其相互，益知其必分矣。同者不相为用，资于异者乃和同而起功，此定理也。不知其各有功效而相资，于是而姚江王氏知行合一之说得借口以惑世；盖其旨本诸释氏，于无所可行之中，立一介然之知曰悟，而废天下之实理，实理废则亦无所忌惮而已矣。

且夫知也者，固以行为功者也；行也者，不以知为功者也。行焉，可以得知之效也；知焉，未可以得行之效也。将为格物穷理之学，抑必勉勉孜孜，而后择之精，语之详，是知必以行为功也。行于君民、亲友、喜怒、哀乐之间，得而信，失而疑，道乃益明，是行可有知之效也。其力行也，得不以为歆[①]，失不以为恤，志一动气，惟无审虑却顾，而后德可据，是行不以知为功也。冥心而思，观物而辨，时未至，理未协，情未感，力未赡[②]，俟之他日而行乃为功，是知不得有行之效也。行可兼知，而知不可兼行，下学而上达，岂达焉而始学乎？君子之学，未尝离行以为知也必矣。

18 读书乃养心第一妙物

【提要】本篇选自清代名臣张英《聪训斋语》。在读书问题上，张英强调虚心涵泳、切己体察，并自始至终将护养心性作为读书之根本。张英指出，在读书过程中，要结合人生体验，反观自己，保

---

① 歆：羡慕。

② 赡：丰富；充足。

持本心。常人难以忍受的种种不如意之事，通过读书，可以发现“古人拂意之事，有百倍于此者，特不细心体验耳”，因此，保持“平心静观”的豁达态度，人生中的种种不如意与“无穷怨尤嗔忿之心”，都将涣然冰释。真正的读书人，善于从经典当中捕捉“极平淡，却是极神奇”的人生道理，进而“循理安命”，“常全乐体”，果能如此，“便是圣贤路上人”。倘若读书只是为了贪多务博、寻章摘句，“自寻奇觅怪”，以表达新颖怪异的观点，此乃未足称道之学问末流。

【原文】

圣贤领要之语曰：“人心惟危，道心惟微。”危者，嗜欲之心，如堤之束水，其溃甚易，一溃则不可复收也；微者，理义之心，如帷之映镫，若隐若现，见之难而晦之易也。人心至灵至动，不可过劳，亦不可过逸，惟读书可以养之。每见堪舆家，平日用磁石养针，书卷乃养心第一妙物！闲适无事之人，镇日不观书，则起居出入身心无所栖泊，耳目无所安顿，势必心意颠倒，妄想生嗔，处逆境不乐，处顺境亦不乐。每见人栖栖皇皇，觉举动无不碍者，此必不读书之人也。古人有言：“扫地焚香，清福已具。其有福者，佐以读书；其无福者，便生他想。”旨哉斯言，予所深赏！且从来拂意之事，自不读书者见之，似为我所独遭，极其难堪。不知古人拂意之事，有百倍于此者，特不细心体验耳。即如东坡先生，殁后遭逢高孝，文字始出，名震千古，而当时之忧谗畏讥，困顿转徙潮惠之间，苏过跣足涉水，居近牛栏，是何如境界？又如白香山之无嗣，陆放翁之忍饥，皆载在书卷。彼独非千载闻人，而所遇皆如此。诚一平心静观，则人间拂意之事，可以涣然冰释。若不读书，则但见我所遭甚苦，而无穷怨尤嗔忿之心，烧灼不宁，其苦为何如耶！且富盛之事，古人亦有之，炙手可热，转眼皆空。故读书可以增长道心，为颐养第一事也！记诵纂集，期以争长应世则多苦，若涉览则何至劳心疲神？但当冷眼于闲中窥破古人筋节处耳。予于白陆诗，皆细注其年月，知彼于何年引退，其衰健之迹皆可指，斯不梦梦耳。

读书须明窗净几，案头不可多置书。读书作文须凝神静气，目光迥然，出文与题之上，最忌坠入云雾之中，迷失出路。多读文而不熟，如将不练之兵，临时全不得用，徒疲精劳神，与操空拳者无异。作文以握管之人为大将，以精熟墨卷百篇为练兵，以杂读时艺为散卒，以题为坚垒。若神明不爽朗，是大将先坠云雾中，安能制胜？人人各有一种英华光气，但须磨练始出。譬如一花一卉，苟深培厚壅，尽其分量，其花亦有可观，而况于人乎？况于俊特之人乎？天下有形之物，用则易匮，唯人之才思气力，不用则日减，用则日增。但做出自己声光，如树将发花时，神壮气溢，觉与平时不同，则自然之机候也。读书人独宿是第一义，试自己省察。馆中独宿时，漏下二鼓，灭烛就枕。待日出早起，梦境清明，神酣气畅，以之读书则有益，以之作文必不潦草枯涩，真所谓一日胜两日也。

19“涵泳”与“体察”

【提要】本篇选自清代曾国藩的《曾文正公家书》。曾国藩认为：只要立志苦读，想做圣贤，就必成圣贤。他不仅要求儿子以“看、读、作，写”四字为纲治学，自己每日也切己体察，每天坚持记茶余偶谈一则、读史十页、写日记楷本，这三件事终身不间断。正是这种独树一帜的读书法，不仅使他实现了自己内圣外王的理想，而且通过自己的影响使整个曾氏成为真正的名门望族。

【原文】

汝读四书无甚心得，由不能“虚心涵泳，切己体察”。朱子教人读书之法，此二语最为精当。尔现读《离娄》，即如《离娄》首章“上无道揆，下无法守”，吾往年读之，亦无甚警惕；近岁在外办事，乃知上之人必揆诸道，下之人必守乎法，若人人以道揆自许，从心而不从法，则下凌上矣。“爱人不亲”章，往年读之，不甚亲切；近岁阅历日久，乃知治人不治者，智不足也。此切己体察之一端也。

“涵泳”二字，最不易识，余尝以意测之曰：涵者，如春雨之润花，如清渠之溉稻。雨之润花，过小则难透，过大则离披，适中则涵濡而滋液。清渠之溉稻，过小则枯槁[①]，过多则伤涝，适中则涵养而浡兴。泳者，如鱼之游水，如人之濯足。程子谓鱼跃于渊，活泼泼地；庄子言濠梁观鱼，安知非乐？此鱼水之快也。左太冲有“濯足万里流”之句，苏子瞻有“夜卧濯足”诗，有“浴罢”诗，亦人性乐水者之一快也。善读书者，须视书如水，而视此心如花、如稻、如鱼、如濯足，则涵泳二字，庶可得之于意言之表。尔读书易于解说文义，却不甚能深入，可就朱子“涵泳”“体察”二语悉心求之。

20 暴弃关、怕苦关

【提要】本篇选自清代道家人物刘一明的《通关文》一书。处顺境之中，人们往往容易做到勤学笃行，但是遇到困境，或者处于劣势时，却不能够坚持不懈，迎头赶上。因此这两篇“通关文”是励志文，读之能使人振奋精神，不畏困苦，不达目的誓不罢休。文中关于修道的宗教内容，已不符合时代，读者应予以鉴别和抛弃。

【原文】

至圣曰：朝闻道，夕死可矣。颜子曰：舜何人也，予何人也，有为者亦若是。孟子曰：自暴者，不可与有言也；自弃者，不可与有为也。老祖曰：吾非圣人，学而得之。上阳子曰：释迦文佛半偈而欲舍其身，黄帝顺下风膝行而进问广成子治身奈何而可以长生。此皆自贵自重，而不可自暴自弃也。夫人秉天地五行之气而生身，有气而即有性，有性而即有命。是理气性命即寓于一身之中，不论贤愚高低，同此一理气，同此一性命。凡夫圣贤，原无分别，惟能了性命者，即是圣贤；不能了性命者，即是凡夫。孟子所谓人之所

① 枯槁：憔悴。

以异于禽兽者几希，庶民去之，君子存之者是也。《仙传》云：自古飞升者三千，拔宅者八百，坐脱立亡者不计其数。凡此皆是学而知，苦而成，未有不学不苦而能知能成者。世间生知者有数，学知者居多。虽云生知，翻个筋斗，即有迷处。不学不成，学而方成。故释迦亦必师然灯，孔子亦必师项橐，老子亦必师元始。至如玉钟吕刘王张石薛陈白诸位祖师，皆是脉脉相续，口口相授，可知能学而即成，不学不能成。学之功力，岂小焉哉？世间糊涂学人，不将自己性命看重，不将自己身心修持。身在道中而知自己有道，身居宝林而不知现在有宝，认假弃真，以虚为实。或曰性命长短，乃有定数，非人所能胜；或曰仙圣是天生，非凡人所能学；或曰大道至深至奥，非等闲所能知；于是自暴自弃，自画其限，甘居苦海，蹈于沉沦，枉为人类矣。殊不知既在人类，负阴抱阳，即有天地之造化，人人可以为圣贤，人人可以成仙佛，但要至诚进步，屈己求人，由近达远，经久不怠耳。试观山中狐狸猿鹿，乃畜类耳，存神养气，静处于窟穴，年久功深，亦能隐形变化，延年益寿，而况人为万物之灵，焉有修道不成者？如曰人不能成道，岂乃兽之不如乎？吾劝真心学道者，速将暴弃关口打通。立不易方，把有生以后气质偏病，习染累赘，一齐扫去。专心慕道，从艰难困苦中磨炼出去。不知者必欲学而知，不能者必欲学而能。迁善改过，存诚去妄，始终如一，永无更变，大道可冀。否则，自暴自弃，不以性命为重，不以道义为贵，打混过日，醉生梦死，空空一世，一失人身，万劫难矣。

《中庸》曰：人一能之，己百之；人十能之，己千之。果能此道矣，虽愚必明，虽柔必强。太古曰：睡了一时，死了一时；睡了一日，死了一日；日日有功无睡，千日便了事也。谚云：不下苦中苦，难为人上人。此皆言大好之事，必须勤苦而后成也。夫天下最大之事，须最苦之功，日久而方成。特以苦之大，成之大也。而况性命大事，岂有不苦而成者哉？苦之一字，为修道者治病之良药，惟能苦的，方能磨炼的身心，方能调治的大病。故必外而积功行，内而炼意念，劳其筋骨，饿其体肤，空乏其身，处处行功，事事努力。修桥补路，损己益人，忍辱受垢，随地方便。人好的我不好，人爱的我不爱，人难受的我能受，人难过的我能过。把有生以来，习染事物，一概决去，此外苦也。内而整顿精神，坚固志气，除去情欲，扫却妄念，诸般烦恼，一切无明，狠力剪灭。不能去而必欲去，不能除而必欲除，只是一个求道的真心在内，须臾不离，其余皆不受纳，是内苦也。如此苦去，内外如一，方是真苦，方能治的大病。昔释迦雪山修炼，六祖四会用功，邱祖磻溪磨性，如诸圣贤，皆天纵之姿，还要在大苦中度出，而况后世学人，皆中下之流，岂有不苦而成者哉？世间糊涂学人，不知苦中生甜之乐，要自在得宝，安闲成道。闻说下苦，即便生愁；闻说力劳，即便作难。日间惜力养膘，饱食闲浪，夜里绵被厚褥，长眠大睡。一些利人之事不做，一点用力之处不行。无数毛病不改。或看几部丹书，或念几卷经典，虚装有道；或云游乞化，饱食暖衣，即为本事；或坐寺居观，住持焚修，不受饥寒，以为消交。如此等类，绝不思抛离父母、丢弃妻子所为何事。若以出家为衣食，与俗人何异？何必累十方债账，岂不多此一事？吾劝真心学道者，速将怕苦关口打通，立一个苦死不回头的念头，脚踏实地，勇猛前进。把性命二字，贴在额头上，时时刻刻留心。大凡有益之事尽力做去，大凡无益之事尽力弃去。自己苦行以外，听师指教，一一如命，莫生怠心，日夜勤劳，久而不废，终得实惠。否则，惧怕辛苦，逡畏不果，苟延岁月，妄想闻道，难矣。

三　历史典故

1 挟策读书

臧与谷二人相与牧羊而俱亡其羊。问臧奚事，则挟策读书，问谷奚事，则博塞以游。

——《庄子·外篇·骈拇第八》

2 行之惟艰

惟说命总百官，乃进于王曰："呜呼！明王奉若天道，建邦设都，树后王君公，承以大夫师长，不惟逸豫，惟以乱民。惟天聪明，惟圣时宪，惟臣钦若，惟民从乂。惟口起羞，惟甲胄起戎，惟衣裳在笥[①]，惟干戈省厥躬。王惟戒兹，允兹克明，乃罔不休。惟治乱在庶官。官不及私昵，惟其能；爵罔及恶德，惟其贤。虑善以动，动惟厥时。有其善，丧厥善；矜其能，丧厥功。惟事事，乃其有备，有备无患。无启宠纳侮，无耻过作非。惟厥攸居，政事惟醇。黩[②]予祭祀，时谓弗钦。礼烦则乱，事神则难。"

王曰："旨哉！说。乃言惟服。乃不良于言，予罔闻于行。"说拜稽首曰："非知之艰，行之惟艰。王忱不艰，允协于先王成德，惟说不言有厥咎。"

——《尚书》

3 悬梁刺股

（苏秦）乃夜发书。陈箧数十，得太公《阴符》之谋。伏而诵之，简练以为揣摩。读书欲睡，引锥自刺其股[③]，血流至足。

——（西汉）刘向《战国策·秦策一》

4 韦编三绝

（孔子）读《易》，韦编三绝[④]。曰："假我数年，若是，我于《易》则彬彬矣。"

——（西汉）司马迁《史记·孔子世家》

---

① 笥（sì）：盛衣物的方形竹器。

② 黩（dú）：轻率，轻举妄动。

③ 股：大腿。

④ 韦编三绝：孔子晚年很爱读《周易》，翻来覆去地读，使穿连《周易》竹简的皮条断了好几次。后来用"韦编三绝"形容读书勤奋。

5 三年不窥园

董仲舒，广川人也，以治《春秋》，孝景时为博士，下帷讲诵，弟子传以久次相受业，或莫见其面。盖三年董仲舒不观于舍园，其精如此。

——（西汉）司马迁《史记·董仲舒传》

6 带经而锄

（倪宽）受业孔安国，尝为弟子都养，时行凭作，带经而锄，休息辄诵读，其精如此。

——（东汉）班固《汉书·倪宽传》

7 朱买臣负薪读书

（朱）买臣字翁子，吴人也。家贫，好读书，不置产业，常艾薪樵，卖以给食，担束薪，行且诵书。其妻亦负戴相随，数止买臣毋歌呕道中。买臣愈益疾歌，妻羞之，求去。买臣笑曰："年五十当富贵，今已四十余矣。女苦日久，待我富贵报女功。"

——（东汉）班固《汉书·王贾传》

8 三余读书

（董）遇善治《老子》，为《老子》作训注。又善《左氏传》，人有从学者，遇不肯教，而云："必当先读百遍"，言："读书百遍而义自见。"从学者云："苦[①]渴无日。"遇言："当以三余。"或问三余之意，遇言："冬者，岁之余；夜者，日之余；阴雨者，时之余也。"

——（西晋）《三国志·魏书·王肃传》

9 借书苦读

抱朴子者，姓葛，名洪，字稚川。丹阳句容人也。……年十有

① 苦：苦恼。

三，而慈父见背。夙失庭训，饥寒困瘁。……又累遭兵火，先人典籍荡尽。农隙之暇无所读，乃负笈[①]徒步行借。又卒于一家，少得全部之书，益破功日伐薪以给纸笔，就营田园处，以柴火写书。坐此之故，不得早涉艺文。常乏纸，每所写，反覆有字，人鲜能读也。……但贪广览，于众书乃无不暗诵精持。曾所披涉，自正经、诸史、百家之言，下至短杂文章，近万卷。

——（东晋）葛洪《抱朴子·自序》

10 凿壁偷光

匡衡字稚圭，勤学而无烛，邻舍有烛而不逮[②]。衡乃穿壁引其光，以书映光而读之。邑人大姓文不识，家富多书，衡乃与其佣[③]作而不求偿。主人怪问衡，衡曰："愿得主人书遍读之。"主人感叹，资给以书，遂成大学。

——（东晋）葛洪《西京杂记》

11 映月读书

（江）泌少贫，昼日斫屟[④]，夜读书，随月光握卷升屋。

——（南朝）萧子显《南齐书·江泌传》

12 孟母断杼教子

孟子之少也，既学而归，孟母方绩，问曰："学何所至矣？"孟子曰："自若也。"孟母以刀断其织。孟子惧而问其故，孟母曰："子之废学，若吾断斯织也。夫君子学以立名，问则广知，是以居则安宁，动则远害。今而废之，是不免于厮役，而无以离于祸患也。何以异于织绩而食？中道废而不为，宁能衣其夫子，而长不乏

---

① 笈：书籍。

② 逮：及，赶得上。

③ 佣：受雇佣，出卖劳动力。

④ 斫屟（zhuóxiè）：做鞋子。

粮食哉！女则废其所食，男则堕于修德，不为窃盗，则为虏役矣。”孟子惧，旦夕勤学不息，师事子思，遂成天下之名儒。君子谓孟母知为人母之道矣。

——（南朝·宋）范晔《后汉书·列女传》

13 潦水流麦

高凤字文通，南阳叶人也。少为书生，家以农亩为业，而专精诵读，昼夜不息。妻尝之田，曝麦于庭，令凤护鸡。时天暴雨，而凤持竿诵经，不觉潦水[①]流麦。妻还怪问，凤方悟之。其后遂为名儒，乃教授业于西唐山中。

——（南朝·宋）范晔《后汉书·高凤传》

14 皇甫谧年二十始勤学

（皇甫谧）年二十，不好学，游荡无度，或以为痴。尝得瓜果，辄进所后叔母任氏。任氏曰：“《孝经》云：‘三牲之养，犹为不孝。’汝今年余二十，目不存教，心不入道，无以慰我。”因叹曰：“昔孟母三徙以成仁，曾父烹豕以存教，岂我居不卜邻，教有所阙。何尔鲁钝之甚也！修身笃学，自汝得之，于我何有？”因对之流涕。谧乃感激，就乡人席坦受书，勤力不怠。居贫，躬自稼穑，带经而农，遂博综典籍百家之言。沉静寡欲，始有高尚之志，以著述为务，自号玄晏先生。著《礼乐》《圣真》之论。后得风痹疾，犹手不辍卷。

或劝谧修名广交，谧以为“非圣人孰能兼存出处，居田里之中亦可以乐尧舜之道，何必崇接世利，事官鞅掌，然后为名乎”。作《玄守论》以答之，曰：“或谓谧曰：‘富贵人之所欲，贫贱人之所恶，何故委形待于穷而不变乎？且道之所贵者，理世也；人之所美者，及时也。先生年迈齿变，饥寒不赡，转死沟壑，其谁知乎？’谧曰：‘人之所至惜者，命也；道之所必全者，形也；性形所不可

① 潦水：雨后地上的流水、积水。

犯者，疾病也。若扰全道以损性命，安得去贫贱存所欲哉？吾闻食人之禄者怀人之忧，形强犹不堪，况吾之弱疾乎！且贫者士之常，贱者道之实，处常得实，没齿不忧，孰与富贵扰神耗精者乎！又生为人所不和，死为人所不惜，至矣！喑聋之徒，天下之有道者也。夫一人死而天下号者，以为损也；一人生而四海笑者，以为益也。然则号笑非益死损生也。是以至道不损，至德不益。何哉？体足也。如回天下之念以追损生之祸，运四海之心以广非益之病，岂道德之至乎！夫唯无损，则至坚矣；夫唯无益，则至厚矣。坚故终不损，厚故终不薄。苟能体坚厚之实，居不薄之真，立乎损益之外，游乎形骸之表，则我道全矣。'"

遂不仕。耽玩典籍，忘寝与食，时人谓之"书淫"。或有箴莫过笃，将损耗精神。谧曰："朝闻道，夕死可矣，况命之修短分定悬天乎！"

——（唐）房玄龄等《晋书·皇甫谧传》

15 折蒲学书

王育，字伯春，西晋京兆人。年少孤贫，为人佣牧羊，每过小学，必欷嘘[①]流涕。时有暇即折蒲学书，忘而亡羊，为羊主所责，育将鬻己偿之。同郡许子章，敏达士也，代育偿羊，给其衣食，使与子同学。遂能博通经史，仕伪汉，官至太傅。

——（唐）房玄龄等《晋书·王育传》

16 焚膏继晷

先生口不绝吟于六艺之文，手不停披于百家之编。记事者必提其要，纂言者必钩其玄。贪多务得，细大不捐，焚膏油以继晷[②]，恒兀兀以穷年。先生之业可谓勤矣。

——（唐）韩愈《昌黎集·进学解》

---

① 欷嘘：抽泣。

② 晷：日影，这里指白天。

17 囊萤映雪

（车）胤恭勤不倦，博学多通。家贫，不常得油。夏月，则练[①]囊盛数十萤火以照书，以夜继日焉。晋孙康贫，常映雪读书，清介交游不杂。

——《孙氏世录》

18 龟山好学

胡澹庵见杨龟山，龟山举两肘示之曰："吾此肘不离案三十年，然后于道有进。"张无垢谪横浦，寓城西宝界寺。其寝室有短窗，每日昧爽[②]，辄执书立窗下，就明而读，如是者十四年。洎北归，窗下石上，双趺之迹隐然，至今犹存。前辈为学，勤苦如此。然龟山盖少年事，无垢乃晚年，尤难也。

——（宋）罗大经《鹤林玉露》

19 牛角挂书

（李密）闻包恺在缑山，往从之。以蒲鞯[③]乘牛，挂《汉书》一帙角上，行且读。越国公杨素适见于道，按辔蹑其后，曰："何书生勤如此？"密识素，下拜。问所读，曰："《项羽传》。"因与语，奇之。归谓子玄感曰："吾观密识度，非若等辈。"玄感遂倾心结纳。

——（北宋）欧阳修、宋祁等《新唐书·李密传》

20 铁杵磨针

磨针溪，在眉州象耳山下。世传李白读书山中，未成，弃去。过小溪，逢老媪，方磨铁杵，问之，曰："欲作针。"太白感其意，

---

① 练：白绢。这里是名词活用为动词，意思是"用白绢做"。

② 昧爽：拂晓，黎明。

③ 蒲鞯（pújiān）：垫在牛背上的蒲草垫子。

还卒业。媪自言姓武。今溪旁有武氏岩。

——（北宋）祝穆《方舆胜览》

21 读书种子

裴度常训其子云："凡吾辈但可令文种无绝，然期间有成功能致身万乘之相，则天也。"山谷云："四民皆坐世业，士大夫子弟能知忠信孝友，斯可矣。然不可令读书种子断绝。有才气者出，便当名世矣。似祖裴语，特易文种为书种耳。"

——（南宋）周密《齐东野语·书种文种》

22 王冕好学

王冕者，诸暨人。七八岁时，父命牧牛陇上，窃入学舍，听诸生诵书；听已，辄默记。暮归，忘其牛。或牵牛来责蹊田者。父怒，挞之，已而复如初。母曰："儿痴如此，曷不听其所为?"冕因去，依僧寺以居。夜潜出，坐佛膝上，执策映长明灯读之，琅琅达旦。佛像多土偶，狞恶可怖；冕小儿，恬若不见。安阳韩性闻而异之，录为弟子，学遂为通儒。

——（明）宋濂等《元史·王冕传》

23 母教子读

记母教铨时，膝置书，令铨坐膝下读之。母手纺绩，口授句读。咿唔之声，与轧轧相间。儿怠，则少加夏楚，旋复持儿泣曰："儿及此不学，我何以见汝父!"至夜分，寒甚，母坐于床，以被覆双足，解衣以胸温儿背，共诵之。读倦，睡母怀，俄而母摇铨曰："醒矣!"张目视母面，泪方纵横落，铨亦泣。少间，复令读。鸡鸣方卧焉。

——（清）蒋士铨《鸣机夜课图记》

24 溥幼好学

（张）溥幼即嗜学，所读书必手钞，钞已朗诵一过，即焚之，又钞，如是者六七始已。或问："何勤苦如此?"曰："聊以强记耳。"右手握管处，指掌成茧。冬日手皲，日沃汤数次。后名读书之斋曰："七录。"溥诗文敏捷。四方征索者，不起草，对客挥毫，俄顷立就，以故名高一时。

——（清）张廷玉等《明史·张溥传》

25 文石苦学

江天一，字文石，徽州歙县人。少丧父，事其母，及抚弟天表，具有至性。尝语人曰："士不立品者，必无文章。"前明崇祯间，县令傅岩奇其才，每试辄拔置第一。年三十六，始得补诸生。家贫屋败，躬畚土筑垣以居。覆瓦不完，盛暑则暴酷日中。雨至，淋漓蛇伏，或张敝盖自蔽。家人且怨且叹，而天一挟书吟诵自若也。

——（清）汪琬《尧峰文钞·江天一传》

九　内省改过

一　本篇导读

内省改过是中国古代道德修养的重要方法，也是儒释道诸家共通的人生智慧。所谓内省改过，就是在个人遇到道德矛盾或自己出现道德过错时，首先要从自己的主观动机上寻找根源，并责求自己承担道德责任，自觉自愿地修正自己的错误。

内省是道德修行的根本功夫。孔子所说的“见贤思齐焉，见不贤而内自省也”（《论语·里仁》），就表达了一种从善如流、避恶如仇的自觉立场。有一次，司马牛问君子，子曰：“君子不忧不惧。”曰：“不忧不惧，斯谓之君子乎？”子曰：“内省不疚，夫何忧何惧？”（《论语·颜渊》）在孔子看来，一个人若善于内省，就没有太多的内疚感，这也是君子所应当具备的优良品质。当然，世间之事，大抵知易行难，内省亦是如此。孔子曾感慨道：“已矣乎！吾未见能见其过而内自讼者也。”（《论语·公冶长》）曾子也重视内省，他说：“吾日三省吾身：为人谋而不忠乎？与朋友交而不信乎？传不习乎？”（《论语·学而》）孟子反复强调“反求诸己”，即可理解为凡事先从自己身上找原因，向内看，向内求。在他看来，“爱人不亲，反其仁；治人不治，反其智；礼人不答，反其敬。行有不得者皆反求诸己，其身正而天下归之。”（《孟子·离娄上》）孟子还说：“仁者如射，射者正己而后发。发而不中，不怨胜己者，反求诸己而已矣。”（《孟子·公孙丑上》）

内省的关键在于慎独。慎独是儒家的一个重要概念，是指在闲居独处无人监督之时，更须谨慎而行，自觉遵守各种道德准则。《礼记·中庸》曰：“天命之谓性，率性之谓道，修道之谓教。道也者，不可须臾离也；可离，非道也。是故君子戒慎乎其所不睹，恐惧乎其所不闻。莫见乎隐，莫显乎微，故君子慎其独也。”意思是说，一个人独处时，在无人看见的地方要警惕谨慎，在无人听到的时候要格外戒惧，因为不正当的情欲容易在隐晦之处表现出来，不良的意念容易在细微之时显露出来，所以君子更应严格要求自己，防微杜渐，把不正当的欲望、意念在萌芽状态克制住。这就要求人们戒慎自守，对不正当的情欲加以节制，自觉地遵从道德准则，为人行事。《礼记·大学》也说：“小人闲居为不善，无所不至。见君子而后厌然，掩其不善，而著其善。人之视己，如见其肺肝然，则何益矣。此谓诚于中，形于外。故君子必慎其独也。”那些没有道德修养的人，在闲居独处的时候，什么坏事都做得出来。当他们见到有道德修养的人，却又躲躲藏藏企图掩盖自己所做的坏事。

内省的目的是改过。“人非圣贤，孰能无过?”无论古圣先贤，还是凡夫俗子，一生当中难免会犯错误。犯了错误并不可怕，关键在于能从错误中获得宝贵的经验和教训，不断完善自我、超越自我。只有懂得悔过的人，才能获得拯救自己的力量。因为，悔过使人清醒，清醒才能正确认识自我，才能在理智的状态下做人做事。如何才能有效地不犯或少犯错误呢？儒家认为，正确地对待自己的过错，从错误中总结经验教训，及时总结反思自身的问题，保持“闻过则喜，闻善则拜”（《孟子·公孙丑上》）的心态，这样才会少犯错误或避免重复错误，“不贰过”也就是不再犯同样的错误。错而不改，是错上加错；“知错能改，善莫大焉”（《左传》宣公二年）。相反，一个人如果不懂得反省，就认识不到自身的缺点和不足，更谈不上改正自己的错误，这样的人生就很危险。在现实生活中，有一些人把潜规则作为“改过”的参照，把“老实人吃亏”

“讲真话得罪人”“做好人难”等，作为人生的“格言”，这样改过只能越改越坏，越改越过。明代哲学家王阳明进一步提出了“不贵于无过，而贵于能改过”（《传习录》）的理念。作为活生生的人，终生不犯错是不可能的，因此不要害怕犯错，犯错也是成长必经的一个过程，但关键是犯了错以后能够端正态度，勇于承担，并积极自我改正，这就是进步，就是提高，也就是儒家所提倡的“见贤思齐焉，见不贤而内自省也”。

佛家虽然以出世修行为宗旨，但同样非常重视改过忏悔的作用。在佛家看来，造成生死轮回烦恼痛苦的根本原因是执着自我，执着自我产生自私，自私造成内心和外在关系的冲突。懂得内省改过的人实际上是懂得放下自我，抛弃我执，时时以崭新的面目出现，也就能够抛弃过往，活在当下。五祖弘忍的弟子神秀说：“身是菩提树，心如明镜台，时时勤拂拭，莫使惹尘埃。”这就意味着，人的心灵就是一座明镜台，经常内省，拂去上面的尘埃污垢，对于修行者来说，这是认识本性的重要途径。广泛流传的《了凡四训》甚至认为，改过有助于改变命运。了凡语：“若不反躬内省，而徒向外驰求，则求之有道，而得之有命矣，内外双失，故无益。”这种自我省察、自我探求、自我认识的过程会充实自己的德行，从而改过从善，使自己进步，所谓的命运也会随之改变。在佛教那里，忏悔除了有改过向善的意义之外，还具有灭罪的功用。佛教的祖师，依照佛经所述，将佛教的忏悔法分为三种：作法忏、取相忏和无生忏。隋代智者大师在《释禅波罗蜜次第法门》卷二说：“今明忏悔方法，教门乃复众多。取要论之，不过三种：一、作法忏，此扶戒律，以明忏悔；二、观相忏悔，此扶定法，以明忏悔；三、观无生忏悔，此扶慧法，以明忏悔。”

中国古代还留下了大量关于迁善改过的典故。孟子小时候厌学贪玩，孟母无奈三迁，断织教子，让孟子幡然醒悟，从此痛改前非，潜心学问，终成一代思想大家。唐太宗李世民在位时开创了历史上有名的“贞观之治”。但千百年来，让人传颂至今的不光是他的丰功伟绩，还有他自我反省、虚心纳谏、知错就改的优秀品质。魏徵死后，他痛惜地说："夫以铜为镜，可以正衣冠；以古为镜，可以知兴替；以人为镜，可以明得失。朕常保此三镜，以防己过。今魏徵殂逝，遂亡一镜矣！"（《旧唐书·魏徵传》）这段话不仅体现了唐太宗对魏徵的爱惜怀念之情，也是他一生善于虚怀纳谏、迁善改过的真实写照。宋代有一位赵康靖先生，他察觉到要从根本上起心动念来修，所以他就拿了一个瓶子跟一些黑豆、白豆，假如他起一个恶念，他就放一粒黑豆下去；起一个善念，他就放一粒白豆下去。一开始的时候，每一天起的恶念多，所以黑豆很多。当然，这个是正常现象，每个人在修行的过程当中，都是慢慢地把习气转过来的，紧接着，下定决心去改过、去调伏，一段时间之后，白豆比较多了，黑豆比较少了。最后，他连善念都不执着了，连这个瓶子以及黑豆、白豆都收掉了，心地清净、透亮，不思善、不思恶了。

事实上，就其本质而言，内省改过意味着"向内"看、"向内"求，这也是中国传统文化的一个很重要的维度。古人认为，读书的关键就是要懂得内省改过。"读书至圣贤言不善处，则必自省曰：吾得无有此不善呼？有不善，则速改之，勿使一毫与圣贤言之不善有相似焉。至圣贤言善处，则必自省曰：吾得无未有此善乎？于善则速为之，必使事事与圣贤所言之善相同焉。如此，则读书不为空言，恶日消而善日积矣。"（《薛瑄全集·读书录·省察》）在古人看来，只有经常内省的人，善于改过的人，才能够永远保持生命活力，真正做到"苟日新，日日新，又日新"（《礼记·大学》）。

二　经典名篇

1 邵公谏厉王弭谤

【提要】 本篇选自《国语》。文章刻画了一个暴虐凶残、刚愎自用、拒不纳谏的独夫形象，记述了他用暴力压制舆论，最终被国人驱逐出境的始末。邵公的建议非常中肯，如果厉王能够虚心接受，勇于改错，就不会落到悲剧的下场。

【原文】

厉王虐，国人谤王。邵公告曰："民不堪命矣！"王怒，得卫巫，使监谤者，以告，则杀之。国人莫敢言，道路以目。王喜，告邵公曰："吾能弭谤矣，乃不敢言。"邵公曰："是障之也，防民之口，甚于防川。川壅而溃，伤人必多，民亦如之。是故为川者决之使导，为民者宣之使言。故天子听政，使公卿至于列士献诗，瞽献曲，史献书，师箴，瞍赋，蒙诵，百工谏，庶人传语，近臣尽规，亲戚补察，瞽、史教诲，耆、艾修之，而后王斟酌焉，是以事行而不悖。民之有口，犹土之有山川也，财用于是乎出，犹其原隰[①]之有衍沃也，衣食于是乎生。口之宣言也，善败于是乎兴，行善而备败，其所以阜财用、衣食者也。夫民虑之于心而宣之于口，成而行之，胡可壅也？若壅其口，其与能几何？"王不听，于是国莫敢出言，三年，乃流王于彘。

2 晋作五军以御狄

【提要】本篇选自理学家吕祖谦的《左氏博议》。该文通过对历史故事的评论，阐发了自己对改过迁善的认识。作者指出："改过不尽者终无改过之路。"如果不是从内心深处深切返回，彻底改变，实际上是改过方面的伪善，必然不能得到好的结果。

【原文】

僖三十一年秋，晋搜于清原，作五军以御狄，赵衰为卿。

为善未尽，犹愈不为；改过未尽，犹愈不改。尧舜之善，非可一日为也；桀纣之恶，非可一日改也。百善而有其一，固可渐自附于尧舜矣；百过而去其一，固可渐自离于桀纣矣。虽然为善未尽者，君子固矜而进之也，宽而待之也，徐而诱之也。至于人之改过

---

① 隰（xí）：低湿的地方。

者，君子必用其察焉。改过而未尽者在所恕，改过而不尽者在所诛。始之善端新而未固，已染之恶习旧而难除，是改过未尽者也，是力不足者也。镌其毫末以盖丘山之愆，去其一二以塞众多之议，是改过不尽者也，是诚不足者也。力不足者犹有时而足焉，诚不足者前过未尽今伪已生，是益其过耳，何改过之云乎！曾不如不改之为愈也。瞑目之药不可再投，背城之战不可再接。药未投，虽危疾犹有望其瘳；战未接，虽危国犹有望其胜。一而不中则其望穷矣，过而不改者，虽元恶大憝[①]，君子犹不忍，轻绝何也？所恃者改过之术存也。乃若改过而不肯尽，略尔裁抑，苟以欺人，则是改过之术既试而不效矣！夫复何所望耶？积昏所以致明也，积蔽所以致通也，积迷所以致悟也。人心至神，虽懵懵罔罔，不知过之当改，久闭斯开，久郁斯通，是惟无改。改则若决江河而莫能御矣。三年钟鼓之间，乃所以阴养其一日之修省也。今既知过之当改，反毛举细故，公为欺诞，以窃改过之名，是既累其心于不诚矣！心既不诚，则善端何时而复初耶？本无昏，安得明本？无蔽，安得通本？无迷，安得悟？吾是以知改过不尽者终无改过之路也。

晋文公始兼三行三军之制，以拟天子之六军，曾未数年，知僭侈之过，复搜于清原，损其一而为五军焉。晋文公果知过之当改，则亟出令尽复诸侯之旧可矣，乃于改过之时，而为文过之事。创立军制，上则异于天子，下则尊于诸侯，明知其过而不能尽改，外邀恭顺之名，内享泰侈之实，其机不可谓不巧，其谋不可谓不谲矣！巧如是，谲如是，其良心乎？伪心乎？良心无巧，巧者伪心也。良心无谲，谲者伪心也。军虽损其一，而伪心之增者，不知其几矣！呜呼，易则易于则于易，于杂者未之有也。天下之分，非君则臣；天下之俗，非夷则夏；天下之事，非善则恶；天下之说，非正则邪。出臣则入君，出夷则入夏，出善则入恶，出正则入邪。天下岂有出乎此，而不入乎彼者耶？宜晋文之心劳日拙也！

---

① 憝（duì）：坏，恶。

3 改过不吝

【提要】 本篇的作者为明儒湛若水，选自他的《泉翁大全集》。他站在心学的立场，强调改过反观的重要意义。但同时，也指出改过之艰难，并非一般人所谓虚心不虚心的问题。在他看来，改过之关键点在于“知非乃能改过”，大多数情况下固执不改的原因在于不知何为过错，不知何为过错的原因在于没有百尺竿头更进一步，看到更高的境界。实际上，认识的发展没有终结，对错也都是相对的，他把改过的过程和人的境界不断提升的过程结合起来讨论，别开生面，值得一读。

【原文】

先生曰：“人心何尝不正，但要改过，不必正心，一欲正心，便是起意。”

然则一欲改过，亦非一起意乎？

人性至善，人性至灵，人性至广至大、至高至明。人所自有，不待外求；人所自有，不待外学。孩提之童无不知爱其亲，及其长也，无不知敬其兄。见牛觳觫①，谁无不忍之心？见孺子匍匐将入井，谁无往救之心？是谓仁义之心，是谓良心，即尧、舜、禹、汤、文、武、周公、孔子之心，即天地、日月、鬼神之心，人人皆有此心，而顾为庸庸逐逐、贪利禄、患得失者所熏灼。某切惜之，敢先以告，每谓教养兹邑，犹欲使举吾邑人皆为君子，况学者乎！诲之谆谆不倦，铲除气习，脱落意蔽，本心本自无恙。

虽则人之本心皆然，失其本心故不得如圣人。良知良能亦人本心固有，然天下孝弟者少，不孝弟者比比，虽以圣人有多少礼乐刑政，立多少学问思辨笃行之教，尚不能复其本体，而云不待外学者，贼夫人之甚者也。

先生首奏：陛下已自信有大道乎？舜曰：“道心”，明心即道。

① 觳觫（húsù）：因恐惧而发抖。

孔子曰："心之精神是为圣。"孟子曰："仁，人心也。"此心虚明无体，广大无际，日用云为，无非变化。故《易》曰"变化云为"，虚明泛应，如日月之光，无思无为而万物毕照。陛下已自有此有道。又圣性澹然，无所好嗜，宜清明举无失策，而犹有祸变云云者，臣恐意或微动，如云气之兴，故日月之光有不照之处。舜、禹相告，犹以精一为难，愿陛下兢兢业业，无起意。不起意则自然知柔知刚、知贤知不肖，洞见治乱之机，常清、常明，可以消天灾、弭祸乱。

大臣务引君以当道，当道者中正之路，中正则仁矣。慈湖引君以虚明无体，无思无为，果中正之路乎？果体仁之实乎？

又次言，改过圣贤之大德。近世士大夫多以改过为耻，故人亦不敢忠告。王安石本有非常之誉，诸贤兢议新法，决于去位，安石岂不动心致疑？而决策不回者，重于改过也。故其末流，小人类进，祸及国家。陛下取群臣之改过服义者表章升擢，使凡建议，不遂非饰辞，则集众智归于一是，国家何事不办，而尧、舜、禹、汤之大道复大明于今日矣。先生曩尝口奏陛下："自信此心即大道乎？"上曰："心即是道。"略无疑贰之色。问："日用何如？"上曰："止学定耳。"先生谓："定无用学，但不起意，自然静定澄明。"上曰："日用勿起意而已。"先生赞："至善！至善！不起意则是非、贤否自明。"此日复奏陛下："意念不起，已觉如太虚乎？"上曰："是如此。"问："贤否、是非已历历明照否？"上言："朕已照破。"

改过不吝，非成汤之大圣不能。此未可责之安石，安石只初学术之差，遂以为是，安望其改过？故知非乃能改过也。慈湖以虚无之学自信，而于古圣贤之言亦且不信矣。改过之言，谈何容易？若宁宗误听其言，只空荡荡地，其害岂小于安石也！故曰："无以学术杀天下后世。"

某之行年二十有八也，居太学之循理斋，时首秋入夜，斋仆以灯至，某坐于床，思先大人尝有训曰："时复反观。"某方反观，忽觉空洞无内外、无际畔，三才万物、万化万事、幽明有无，通为一体，略无缝罅[①]。畴昔意谓万象森罗，一理贯通而已，有象与理之分，有一与万之异；及反观后所见，元来某心体如此广大，天地有众、有形、有际畔，乃在某无际畔之中。《易》曰“范围天地之化”，《中庸》曰“发育万物”，灼然灼然！始信人人心量皆如此广大。孔子曰：“心之精神是谓圣。”即达磨谓从上诸佛惟以心传心，即心是佛，除此心外，更无别佛。汝问我即是汝心，我答汝即是我心，汝若无心，如何解问我？我若无心，如何解答汝？观此益验即日用平常之心，惟起意为不善，用力急改过，改即止，切毋他求，故子曰“改而止”。此心至妙，奚庸加损？日月星辰即是我，四时寒暑即是我，山川人物即是我，风雨霜露即是我，鸢飞鱼跃无非我。如人耳目鼻口手足之不同，而实一人，人心如此神妙，百姓自日用而不知。炳讲师作此表轴求书，故书。

如此见解，立地即见，何难之有？只是虚见耳，非实见也。如梦升天耳，非实升天也。乃达磨之学。慈湖不知不觉发露出来，与圣贤所谓浑然与天地万物为一体自别，所谓“句句合，然而不同”者也。

4 改过说

【提要】 本篇由明儒刘宗周所作。该篇论改过议题颇为深入，其中点睛之处在于继承和发扬了王阳明的知行合一说。他认为“知过之知非即改过之行”，所以改过的难度固然不小，知过本身更为宝贵。实际上，从心学角度看，知过本身即改过的开端，改过只是知过的落实。这种观点加深了我们对改过议题的看法。

【原文】

改过说一

天命流行，物与无妄。人得之以为心，是谓本心，何过之有？

---

① 缝罅（fèngxià）：空隙。

惟是气机乘除之际，有不能无过不及之差者。有过而后有不及，虽不及，亦过也。过也而妄乘之，为厥心病矣。乃其造端甚微，去无过之地所争不能毫厘，而其究甚大。譬之木，自本而根，而干，而标。水自源而后及于流，盈科放海。故曰：“涓涓不息，将成江河。绵绵不绝，将寻斧柯。”是以君子慎防其微也。防微则时时知过，时时改过。俄而授之隐过矣，当念过便从当念改。又授之显过矣，当身过便从当身改。又授之大过矣，当境过当境改。又授之丛过矣，随事过随事改。改之则复于无过，可喜也。过而不改，是谓过矣。虽然，且得无改乎？凡此皆却妄还真之路，而工夫吃紧总在微处得力云。

“子绝四，毋意，毋必，毋固，毋我”，真能谨微者也。专言毋我，即颜氏之克己，然视子则已粗矣。其次为原宪之克伐怨欲不行焉，视颜则又粗，故夫子仅许之曰“可以为难矣”，言几几乎其胜之也。张子十五年学个恭而安不成，程子曰：可知是学不成，有多少病痛在。亦为其徒求之显著之地耳。司马温公则云：“某平生无甚过人处，但无一事不可对人言者，庶几免于大过乎！”若邢恕之一日三简点，则从过对治法也。真能改过者，无显非微，无小非大，即邢恕之学，未始非孔子之学。故曰：“出则事公卿，入则事父兄。丧事不敢不勉，不为酒困。”不然，其自原宪而下，落一格转粗一格，工夫弥难，去道弥远矣。学者须是学孔子之学。

改过说二

人心自真而之妄，非有妄也，但自明而之暗耳。暗则成妄，如魑魅不能昼见。然人无有过而不自知者，其为本体之明，固未尝息也。一面明，一面暗，究也明不胜暗，故真不胜妄，则过始有不及改者矣。非惟不改，又从而文之，是暗中加暗、妄中加妄也。故学在去蔽，不必除妄。

孟子言：“君子之过，如日月之食。”以喻人心明暗之机，极为亲切。盖本心常明，而不能不受暗于过，明处是心，暗处是过。明中有暗，暗中有明，明中之暗即是过，暗中之明即是改，手势如此亲切。但常人之心，虽明亦暗，故知过而归之文过，病不在暗中，反在明中。君子之心，虽暗亦明，故就明中用个提醒法，立地与之扩充去，得力仍在明中也。乃夫子则曰内自讼，一似十分用力。然正谓两造当庭，抵死雠对[①]，止求个十分明白。才明白，便无事也。如一事有过，直勘到事前之心果是如何。一念有过，直勘到念后之事更当何如。如此反复推勘，讨个分晓，当必有怡然以冰释者矣。《大易》言补过，亦谓此心一经缺陷，便立刻与之补出，归于圆满，正圆满此旭日光明耳。若只是皮面补缀，头痛救头，足痛救足，败缺难掩，而弥缝日甚，仍谓之文过而已。

虽然，人固有有过而不自知者矣。昔者子路人告之以有过则喜；子曰："丘也幸，苟有过，人必知之。"然则学者虚心逊志，时务察言观色，以辅吾所知之不逮，尤有不容缓者。

改过说三

或曰："知过非难，改过为难。颜子有不善未尝不知，知之未尝复行也。有未尝复行之行，而后成未尝不知之知。今第曰知之而已，人无有过而不自知者，抑何改过者之寥寥也？"曰：知行只是一事。知者行之始，行者知之终。知者行之审，行者知之实。故言知则不必言行，言行亦不必言知，而知为要。夫知有真知，有常知。昔人谈虎之说近之。颜子之知，本心之知，即知即行，是谓真知。常人之知，习心之知，先知后行，是谓常知。真知如明镜常悬，一彻永彻。常知如电光石火，转眼即除。学者繇常知而进于真知，所以有致知之法。《大学》言致知在格物，正言非徒知之，实允蹈之也。致之于意而意诚，致之于心而心正，致之于身而身修，致之于家而家齐，致之于国而国治，致之于天下而天下平。苟其犹有不诚、不正、不修、不齐、不治且平焉，则亦致吾之知而已矣。此格物之极功也，谁谓知过之知非即改过之行乎？致此之知，无过不知。行此之行，无过复行。惟无过不知，故愈知而愈致。惟

① 雠对：敌对。

无过复行，故愈致而愈知。此迁善改过之学，圣人所以没身未已，而致知之功与之俱未已也。昔者程子见猎而喜，盖二十年如一日也。而前此未经感发，则此心了不自知，尚于何而得改地？又安知既经感发以后，迟之数十年，不更作如是观乎？此虽细微之惑，不足为贤者累，亦以见改过之难，正在知过之尤不易矣。甚矣，学以致知为要也。学者姑于平日声色货利之念逐一查简，直用纯灰三斗，荡涤肺肠，于此露出灵明，方许商量。日用过端下落，则虽谓之行到然后知到，亦可。昔者子路有过，七日而不食。孔子闻之，曰："由知改过矣。"亦点化语也。若子路，可谓力行矣。请取以为吾党励。

5 改过之法

【提要】 本篇选自明朝袁黄的《了凡四训》。本文非常著名，其对于改过迁善的讨论非常深入。其中提出改过的三个基础，值得重视。首先是知耻，没有羞耻心就不知道错在哪里，不知道错如何改？羞耻心是一个严肃的态度，是对自己所作所为的一种内心审判。其次是知耻而后勇，没有勇气面对也不行。第三是知畏，有所畏惧就会约束自己的行为。

【原文】

春秋诸大夫，见人言动，亿而谈其祸福，靡不验者，左国诸记可观也。大都吉凶之兆，萌乎心而动乎四体，其过于厚者常获福，过于薄者常近祸。俗眼多翳，谓有未定而不可测者。至诚合天，福之将至，观而必先知之矣。祸之将至，观其不善而必先知之矣。今欲获福而远祸，未论行善，先须改过。

但改过者，第一，要发耻心。思古之圣贤，与我同为丈夫，彼何以百世可师？我何以一身瓦裂？耽染尘情，私行不义，谓人不知，傲然无愧，将日沦于禽兽而不自知矣；世之可羞可耻者，莫大乎此。孟子曰：耻之于人大矣。以其得之则圣贤，失之则禽兽耳。此改过之要机也。

第二，要发畏心。天地在上，鬼神难欺，吾虽过在隐微，而天地鬼神，实鉴临之，重则降之百殃，轻则损其现福，吾何可以不惧？不惟此也。闲居之地，指视昭然；吾虽掩之甚密，文之甚巧，而肺肝早露，终难自欺；被人觑破，不值一文矣，乌得不懔懔？不惟是也。一息尚存，弥天之恶，犹可悔改；古人有一生作恶，临死悔悟，发一善念，遂得善终者。谓一念猛厉，足以涤百年之恶也。譬如千年幽谷，一灯才照，则千年之暗俱除。故过不论久近，惟以改为贵。但尘世无常，肉身易殒，一息不属，欲改无由矣。明则千百年担负恶名，虽孝子慈孙，不能洗涤；幽则千百劫沈沦狱报，虽圣贤佛菩萨，不能援引。乌得不畏？

第三，须发勇心。人不改过，多是因循退缩；吾须奋然振作，不用迟疑，不烦等待。小者如芒刺在肉，速与抉剔；大者如毒蛇啮指，速与斩除，无丝毫凝滞，此风雷之所以为益也。

具是三心，则有过斯改，如春冰遇日，何患不消乎？然人之过，有从事上改者，有从理上改者，有从心上改者；工夫不同，效验亦异。

如前日杀生，今戒不杀；前日怒詈，今戒不怒；此就其事而改之者也。强制于外，其难百倍，且病根终在，东灭西生，非究竟廓然之道也。

善改过者，未禁其事，先明其理；如过在杀生，即思曰：上帝好生，物皆恋命，杀彼养己，岂能自安？且彼之杀也，既受屠割，复入鼎镬①，种种痛苦，彻入骨髓；己之养也，珍膏罗列，食过即空，疏食菜羹，尽可充腹，何必戕彼之生，损己之福哉？又思血气之属，皆含灵知，既有灵知，皆我一体；纵不能躬修至德，使之尊我亲我，岂可日戕②物命，使之仇我憾我于无穷也？一思及此，将有对食痛心，不能下咽者矣。

如前日好怒，必思曰：人有不及，情所宜矜；悖理相干，于我

---

① 鼎镬（dǐnghuò）：古代的酷刑。

② 戕：杀害，残害。

何与？本无可怒者。又思天下无自是之豪杰，亦无尤人之学问；有不得，皆己之德未修，感未至也。吾悉以自反，则谤毁之来，皆磨炼玉成之地；我将欢然受赐，何怒之有？又闻而不怒，虽谗焰薰天，如举火焚空，终将自息；闻谤而怒，虽巧心力辩，如春蚕作茧，自取缠绵；怒不惟无益，且有害也。其余种种过恶，皆当据理思之。此理既明，过将自止。

何谓从心而改？过有千端，惟心所造；吾心不动，过安从生？学者于好色，好名，好货，好怒，种种诸过，不必逐类寻求；但当一心为善，正念现前，邪念自然污染不上。如太阳当空，魍魉潜消，此精一之真传也。过由心造，亦由心改，如斩毒树，直断其根，奚必枝枝而伐，叶叶而摘哉？

大抵最上治心，当下清净；才动即觉，觉之即无；苟未能然，须明理以遣之；又未能然，须随事以禁之；以上事而兼行下功，未为失策。执下而昧上，则拙矣。

顾发愿改过，明须良朋提醒，幽须鬼神证明；一心忏悔，昼夜不懈，经一七，二七，以至一月，二月，三月，必有效验。

或觉心神恬旷；或觉智慧顿开；或处冗沓而触念皆通；或遇怨仇而回嗔作喜；或梦吐黑物；或梦往圣先贤，提携接引；或梦飞步太虚；或梦幢幡宝盖，种种胜事，皆过消灭之象也。然不得执此自高，画而不进。

昔蘧伯玉当二十岁时，已觉前日之非而尽改之矣。至二十一岁，乃知前之所改，未尽也；及二十二岁，回视二十一岁，犹在梦中，岁复一岁，递递改之，行年五十，而犹知四十九年之非，古人改过之学如此。

吾辈身为凡流，过恶猬集，而回思往事，常若不见其有过者，心粗而眼翳也。然人之过恶深重者，亦有效验：或心神昏塞，转头即忘；或无事而常烦恼；或见君子而赧然相沮；或闻正论而不乐；或施惠而人反怨；或夜梦颠倒，甚则妄言失志；皆作孽之相也，苟一类此，即须奋发，舍旧图新，幸勿自误。

6 改过

【提要】本篇作者是王阳明，出自他的《王明阳全集·教条示龙场诸生》。王阳明认为即使是圣人，也免不了要犯错误。圣人与常人之别，其实不在犯不犯错误上，而在于能不能及时、不断地改正错误。所以，人“不贵于无过，而贵于能改过”。此外，人不能因为犯了错而过度羞愧、沮丧和自卑。所以既要树立起改过的态度，还要摆正好心态。如此坚持不懈地改下去，就总有一天能够尽除自己的恶习。

【原文】

夫过者，自大贤所不免，然不害其卒为大贤者，为其能改也。故不贵于无过，而贵于能改过。诸生自思平日亦有缺于廉耻忠信之行者乎？亦有薄于孝友之道，陷于狡诈偷刻之习者乎？诸生殆不至于此。不幸或有之，皆其不知而误蹈，素无师友之讲习规饬[①]也。诸生试内省，万一有近于是者，固亦不可以不痛自悔咎。然亦不当以此自歉，遂馁于改过从善之心。但能一旦脱然洗涤旧染，虽昔为寇盗，今日不害为君子矣。若曰吾昔已如此，今虽改过而从善，将人不信我，且无赎于前过，反怀羞涩疑沮，而甘心于污浊终焉，则吾亦绝望尔矣。

7 辨过

【提要】本篇作者为阳明弟子聂豹，出自其《双江聂先生文集摘》。该文之特点在于对过是什么说得比较清楚。他认为过“或生于气禀，或生于习俗，或生于闻见，或生于时俭，或生于天理，或生于念虑。反非本心有意为之而有所不能免者，皆曰过”。可见过错是人无法避免的，所以不应该以有过为耻。其次，过是非有心导致的。如果是有意为恶，那就不能算作过，而是罪了。他的这个看

① 规饬：以正言劝诫。

法有其合理性，但是并不普遍，作为一家之言，学者可以参考之。

【原文】

过者，人心所必不免，或生于气禀，或生于习俗，或生于闻见，或生于时俭，或生于天理，或生于念虑。反非本心有意为之而有所不能免者，皆曰过。故无过，圣人有所不能；改过，愚人有所不知；见过，贤人有所不精。故时时见过，时时改过，便是江汉以濯，秋阳以暴。

不为不忍，浑是恻隐羞恶的本心。充满得这个本心的体量，无所亏蔽，则仁义不可胜用。

未发即仁也。“修道以仁”之仁是指全体言，“知、仁、勇”之仁是指一节言。一是道德归宿处，即礼也，约也。三五是道德散殊处，即文也，博也。理一而分殊也。

养于未发之谓豫，豫即前定之学也。

敬是圣学始终之要，未有作圣而不由于敬者。盖必如此而后可以作本体之健，本体明健而后可以言复。

8 证学

【提要】本篇选自明代刘元卿的《贤弈编》。此亦是阳明后学的作品。该文列举前贤经历，旨在表达这些先进人物之所以能够达到高超的道德境界，在于其不断地内省，不断地超越自己之前的认识与感悟，向更大的可能性张开双臂，最后才变得游刃有余。可以说，学问之道就是不断内省和修正的过程。

【原文】

汤曰：学圣王之道者，譬其如日；静居而独思，譬其若火。夫舍学圣之道，而静居独思，譬其若去日之明于廷，而就火之光于室也，可以小见而不可以大知。是故明君贵尚学道，而贱下独思也。

昔者晋君之问于师旷也，曰：吾年七十而欲好学，得无既老而有所不可乎？师旷曰：胡而不秉烛。晋君怒，以为其戏之也。师旷进曰：臣闻少而学如日出之阳，壮而学如日中之光，老而学如秉烛之明，秉烛者贤于暗行矣。于是平公悦，以其所御觞觞师旷。

东郭子出吴兴，见有膝行泥中，而以手左右去草者，召而问之曰：此芸田乎？曰：然。曰：吾邑之芸，以铁为器，而木柄之，俯其身以荡撼于苗中。未尝若是难也！曰：州亦有之，沙田草易除，用之宜。泥田根难拔，必若是者三至焉。山谿之田寒，必若是者五至焉。若稍弛之，草侵吾苗矣！噫，质美者易于浑化，犹沙田之草也，次则泥田矣，次则山谿之寒田矣。芸之而弗息，草未有不拔，而苗未有不秀且实者。

阳明王先生筮仕刑曹，适轮提牢，睹诸吏豢[1]豕，恻然恚曰：夫囚以罪系者，犹然饭之，此朝廷好生浩荡恩也。若曹乃取以豢豕，是率兽食人食矣。群吏读曰：相沿例也，亦堂卿所知。先生曰：岂有是哉。遂令屠豕，分给诸囚，到今不复豢豕云。后同里有官刑部，语及其事者，先生颦蹙曰：此予少年不学，兹闻之尚有余惭，子乃以为美谈邪？其人未达曰：上宣朝廷之德惠，下轸囹圄之罪，人本至德事也，先生顾深悔之，以为罪过何也？先生复蹙然曰：当日凭一时意见，揭揭然为此置堂卿于何地邪？只此便不仁矣。

阳明先生家居时，里人有求鬻[2]其产者，先生辞却。已一日先生偕诸门第游山，偶经其处，见风景佳胜，衷默悔前之误拒也。忽惕然内讼曰：是何心哉？有贪心便无恕心矣！且悔且讼，两念交战膺中，行里许始化，徐以告从行诸弟曰：克己之难如此云！

黄冈郭孝廉庆，挈其徒吴良吉往越中谒阳明先生。将抵越郭，一夕呼吴生语曰：吾夜来自省，胞中尚有俗念。如许如此夹杂心，安能领受先生教邪？拊心痛自刻责不已，徐质吴生曰：子时自省如何？吴对曰：此来一志惟求教益，更何俗念？昕夕争论不合。既至郭，趣吴以前论辩语往质正。先生时燕居楼上食馔，聆吴生语已，不答。第目摄而指示之曰：子视此盂中下便能盛此馔，此几下便能

① 豢：泛指喂养。

② 鬻（yù）：卖。

载此盂，此楼下便能载此几，地又下便能载此楼。人贵能下，下乃大。语已，更目摄吴生者再，竟无他语。吴生退就舍，郭问先生何言，吴生哽咽不能应，第潸然涕数行下，云：先生之炉锤人，也不在言论辩析，而在神情衡宇间。即于吴生可类知已。

有士绅官司理者，恨为职业所萦，无暇为学。阳明先生曰：凡学官先事离事为学，非吾格致旨。即以听讼言，如因其应对无状而作恶，因其言语圆转而生喜，因其属托而加憎，因其请求而曲从，或以冗剧而怠，或以浸谮而淆，皆私蔽也。惟良知自知之，细自省克，不少偏枉，方是致知格物也。若离事为学，却是着空。

黄乐村何善山亲受阳明之学者，念庵先生赴南宫附其舟，严事之以相资切。先生时兢兢步趋，不逾绳矩，心疑二孝廉言动举止若无异于人者。一日有友来与二孝廉商学，何孝廉慨曰：近世号名讲学者，综其微衷，皆生人心耳。先生侧聆之，懼然自省。自是学益近襄，笃信阳明良知之旨。

泾野吕先生，故与邹文庄同官。先生尊崇朱学，文庄承服师传，每晤必辨，若聚讼然，迹亦甚迕，乃先生与文庄交情不啻同胞，初未尝以议论异同少生闲阂。或曰：二先生意见虽殊，其志行同矣。若武功康廷撰豪迈任放人也。而先生平生清约如寒畯，即言笑不苟者，乃亦与之厚善，更不以行己清浊少生分别。又闻先生之官南都也，与霍文敏同僚，文敏故与夏贵溪交恶，先生时时规劝。而文敏疑公党贵溪，中竟卸之，既贵溪柄国，欲汲引先生，而先生时时于贵溪前揄扬文敏，卒致贵溪疑惑，罢免无悔。今人意见相左则衷起戈铤，格调稍殊则眼分青白，记短则兼折其长，贬过则并伐其善。而犹曰：吾悟本来无物，然耶否耶？

耿楚侗先生官南都，有士人为恶僧侮辱，以告先生，白所司治之。其僧逋，先生意第迸逐不令复系籍本寺，士人未释然，必欲捕而枷之。先生晓之曰："人谓子亦有闻矣，良知何广大也，奈何着一破赖和尚往来其中哉？"士人退语人曰："惩治和尚，非良知耶？"或以告先生曰："小子此言，即令文成复起，何能易也！"乃余其难其慎若此。胞中盖三转矣。其一谓志学者，即应犯不较逆不难，不然落乡人臼矣，遮莫不是名谊心耶？又谓法司用刑，自有条格，如此类法不应枷，此则是格式心也。又闻此僧凶恶，虑有意外之虞，不肯为已甚，此又是利害心也。余之良知乃转折如比，嗣姜宗伯庇所厚善者处之少平，大腾物议，又承恩寺有僧为礼部枷之而死，竟成大讼。先生闻之，谓李士龙曰："余前三转折良知，不更妙耶？"

罗近溪先生偕白下诸同志游大中桥，睹诸往来者无虑千百万计。近溪因指示诸同志曰："试观此千百万人者，同此步趋，同此往来。细细观之，人人一步一趋，无少差失，个个分分明明，未见确撞。性体如此广大，又如此精微，可默识矣。"一友咈曰："否否，此情识也，如此论性，相隔远矣。"友述以问耿先生，先生曰："否否，谓此指示者非性别求性体，此为《楞严》转，非能转《楞严》者。"内典亦云：离识归寂，譬忘己之首而别求首领矣。曰："识至此已乎？"曰："实识到此，便自欲罢不能，安肯歇手？虽然亡者东走，追者亦东走，走者同而所以走则异也。即兹来往桥上者，或访友亲师，或贸迁交易，或傍花随柳，或至淫荡邪僻者，亦漫谓一切皆是，混然无别，此则默识之未真也。学先辨乎此矣，辨此而后可与论孔孟血脉，孔孟路径也。若以近溪此示为情识，而别求所谓无上妙理，是舍时行物生以言天外，视听言动以求仁，非吾孔子一贯之指矣。"

9 欧阳永叔论台谏言事未蒙听允书

【提要】本篇选自清人姚鼐的《古文辞类纂》卷十七。欧阳修的这篇文章非常难能可贵。一方面是他的对话对象是皇帝，说服皇帝通达改过内省是需要勇气的。另一方面，他指出了人不愿改过的心理原因："自古人主之用心，非恶忠臣而喜邪佞也，非恶治而好乱也，非恶明而欲昏也，以其好疑自用，而与臣下争胜也。使为人主者豁然去其疑心，而回其自用之意，则邪佞远而忠言入。"怀疑和争强好胜确实是改过的障碍。争强好胜，碍于面子，一个人有可能将错就错。看到这一点，则能够及时反省，不至于酿成大错。善于心理分析，乃是本文一大特色。

【原文】

臣闻自古有天下者，莫不欲为治君，而常至于乱；莫不欲为明主，而常至于昏者，其故何哉？患于好疑而自用也。夫疑心动于中，则视听惑于外。视听惑，则忠邪不分，而是非错乱。忠邪不分而是非错乱，则举国之臣皆可疑。既尽疑其臣，则必自用其所见。夫以疑惑错乱之意，而自用则多失。多失，则其国之忠臣必以理而争之。争之不切，则人主之意难回；争之切，则激其君之怒心，而坚其自用之意。然后君臣争胜，于是邪佞之臣，得以因隙而入，希旨顺意，以是为非，以非为是，惟人主之所欲者，从而助之。夫为人主者，方与其臣争胜，而得顺意之人，乐其助己，而忘其邪佞也，乃与之并力以拒忠臣。夫为人主者，拒忠臣而信邪佞，天下无不乱，人主无不昏也。

自古人主之用心，非恶忠臣而喜邪佞也，非恶治而好乱也，非恶明而欲昏也，以其好疑自用，而与臣下争胜也。使为人主者豁然去其疑心，而回其自用之意，则邪佞远而忠言入。忠言入，则聪明不惑，而万事得其宜，使天下尊为明主，万世仰为治君，岂不臣主俱荣而乐哉？其与区区自执，而与臣下争胜，用心益劳，而事益惑者，相去远矣！臣闻《书》载仲虺称汤之德曰：改过不吝。又戒汤曰：自用则小。成汤，古之圣人也，不能无过，而能改过，此其所以为圣也。以汤之聪明，其所为不至于缪戾矣，然仲虺犹戒其自用。则自古人主，惟能改过，而不敢自用，然后得为治君明主也。

臣伏见宰臣陈执中，自执政以来，不协人望，累有过恶，招致人言。而执中迁延[1]，尚玷宰府。陛下忧勤恭俭，仁爱宽慈，尧舜之用心也。推陛下之用心，天下宜至于治者久矣。而纪纲日坏，政

---

① 迁延：徜徉；自由自在、毫无拘束的样子。

令日乖，国日益贫，民日益困，流民满野，滥官满朝。其亦何为而致此？由陛下用相不得其人也。

近年宰相多以过失，因言者罢去，陛下不悟宰相非其人，反疑言事者好逐宰相。疑心一生，视听既惑，遂成自用之意，以谓宰相当由人主自去，不可因言者而罢之。故宰相虽有大恶显过，而屈意以容之；彼虽惶恐自欲求去，而屈意以留之；虽天灾水旱，饥民流离，死亡道路，皆不暇顾，而屈意以用之。其故非他，直欲沮言事者尔。言事者何负于陛下哉？使陛下上不顾天灾，下不恤人言，以天下之事委一不学无识谗邪很愎之执中而甘心焉；言事者本欲益于陛下，而反损圣德者多矣。然而言事者之用心，本不图至于此也，由陛下好疑自用而自损也。今陛下用执中之意益坚，言事者攻之愈切。陛下方思有以取胜于言事者，而邪佞之臣得以因隙而入，必有希合陛下之意者，将曰执中宰相不可以小事逐，不可使小臣动摇，甚者则诬言事者欲逐执中而引用他人。陛下方患言事者上忤圣聪，乐闻斯言之顺意，不复察其邪佞而信之，所以拒言事者益峻，用执中益坚。夫以万乘之尊，与三数言事小臣角必胜之力，万一圣意必不可回，则言事者亦当知难而止矣。然天下之人与后世之议者，谓陛下拒忠言，庇愚相，以陛下为何如主也？

前日御史论梁适罪恶，陛下赫怒，空台而逐之。而今日御史又复敢论宰相，不避雷霆之威，不畏权臣之祸，此乃至忠之臣也，能忘其身而爱陛下者也。陛下嫉之恶之，拒之绝之。执中为相，使天下水旱流亡，公私困竭，而又不学无识，憎爱挟情，除改差缪，取笑中外，家私秽恶，流闻道路，阿意顺旨，专事逢君。此乃谄上傲下愎戾①之臣也。陛下爱之重之，不忍去之。陛下睿智聪明，群臣善恶，无不照见，不应倒置如此，直由言事者太切，而激成陛下之疑惑尔。执中不知廉耻，复出视事，此不足论。陛下岂忍因执中上累圣德，而使忠臣直士卷舌于明时也？

---

① 愎戾：执拗，乖僻。

臣愿陛下廓然回心，释去疑虑，察言事者之忠，知执中之过恶，悟用人之非，法成汤改过之圣，遵仲虺自用之戒，尽以御史前后章疏，出付外廷，议正执中之过恶，罢其政事，别用贤材，以康时务，以拯斯民，以全圣德，则天下幸甚。

臣以身叨恩遇，职在论思，意切言狂，罪当万死。

10 乙戒

【提要】 本篇选自清人汤鹏的《浮邱子》一书。作者是清道光年间著名的思想家、文学家，与同时期的龚自珍、魏源、张际亮一起被誉为“京中四子”。不过，其思想特点和龚自珍、魏源差别比较大，总体上是有道家思想倾向的一位儒家学者。该文可谓论过的集大成者。作者把过的类型划分为执过、讳过、移过、袭过、留过、利过等，并一一加以解释和评论，令人叹为观止。

【原文】

浮邱子曰：古之君子所处愈尊，则自考其过愈细也；今之君子所处愈尊，则自理其过愈宽也。唯宽，则生傲，则生蠢，则生黠，则生陋，则生懦，则生蛊。是故傲莫傲于执过，蠢莫蠢于讳过，黠莫黠于移过，陋莫陋于袭过，懦莫懦于留过，蛊莫蛊于利过。且夫失晨之鸡可更鸣，败驾之马可再调，曾谓君子有过而惟是执之、讳之、移之、袭之、留之、利之云尔乎？于乎！戒之！戒之！

凡执过者，生于心有所封；心有所封，则读书考道不熟；读书考道不熟，则古今体要不析；古今体要不析，则自智其愚；自智其愚，则小有取偿；小有取偿，则凭藉以逞；凭藉以逞，则动与物左；动与物左，则忠言谠论[①]至；忠言谠论至，则心莫能降；心莫能降，则专厉强断；专厉强断，则然于所不然，不然于所然；然于所不然，不然于所然，则国是日非，而当局者尤以其权势气焰詟人。于乎！戒之，戒之！

---

① 谠论：指正直之言，直言。

凡讳过者，生于心有所高；心有所高，则视人莫己若；视人莫己若，则人以其大缪不然者前而请命；人以其大缪不然者前而请命，则积疑生怒；积疑生怒，则废群用独；废群用独，则利病否隔；利病否隔，则流失败坏以甚；流失败坏以甚，则内惭羞；内惭羞，则外支吾；外支吾，则工闪烁；工闪烁，则匿瑕贾瑜；匿瑕贾瑜，则逃毁而自穴之，钓誉而自功之；逃毁而自穴之，钓誉而自功之，则众皆揣其情故；众皆揣其情故，则腾为姗笑，谱为风谣；腾为姗笑，谱为风谣，则在上者不闻而自谓深；在上者不闻而自谓深，则必有不可弥缝收拾之一日。于乎！戒之，戒之！

凡移过者，生于心有所遁；心有所遁，则上微示之，而下微伺之；上微示之，下微伺之，则好为两属之词；好为两属之词，则是非操纵由我；是非操纵由我，则久而自忘其裹；久而自忘其裹，则遇事苛比；遇事苛比，则挟势挤坠；挟势挤坠，则举我咎而坐之他；举我咎而坐之他，则锢之使不能辩；锢之使不能辩，则冤之使不能平；冤之使不能平，则天地山川鬼神之所怜；天地山川鬼神之所怜，则庶人之议所愤；庶人之议所愤，则史策之所别；史策之所别，则逃其指名于一时，而暴其端委于百世、千世、万世。于乎！戒之，戒之！

凡袭过者，生于心有所仍；心有所仍，则拘近规；拘近规，则私积蠹；私积蠹，则多破毇[①]；多破毇，则难整理；难整理，则务苟安；务苟安，则绌直前；绌直前，则忠义之气不作；忠义之气不作，则顽懦用事；顽懦用事，则左计横行；左计横行，则大体亏损；大体亏损，则有强国而无强势，有强势而无强政；有强国而无强势，有强势而无强政，则祸殃伏于文恬武熙；祸殃伏于文恬武熙，则消息微而忧患深；消息微而忧患深，则愚者缓而智者急；愚者缓而智者急，则钳口易而措手难；钳口易而措手难，则流涕太息之不已。于乎！戒之，戒之！

---

① 毇（huǐ）：同“毁”。

凡留过者，生于心有所俟；心有所俟，则思不锐入；思不锐入，则力不振起；力不振起，则日圹一日；日圹一日，则齿登耄耋；齿登耄耋，则勇枯智索；勇枯智索，则群策群力皆废；群策群力皆废，则坐视成误而亡能为；坐视成误而亡能为，则浸浔大败而不可止；浸浔大败而不可止，则子孙黎民受其病；子孙黎民受其病，则一息之积而阶数十百年之厉。于乎！戒之，戒之！

凡利过者，生于心有所溺；心有所溺，则耳濡目染；耳濡目染，则意得欲从；意得欲从，则厌近有德；厌近有德，则群巧窥伺；群巧窥伺，则谀美杂作；谀美杂作，则数援隆古为比；数援隆古为比，则久而忘其不类；久而忘其不类，则惟其言而莫予违；惟其言而莫予违，则纵其私而莫予沮；纵其私而莫予沮，则快其败而莫予陈；快其败而莫予陈，则天命人心丧于宴安[①]；天命人心丧于宴安，则衽席之地起兵戎；衽席之地起兵戎，则无俚之氓咸倍畔；无俚之氓咸倍畔，则执枢驭宇者危；执枢驭宇者危，则身体发肤皆疮痏；身体发肤皆疮痏，则虽欲湔洗其沈痼之疾，而万万亡及。于乎！戒之，戒之！

善哉！陆贽之状曰："仲虺述成汤之德曰：'用人惟己，改过不吝。'吉甫美宣王之功曰：'衮职有阙，惟仲山甫补之。'成汤，圣君也；仲虺，圣辅也。以圣辅赞圣君，不曰亡过，而曰改过。宣王，中兴之贤主也；吉甫，文武之贤臣也。以贤臣诵贤主，不曰亡阙，而曰补阙。"是故有阙毋补，则贤理摧；有过毋改，则圣路塞。毋塞圣路，则莫如不自圣；毋摧贤理，则莫如使贤为其贤。凡自圣者，过之媒；凡有贤而不为其贤者，阙之府。是故贤然后补阙，补阙然后贤；圣然后改过，改过然后圣。江海有浊，而无损于深，其荡涤之功伟也；日月有蚀，而无损于圆，其照临之光复也。于乎！戒之，戒之！

若乃史传所称，则曰商辛："智足以拒谏，言足以饰非，矜人

---

① 宴安：安逸享受。

臣以能，高天下以声。”又曰秦皇：“刚戾自用，天下畏罪持禄，莫敢尽忠，上不闻过而日骄，下摄伏谩欺以取容。”是故商辛为独夫，饰非故也；秦皇为戾主，不闻过故也。商辛、秦皇死矣，而其术、其态不死也。是何也？凡学尧舜之兢业、禹汤之罪己者，则愀然不乐乎其心。凡学商辛之饰非、秦皇之不闻过者，则肆然大便乎其躬。是故商辛之后又商辛，金亮其最也；秦皇之后又秦皇，隋炀其最也。是何也？凡称辛、亮者则曰：“智足以拒谏，言足以饰非。”凡称秦、隋者则曰：“秦以恶闻其过亡天下，隋以恶闻其过亡天下。”《春秋传》曰：“尤而效之，罪又甚焉。”是故君子毋效其所不可，覆车之轨，不可蹈也！覆舟之渊，不可游也！犹之乎商辛之后不可又商辛，金亮之后不可又金亮；秦皇之后不可又秦皇，隋炀之后不可又隋炀也。其道亡他，曰“毋饰非，毋不闻过”而已矣。凡饰非则其非必，非必则成独；凡不闻过则其过横，过横则成戾。独则必危，戾则必促，是犹不事荡涤而侈江海以为无浊，不修照临而信日月以为无蚀。蒙窃惑焉，未见其可也。于乎！戒之，戒之！

11 洁净为愿

【提要】本篇选自清代学者刁包的《潜室札记》。该文似乎是作者日记类型的作品，逻辑感不够好，但是娓娓道来，有感而发，话多多说，话少少说，非常平易直截。整篇文章都是作者自省自励的思想记录。他认为：“心挂一丝则其心不洁不净矣，身染一尘则其身不洁不净，一丝不挂、一尘不染，所谓上天之载、无声无臭者，举在吾身心中矣，夫然后可与言洁净矣。”读到这等文字，我们不得不佩服古人对于德行追求的虔诚精神。

【原文】

梁溪先生曰：恶念易除，杂念难除。今试内省此心，易除者果是除了，难除者毕竟未之除也。

梁溪述少墟之言曰：内存戒慎恐惧，外守规矩准绳。二语当终身行之。余谓内存戒慎恐惧便是敬以直内，外守规矩准绳便是义以方外，终身行同人之言也与哉，终身行《坤》之六二也。

君子守身之道三：一曰言语不苟，一曰取与不苟，一曰出处不苟。

昼之所读，夜必思之。夜之所得，昼必书之。昼不读则夜无所思，夜不思则昼无所书。无所思，则正念弛而私欲生矣；无所书，则正功废而宴安成矣。私欲生于内，宴安成于外，则身心日污坏，而性命日沦丧。此岂等闲事，而可不惕然深省乎？

心也者，一身之主宰也。故从来称心者必曰君，身有五官百骸，皆一心之服役也，有臣道焉。心牵于物，则纷乱杂扰，不能为官骸之主宰，而心为昏君；五官百骸各牵于物，则陷溺汩没，不肯为心之服役，而五官百骸皆叛臣矣。外以察吾君臣大义何存何亡，不可逃也，吾惟日尽吾职分之所当为者而已；内以察吾君臣至理惟微惟危，不可忽也，吾惟日尽吾性命之所当为者而已。

回想向来病痛，正在舍其田而芸人之田。人之田原不要芸，我强要芸之，究竟无下手处，是以人之田未必治，而己之田荒芜甚矣。自兹以往，务要把那根莠荆棘一切斩除了，将一片田地修治的洁洁净净，布以嘉种，朝夕灌溉滋培，生生不已，万宝告成，庶不负我祖宗基业耳。

读书非占毕，求复吾性焉耳；静坐非禅定，求见吾性焉尔。性何以复？由失而得也；性何以见？由昧而明也。失而得、昧而明，则气质变化，而天地之性盎然现前矣。

梁溪先生曰：世局如此，正是玉成，不可不知也。信然哉！然非曰知其玉成而遂已也，须将天地间第一件事，以只身挺然担荷其间，万万莫要失了脚，万万莫要脱了肩，好好的交与那个人，方不负彼苍玉成之意。

文清曰：爱流为淫，溺仁之过也。余则曰：不仁之过也。盖淫溺之爱，全是一团私心了，如何说得仁？

以系恋之私恩而曰待小人女子之道，余曰未然。既曰道矣，岂有系恋，亦岂有私恩乎？

治天下者在得人，固矣。余谓治身心亦然。学者屏弃外物，孜孜然用其力于身若心也，非得良朋好友切磋之，有日损无日益矣；无已，姑借憎疾之人诽谤之口以自励，可乎？畏其人察其言，反观内省，务求改过以自新，彼憎疾而诽谤之者，何必非良朋好友也？

于人也无问贵贱，于事也无问大小，于地也无问明暗，于时也无问久暂，皆当提醒此心，而不敢萌怠慢之意，久之自行得处。

心诚色温，气和辞婉。此八字者不可顷刻忘也。

寿亲一举而四方垂存，自公卿以至布衣，未识面而来者指不胜屈也。余不肖，何德以堪之哉？图报无能，惟有益孜孜于身心性命之学而已。

敬以直内，心乎道也；义以方外，身乎道也。心乎道，道凝其心也；身乎道，道淑其身也。内凝其心而身益淑，外淑其身而心益凝，此之谓内外交相养者也。

心以不动为主者也，而反曰动心，盖震动其心，使之有所警惕，而不敢即安，庶可不沦于冥顽也；性以不忍为主者也，而反曰忍性，盖坚忍其性，使之有所创艾，而罔敢或易，庶可不囿[①]于气质也。故孟子曰：增益其所不能。薛子曰：则日新矣，然则动心者，正所以不动其心也；忍性者，正所以不忍其性也。

每日外考吾所言，字字句句务期核实而后已。实矣，若未能有行焉，虽实言亦虚也。每日内省吾所知，事事物物务期认真而后已，真矣，若未能有行焉，虽真知亦假也。虚者实之，假者真之，吾其可以日进有功也夫！

我行其野，适当立冬前二日，利于是终，贞于是始矣。仰观俯察，满目皆肃杀景象，使人怆然。然天地一团生意，却都收藏在里面，翕聚[②]者正其发散者也，专一者正其直遂者也。因而内省吾心，翕聚乎否也，专一乎否也。不翕聚不专一，吾心一团生意，与天地悬隔矣。天道方以利终，而吾心无所谓义；天道方以贞始，而吾心

① 囿：局限，拘泥。

② 翕聚（xījù）：会聚。

无所谓知，天命之性安在？此不可以不勉也。

梁溪先生曰：财色二字，一落脚便是禽兽。读之悚然危惧。又曰：圣门之学主于求仁，人心常收敛则常仁矣。只此二句，道尽吾辈本体功夫。学者要觅本体，须从此觅；要做功夫，须从此做。

陈惕龙先生曰：一生三事：一事收心，一事慎行，一事守口；一日三分：一分应物，一分静坐，一分读书。只此一联，说尽希贤希圣希天功夫，此外若添一件，便觉重复；此中若减一件，便觉欠缺。无添也，无减也。远而言之，终身毕世少他不得；近而言之，一时一刻少他不得。包虽不敏，请事斯语矣！

每当临卧时，抚心自问曰：刁包，汝今年五十有八矣，德还不加进，业还不加修，将来作何结果？无乃甘心禽兽矣乎？今日话是如何说，心是如何求，书是如何读，事是如何应付，逐件查考起来。若一件不着实去做，仰便愧天，俯便怍人，次早清晨，在我先府君、先梁溪夫子前叩头服罪，务求改过自新。

汉高祖贵为天子，过赵一箕踞，遂来贯高之谋，几至杀身亡天下。而况自天子以下者，可不敬与？然则希贤希圣是此敬，保身保家亦是此敬。

从古圣人，未有言格物者。言格物自孔门始，孟子七篇，皆格物之书，而于二字曾未着解。嗣是而后千四百年，茫然不知格物为何事。故虽有绝世文章、绝世德业，而律以圣人之学，槩[①]乎其未有闻也。至程朱出，然后以易穷理二字释之，或详为训诂，或发为论议，莫不有以曲尽其义类，虽圣人复起，岂能易其言哉！又三百余年，姚江学兴，直以为善去恶四字了却此案，而格物之学晦矣。入手一差，便难得手。不百年，复生我梁溪先生其人者，首以表章格物为学，微辞奥义，如日中天，即谓程朱复生可也，即谓孔孟复生可也。噫，吾无间然矣！

无物不有，以性之充塞者言也；无时不然，以性之流行者言

① 槩（gài）：古同“慨”，感慨。

也。随时随物，莫不有以见吾性焉。斯真能格物者也。

《书》曰：小人怨汝詈[1]汝，则皇自敬德，厥愆曰朕之愆，允若兹，不啻不敢含怒。此予三十年前书壁间以自勉者。近见文清读书亦录之，故再记于此。

孔子于《易·系辞》曰穷理，于《大学》曰格物。程朱释格物曰穷理，以夫子之言发明夫子之言，故确不可易也。博而言之，万物有万物之理；约而言之，一物有一物之理。无巨细，无精粗，皆有理，则皆在所当格也。

心即理也，故格物者格心；性即理也，故格物者格性；天即理也，故格物者格天。心也性也天也，分言之则三，合言之则浑然一物也。推而极之，上下古今，何莫非此物，则何莫非此理也。故格物者一以贯之。

学圣人者，巧力二字缺一不可。然必以孔子为标的。若阳明之力，讵曰非孔子之力，但其教人处则未免省力耳。自古无见成圣人，圣人无见成说话，如何要省力？阳明之巧讵曰非孔子之巧，但其教人处则未免伤巧耳。大匠必有规矩，羿射必有彀率[2]，如何可伤巧？

温公大贤也，生平不甚满孟子。阳明大儒也，生平不甚满朱子。二者病则一般。

为人作应付文字，须要满心奉承他，不是修辞立诚，不是忠信进德，是亦招损一端也。

使汲长儒游孔子之门，当是子路一流。使陶渊明游孔子之门，当自曾点一流。

梁溪先生曰：如某人见他极好，与人言之亦相入，但考之躬行，便内外不合，以是知虚见无益。余读之爽然自失，曰：先生其为我发蒙乎？夙昔反观，似有见地，且于先生之言无不入者；试考躬行内外合一否，奈何安于虚见，不勉勉于实地也。言念及此，无

① 詈（lì）：骂。

② 彀率（gòulǜ）：弓张开的程度。

地可容矣。

偶然做的一事，原为义助起，既而熟思之，却是大不义所在。名则利人，实则害己。急急回头，庶无大悔。

日来反观内省，口内依旧说长道短，读书依旧操三歇五，应事依旧随行逐队，大不长进。急向我父师前叩头谢罪，万勿因循，甘此下流也。

先儒云：父母震怒，声色异常；人子祗栗危惧，思所以平格，不当指为性情所发而遂已也。此语原以喻天变，欲人修德，正事反灾为祥也。然谨书屋漏，固可作事亲良箴矣。

孔子从心不逾矩之学，只凭一志字做去，故曰发愤忘食，正见其矢志处；曰乐以忘忧，正见其适志处；曰不知老之将至，正见其贞志处。及门中，惟以不惰许颜子，三月不违仁，其志立也。其余或日至或月至，则所志有间断矣。

孟子持志，阳明责志，正是顶门一针。后来人或为物欲牵引，或为科名汩没，惜哉！

朱子五岁读《孝经》，便书八字于其上，曰：若不如此便不成人。看他是何等志愿！

周子说希贤希圣，直说到希天处。莫高于天，故莫高于周子之志。

高子曰：人只有一个念头最可畏，即所谓独也。又曰：精察天理，令这念头只在兢业中行，即所谓慎独也。又曰：久之纯熟，此个念头都是天理，即所谓矩也。虽七十方到此地位，其实吾辈才志学，便奉此以周旋矣。但从心所欲，则究竟未可几及耳，故曰：吾辈安敢说大话也。

高子曰：所谓收回放心者，才觉便已，更别无收。说的恁地见成，学者服膺此语，省却多少气力。

天之心不可见，于其生物有常见之。人心常提醒，使生理油然恶可已。则吾之心浑是仁，而心之仁浑是天矣。

高子问答书两卷，上卷大段言理学，粹然吾性吾命至宝；下卷大段言政事，蔼然吾君吾民良剂。至哉言乎，不作一时套语，不作一情面语，不作一假借语，直欲使天下学者尽跻圣贤之域、天下民生尽享康阜之乐而后已。自有书柬以来，若先生其弗可及也已！

博我以文，约我以礼，此孔门教学定本也。孟子而后千四百年，一切从事于词章训诂之学，只浮慕得博我以文半截，至约我以礼便茫然矣。有宋周程张朱五夫子出，然后推其博文之诱，而一意穷理，推其约礼之诱，而一意居敬，举孔门所谓循循善诱之定本而著明之，殆无余蕴矣。又四百年，姚江良知直接江西顿悟，只坚守得约我以礼半截，语及博我以文，便以为影响、以为支离，厌弃而不屑道矣。幸高子崛起梁溪，以五夫子之穷理为孔门之博文，以五夫子之居敬为孔门之约礼，举濂洛关闽所谓服膺孔门之定本，表章而著明之，又岂有余蕴乎！夫人而无志于圣贤之道也则已，夫人而有志于圣贤之道也，断断乎当从高子入。

不读高子遗书，真是虚过一生。

高子曰：吾生平不以三公为荣，而以洁净二字为愿。然愿学先生者，学先生之所愿而已。先生愿洁净二字，岂非合身与心而为言乎？心挂一丝则其心不洁不净矣，身染一尘则其身不洁不净，一丝不挂、一尘不染，所谓上天之载、无声无臭者，举在吾身心中矣，夫然后可与言洁净矣。即洁净即精微，内观吾心一易之秘藏也，外观吾身一易之流行也，心也身也易也，一而已。此之谓真学易，此之谓真学高子。

12 常与善人

【提要】本篇节选自黄元吉的《道德经注释》一书。黄元吉，名裳，字元吉，一说号元吉，江西丰城人，清代著名道教大师。此与前一篇有类似之处，对于内省改过的彻底程度同样达到了绝对虔诚的境界，通过去除污染欲望以期达到精神不朽的理想。此外，文章还涉及内省方式的问题，他说“为善者只问己之修省，不问人之从违”，这是符合内省原则的。

【原文】

修身之道，惟善为宝。为善之道，自治为先。盖道在内而不在外，修在己而不在人。惟事事内观，时时返照，过则改之，善则加勉。庶明善诚身，永为天地之肖子，圣贤之完人，而不至有所缺矣。足见为善者只问己之修省，不问人之从违。如责人而不自责，观外而不观内，虽一时小忿，积而至于大怨，纵能十分解散，而不至于成仇。然内无返躬自责之道，惩忿窒欲[①]之功，虽能解之于外，而不能释之于隐微，安能清净无尘，潇洒自乐，而复乎本然至善之天地哉？故和大怨必有余怨，安可以为善？惟圣人持身接物，处己待人，一以修己为主，而人之是非好恶，概不计较。譬如合同契约，分左右而执之，永以为凭，明尔无我虞，我无尔诈之意。圣人执德如执左契，只修诸己不责诸人，此所以与天地同其大也。是谓“有德者司契”。无德之人，重外轻内，常以察察为明，而人之恩怨必较，此为“无德者司彻”。夫“司彻”者，以考过为事，全不自省而民弗从，何如司契者责己重，责人轻，而人无不相孚以信！可知责人者轻己，己之善难完；责己者轻人，己之善克复也。人底于善，而大心眷顾，自亿万年而不圬。《书》曰，“皇天无亲，惟德是辅”，即太上“天道无亲，常与善人”之谓欤？

圣人之学，惟洗心退藏于密。以外之善好丑，是非从违，一概不计。所以汰虑沉思，凝神默照，以至于心明性见，欲净理纯，上与天合德，历万古而不磨。其功始于守中，其成由于胎息，内亦知之乎？古人言胎息，学人莫是看作外息外气，的是凡息停时，那丹田中真阴真阳，元神元气，融会一团，混成一气，氤氤氲氲，蓬蓬勃勃，若开若阖，若有若无。视不见，听不闻，想象之而有迹，恍惚之而有形者，此殆人生之始气。心得之而有体，性得之而有用，人非此气不能生。欲成上品之仙，亦离不得此气为之主。古云人生之始，因理有气，因气有形，此天地生人之顺道也。返还逆修者，

---

① 窒欲：压制欲望。

实从形形色色中，慢慢运起阳火阴符，收归五明宫内，而以太乙祖气，天然神火烹之，即可化形而为一气。又由此气一炼，即可化气成神。于此固守虚无，保养灵阳，即不还于无极之初，可以出则成形，入则无迹。道有何异于人哉？总之此个胎息，即返到父母媾精一团气血之候。人能养此胎息，日夜以无为有为、无思有思之真意，保宁之，团聚之，即结成灵胎而为元神。迨至十月形全，脱壳而出，上透顶门，直冲霄汉，可以骖[①]鸾鹤，上云霄，遨游天外，飞升玉京，直顷刻间事耳。然此胎息，虽从凡人色身中炼出，却又不是凡精气凡神结成；炼丹者虽离不得后天有形有色之精气以为之本，却又不全仗于此也。盖后天精气，皆有形质，便有气数，生死轮回，势所不免。又况粗精粗气，尽属蠢钝之物，焉能有灵？要不过借此凡色身中所有之顽物，千烧万炼，取出那点清净无尘、至灵至神之精气神，以为真一之气，而返之于我，以成仙胎神丹耳。所谓抽铅添汞之说，不过如此。其余着形色，皆非道之正宗。古之云："胎从伏气中结，气从有胎中息。"是知欲结神丹，成就不老之躯，非养胎息不能；欲得胎息凝结于虚无丹田中，非结得有胎，它亦不肯来归。而纯纯乎动静与俱，若有一点凡气夹杂，凡神外驰，则神必外游，气必外泄，不能如子母夫妇，聚而不散也，知否？

13 改过

【提要】 本篇选录自周秉清的《养蒙便读》一书。该篇是铭文的文体，读起来朗朗上口。它对于传统内省改过思想具有一定的总结性。除了固有的中国伦理价值外，它还渗透了浓厚的佛教伦理色彩。客观来说，这种适度采取佛教戒律思想的道德倾向是符合绝大多数中国人的价值追求的。作为蒙学之作，教育小孩崇善不杀，并不过分。

---

① 骖：古代指驾在车辕两旁的马。

【原文】

人性之体，本然清净，无善无恶，湛如明镜。
心识一动，好恶斯萌，发不中节，过乃滋生。
过既本无，因妄而起，妄动不息，积习难止。
一念之差，成妄想种，妄更生妄，如痴如梦。
一言之失，驷马难追，积久说惯，不自知非。
一行之隳[①]，偶欺暗室，若不愧悔，又蹈前辙。
过而不改，习惯成性，从恶招殃，亡家丧命。
若欲改过，但断此习，向所惯者，今立离绝。
邪念偶生，主回心意，勿谓虚想，将战实事。
戏语偶发，立志疚心，勿谓误言，弄假成真。
非礼偶犯，立自矫正，勿谓小恶，癣疥[②]致命。
勿贪声色，勿爱财货，勿吸烟酒，勿好赌牌。
勿杀生命，勿嗜美食，勿逞气忿，勿耽安逸。
改勿畏难，逆水舟行，世无难事，有志竟成。
改勿怕苦，忍耐为贵，苦尽甜来，身心无累。
改勿怀惭，人孰无过，贵在洗心，涤除染污。
古昔圣王，特设谏鼓，改过迁善，斯称明主。
夏王大禹，闻善拜礼，孔徒仲由，闻过则喜。
君有诤臣，士有诤友，欲改过者，亲贤为首。
多亲贤友，近朱者赤，勿近恶人，近墨者黑。
非礼勿视，非礼勿听，非礼勿言，非礼勿动。
微命勿杀，非与勿取，勿起邪念，勿作诳语。
虽处幽独，如对帝天，恭敬存诚，庶几圣贤。

14 羞惕改过

【提要】 本篇选自清代儒家学者李光地的《榕村语录》。作者

---

① 隳（huī）：毁坏，崩坏。

② 癣疥：比喻小患或不难治理的问题。

李光地，字晋卿，号厚庵，别号榕村，福建泉州府安溪人，清代康熙朝大臣，理学名臣。他在本文中提出“一能羞惕，便不可量”的观点，这和孔子“知耻近乎勇”的观点有一定思想渊源。不过，这篇文章论述更加深入，引用历史典故说明改过和不改过造成的成败得失，并形成鲜明对照，显示了作者极强的理论说服能力。

【原文】

人有不善，一能羞惕，便不可量。古人不说无过，而重改过，故颜子不贰，成汤不吝。凡恶人直言敢谏者，欲以动无过，举自高也。适以得愎谏言，莫予违之名，而不知受谏改过，为圣贤至高之行而不可及也。自古称改过之善者，穆王作甫刑出于远游之后，秦穆思一个臣发于败殽之余，汉武轮台之诏，感于穷兵殃民之末。圣贤儒先皆矜重而录之。管仲谓小白惕而有大虑，知所惕惧，便是图治之根本，及葵丘之会，微有震矜，而叛者九国，惕之意怠矣。

15 破戒人能改勿拒论

【提要】本篇选自明代庄广还所辑的《净土资粮全集》。原书是一本汇编净土宗重要文献的著作。净土宗即佛教中以念诵“南无阿弥陀佛”六字洪名为核心法门的“易行道”宗派，在禅宗衰落以后，有“天下归净”的说法。本文站在佛教净土宗思想的立场，阐明了改过的重要性，同时运用佛经故事指出人人都有过错之时，凡圣的区别仅仅在于是否勇于改过而已。对于改过的具体办法，知过的规则，本文都有非常明确的说法，这是其独特之处。

【原文】

或问：破戒之人可容入社否？

师云：社中之友不求无过，唯求改过。若求无过，孰无过焉？古云：唯佛一人持净戒，其余多是破戒者。自思我等与释迦如来同为凡夫，世尊则精勤改过，成佛已经多劫。我等无惭无愧，略无改过之心，乃尔轮转三涂，出入生死，恒受苦恼，无由解脱。故我今者立社，唯求知识痛为救正，改过为先。入社之后行无所改，然后摈之。

《三昧海经》云：佛为父王说，昔有四比丘犯律为耻，将无所怙。忽闻空中声曰：汝之所犯谓无救者，不然也。空王如来虽复涅槃，形像尚在，汝可入塔一观宝相眉间白毫。比丘随之，泣泪言曰：佛像尚尔，况佛真容乎。举身投地如大山崩，今于四方皆成正觉。东方阿閦佛、南方宝相佛、西方无量寿佛、北方微妙声佛，是四改过比丘已成佛矣！

今我社中岂有改过人不容入者？古云：过则勿惮改。又曰：恶人斋戒，可祀上帝。我第忧不能改尔。破戒何疑？

还谨按持戒篇：严以立法，改过论恕以待人。盖法不严则忘其警惧之心，待不恕则绝其自新之路。二者兼之，佛道之所以为慈悲乎！而人之终于暴弃者，吾未如之何也已。

尝谓修行者，当以斋戒为首务。今人或能持斋，而不能持戒。何也？盖持斋虽难，而持戒尤难。如身口意十业，又为诸戒之首。故立自考之法。然自考者，须于每释迦佛前，以昼之所为，焚香白之而后可。何以故？倘有违犯，惭愧曷胜？惕励战兢，临深履薄，则恶日消而善日长。故自考有益。苟或不然，肆行无忌，非僻自甘，惭愧不生，悔心沉没，则善日消而恶日长，虽自考亦为徒矣。然则净业之士，志于考戒者，可不知所先务哉！奈何今之修行者，不唯不知持戒之有法，抑且不知何戒之当持。虽终身斋素，止为世间之善因。恶业罔除，难冀出世之胜果。噫！是则名为可怜悯者。思之。

三　历史典故

1 师旷援琴

晋平公与群臣饮，饮酣，乃喟然叹曰："莫乐为人君！[①] 惟其言

① 莫乐为人君：没有比做人君再快乐的了。

而莫之违。”师旷侍坐于前，援琴撞之。公被衽[1]而避，琴坏于壁。公曰：“太师谁撞？”师旷曰：“今者有小人言于侧者，故撞之。”公曰：“寡人也。”师旷曰：“哑！是非君人者之言也。”左右请除之。公曰：“释之，以为寡人戒。”

——《韩非子·难一》

2 何待来年

今有人日攘其邻之鸡者，或告之曰：“是非君子之道。”曰：“请损之，月攘一鸡，以待来年然后已。”如知其非义，斯速已矣，何待来年？

——《孟子·滕文公下》

3 晏婴逐属

高缭仕于晏子，晏子逐之。左右谏曰：“高缭之事[2]夫子三年，曾无以爵位，而逐之，其义可乎？”晏子曰：“婴，仄陋之人也。四维[3]之然后能直。今此子事吾三年，未尝弼吾过，是以逐之也。”

——（西汉）刘向《说苑·臣术》

4 简子待谏

或谓赵简子曰：“君何不更乎？”简子曰：“诺。”左右曰：“君未有过，何更？”君曰：“吾谓是诺，未必有过也，吾将求以来谏者也，今我却之，是却谏者，谏者必止，我过无日矣。”

——（西汉）刘向《说苑·君道》

5 师经撞君

师经鼓琴，魏文侯起舞，赋曰：“使我言而无见违。”师经援琴

---

① 被衽：用衣袖挡住脸。被：披在身上或穿在身上。衽：衣袖。

② 事：侍奉，为……服务。

③ 维：维系，引申为辅助。

而撞文侯，不中；中旒[1]，溃之。文侯谓左右曰："为人臣而撞其君，其罪如何？"左右曰："罪当烹。"提师经下堂一等。师经曰："臣可一言而死乎？"文侯曰："可。"师经曰："昔尧舜之为君也，唯恐言而人不违；桀纣之为君也，唯恐言而人违之。臣撞桀纣，非撞吾君也。"文侯曰："释之，是寡人之过也。悬琴于城门，以为寡人符[2]；不补旒，以为寡人戒。"

——（西汉）刘向《说苑·君道》

6 子路改过

子路鼓瑟有北鄙之声，孔子闻之曰："信矣，由之不才也！"冉有侍，孔子曰："求来，尔奚不谓由夫先王之制音也？奏中声，为中节；流入于南，不归于北。南者生育之乡，北者杀伐之域；故君子执中以为本，务生以为基，故其音温和而居中，以象生育之气也。忧哀悲痛之感不加乎心，暴厉淫荒之动不在乎体，夫然者，乃治存之风，安乐之为也。彼小人则不然，执末以论本，务刚以为基，故其音湫厉而微末，以象杀伐之气。和节中正之感不加乎心，温俨恭庄之动不存乎体，夫杀者乃乱亡之风，奔北之为也。昔舜造南风之声，其兴也勃焉，至今王公述而不释；纣为北鄙之声，其废也忽焉，至今王公以为笑。彼舜以匹夫，积正合仁，履中行善，而卒以兴，纣以天子，好慢淫荒，刚厉暴贼，而卒以灭。今由也匹夫之徒，布衣之丑也，既无意乎先王之制，而又有亡国之声，岂能保七尺之身哉？"冉有以告子路，子路曰："由之罪也！小人不能，耳陷而入于斯。宜矣，夫子之言也！"遂自悔，不食七日而骨立焉，孔子曰："由之改过矣。"

——（西汉）刘向《说苑·修文》

---

① 旒（liú）：古代帝王礼帽上前后的玉串。

② 符：凭证。

7 责感吏民

韩延寿字长公，燕人也。……擢延寿为谏大夫，迁淮阳太守。治有名徙颍川。……接待下吏，恩施甚厚而约誓明。或欺负之者，延寿痛自刻责："岂其负之，何以至此？"吏闻者自伤悔。……入守左冯翊……行县至高陵，民有昆弟相与讼田自言，延寿大伤之，曰："幸得备位，为郡表率，不能宣明教化，至令民有骨肉争讼，既伤风化，重使贤长吏、啬夫、三老、孝弟受其耻，咎在冯翊，当先退。"是日，移病不听事，因入卧传舍，闭阁思过。一县莫知所为，令丞、啬夫、三老亦皆自系待罪。于是讼者宗族传相责让，此两昆弟深自悔，皆自髡肉[①]袒谢，愿以田相移，终死不敢复争。延寿大喜，开阁延见，内酒肉与相对饮食，厉勉以意告乡部，有以表劝悔过从善之民。

——（东汉）班固《汉书·韩延寿传》

8 引咎自贬

六年春……亮身率诸军攻祁山，戎陈整齐，赏罚肃而号令明，南安、天水、永安三郡叛魏应亮，关中响震。魏明帝西镇长安，命张郃拒亮，亮使马谡督诸军在前，与郃战于街亭。谡违亮节度，举动失宜，大为张郃所破。亮拔西县千余家，还于汉中，戮谡以谢众。上疏曰："臣以弱才，叨窃非据，亲秉旄钺[②]以厉三军，不能训章明法，临事而惧，至有街亭违命之阙，箕谷不戒之失，咎皆在臣授任无方。臣明不知人，恤事多暗，《春秋》责帅，臣职是当。请自贬三等，以督厥咎。"于是以亮为右将军，行丞相事，所总统如前。

——（西晋）陈寿《三国志·蜀书·诸葛亮传》

---

① 髡肉：剃肉。

② 旄钺（máoyuè）：借指军权。

9 闻教向学

初，权谓蒙及蒋钦曰："卿今并当涂掌事，宜学问以自开益。"蒙曰："在军中常苦多务，恐不容复读书。"权曰："……孔子言'终日不食，终夜不寝以思，无益，不如学也'。光武当兵马之务，手不释卷。孟德亦自谓老而好学。卿何独不自勉勖[①]邪?"蒙始就学，笃志不倦，其所览见，旧儒不胜。后鲁肃上代周瑜，过蒙言议，常欲受屈。肃拊蒙背曰："吾谓大弟但有武略耳，至于今者，学识英博，非复吴下阿蒙。"……权常叹曰："人长而进益，如吕蒙、蒋钦，盖不可及也。富贵荣显，更能折节好学，耽悦书传，轻财尚义，所行可迹，并作国士，不亦休乎!"

——（西晋）陈寿《三国志·吴书·吕蒙传》

10 梁上君子

时岁荒民俭，有盗夜入其室，止于梁上。寔阴见，乃起自整拂，呼命子孙，正色训之曰："夫人不可不自勉。不善之人未必本恶，习以性成，遂至于此。梁上君子者是矣!"盗大惊，自投于地，稽颡[②]归罪。寔徐譬之曰："视君状貌，不似恶人，宜深克己反善。然此当由贫困。"令遗绢二匹。自是一县无复盗窃。

——（南朝·宋）范晔《后汉书·陈寔传》

11 盗牛改过

王烈，字彦方，太原人也。少师事陈寔，以义行称。乡里有盗牛者，主得之。盗请罪曰："刑戮是甘[③]，乞不使王彦方知也。"烈闻而使人谢之，遗布一端。或问其故，烈曰："盗惧吾闻其过，是有耻恶之心。既怀耻恶，必能改善，故以此激之。"后有老父遗剑

---

① 勉勖（miǎnxù）：勉励。

② 稽颡：古代一种跪拜礼，屈膝下拜，额至地，表示极度虔诚。

③ 刑戮是甘：甘愿接受刑罚或杀戮。是，代词，复指前置宾语"刑戮"。甘，甘愿，自愿。

于路，行道一人见而守之，至暮，老父还，寻得剑，怪而问其姓名，以事告烈。烈使推求，乃先盗牛者也。

——（南朝·宋）范晔《后汉书·独行列传》

12 周处改励

周处年少时，凶强侠气，为乡里所患。又义兴水中有蛟，山中有邅迹虎，并皆暴犯百姓。义兴人谓为三横，而处尤剧[①]。或说处杀虎斩蛟，实冀三横唯余其一。处即刺杀虎，又入水击蛟。蛟或浮或没，行数十里，处与之俱。经三日三夜，乡里皆谓已死，更相庆。竟杀蛟而出，闻里人相庆，始知为人情所患，有自改意。乃自吴寻二陆。平原不在，正见清河，具以情告，并云欲自修改，而年已蹉跎，终无所成。清河曰："古人贵朝闻夕死，况君前途尚可。且人患志之不立，何忧令名不彰邪。"处遂改励，终为忠臣孝子。

——（南朝·宋）刘义庆《世说新语·自新》

13 戴渊弃剑

戴渊少时，游侠不治行检[②]，尝在江、淮间攻掠商旅。陆机赴假还洛，辎重[③]甚盛。渊使少年掠劫。渊在岸上，据胡床，指麾左右，皆得其宜。渊既神姿峰颖，虽处鄙事，神气犹异。机于船屋上遥谓之曰："卿才如此，亦复作劫邪?"渊便泣涕，投剑归机，辞厉非常，机弥重之，定交，作笔荐焉。过江，仕至征西将军。

——（南朝·宋）刘义庆《世说新语·自新》

14 修身改节

（张）充少时，不持操行，好逸游。绪尝请假还吴，始入西郭，

---

① 尤剧：特别严重。尤，甚，特别。剧，严重，厉害。

② 治行检：这里指修治品行。治，修治。行检，品行。

③ 辎重：行李。

值充出猎，左手臂鹰，右手牵狗，遇绪船至，便放绁[①]脱韝[②]，拜于水次。绪曰："一身两役，无乃劳乎？"充跪对曰："充闻三十而立，今二十九矣，请至来岁而敬易之。"绪曰："过而能改，颜氏子有焉。"及明年，便修身改节。学不盈载，多所该览，尤明《老》《易》，能清言，与从叔稷俱有令誉[③]。

——（唐）姚思廉《梁书·张充传》

15 废弃向学

（甄）琛少敏悟，闺门之内，兄弟戏狎[④]，不以礼法自居。颇学经史，称有刀笔，而形貌短陋，鲜风仪。举秀才。入都积岁，颇以弈棋弃日，至乃通夜不止。手下苍头常令秉烛，或时睡顿，大加其杖，如此非一。奴后不胜楚痛，乃白琛曰："郎君辞父母，仕宦京师。若为读书执烛，奴不敢辞罪，乃以围棋，日夜不息，岂是向京之意？而赐加杖罚，不亦非理！"琛惕然惭感，遂从许叡、李彪假书研习，闻见益优。

——（北齐）魏收《魏书·甄琛传》

16 帝悔责臣

时太常少卿祖孝孙以教宫人声乐不称旨，为太宗所让。珪及温彦博谏曰："孝孙妙解音律，非不用心，但恐陛下顾问不得其人，以惑陛下视听。且孝孙雅士，陛下忽为教女乐而怪之，臣恐天下怪愕。"太宗怒曰："卿皆我之腹心，当进忠献直，何乃附下罔上，反为孝孙言也！"彦博拜谢，珪独不拜曰："臣本事前宫，罪已当死。陛下矜恕性命，不以不肖，置之枢近，责以忠直。今臣所言，岂是为私？不意陛下忽以疑事诮臣，是陛下负臣，臣不负陛下。"帝默

---

① 绁（xiè）：牵牲畜的绳索。

② 韝（gōu）：古代射箭时戴的皮制袖套。

③ 令誉：美好的声誉。令，善，美好。

④ 狎：亲近而态度不庄重。

然而罢。翌日，帝谓房玄龄曰："自古帝王，能纳谏者固难矣。昔周武王尚不用伯夷、叔齐，宣王贤主，杜伯犹以无罪见杀，吾夙夜庶几[①]前圣，恨不能仰及古人。昨责彦博、王珪，朕甚悔之。公等勿以此而不进直言也。"

——（后晋）刘昫等《旧唐书·王珪传》

17 左雄闻过

初，尚书令左雄荐冀州刺史周举为尚书，既而雄为司隶校尉，举故冀州刺史冯直为将帅。直尝坐臧受罪，举以此劾奏雄。雄曰："诏书使我选武猛，不使我选清高。"举曰："诏书使君选武猛，不使君选贪污也。"雄曰："进君，适所以自伐也。"举曰："昔赵宣子任韩厥为司马，厥以军法戮宣子仆，宣子谓诸大夫曰：'可贺我矣！吾选厥也任其事。'今君不以举之不才误升诸朝，不敢阿君以为君羞；不寤君之意与宣子殊也。"雄悦谢曰："吾尝事冯直之父，又与直善；今宣光以此奏吾，是吾之过也！"天下益以此贤之。

——（宋）司马光《资治通鉴·汉纪四十四》

18 赵母训子

赵武孟初以驰骋田猎为事，尝获肥鲜以遗母，母泣曰：汝不读书而田猎，如是吾无望矣！竟不食其膳。武孟感激勤学，遂博通经史，举进士，官至右台侍御史。

——（北宋）孔平仲《续世说》

19 扪痕思母

寇莱公少时，不修小节，颇爱飞鹰飞狗，太夫人性严，尝不胜怒，举秤锤[②]投之，中足流血，由是折节[③]从学。及贵，母已亡，

---

① 庶几：近似，接近。

② 秤锤：秤砣，配合秤杆称重的金属块。

③ 折节：改变平日的志向和行为，向好的方向发展。

扪其痕，辄哭。

——（北宋）司马光《涑水记闻》

20 宽吏迁善

林西仲出理徽州时，有府吏专宠稔恶[①]，林廉得其迹逮至，欲杖毙之。吏呼曰：小人罪固当死，但以不能改过迁善，赍[②]恨泉下耳。遂释之。后吏以善称于时。及林罢去，泣于道左曰：非公之严，我竟以为恶生。非公之宽，我竟以为恶死。闻者咸异其言。

——（清）王晫《今世说·政事》

21 更新洗室

郭制军琇令吴江时，簠簋不饬[③]，抚军汤文正将劾之，郭立誓痛改，令役担水洗县堂及内室，示民以更新，后果操行峻介[④]，卒称直臣。

——（清）陈康琪《郎潜纪闻》

22 啮乳杀母

宣和间，芒山有盗临刑，母来与之诀。盗对母云："愿如儿时一吮母乳，死而无憾。"母与之乳，盗啮断乳头，流血满地，母死。行刑者曰："尔何毒耶？"盗因告刑者曰："吾少也，盗一菜一薪，吾母见而喜之，以至不检，遂有今日，故恨杀之。"呜呼！异矣！夫语"教子婴孩"，不虚也！

——（明）陈继儒《读书镜》

---

① 稔恶：罪恶深重。

② 赍（jī）：携带，怀着。

③ 簠簋不饬（fǔguǐbùchì）：簠、簋，都是古代食器，也用来盛放祭品；不饬，不整饬，借指贪污，旧时弹劾贪吏常用此语。

④ 峻介：严正耿直。

23 吝于改过

曾巩为文章，上下驰骋，一时工作文词者，鲜能过也。少与王安石游，安石声誉未振，巩导之于欧阳修，及安石得志，遂与之异。神宗尝问："安石何如人？"对曰："安石文学行义，不减扬雄，以吝故不及。"帝曰："安石轻富贵，何吝也？"曰："臣所谓吝者，谓其勇于有为，吝于改过耳。"帝然之。

——（元）脱脱等《宋史·曾巩传》

24 废戒忏悔

齐僧云，住宝明寺，以讲演著名。四月十五日，临诵戒时，白众言："戒乃人人诵得，何劳数闻？可令一僧竖义，使后进开悟。"众无敢抗，遂废诵戒。七月十五日，众集，忽失云所在，四出追觅，乃于古冢中得之，流血被体。问其故，则云："有猛士执大刀厉声呵云：'僧云！尔何人？斯敢废布萨，妄充竖义？'即以刀剑我身，痛毒难忍。"因扶掖还寺，竭诚忏悔，经于十年，至心尽敬，依式布萨。临终之日，异香来迎，欣然而逝。时咸嘉其即世悛革云。

赞曰：今时尚经论而轻戒律，二千年来，半月诵戒无复有举行者，予不揣兴废坠于山中，人犹未之信也！果报炳然，于云公有征，愿览者思之。

——（明）莲池《缁门崇行录》

25 欲海回头

宁波吴生，好作北里游。后昵一狐女，时相幽会，然仍出入青楼间。一日，狐女请曰："吾能幻化，凡君所眷，吾一见即可肖其貌。君一存想，应念而至，不逾于黄金买笑乎？"试之，果顷刻换形，与真无二，遂不复外出。尝与狐女曰："眠花藉柳，实惬人心。惜是幻化，意中终隔一膜耳。"狐女曰："不然。声色之娱，本雷光石火，岂特吾肖某某为幻化，即彼某某亦幻化也；岂特某某为幻化，即妾亦幻化也。即千百年来名姬艳女皆幻化也。白杨绿草，黄土青山，何一非古来歌舞之场；握雨携云，与埋香葬玉，别鹤离鸾，一曲伸臂顷耳。中间两美相合，或以时刻计，或以日计，或以月计，或以年计，终有绝别之期。及其诀别，则数十年而散，与片刻暂遇而散者，同一悬崖撒手，转瞬成空。倚翠偎红，不皆恍如春梦乎？即夙契原深，终身聚首，而朱颜不驻，白发已侵，一人之身，非复旧态。则当时黛眉粉颊，亦谓之幻化可矣。何独以妾肖某某为幻化也?”吴洒然有悟。后数岁，狐女辞去，吴竟绝迹于狎游。

——（清）纪昀《阅微草堂笔记·滦阳消夏录》

26 泥首悔过

士铨病剧，几成瘵。医药杂投无或效。秋八月，予喘嗽不能卧。一夕兀坐绳床，皎月穿户牖。嗒然而思，若有所悟者，力疾起，燃残烛，出箧中淫靡绮丽之书数十册，并所著艳诗四百余首火于庭。向天泥首[①]悔过，誓绝妄念。诘朝[②]购《朱子语录》观之，立日程自课。至仲冬而神气复强如初。

——（清）蒋士铨《清容居士行年录》

① 泥首：以泥涂首，表示自辱服罪，后指顿首至地。

② 诘朝：平旦。

十　知足常乐

一　本篇导读

知足常乐是对幸福的追求持一种极易满足的态度。一个人知道满足，心里就时常是快乐的、达观的，有利于身心健康。反之，若一个人贪得无厌，不知满足，就会时时感到焦虑不安，甚至痛苦不堪。知足常乐是中国大多数古圣先贤所推崇的一种人生智慧，也是中华传统美德的重要组成部分，体现于儒释道三家的经典当中。

其一，儒家主张节制欲望、安贫乐道。先秦儒家对“欲”的认识是：在肯定欲望是人之本性的基础上，指出人的欲望与资源的有限之间有着不可避免的矛盾，并认为应当“节欲”。孔子在肯定“富与贵”是“人之所欲”的同时强调：“不以其道得之，不处也。”（《论语·里仁》）相比于富贵，“道”是更为重要的价值追求。在日常生活当中，孔子“饭疏食饮水，曲肱而枕之，乐亦在其中矣”（《论语·学而》），颜回“一箪食，一瓢饮，在陋巷，人不堪其忧，回也不改其乐”（《论语·雍也》），他们不因为外在的环境而改变自己内心的状态，始终保持一种恬淡自得的平静心态和乐观旷达的生活态度，这是接受当下、安住当下的体现。可以说，孔颜之乐就是儒家知足常乐、安住当下的典范。《荀子·王霸》中也说：“夫人之情，目欲綦色，耳欲綦声，口欲綦味，鼻欲綦臭，心欲綦佚。此五綦者，人情之所必不免也。”荀子还提出君子应该“欲利而不为所非”（《荀子·不苟》），也就是说，要以合乎“道”

的方式来实现对“欲”的满足，这便是对欲望的节制。因为不可限量的欲望与有限的资源之间的矛盾始终存在，懂得适可而止才能有效调节矛盾，做到知足常乐。荀子所说：“今人之生也，方知畜鸡狗猪彘，又畜牛羊，然而食不敢有酒肉；余刀布，有囷窌，然而衣不敢有丝帛；约者有筐箧之藏，然而行不敢有舆马。是何也？非不欲也，几不长虑顾后而恐无以继之故也。于是又节用御欲，收敛蓄藏以继之也，是于己长虑顾后，几不甚善矣哉！”（《荀子·荣辱》）正是此道理。

其二，道家强调知足知止、少私寡欲。老子尝言：“持而盈之，不如其已；揣而锐之，不可长保；金玉满堂，莫之能守；富贵而骄，自遗其咎。功成身退，天之道也。”（《道德经》九章）在老子看来，做人做事切忌过“满”，恃才傲物、锋芒毕露、追名逐利都是不能长久的。自以为不可一世，然而持“盈”的结果将终不免于倾覆之患，惟有懂得盈虚更替、此消彼长的自然法则，知足知止，才是长久之道。如何做到“知足知止”？其实最难的莫过于不被“欲望”所裹挟。道家提倡“为腹不为目”（《道德经》十二章），“见素抱朴，少私寡欲”（《道德经》十九章）。这是面对“欲望”所应该采取的态度。事实上，欲望是一种人之于自身未获得之物的本能的释放形式，欲望本身并无善恶之分，但却存在如何控制的问题，一旦失控便会呈现出非理性特征，这种非理性表现为一种心理动因：我没有，所以我想要得到，或者是尚不足，我还要。正是在这种心理动因的驱使下，行为主体常常难以把控欲望的合理适度性，让自己陷入患得患失的境地。追求欲望，一旦失当或者过度，便会给自己甚至是他人造成伤害，从而难以守住“不伤害”这个最基本的道德底线。正因如此，老子才会说：“祸莫大于不知足，咎莫大于欲得，故知足之足，常足矣。”（《道德经》四十六章）

其三，佛教也提倡知足常乐，无贪无求。佛教经典当中关于知足常乐的论述比比皆是。诸如《遗教经》云：“知足之法，即是富乐安隐之处。知足之人，虽卧地上，犹为安乐。不知足者，虽处天堂，亦不称意。不知足者，虽富而贫。知足之人，虽贫而富。”在佛教看来，知足也是众多法门之一种。一个人，学佛也好，不学佛也好，能够知足的人就能够富有安乐，知足的人即便睡在地板上也很满足，不知足的人就算到了天堂也不会心满意足，正是在这个意义上，“不知足者，虽富而贫。知足之人，虽贫而富”。《长阿含经》也载：“道当少欲，多欲非道。道当知足，无厌非道。道当闲静，乐众非道。道当精进，懈怠非道。道当定意，放逸非道。道当专念，多念非道。道当智慧，愚暗非道。”世人欲壑难填，永不知足，正是这个贪欲堵塞了自己的心智，蒙蔽住了自己的眼睛，而求道者就应当少私寡欲，这样才能生出智慧来，“无欲”实际上就是对欲望的消融和超越。《佛本行集经》亦云：“知足寂定最安乐，知足观诸法甚深；安乐不恼于世间，亦复不杀害众类。”也就是说，在个人生活上，除了知足以外，还要有寂定，这是身心的宁静专注，不妄动心念，是禅定的修养。修行者若能安于清净的境界，做到无贪无求，便是最为安乐的状态。

如何才能做到知足而乐？古圣先贤用自己的亲身实践为我们作出了表率。东晋的田园派诗歌创始人陶渊明，性情淡泊闲静，曾任江州祭酒、建威参军等职，但因志不在官，终于彭泽县令任上辞官，归隐田园，从此过着躬耕的惬意生活。无论是《五柳先生传》里淳朴天真的五柳先生，还是《饮酒》篇中恬淡惬意的田园之趣，都流露出陶渊明对这份宁静生活的留恋与沉醉。豪健旷达是以一种海纳百川的心态笑对人生风雨。面对怀才不遇的蹉跎境遇，谪仙人李白在豪情纵饮间及时行乐：“人生得意须尽欢，莫使金樽空对月”，“呼儿将出换美酒，与尔同销万古愁”（《将进酒》）。东坡居士苏轼才高八斗却半生颠沛流离，而他时刻不忘心系黎民，面对自己的遭际，没有沉沦，没有忿忿。“莫听穿林打叶声，何妨吟啸且徐行”（《定风波》），这份超然旷达令人感佩。清心明志则是依靠高度的道德自律以守护内心的那份纯真，清初宰相张英宦海沉浮数十载，康熙帝评价他：“老成敬慎，始终不渝。”他以清正廉洁的官德和勤慎谦谨的作风成为一代楷模。张英在《聪训斋语》中告诫子孙，为避免俗世的纠缠，他为自己制了一座“心城”，城门紧闭严防外界叨扰，确保内心的宽绰洁净，如此“主人居其中，尚无浑忘天真之乐”。

综上可知，知足常乐乃是中国传统文化的一个重要精神品格，蕴含在儒、道、佛的经典文本当中。今天，我们学习和弘扬中华传统美德，不应忽略“知足常乐”这一重要的内容。应当指出的是，知足常乐，并不意味着安于现状，及时行乐，浑噩度日，而是保持警觉，活在当下，更加有意识地（带着觉知）去生活。知足常乐是一种向内求索的价值追求，也是对外在世界的一种理性观照，主要体现在不纵心任欲地以本我的需求为行动的第一性目标，而是将自身需求与外在世界的客观现实相协调，以得当适度的方式达成所愿，努力寻求物与我、“大我”与“小我”两相平衡的实现。由此可见，知足常乐既是中华传统美德的主要组成部分，更是古人留给我们的人生大智慧。

二 经典名篇

1 曾点之志

【提要】 本篇选自《论语·先进》。对于该篇的解读，历来都不能统一，我们这里只是讨论其中曾皙简单自然、平淡洒脱的生活态度。如果我们将自己定位在了某一身份，一心想到的是如何达到自己的愿望，那就很容易为了某一目标而忽略全局，甚至为求目标而不择手段，最终丧失自己的原则。但曾皙洒脱、自在的态度，似乎更能平和、淡然地应对人情鬼蜮的职场风云，更能在尔虞我诈中把持住自我。

【原文】

子路、曾皙、冉有、公西华侍坐。子曰：“以吾一日长乎尔，毋吾以也。居则曰：‘不吾知也！’如或知尔，则何以哉？”

子路率尔而对曰：“千乘之国，摄乎大国之间，加之以师旅，因之以饥馑①；由也为之，比及三年，可使有勇，且知方也。”

夫子哂之。

“求，尔何如？”

对曰：“方六七十，如五六十，求也为之，比及三年，可使足民。如其礼乐，以俟君子。”

“赤，尔何如？”

对曰：“非曰能之，愿学焉。宗庙之事，如会同，端章甫，愿为小相焉。”

“点，尔何如？”

鼓瑟希，铿尔，舍瑟而作，对曰：“异乎三子者之撰。”

子曰：“何伤乎？亦各言其志也！”

曰：“莫春者，春服既成，冠者五六人，童子六七人，浴乎沂，风乎舞雩，咏而归。”

夫子喟然叹曰：“吾与点也！”

三子者出，曾皙后。曾皙曰：“夫三子者之言何如？”

子曰：“亦各言其志也已矣！”

曰：“夫子何哂由也？”

曰：“为国以礼，其言不让，是故哂之。”

“唯求则非邦也与？”

“安见方六七十如五六十而非邦也者？”

“唯赤则非邦也与？”

“宗庙会同，非诸侯而何？赤也为之小，孰能为之大？”

2 命禄自然

【提要】 本篇选自王充的《论衡》。作者站在唯物主义的立场，肯定劳动价值观，认为努力劳作，即使不追求财富，财富也自然会

① 饥馑：灾荒之年，庄稼没有收成。

来。知足之人并非懒惰之辈，因为没有太多欲望，心无旁骛，从而可以做出业绩，所谓实至名归，也谓之命禄自然。这个自然不是不劳而获，不是盲目等着天上掉馅饼，而是顺应自然之道。

【原文】

凡人遇偶及遭累害，皆由命也。有死生寿夭之命，亦有贵贱贫富之命。自王公逮庶人，圣贤及下愚，凡有首目之类，含血之属，莫不有命。命当贫贱，虽富贵之，犹涉祸患矣；命当富贵，虽贫贱之，犹逢福善矣。故命贵从贱地自达，命贱从富位自危。故夫富贵若有神助，贫贱若有鬼祸。命贵之人，俱学独达，并仕独迁；命富之人，俱求独得，并为独成。贫贱反此，难达，难迁，（难得，）难成；获过受罪，疾病亡遗，失其富贵，贫贱矣。是故才高行厚，未必保其必富贵；智寡德薄，未可信其必贫贱。或时才高行厚，命恶，废而不进；知寡德薄，命善，兴而超逾。故夫临事知愚，操行清浊，性与才也；仕宦贵贱，治产贫富，命与时也。命则不可勉，时则不可力，知者归之于天，故坦荡恬忽，虽其贫贱。

使富贵若凿沟伐薪，加勉力之趋，致强健之势，凿不休则沟深，斧不止则薪多，无命之人，皆得所愿，安得贫贱凶危之患哉？然则，或时沟未通而遇湛①，薪未多而遇虎。仕宦不贵，治产不富，凿沟遇湛、伐薪逢虎之类也。有才不得施，有智不得行，或施而功不立，或行而事不成，虽才智如孔子，犹无成立之功。

世俗见人节行高，则曰："贤哲如此，何不贵？"见人谋虑深，则曰："辩慧如此，何不富？"

贵富有命禄，不在贤哲与辩慧。故曰："富不可以筹策得，贵不可以才能成。"智虑深而无财，才能高而无官。怀银纡紫②，未必

---

① 湛：大水。

② 怀银纡紫：银：指银质图章。汉代御史大夫和俸禄比二千石以上的官用这种印章。纡：系结。紫：指系在印纽上的紫色丝带。汉代的相国、丞相、太尉、将军、列侯用的金印上都束有紫色丝带。怀银纡紫：这里指当上大官。

稷、契[①]之才；积金累玉，未必陶朱之智。或时下愚而千金，顽鲁而典城。故官御同才，其贵殊命；治生钧知，其富异禄。禄命有贫富，知不能丰杀；性命有贵贱，才不能进退。成王之才不如周公，桓公之知不若管仲，然成、桓受尊命，而周、管禀卑秩也。案古人君希有不学于人臣，知博希有不为父师，然而人君犹以无能处主位，人臣犹以鸿才为厮役。故贵贱在命，不在智愚；贫富在禄，不在顽慧。

世之论事者，以才高当为将相，能下者宜为农商。见智能之士，官位不至，怪而訾之曰："是必毁于行操。"行操之士，亦怪毁之曰："是必乏于才知。"

殊不知才知行操虽高，官位富禄有命。才智之人，以吉盛时举事而福至，人谓才智明审；凶衰祸来，谓愚暗。不知吉凶之命，盛衰之禄也。白圭、子贡，转货致富，积累金玉。人谓术善学明。主父偃辱贱于齐，排摈不用；赴阙举疏，遂用于汉，官至齐相。赵人徐乐亦上书，与偃章会，上善其言，征拜为郎。人谓偃之才，乐之慧，非也。儒者明说一经，习之京师，明如匡稚圭，深如赵子都，初阶[②]甲乙之科，迁转至郎博士。人谓经明才高所得，非也。而说若范雎之干秦明，封为应侯；蔡泽之说范雎，拜为客卿。人谓雎、泽美善所致，非也。皆命禄贵富善至之时也。

孔子曰："死生有命，富贵在天。"鲁平公欲见孟子，嬖人臧仓毁孟子而止。孟子曰："天也！"孔子、圣人，孟子、贤者，诲人安道，不失是非，称言命者，有命审也。《淮南书》曰："仁鄙在时不在行，利害在命不在智。"贾生曰："天不可与期，道不可与谋，迟速有命，焉识其时？"高祖击黥布，为流矢所中，疾甚。吕后迎良医，医曰："可治。"高祖骂之曰："吾以布衣提三尺剑取天下，此非天命乎！命乃在天，虽扁鹊何益？"韩信与帝论兵，谓高祖曰：

---

① 契：亦作偰。传说中商的始祖，帝喾之子，母为简狄。曾助禹治水有功，被舜任为司徒，掌管教化。

② 阶：经过。

“陛下所谓天授，非智力所得。”扬子云曰：“遇不遇，命也。”太史公曰：“富贵不违贫贱，贫贱不违富贵。”是谓从富贵为贫贱，从贫贱为富贵也。

夫富贵不欲为贫贱，贫贱自至；贫贱不求为富贵，富贵自得也。春夏囚死，秋冬王相，非能为之也；日朝出而暮入，非求之也，天道自然。代王自代入为文帝，周亚夫以庶子为条侯，此时代王非太子，亚夫非适嗣，逢时遇会，卓然卒至。命贫以力勤致富，富至而死；命贱以才能取贵，贵至而免。才力而致富贵，命禄不能奉持，犹器之盈量，手之持重也。器受一升，以一升则平，受之如过一升，则满溢也；手举一钧，以一钧则平，举之过一钧，则蹶仆矣。

前世明是非，归之于命也，命审然也。信命者，则可幽居俟时，不须劳精苦形求索之也，犹珠玉之在山泽。

天命难知，人不耐审，虽有厚命，犹不自信，故必求之也。如自知，虽逃富避贵，终不得离。故曰：“力胜贫，慎胜祸。”勉力勤事以致富，砥[①]才明[②]操以取贵。废时失务，欲望富贵，不可得也。虽云有命，当须索之。如信命不求，谓当自至，可不假而自得，不作而自成，不行而自至？夫命富之人，筋力自强，命贵之人，才智自高，若千里之马，头目蹄足自相副也。有求而不得者矣，未必不求而得之者也。精学不求贵，贵自至矣；力作不求富，富自到矣。

富贵之福，不可求致；贫贱之祸，不可苟除也。由此言之，有富贵之命，不求自得。信命者曰：“自知吉，不待求也。天命吉厚，不求自得；天命凶厚，求之无益。”夫物不求而自生，则人亦有不求贵而贵者矣。人情有不教而自善者，有教而终不善者矣，天性犹命也。越王翳逃山中，至诚不愿，自冀得代。越人熏其穴，遂不得免，强立为君。而天命当然，虽逃避之，终不得离，故夫不求自得

① 砥：磨，磨炼。
② 明：培养。

之贵欤？

3 肥遁勿用颐光山林

【提要】 本篇节选自东晋道士葛洪的《抱朴子》。他站在道家的立场，认为人应该脱离社会，在山林里颐养天年，这里面存在一定消极遁世的意味，对此我们一定不要学习。但是对于过度浮躁的现代人，该篇却多有赏心悦目之处。人们虽说不应长期隐居，但是偶尔用些时间在休闲上，到乡村和山野间生活几天，应该是有益于身心健康的调节手段。

【原文】

夫玄道者，得之乎内，守之者外，用之者神，忘之者器，此思玄道之要言也。得之者贵，不待黄钺之威。体之者富，不须难得之货。高不可登，深不可测。乘流光，策飞景，凌六虚，贯涵溶。出乎无上，入乎无下。经乎汗漫之门，游乎窈眇之野。逍遥恍惚之中，倘佯仿佛之表。咽九华于云端，咀六气于丹霞。徘徊茫昧，翱翔希微，履略蜿虹，践蹦旋玑，此得之者也。

其次则真知足，知足者则能肥遁勿用，颐光山林。纡鸾龙之翼于细介之伍，养浩然之气于蓬荜之中。繿缕带索，不以贸龙章之暐晔也。负步杖厕，不以易结驷之骆驿也。藏夜光于嵩岫，不受他山之攻。沈鳞甲于玄渊，以违钻灼之灾。动息知止，无往不足。弃赫奕之朝华，避偾车之险路。吟啸苍崖之间，而万物化为尘氛。怡颜丰柯之下，而朱户变为绳枢。握耒甫田，而麾节忽若执鞭。啜荈漱泉，而太牢同乎藜藿。泰尔有余欢于无为之场，忻然齐贵贱于不争之地。含醇守朴，无欲无忧，全真虚器，居平味澹。恢恢荡荡，与浑成等其自然。浩浩茫茫，与造化钧其符契。如暗如明，如浊如清，似迟而疾，似亏而盈。岂肯委尸祝之坐，释大匠之位，越樽俎以代无知之庖，舍绳墨而助伤手之工。不以臭鼠之细琐，而为庸夫之忧乐。藐然不喜流俗之誉，坦尔不惧雷同之毁。不以外物汨其至精，不以利害污其纯粹也。故穷富极贵，不足以诱之焉，其余何足以悦之乎？直刃沸镬，不足以劫之焉，谤讟[1]何足以戚之乎？常无心于众烦，而未始与物杂也。

若夫操隋珠以弹雀，舐秦痔以属车，登朽缗以探巢，泳吕梁以求鱼，旦为称孤之客，夕为狐鸟之余。栋挠餗覆，倾溺不振，盖世人之所为载驰企及，而达者之所为寒心而凄怆者也。故至人嘿韶夏而韬藻棁。奋其六羽于五城之墟，而不烦衔芦之卫。翳其鳞角乎勿用之地，而不恃曲穴之备。俯无倨鵶之呼，仰无亢极之悔，人莫之识，邈矣辽哉！

4 知止

【提要】本篇同样节选自葛洪的《抱朴子》。本篇洋洋洒洒，列举了不知足的种种过患，以及知止带来的平静与平安。其中历史典故往往发人深省。实际上，在任何时候，人的烦恼基本上都源于不知足。不知足是由于欲望的推动，并非其所处的地位和环境等外在客观因素是不充足的。假如是客观的外在环境和条件不充足，则是可以逐步改善的。但是，大多数情况下是由于思想上的强迫症，想要得到更多，那么这种不知足的确就是本文所说的大祸了。不知足即是大祸临头，这一思想是相当深刻的。

【原文】

抱朴子曰：祸莫大于无足，福莫厚乎知止。抱盈居冲者，必全之算也；宴安盛满者，难保之危也。若夫善卷巢许管胡之徒，咸蹈云物以高骛，依龙凤以竦迹，觇韬锋于香饵之中，寤覆车乎来轫之路，违险途以遐济，故能免詹何之钓缗，可谓善料微景于形外，觌坚冰于未霜，徙薪曲突于方炽之火，纚舟弭楫于冲风之前，瞻九牛害而深沈，望密蔚而曾逝，不托巢于苇苕之末，不偃寝乎崩山之崖者也。斯皆器大量弘，审机识致，凌侪独往，不牵常欲，神参造化，心遗万物，可欲不能蚤介其纯粹，近理不能耗滑其清澄。苟无

---

① 谤讟（bàngdú）：怨恨毁谤。

若人之自然，诚难企及乎绝轨也。徒令知功成者身退，处劳大者不赏，狡兔死则知猎犬之不用，高鸟尽则觉良弓之将弃。鉴彭韩之明镜，而念抽簪之术；睹越种之暗机，则识金象之贵。若范公泛艘以绝景，薛生逊乱以全洁，二疏投印于方盈，田豫释绂于漏尽，进脱亢悔之咎，退无濡尾之吝，清风足以扬千载之尘，德音足以祛将来之惑。方之陈宝，不亦邈乎！

或智小败于谋大，或辕弱折于载重，或独是陷于众非，或尽忠讦于兼会，或倡高算而受晁错之祸，或竭心力而遭吴起之害。故有口止局高口止脊厚，犹不免焉。公旦之放，仲尼之行，贾生逊摈于下士，子长熏肾乎无辜，乐毅平齐，伍员破楚，白起以百胜拓疆，文子以九术霸越，韩信功盖于天下，黥布灭家以佐命，荣不移晷，辱已及之。不避其祸，岂智者哉！为臣不易，岂将一途，要而言之，决在择主。我不足赖，其验如此。告退避贤，洁而且安，美名厚实，福莫大焉。能修此术，万未有一。吉凶由人，可勿思乎！逆耳之言，乐之者希，献纳期荣，将速身祸，救诽谤其不暇，何信受之可必哉！

夫矢曾缴纷纭则鸳雏徊翮，坑阱充蹊则麟虞敛迹。情不可极，欲不可满，达人以道制情，以计遣欲，为谋者犹宜使忠，况自为策而不详哉！盖知足者常足也，不知足者无足也。常足者，福之所赴也；无足者，祸之所钟也。生生之厚，杀哉生矣，宋氏引苗，郢人张革，诚欲其快，而实速萎裂，知进忘退，斯之谓乎？

夫策奔而不止者，鲜不倾坠；凌波而无休者，希不沉溺；弄刃不息者，伤刺之由也；斫击不辍者，缺毁之原也。盈则有损，自然之理，周庙之器，岂欺我哉？故养由之射，行人识以驰弦，东野之御，颜子知其方败，成功之下，未易久处也。夫饮酒者不必尽乱，而乱者多焉；富贵者岂其皆危，而危者有焉。智者料事于倚伏之表，伐木于毫末之初，吐高言不于累棋之际，议治裘不于群狐之中，古人佯狂为愚，岂所乐哉！时之宜然，不获已也。亦有深逃而陆遭波涛，幽遁而水被焚烧，若龚胜之绝粒以殒命，李业煎蹙以吞鸩，由乎迹之有朕，景之不灭也。若使行如蹈冰，身如居阴，动无遗踪可寻，静与无为为一，岂有斯患乎！又况乎揭日月以隐形骸，击建鼓以徇利器者哉！夫值明时则优于济四海，遇险世则劣于保一身，为此永慨，非一士也。

吾闻无炽不灭，靡溢不损，焕赫有委灰之兆，春草为秋瘁之端，日中则昃，月盈则蚀，四时之序，成功者退。远取诸物，则构高崇峻之无限，则颓坏惟忧矣；近取诸身，则嘉膳旨酒之不节，则结疾伤性矣。况乎其高概云霄而积之犹不止，其威震人主而加崇，又不息者乎！蚊虻堕山，适足翱翔；兕虎之坠，碎而为齑。此言大物，不可失所也。且夫正色弹违，直道而行，打扑干纪，不虑雠隟，则怨深恨积。若舍法容非，属托如响，吐刚茹柔，委曲绳墨，则忠良丧败，居此地者，不变劳乎？是以身名并全者甚希，而折足覆餗者不乏也。然而入则兰房窈窕，朱帷组帐，文茵兼舒于华第，艳容粲烂于左右，轻体柔声，清歌妙舞，宋蔡之巧，阳阿之妍，口吐辨菱延露之曲，足蹑渌水七盘之节，知音悦耳，冶姿娱心，密宴继集，醽醁不撤，仰登绮阁，俯映清渊，游果林之丹翠，戏蕙圃之芬馥，文鳞瀺灂，朱习颉颃，飞缴堕云鸿，冗纶引鲂鲤，远珍不索而交集，玩弄纷华而自至。出则朱轮耀路，高盖接轸，丹旗云蔚，麾节翕赫，金□嘈□献，戈甲璀错，得意托于后乘，嘉旨盈乎属车，穷游观之娱，极畋渔之欢。圣明之誉，满耳而入；谄悦之言，异口同辞。于时眇然，意蔑古人，谓伊吕管晏，不足算也。

岂觉崇替之相为首尾，哀乐之相为朝暮，肯谢贵盛，乞骸骨，背朱门而反丘园哉！若乃圣明在上，大贤赞事，百揆非我则不叙，兆民非我则不济，高而不以危为忧，满而不以溢为虑者，所不论也。

5 归去来兮辞

【提要】本篇作者是东晋名士陶渊明。这是一篇抒情兼叙事的文章，表达了作者告别官场、回归田园生活的喜悦之情。文辞非常华美清雅，极具艺术感染力。读罢使人对物欲的繁重感到厌恶，反而羡慕清贫的生活情操。几千年来，推崇和羡慕陶渊明的人可谓无数。但是，如果仅仅是在人生失意的瞬间羡慕他而已，等过段时间境况好转就把这种清淡的生活态度抛之脑后的话，一个人还不能够说是真正懂得了陶渊明。在《水石闲谈》中，张三丰盛赞陶渊明，认为没有陶渊明朴素的生活气息，就无法创作和领略陶渊明的诗文，这种评论无疑是中肯的。

【原文】

余家贫，耕植不足以自给。幼稚盈室，瓶无储粟，生生所资，未见其术[①]。亲故多劝余为长吏，脱然有怀，求之靡途。会有四方之事，诸侯以惠爱为德，家叔以余贫苦，遂见用于小邑。于时风波未静，心惮[②]远役，彭泽去家百里，公田之利，足以为酒。故便求之。及少日，眷然有归欤之情。何则？质性[③]自然，非矫厉所得。饥冻虽切，违己交病。尝从人事，皆口腹自役[④]。于是怅然慷慨，深愧平生之志。犹望一稔，当敛裳[⑤]宵逝。寻程氏妹丧于武昌，情在骏奔，自免去职。仲秋至冬，在官八十余日。因事顺心，命篇曰《归去来兮》。乙巳岁十一月也。

归去来兮，田园将芜胡不归？既自以心为形役，奚惆怅而独悲？悟已往之不谏，知来者之可追。实迷途其未远，觉今是而昨非。舟遥遥以轻飏，风飘飘而吹衣。问征夫以前路，恨晨光之熹微。

乃瞻衡宇，载欣载奔。僮仆欢迎，稚子候门。三径就荒，松菊犹存。携幼入室，有酒盈樽。引壶觞以自酌，眄庭柯以怡颜。倚南窗以寄傲，审容膝之易安。园日涉以成趣，门虽设而常关。策扶老

---

① 生生所资，未见其术：生生，犹言维持生计。前一“生”字为动词，后一“生”字为名词。资，凭借。术，这里指经营生计的本领。

② 惮：害怕。

③ 质性：本性。

④ 口腹自役：为了满足口腹的需要而驱使自己。

⑤ 敛裳：收拾行装。

以流憩，时矫首而遐观。云无心以出岫，鸟倦飞而知还。景翳翳以将入，抚孤松而盘桓。

归去来兮，请息交以绝游。世与我而相违，复驾言兮焉求？悦亲戚之情话，乐琴书以消忧。农人告余以春及，将有事于西畴。或命巾车，或棹孤舟。既窈窕以寻壑，亦崎岖而经丘。木欣欣以向荣，泉涓涓而始流。善万物之得时，感吾生之行休。

已矣乎！寓形宇内复几时。曷不委心任去留？胡为乎遑遑欲何之？富贵非吾愿，帝乡不可期。怀良辰以孤往，或植杖而耘耔。登东皋以舒啸，临清流而赋诗。聊乘化以归尽，乐夫天命复奚疑！

6 见性十法义

【提要】 本篇节选自东晋高僧慧远的《大乘义章》。由于该文篇幅较长，这里仅仅节选了与主题相关部分。其中对于欲望类型的分析可谓淋漓尽致，同时从佛教灭除“我”和“我所”的宗教目的出发，对少欲知足的德行予以高度推崇。当然，佛教彻底灭除一切人类欲望的观点与当今社会不一定符合，读者应辩证地看待，自行甄别，对糟粕予以扬弃，仅仅吸收其中如何克制欲望的精华。

【原文】

见性十法如《涅盘》说。一者少欲，二者知足，三者寂静，四者精进，五者正念，六者正定，七者正慧，八者解脱，九赞叹解脱，十以《大涅盘》教化众生。此十名中备含多义，如来自以五番释之。于中义杂难以别名。第一番中，少欲知足，相对辨释。经中先对不善之法，辨明菩萨少欲知足。后对善法，明其菩萨多欲不足。就不善中，四义辨异。其一义者，少有所求名为少欲。若有乏少，但念善法，心无愁恼，说为知足。第二义者，不从他求，亦不自取，名为少欲。得少之时，心不悔恨，说为知足。第三义者，未得法中能破三欲，名为少欲。得而不着，说为知足。言三欲者。一是恶欲：欲为一切大众上首，令一切僧随逐于己。令我所说四众信受，一切天人尊敬、赞叹、供养于我。二是大欲：欲令世人咸皆谓已得须陀洹乃至罗汉，得住初地乃至佛果，得禅解脱一切功德。三是欲欲：愿生刹利婆罗门家，愿生天上乃至梵天。第四义者，不求他敬名为少欲，所得之物不为积聚，说为知足。上来对恶辨明菩萨少欲知足，今次对善明其多欲不知足义。四句辨之。一、少欲不知足，谓须陀洹求小涅盘故，学心未止名不知足。且论须陀洹、斯陀那含类亦同然。二者，知足而非少欲，谓辟支佛于自所得生究竟想故名知足。辟支化人但现神通，不知说法，求说心多故非少欲。三、亦少欲亦是知足，谓阿罗汉更无所求名为少欲，自谓究竟故曰知足。四、不少欲，亦不知足，所谓菩萨求大菩提无量善法故非少欲，于自所得不生足想名不知足。然此二行有善不善，凡夫所行，名为不善，求他知故。圣人行者，名之为善，所行不欲令他知故。言寂静者，泛论有四：一者，身静而心不静。谓有比丘在空闲处，而心积聚贪嗔痴等。二者，心静而身不静。谓有比丘亲近四众，心无烦恼。三者，身心俱不寂静。谓余凡夫。四者，身心二俱寂静，谓佛菩萨。身寂静故离杀盗淫，心寂静故离贪嗔痴。又复菩萨三业无过，亦名寂静。三业策勤离过。修善名为精进。具六念心，故云正念。得胜三昧，名为正定。观诸法空，说为正慧。断诸烦恼名为解脱。为诸众生称美解脱常恒不变，名赞解脱。断烦恼，故得大涅盘。不舍大愿力，故教化众生（此一门竟）。

第二番中，修习四依。破四恶欲，名为少欲。四恶欲者，一为衣恶欲，着粪扫衣而对治之。二为食恶欲，乞食治之。三卧具恶欲，树下治之。四为有恶欲，为有造业身心寂静而对治之。住四圣种，说为知足。住四种乐，名为寂静。言四乐者：一出寂乐，谓持戒乐。二寂静乐，《地持论》中名远离乐，所谓初禅离欲恶不善，故名寂静。三永灭乐，《地持论》中名寂静灭乐。二禅已上觉观止息，故云永灭。四毕竟乐，《地持论》中名菩提乐。出世圣道一得不退，故云毕竟。具四正勤名为精进。具四念处，名为正念。得四禅故，名为正定。具四圣谛，名为正慧。永断烦恼，名为解脱。呵烦恼过显解脱胜，名叹解脱。第十如前（此两门竟）。

第三番中，离世间事，名为少欲。既出家已，不生悔心，是名知足。近空闲处，说为寂静。念已未得沙门道果，妄令他人谓己已得。生惭愧心，疾疾勤修，名为精进。近大涅盘，说为正念。随顺天行，名为正定。菩萨八禅是其天行。正见正知，说为正慧。正知见故，能破烦恼，名为解脱。十住菩萨为众生故，称美涅盘，名叹解脱。第十如上（此三门竟）。

第四番中，行十二头陀，名为少欲。行是事时，不生悔心，说为知足。修空三昧，名为寂静。得四果，已于大菩提心不休息，名为精进。思惟如来，常恒不变，说为正念。修八解脱，名为正定。得四无碍，是名正慧。远离七漏，称曰解脱。七漏，如前烦恼聚中，具广分别。叹美涅盘，名赞解脱。第十如前（此四门竟）。

第五番中，破坏谄曲，名为少欲。学如来行，称曰知足。近涅盘门，及五种乐，说为寂静。言五乐者如《地持论》说："一者同乐，二者受乐，三苦对治乐，四断受乐，五无罪乐。"亦可。四禅及《首楞严》名五乐矣。坚持禁戒，名为精进。有惭愧者，说为正念。不见心想，名为正定。不求诸法因缘性相，名为正慧。断诸烦恼，说为解脱。为他称美，名叹解脱。第十如上。如是十法，虽见佛性，而不明了，未同佛故。十法如是。

7 如不知足则失所欲

【提要】本篇节选自陈寿所撰的《三国志·魏书·王昶传》。文章褒扬了先贤知足安分的美德，并且指出知足的现实利益。如果一个人不能够恰当地控制欲望，那么过度贪求很可能造成全面损失。所以，在这种情况下，不知足不仅仅是一个道德失误，也是不明智的表现。学习古代伦理思想，重点在于从中得到指导我们现实生活的启发性原则。本文告诉我们妄想痴求不仅难以实现，还会导致丧失本来拥有的美好事物。只有活在当下，最大程度地享受已有的资源才是明智之举。

【原文】

夫人为子之道，莫大于宝身全行，以显父母。此三者人知其善，而或危身破家，陷于灭亡之祸者，何也？由所祖习非其道也。夫孝敬仁义，百行之首，行之而立，身之本也。孝敬则宗族安之，仁义则乡党重之，此行成于内，名著于外者矣。人若不笃于至行，而背本逐末，以陷浮华焉，以成朋党焉；浮华则有虚伪之累，朋党则有彼此之患。此二者之戒，昭然著明，而循覆车滋众，逐末弥甚，皆由惑当时之誉，昧目前之利故也。夫富贵声名，人情所乐，而君子或得而不处，何也？恶不由其道耳。患人知进而不知退，知欲而不知足，故有困辱之累，悔吝之咎。语曰："如不知足，则失所欲。"故"知足之足常足矣"。览往事之成败，察将来之吉凶，未有干名要利，欲而不厌，而能保世持家，永全福禄者也。欲使汝曹立身行己，遵儒者之教，履道家之言，故以玄默冲虚为名，欲使汝曹顾名思义，不敢违越也。古者盘杅有铭，几杖有诫，俯仰察焉，用无过行；况在己名，可不戒之哉！夫物速成则疾亡，晚就则善终。朝华之草，夕而零落；松柏之茂，隆寒不衰。是以大雅君子恶速成，戒阙党也。若范匄对秦客而武子击之折其委笄，恶其掩人也。夫人有善鲜不自伐，有能者寡不自矜；伐则掩人，矜则陵人。掩人者人亦掩之，陵人者人亦陵之。故三郤为戮于晋，王叔负罪于周，不惟矜善自伐好争之咎乎？故君子不自称，非以让人，恶其盖人也。夫能屈以为伸，让以为得，弱以为强，鲜不遂矣。夫毁誉，爱恶之原而祸福之机也，是以圣人慎之。孔子曰："吾之于人，谁毁谁誉；如有所誉，必有所试。"又曰："子贡方人。赐也贤乎哉，我则不暇。"以圣人之德，犹尚如此，况庸庸之徒而轻毁誉哉？

8 止足

【提要】 本篇取自北齐学者颜之推的《颜氏家训》一书。该篇以教子的口气告诫后代不可贪求，尤其界定了恰当的进取和盲目的贪欲之间的差别。其立论比较中庸，符合社会绝大多数人的实际情况，所以应该予以重视。作者提出的“前望五十人，后顾五十人”的修心态度非常具有实用性。如果完全不求上进，一个人太落后也愧对家庭养育和社会教育，但是反过来如果过度追求极致，必定会带来灾难。对于普通的家庭生活中人，取中的态度最为可取。

【原文】

《礼》云：“欲不可纵，志不可满。”宇宙可臻其极，情性不知其穷，唯在少欲知足，为立涯限尔。先祖靖侯戒子侄曰：“汝家书生门户，世无富贵；自今仕宦不可过二千石，婚姻勿贪势家。”吾终身服膺①，以为名言也。

天地鬼神之道，皆恶满盈。谦虚冲损，可以免害。人生衣趣以覆寒露，食趣以塞饥乏耳。形骸之内，尚不得奢靡，己身之外，而欲穷骄泰邪？周穆王、秦始皇、汉武帝，富有四海，贵为天子，不知纪极，犹自败累，况士庶乎？常以二十口家，奴婢盛多，不可出二十人，良田十顷，堂室才蔽风雨，车马仅代杖策，蓄财数万，以拟吉凶急速，不啻此者，以义散之；不至此者，勿非道求之。

仕宦称泰，不过处在中品，前望五十人，后顾五十人，足以免耻辱，无倾危也。高此者，便当罢谢，偃仰②私庭。吾近为黄门郎，已可收退；当时羁旅，惧罹谤讟，思为此计，仅未暇尔。自丧乱已来，见因托风云，徼幸富贵，旦执机权，夜填坑谷，朔欢卓、郑，晦泣颜、原者，非十人五人也。慎之哉！慎之哉！

9 知足即富，不知足贫

【提要】本篇节录自陈朝高僧兼翻译家真谛的《遗教经论》。真谛是印度优禅尼国人，精通大乘佛教。在南北朝梁武帝时，真谛携带大量梵文经典来华，在兵荒马乱的年代坚持译经，与鸠摩罗什、玄奘、不空并称为中国佛教四大译师。该篇文章是对《遗教经》的阐发，其内容虽创新不足，但是其中涉及自我感受、自我评

① 服膺：牢牢记在心里，衷心信服。

② 偃仰：俯仰，比喻世俗沉浮或进退。

价的心理学立论倾向，对我们理解何为知足，颇有参考价值。实际上，如果一个人缺乏正确的自我感受，盲目向外攀比，势必不能安于本分。

【原文】

经曰：汝等比丘，若欲脱诸苦恼，当观知足。知足之法，即是富乐安隐之处。知足之人，虽卧地上，犹为安乐；不知足者，虽处天堂，亦不称意。不知足者，虽富而贫；知足之人，虽贫而富。不知足者，常为五欲所牵，为知足者之所怜愍。是名知足。

论曰：第二大人知觉功德者，成就知足行故，对治苦因果故。如经“汝等比丘，若欲脱诸苦恼，当观知足”故。是中恼者，示现烦恼过，从苦生故。复说清净因果成就治法故，如经“知足之法，即是富乐安隐之处”故。若如是者，二种知觉云何差别？此中示现初知觉者，远离他境界事故。知足者，于自事中远离故。复次有三种差别，示现知足不知足故。一者于何等何等处，受用差别故。二者于何等何等事，受用差别故。三者于何等何等法中，无自利有自他利差别故。如经“知足之人，虽卧地上”如是等，如经应知。

10 断简事物

【提要】本篇选自唐代道士司马承祯的《坐忘论》一书。司马承祯字子微，法号道隐，自号白云子，人称白云先生，河内温县人，道教上清派第十二代宗师。“坐忘”一词最早见于《庄子》，对道家和后世道教中的心性论和修养论影响巨大。《坐忘论》一书继承了庄子的思想。我们拿来相关部分予以学习，借鉴其中把物质生活条件简单化，从而使内心更加容易集中力量的积极内容。

【原文】

夫人之生也，必营于事物，事物称万，不独委于一人。巢林一枝，鸟见遗于丛苇；饮河满腹，兽不吝于洪波。外求诸物，内明诸己。知生之有分，不务分之所无，识事之有当，不任非当之事。事非当则伤于智力，务过分则毙于形神，身且不安，何情及道。是以修道之人，要须断简事物，知其闲要，较量轻重，识其去取，非要非重，皆应绝之。犹人食有酒肉，衣有罗绮，身有名位，财有金玉，此并情欲之余好，非益生之良药，众皆徇之，自致亡败。静而思之，何迷之甚！故庄子云：达生之情者，不务生之所无，以为生之所无。蔬食弊衣，足延性命，岂待酒食罗绮，然后为生哉！是故于生无要用者，并须去之；于生虽用有余者，亦须舍之。财有害气，积则伤人，虽少犹累，而况多乎。今以隋侯之珠，弹千仞之雀，人犹笑之，况弃道德、忽性命，而从非要，以自促伐者乎。夫以名位比于道德，则名位假而贱，道德真而贵，能知贵贱，应须去取，不以名害身，不以位易道。故庄子云：行名失己，非士也。《西升经》云：抱元守一，至度神仙。子未能守，但坐荣官。若不简择，触事皆为，则身劳智昏，修道事阙。若处事安闲，在物无累者，自属证成之人。若实未成而言无累者，诚自诳耳。

11 知足舍贪可以长久

【提要】本篇选自唐末道士强思齐的《道德真经玄德纂疏》。《道德经》认为“知足之足常足矣”，本文对此予以详细展开，可谓对《道德经》意涵的具体化和丰富化。老子思想对中国文化的影响非常深远，本文是一个注疏类纂集文章。其中注疏部分采自唐明皇、河上公、李荣、成玄英等人的注解，集中发挥了各自对老子“知足不辱，知止不殆，可以长久”这一句经文的理解。参照阅读，颇有味道。

【原文】

知足不辱，知止不殆，可以长久。

御注：知足者，不甚爱。知止者，不多藏。既无辱殆，故可长久。

御疏：辱，损累也；殆，危亡也。夫不迩声名，知足也。不殖货财，知止也。知足故名当其实，而无过分之累。知止故货不多藏，而无贪求之害。既不辱不殆，乃可长存而久寿也。

河上公曰：知足不辱，知足之人，绝利去欲，不辱于身也。知止不殆，知可止则止，财利不累于身，声色不乱于耳目，则终身不危殆也。可以长久，人能知止足，则福禄在己，治身者神不劳，治国者民不扰，故可长久。

荣曰：知足不辱，不分外以求名，远耻辱也。知止不殆，不非理以窥财，无危殆也。可以长久，外之以名利，远之于危殆，理国可以长存，修身可以久视。

成疏：知足不辱，体知财贿虚假，守分不贪，清康知足，故无耻辱，此一句结货。知止不殆，既悟浴誉非真，所以止而不著，全身远害，故无危殆。上经云：名亦既有，夫将知止，此句结名。可以长久，知止于名，知足于货，亡名亡利，可长可久。

12 履富贵、履贫贱

【提要】 本篇出自唐代隐士张弧的《素履子》一书。这部书总体上持儒家见解，但被收入《道藏·太玄部》流传下来，恐怕与其自身思想内容不无关系。该篇继承孟子“受命磨练”的思想路线，认为富贵、贫贱、平安、危难等是一个人需要经受的考验和磨难。在贫贱和危难中要耐得住性子，在富贵和平安时要守得住本分。只有在各种考验面前不被诱惑，在各种磨难面前不被压垮，一个人才能够达到精神的成熟。在顺逆两种人生境遇里，知足都是制胜的最佳法宝。反之，若不知足，无论身处贫贱还是富贵，一个人都难以平静和喜乐。

【原文】

履富贵

素履子曰：富与贵是人之所欲，不以其道得之，不处也。当修德而取富贵。得富贵也，持盈守成，恭俭谦让；节用而爱人，克己而复礼；施而不望报，惠而不费财；不滥其居，不饰其服；遇凶年不俭，遇丰岁不奢。是以管仲镂簋朱，弦山节藻棁，君子以为滥；

晏平仲祀其先人豚肩[①]不掩豆，瀚衣弹冠以朝，君子以为隘。则君子当其位行其道，不逾越而奢侈，不俭陋而乖礼，不过淫于声色，不贪暴于货财，绝骄奢，去耽嗜，贬酒阙色，避嫌远疑，济物利，人安民和众，常守谦慎之心，不忘忠孝之志。《道经》云：知足者富。《孝经》曰：高而不危，所以长守贵；满而不溢，所以长守富。《易》曰：天道亏盈而益谦，地道变盈而流谦，鬼神害盈而福谦，人道恶盈而好谦。谦尊而光，卑而不可逾。又曰：劳谦君子，有终吉。

履贫贱

素履子曰：贫与贱是人之所恶，不以其道得之，不去也。士志于道而耻恶衣恶食者，未足与议也。君子忧道不忧贫，不患贫而患不安。昔钓鱼之叟、蓬岩之士贫而遂通。故贤子夏之鹑衣，原宪之桑枢[②]，颜子一箪食，一瓢饮，饭蔬食饮水，曲肱而枕之，乐亦在其中矣。曾子正冠而缨断，纳履而踵决，整襟而肘见，曳屣而歌。商颂声满天下，若出金石，天子不得为臣，诸侯不得为友。此致道者亡身，养志者亡命。此皆贫而乐道者也。亦有门栽五柳，庭植三刻，扣角而歌，采樵而咏，皆履贫之士也。贤者在事，载土而归，留犊而去，常远三惑，早慎四知。士之廉而履贫者也。或舍金存宝，弃卖重言，不嫌蜗舍之居而守蓬蒿之室，饮水食菜，守道安贫，悉士之至贤高尚其道。孔宣父云：不知命，无以为君子。命者，穷达之分，皆自乐天知命而已。若好勇疾贫，临财苟得，非君子之人。欲慕贤哲之踪，则不耻缊弊之袍，荜门圭窦[③]者矣。

13 莫以知足为托词

【提要】 本篇出自宋贤施德操的《北窗炙輠录》。施德操，字彦执，海宁人。他的生卒年均不详，约宋高宗绍兴初前后在世。

---

① 豚肩：猪腿。

② 桑枢：以桑木为门的转轴，借指贫寒之家。

③ 圭窦：形状如圭的墙洞，亦指微贱之家的门户。

《北窗炙輠录》是一部很有特点的史料笔记，对研究宋代学术思想与社会历史颇有参考价值。该篇抨击了一些人以知足为借口，掩盖自己无才无德，却又不思进取的错误思想和行为。读之可以导正我们对于知足常乐观点的认识。

【原文】

天经尝言："一箪食，一瓢饮，在陋巷，人不堪其忧，回也不改其乐，此孔子所以贤颜子也。今人亦云，箪瓢陋巷，我能安之，岂不可笑也？夫颜子负王佐之才，使小出所长，取卿相如拾地芥，然不肯苟进，乃安于陋巷，此所以贤也。今之人无才无德，本是穷饿之人，乃亦曰我能安贫，汝不安贫，欲将何为？盖庙堂之上，本是颜子着身之地，今乃陋巷，非颜子之地矣。然乃能安之，此所以为颜子也。闾阎[①]沟壑，是汝着身之地，今在闾阎沟壑中，适其所尔，又何言安焉？"天经之说极然。今无志气人，往往皆以此自安。孔子曰："贫与贱，是人之所恶也，不以其道得之，不去也。"夫贫贱，岂君子之乐哉！然而不去者，以我无贫贱之道故也。既有贫贱之道，安得不求去之。如之何为去贫贱之道，岂不以学不讲欤？岂不以行不修欤？岂不以不才无能欤？此所以贫贱也。既以此得贫贱，在我者求去之，如何日夜讲学，日夜修身，日夜进其所不能，三者既尽，求其穷我者已不得矣。然后贵贱贫富举付之于无足道尔。今乃惰慢荒逸，一无所为，而曰我能安贫，是安于不材无状耳，安得谓之安贫贱哉！又曰：贫者士之常，且只问他何如是士。

14《水石闲谈》选

【提要】 本篇选自《张三丰太极炼丹秘诀》。该文语重心长，文采奇佳，雅俗共赏，甚为难得。文章说到，世间求名求利之辈，真正能够获得的，千百人中不到数人。而即使达到大富大贵的程度，也难买无常不来，再加上往往其子孙不肖，家族势力便转眼荒

① 闾阎：平民居住的地区，借指民间。

凉。这些道理包含着作者对人世进退存亡的深刻洞见，发人深省，值得进一步研究。

【原文】

一

张子曰：世人谓读书十年，养气十年。他把读书、养气分为两节事件，便不是圣贤学问。夫读书所以研理，养气所以炼性，性理功夫就在读书、养气并行不悖之中。宣圣云："学而时习之。"此便是研炼性理纯一不已处。

二

张子曰：陶渊明北窗高卧，自谓羲皇上人。此便是他清风峻节[①]，守志前朝气象，特其出语高超，而人不觉耳。

三

张子曰：道人愿士子早完功名之愿，尽乎人事，即时撒手。人能功成勇退，便为得时。所患者，溺入功名场中，恋恋不休，则愚人也。

四

张子曰：涵养中有大学问，和平处有真性情。诸子须要容人之所不能容，忍人之所不能忍，则心修愈静，性大愈纯。

五

张子曰：功名无大小，总要及时进退。何以能知其时？凡于功名中，平心一想，曰："吾之功名，不过止于是也。"即止之，便可得其时也。抑或有不尽头处，然宁不及，毋求太过。淮阴侯不如子房公、元微之不如白香山，皆其求尽之心蔽之也。向使子房、香山，亦有求进之心，则子房固不难再列台辅，香山亦可转升宰相，然安知其终不与淮阴、微之同一鲜终而已哉？故知进退者，乃能称为哲人。

六

张子喟然叹曰：茫茫岁序，逐景漂流，吾见人寰中，求名求利

① 清风峻节：清廉正直的风尚，高尚峻伟的气节。

之辈，转瞬而拾青紫[①]，数岁而拥丰资者，千百人中不数人。即有其人，高爵大权，难压阎罗尊者，黄金白玉，难买无常不临。又或有居富而寿、居贵而安者，终归白杨墓下，秋风潇潇，凉气惨人。其子孙不肖，又看转眼荒凉，有何益也。况乎大富大贵，骤富骤贵，多畏人妄加横逆，谩骂指摘，倘或不行善事，被人诅咒，有随口而凋零，有随口而穷困者，人人快意，个个欢心。其实天报昭彰，非人口之转移也。人能看得破，撒得开，自然不羡人富，不羡人贵，求吾安命之理，守我修真之道。人竞嚣嚣，我独默默，人皆烦恼，我独清凉，又安问人之达与不达、穷与不穷，为旁观之不平也哉！

九

张子曰：人当亲在，须要及时尽孝为佳，否则亲容一去，因时追感伤情，有不可言者。今日当秋，山林中有守制者，听吾道来："又是秋商露满林。碧云天外望亲心。黄芦白草霜中老，泪洒泉台几尺深！"试诵此诗，能弗惨然。

十

张子曰：人于孝道，务宜各尽天良，不能一样，却是一样。同归于"孝"字中，乃可。欲免门闾之望，就宜归家奉养；欲求显扬之义，就宜矢志皇路；欲要保身为孝，就宜寡欲清心。徒托空谈，无益也。二三子显扬未能，归家时少，到不如寡欲清心，体曾、孟两贤之训为善也。若不清心寡欲，只是妄想名而名不成，妄想利而利不就，妄想一切而一切不可得，形神憔悴，父母之颜状未衰，人子已有老惫之态。是欲言孝而孝亦不久，反令父母惟其疾之忧，多远游之虑，不幸而人子一死，反添父母伤悲，反使父母埋葬。由此思之，孝在何处，不将为毕世之罪人也乎！吾道以清心寡欲为本，实属保身之方，再加以色和颜顺，身敬意诚，则于孝有得矣。

---

① 青紫：高官显爵。

十一

张子曰：儒生作茂才后，多落处馆一派。须知就馆谷[①]以奉养，亦儒家之方便门也。然孔、孟贻后人以诗书，原不教人渔利，至后世而有此修金之事，则即此物以奉亲，正所谓小用小效者耳。然不可贪心无厌，为子孙作安闲之计，以诗书为利薮[②]，乃不为圣贤之罪人也。

十二

张子曰：人欲尽忠孝、立大节，必先要清心养气。若无真心真气，必不能尽忠孝、立大节也。盖忠孝者本乎真心，大节者原乎真气。欲得真心真气，又当以静为主，乃能存得起真心，养得起真气。

十三

张子曰：人要寻内快活，勿寻外快活。孔子之乐在其中，内快活也。若徒愿乎其外，是欲求外快活，而反生其烦恼也。

十七

张子曰：读书立品，儒者急务，而保身之道，包立品于其中。保身者，必去骄奢淫佚，扫荡邪行。故保身可包立品也。夫保身之道，自曾子传之，至孟子而光大其说。养心寡欲，持志守气，此保身之圭臬[③]也。而修真之道，即以此为正法门。但人心蒙蔽，闻保身而以为常谈，闻修真而以为奇异。欲求修真悟道者，已难之矣。

十八

张子曰：一日无孔孟之学，天下无好人；一日无庄老之学，英雄无退步。

15 安分篇

【提要】 本篇节选自明代学者范立本的《明心宝鉴》，是一篇

① 馆谷：借指塾师的束修或幕宾的酬金。

② 利薮：财利的聚集处。

③ 圭臬：某种事物的标尺、准则和法度，可以据此作出决定或判断。

稽古汇编的文章，从中可见知足安分是中华古代智者的普遍主张。文中引用“人常咬得菜根，则百事可为”这句名言，并指出是“汪信民常言”，可见此话出自宋人汪革。此话也见于明洪应明的《菜根谭》一书。实际上，学界认为洪应明作《菜根谭》，其依据只有序言中的一句话：“适有友人洪自诚者持《菜根谭》示予，且丐予序。”洪自诚即洪应明，从这里并不能得出该书是洪应明作。近年有学者根据日本藏本考证《菜根谭》确为宋代汪信民著作。如此说为确，本篇也可能是一个旁证。

【原文】

《景行录》云：“知足可乐，多贪则忧。”

知足者贫贱亦乐，不知足者富贵亦忧。

知足常足，终身不辱。知止常止，终身不耻。

将上不足，比下有余。

若比向下，生无有不足者。

《击壤诗》云：“安分身无辱，知机心自闲。虽居人世上，却是出人间。”

《神童诗》云：“寿夭莫非命，穷通各有时。迷途空役役[①]，安分是便宜。”

子曰：“富与贵，是人之所欲也，不以其道得之，不处也。贫与贱，是人之所恶也，不以其道得之，不去也。”

不义而富且贵，于我如浮云。

老子曰：“知其荣，守其辱。”

荀子曰：“自知者不怨人，知命者不怨天。怨人者穷，怨天者无志。失之己，反之人，岂不亦迂哉！”

荣辱之大分，安危利害之常体，先义而后利者荣，先利而后义者辱。荣者常通，辱者常穷。通者常制人，穷者常制于人，是荣辱之大分也。

---

① 役役：劳苦不息貌。

命合吃粗食，莫思重罗面。

量其所入，度其所出。

子曰：“君子固穷，小人穷斯滥矣。”

省吃省用省求人。

汪信民常言：“人常咬得菜根，则百事可为。”

《中庸》云：“素富贵，行乎富贵；素贫贱，行乎贫贱；素夷狄，行乎夷狄；素患难，行乎患难。”

子曰：“不在其位，不谋其政。”

先儒曰：“休怨我不如人，不如我者尚众。休夸我能胜人，胜如我者更多。”

人胜我无害，彼无蓄怨之心。我胜人非福，恐有不测之祸。

过分求福适以速祸，安分远祸将自得福。

人只把不如我者较量，则自知足。

二眉曙青朱先生曰：“天下富贵贫贱俱有个真实受用。闭户心无所营，何事扫除开门？活水青山，见在繁华，凡得天地之正气者，俱能悦吾之目，盈吾之耳，适吾之口，克吾之腹。动容周旋，莫不为我开设；随缘取用，何曾有意收放。异乎人者，视听言动；同乎人者，眼耳口鼻。其心可富，天下贫者终不患贫；此心可寿，天下夭者终不患夭。只管不出户庭，功德遍及大千。至若妻子田宅，日前安乎本分，身后听其自然。”

滥想徒伤神，妄动反致祸。

16 知足歌（知足庵中无不足）

【提要】 本篇选自明代僧诏所录的《千岩和尚语录》。千岩和尚即千岩元长禅师，元代临济宗著名高僧，中峰明本弟子，住婺州伏龙山圣寿禅寺三十年，声名远播，后又在灵隐寺专务坐禅三年，并在灵隐寺内开悟。千岩和尚与宋濂交情甚笃，后者曾为其立传。此处的《知足歌》是一篇韵文，类似道情的体裁，活泼而不失典雅。作品有受到《石头和尚草庵歌》影响的痕迹，但是比后者义理集中，细节也更为丰富。

【原文】

知足庵中无不足，说甚东西与南北。自家珍重用无穷，除外其余都不欲。自从知足便归来，今日与君歌一曲。行知足，象王步步莲花蹙。住知足，一茎草上黄金屋。坐知足，笑他兀兀如枯木。卧知足，兜率陀天清梦熟。衣知足，青州布衫七斤足。食知足，一钵擎来香积国。财知足，大地撮来一粒粟。朝知足兮暮知足，万象森罗花簇簇。春鸟啼幽谷，夏风凉拂拂。秋月明兮秋气肃，冬拥炉兮烧榾柮。有时东壁挂葫芦，不用镇州讨萝卜。错将耳朵看桃花，眼里分明闻击竹。者般知足几人知，无忧无喜亦无辱。人间生死梦一回，世事输赢棋一局。假饶弄到帝王前，也是一场干躄踣。我笑世人不知足，头白蒿蒿心尚毒。一朝卧病叫爷娘，眼光落地如吹烛。前程惟有业随身，阎罗老子难计嘱。也不要你金，也不要你玉，也不要你文章与官禄，也不顾你僧，也不顾你俗，也不要你田园并眷属，只问平生知足不知足！不知足，业镜高悬难隐伏。寒时请向镬汤游，困则教归炉炭宿。粪里长年养臭身，案头又挂新鲜肉。者个唤作鬼，唤作畜，唤作狱。若知足，决然不受他拘束。玉殿珠楼任意生，香风微动莲池浴。者个唤作天，唤作仙，唤作佛。却将知足化群生，令他个个来相逐。忽然有个田八叔，高声唤我骂瞎秃。本来无一物，那更有罪福？讨甚闲工夫，口里水漉漉。何不骑头水牯牛，溪东放，溪西牧，踏常住地，吃常住谷，芳草连天不举头，欸乃一声山水绿。饶你与么道，也出不得者知足。

17 知足歌（能知足）

【提要】本篇出自超宣等编的《百痴禅师语录》。与上一篇相比，本篇颇有类似之处。但是，前一篇多着墨于发挥知足带来的自在和快乐；而这一篇，却更多地鞭挞了不知足之人的丑恶行为。“只要妻儿骨肉肥，谁管村农掩面哭。不论是与非，不顾荣与辱，轰轰趁却好威权，那知性命风前烛。”把人的自私之恶描写得非常可恨、可怜，这是非常积极的，需要引起我们的重视。不过诗歌里面也包含一些宗教虚无主义思想，聪明的读者自能予以扬弃。

【原文】

能知足，能知足，知足时时无不足。无不足时只自知，聊将知足歌一曲。青山腰，白茅屋，左有长松右有竹。最爱我来住此中，悠悠荡荡忘拘束。春知足，夏知足，熏风迟日任相逐。衣里圆珠闪烁光，世间宝换吾弗欲。秋知足，冬知足，桂子开过梅又馥。缠身破衲暖烘烘，胜似绮罗千万轴。淡齑[①]羹，璎珞粥，跳下绳床炊正熟。吃得肚皮饱彭亨，呼童曳杖入云谷。草茸茸，花簇簇，石可漱兮泉可掬。人世输赢梦半生，嗟见时流不知足。不知足，蓬门变作黄金阁，巍然数仞犹嫌低。营尽东西及南北，不知足，饔飧积至千钟粟，袖手堂前犹道无。升斗锱铢也削剥，不念君与亲，不信罪与福，只要妻儿骨肉肥，谁管村农掩面哭。不论是与非，不顾荣与辱，轰轰趁却好威权，那知性命风前烛。风前烛，容易卜，看来总是空劳碌。争似侬家岁月间，一钵一囊随分足。能知足，能知足，我今与汝歌一曲。汝如有意知足时，请听此曲效知足。

18 颜子所好何学论

【提要】《颜子所好何学论》是理学开山人物“北宋五子之一”程颐所作的一篇名文，选自《二程遗书》，也见于清人黄宗羲所编撰的《宋元学案》卷十六。该文借孔子学生颜回安贫乐道的典故，提出一个非常要紧的问题，那就是颜回在贫乏的物质条件下生活，他的乐来自哪里？显然不可能是来自物质财富的享受，而是来自内在的精神财富。

---

① 齑（jī）：捣碎的姜、蒜或韭菜的细末。

【原文】

圣人之门，其徒三千，独称颜子为好学。夫《诗》《书》、六艺，三千子非不习而通也，然则颜子所独好者，何学也？学以至圣人之道也。

圣人可学而至与？曰：然。学之道如何？曰：天地储精，得五行之秀者为人。其本也真而静，其未发也五性具焉，曰仁义礼智信。形既生矣，外物触其形而动于中矣。其中动而七情出焉，曰喜怒哀惧爱恶欲。情既炽而益荡，其性凿矣。是故觉者约其情使合于中，正其心，养其性，故曰"性其情"。愚者则不知制之，纵其情而至于邪僻，梏其性而亡之，故曰"情其性"。凡学之道，正其心，养其性而已。中正而诚，则圣矣。君子之学，必先明诸心，知所养，然后力行以求至，所谓"自明而诚"也。故学必尽其心，尽其心则知其性，知其性，反而诚之，圣人也。故《洪范》曰："思曰睿，睿作圣。"诚之之道，在乎信道笃。信道笃则行之果，行之果则守之固，仁义忠信不离乎心，造次必于是，颠沛必于是，出处语默必于是。久而弗失，则居之安，动容周旋中礼，而邪僻之心无自生矣。

故颜子所事，则曰"非礼勿视，非礼勿听，非礼勿言，非礼勿动"。仲尼称之，则曰"得一善则拳拳服膺，而弗失之矣"，又曰"不迁怒，不贰过"，"有不善未尝不知，知之未尝复行也"。此其好之笃，学之之道也。视听言动皆礼矣，所异于圣人者，圣人则不思而得，不勉而中，从容中道；颜子则必思而后得，必勉而后中。故曰：颜子之与圣人，相去一息。孟子曰："充实而有光辉之谓大，大而化之之谓圣，圣而不可知之谓神。"颜子之德，可谓充实而有光辉矣；所未至者，守之也，非化之也。以其好学之心，假之以年，则不日而化矣。故仲尼曰："不幸短命死矣！"盖伤其不得至于圣人也。所谓化之者，入于神而自然，不思而得，不勉而中之谓也，孔子曰"七十而从心所欲，不逾矩"是也。

或曰："圣人，生而知之者也。今谓可学而至，其有稽乎？"曰："然。孟子曰：'尧、舜，性之也；汤、武，反之也。'性之者，生而知之者也；反之者，学而知之者也。”又曰：“孔子则生而知也，孟子则学而知也。后人不达，以谓‘圣本生知，非学可至’，而为学之道遂失。不求诸己而求诸外，以博文强记、巧文丽辞为工，荣华其言，鲜有至于道者，则今之学与颜子所好异矣。”

19 知足

【提要】本篇选自清代大臣觉罗乌尔通阿的《居官日省录》一书。觉罗即爱新觉罗，可见作者是清代皇室成员。然而类似名字只查到觉罗乌尔恭阿，考其生平著述，表明与此觉罗乌尔通阿不是同一个人，因此这位作者的具体情况尚不得而知。他站在为官的立场，说明知足对于从政生涯的重要性，不仅仅有利于个人的安危，也是对社会和国家的一大贡献。反之，贪欲膨胀会造成对个人与社会的双重伤害。

【原文】

世际承平，海宇清晏。不事耕织之劳，安享衣食之福。读古圣贤之书，厕士大夫之列。受爵朝廷，荣名家乘。以此思足，足可知已。若不知足，便是无厌。得则愈贪，失则觖望[①]。终日营营于富贵之中，但觉烦恼之意多，欢乐之机窒。其品行作为，必有不可对人之事。圣人所云“鄙夫无所不至”，正谓此也。呜呼，升沈皆有天命，境遇何与身心？大贤终身不遇，箪瓢陋巷，犹且不改其乐。我何人斯，遭际已□□贤之上，只觉逾分而难安矣，何往不快然自足也。常能知足，便有坚定之操守，不为利禄所移；有恬退之性情，不为纷华所役，又居官者所当自警也。

20 乐

【提要】本篇选自清贤王士端的《养真集》一书。王士端是一位好道的隐者，道号“白鬓老人”。这篇短文非常精彩地道明了人

① 觖望：因不满意而怨恨。

生痛苦的最大根源在于贪欲不足，而快乐的源泉就在于知足，只有知足的人才能懂得享受当下，只有知足的人才能够享有身心的健康。这种朴实的看事角度值得我们研究。此外，文章还提出“乐莫乐于得道”的观点，对此我们很难加以评论，毕竟“道”在古人那里是一种神秘莫测的东西。尽管我们无法直接论断“得道”是什么，但是从文中不难看到“得道”的人具有崇高的道德修养，而没有一般人因之受苦的争贪搅扰等烦恼。在这个意义上，我们应该继续研究和发扬古人的崇道精神。

【原文】

乐莫乐于得道，士庶得道，其乐过于王侯；苦莫苦于失道，王侯失道，其苦大于乞丐。一日学道一日快活，日日学道日日快活，终身学道终身快活。学道原是安乐法门，是以圣人学之不厌。

周茂叔教二程氏寻孔颜乐处，是乐也在各人身中，反寻之而自足。孟子谓君子有三乐：一曰天伦之乐，二曰性份之乐，三曰名教之乐。其乐在天与人者，我不得而必之，其乐在我者，胡不自尽焉？

今夫人有不为人役者乎？有不为物役者乎？有不为形役者乎？人能去此三役，则可与之言乐矣！尝见茫茫之人筋疲力尽，但得放下，便觉快乐。学道之人若能放下，其乐倍于世人万万矣！

先年予尝盛暑远行，见老者坐于凉树之下，以为极乐矣。予今闲暇坐在凉树之下，不见乐处。何哉？先年以劳视逸，故若是耳。意者贫之视富、贱之视贵，皆若是乎？为人只可素其位而行，故能无入而不自得焉。凡愿外之心俱属无益，一切攀缘业债是非功过，皆由此愿外之一念起，可不慎哉？

白鬓老人曰：学道为安乐法门，人多目之为苦，名利是极苦之事，人反视之为了，慧眼与肉眼原该有如此之异。

三　历史典故

1 密康公母论小丑备物终必亡

恭王游于泾上，密康公从，有三女奔之。其母曰：“必致之于王。

夫兽三为群，人三为众，女三为粲[①]。王田不取群，公行下众，王御不参一族。夫粲，美之物也。众以美物归女，而何德以堪之？王犹不堪，况尔小丑乎？小丑备物，终必亡。”康公不献。一年，王灭密。

——（春秋）左丘明《国语·周语上》

2 功成身退

反至五湖，范蠡辞于王曰：“君王勉之，臣不复入越国矣。”王曰：“不谷疑子之所谓者何也？”对曰：“臣闻之，为人臣者，君忧臣劳，君辱臣死。昔者君王辱于会稽，臣所以不死者，为此事也。今事已济矣，蠡请从会稽之罚。”王曰：“所不掩子之恶，扬子之美者，使其身无终没于越国。子听吾言，与子分国。不听吾言，身死，妻子为戮。”范蠡对曰：“臣闻命矣。君行制，臣行意。”遂乘轻舟以浮于五湖，莫知其所终极。

王命工以良金写范蠡之状而朝礼之，浃[②]日而令大夫朝之，环会稽三百里者以为范蠡地，曰：“后世子孙，有敢侵蠡之地者，使无终没于越国，皇天后土、四乡地主正之。”

——（春秋）左丘明《国语·越语下》

3 纡朱怀金

或曰：“使我纡朱怀金[③]，其乐不可量已。”曰：“纡朱怀金者之乐，不如颜氏子之乐。颜氏子之乐也，纡朱怀金者之乐也外。”或曰：“请问屡空之内。”曰：“颜不孔，虽得天下不足以为乐。”“然亦有苦乎？”曰：“颜苦孔之卓之至也。”或人瞿然曰：“兹苦也，只其所以为乐也与！”

——（西汉）扬雄《法言·学行》

---

① 粲：鲜明，美好。

② 浃（jiē）：周匝。从甲日到甲日为浃，即每隔十天。

③ 纡朱怀金：纡，系结；朱，朱绂，系印的红色丝带；怀，怀藏；金，金印。比喻做了大官。

4 塞翁失马

近塞上之人，有善术者，马无故亡而入胡。人皆吊之，其父曰：“此何遽不为福乎？”居数月，其马将胡骏马而归。人皆贺之，其父曰：“此何遽不能为祸乎？”家富良马，其子好骑，堕而折其髀。人皆吊之，其父曰：“此何遽不为福乎？”居一年，胡人大入塞，丁壮者引弦而战。近塞之人，死者十九。此独以跛之故，父子相保。

——（西汉）刘安《淮南鸿烈》

5 安步当车

宣王曰：“……愿请受为弟子。且颜先生与寡人游，食必太牢，出必乘车，妻子衣服丽都。”颜斶辞去曰：“夫玉生于山，制则破焉，非弗宝贵矣，然夫璞不完。士生乎鄙野，推选则禄焉，非不得尊遂也，然而形神不全。斶愿得归，晚食以当肉，安步以当车，无罪以当贵，清静贞正以自虞。制言者王也，尽忠直言者斶也。言要道已备矣，愿得赐归，安行而反臣之邑屋。”则再拜而辞去也。斶知足矣，归返朴，则终身不辱也。

——（西汉）刘向《战国策·齐策四》

6 劝人知足

孙叔敖为楚令尹，一国吏民皆来贺，有一老父衣粗衣、冠白冠后来吊。叔敖正衣冠而出，见之谓老父曰：楚王不知臣不肖，使臣受吏民之垢，人尽来贺，子独后来吊，岂有说乎？父曰：有，身已贵而骄人者，民去之；位已高而擅权者，君恶之；禄已厚而不知足者，患处之。叔敖再拜曰：敬受命，愿闻余教。父曰：位已高而意益下，官益大而心益小，禄已厚而慎不敢取，君谨守此三者，足以治楚矣。

——（西汉）刘向《说苑·法诫》

7 王章妻女

王章妻女，汉京兆尹王仲卿之妻及其女也。仲卿为书生，学于长安，独与妻居。疾病，无被，卧牛衣中；与妻诀，泣涕。妻呵怒曰：“仲卿尊贵在朝廷，谁愈于仲卿者？今疾病困厄，不自激昂，乃反涕泣，何鄙也！”后章仕宦至京兆尹。

成帝舅大将军王凤秉政专权，章虽为凤所举，意不肯附。会有日食之变，章上封事，言凤不可任用。事成当上，妻止之曰：“人当知足，独不念牛衣中流涕时耶？”章曰：“非女子所知！”书遂上，天子不忍退凤，章犹是为凤所陷，事至大逆，收系下狱。

章有小女，年十二，夜号哭曰：“平日坐狱上，闻呼囚数常至九，今八而止；我君素刚，先死者必我君也。”明日问之，果死。妻子皆徙合浦。凤薨后，成都侯王商为大将军，闵章无罪，白还其妻子、财产田宅，众庶给之。君子谓：“王章妻知卷舒之节。”《诗》云：“昊天已威，予慎无罪。”言王为威虐之政，则无罪而遘咎也。

——（西汉）刘向《续列女传》

8 德畏盛满

德字路叔，少修黄老术，有智略。少时数言事，召见甘泉宫，武帝谓之“千里驹”。昭帝初，为宗正丞，杂治刘泽诏狱。父为宗正，徙大鸿胪丞，迁太中大夫，后复为宗正，杂案上官氏、盖主事。德常持老子知足之计。妻死，大将军光欲以女妻之，德不敢取，畏盛满也。盖长公主孙谭遮德自言，德数责以公主起居无状。侍御史以为光望不受女，承指劾德诽谤诏狱，免为庶人，屏居山田。光闻而恨之，复白召德守青州刺史。岁余，复为宗正，与立宣帝，以定策赐爵关内侯。地节中，以亲亲行谨厚封为阳城侯。子安民为郎中右曹，宗家以德得官宿卫者二十余人。

德宽厚，好施生，每行京兆尹事，多所平反罪人。家产过百万，则以振昆弟宾客食饮，曰："富，民之怨也。"立十一年，子向坐铸伪黄金，当伏法，德上书讼罪。会薨，大鸿胪奏德讼子罪，失大臣体，不宜赐谥置嗣。制曰："赐谥缪侯，为置嗣。"传至孙庆忌，复为宗正太常。薨，子岑嗣，为诸曹中郎将，列校尉，至太常。薨，传子，至王莽败，乃绝。

——（东汉）班固《汉书·楚元王传》

9 去官分财

疏广字仲翁，东海兰陵人也。少好学，明《春秋》，家居教授，学者自远方至。征为博士太中大夫。地节三年，立皇太子，选丙吉为太傅，广为少傅。数月，吉迁御史大夫，广徙为太傅，广兄子受字公子，亦以贤良举为太子家令。受好礼恭谨，敏而有辞。宣帝幸太子宫，受迎谒应对，及置酒宴，奉觞上寿，辞礼闲雅，上甚欢说。顷之，拜受为少傅。

太子外祖父特进平恩侯许伯以为太子少，白使其弟中郎将舜监护太子家。上以问广，广对曰："太子国储副君，师友必于天下英俊，不宜独亲外家许氏。且太子自有太傅少傅，官属已备，今复使舜护太子家，视陋，非所以广太子德于天下也。"上善其言，以语丞相魏相，相免冠谢曰："此非臣等所能及。"广繇是见器重，数受赏赐。太子每朝，因进见，太傅在前，少傅在后。父子并为师傅，朝廷以为荣。

在位五岁，皇太子年十二，通《论语》《孝经》。广谓受曰："吾闻'知足不辱，知止不殆'，'功遂身退，天之道'也。今仕宦至二千石，宦成名立，如此不去，惧有后悔，岂如父子相随出关，归老故乡，以寿命终，不亦善乎？"受叩头曰："从大人议。"即日父子俱移病。满三月赐告，广遂称笃，上疏乞骸骨。上以其年笃老，皆许之，加赐黄金二十斤，皇太子赠以五十斤。公卿大夫故人邑子设祖道，供张东都门外，送者车数百两，辞决而去。及道路观者皆曰："贤哉二大夫！"或叹息为之下泣。

广既归乡里，日令家共具设酒食，请族人故旧宾客，与相娱乐。数问其家金余尚有几所，趣卖以共具。居岁余，广子孙窃谓其昆弟老人广所爱信者曰："子孙几及君时颇立产业基址，今日饮食废且尽。宜从丈人所，劝说君买田宅。"老人即以闲暇时为广言此计，广曰："吾岂老悖不念子孙哉？顾自有旧田庐，令子孙勤力其中，足以共衣食，与凡人齐。今复增益之以为赢余，但教子孙怠堕耳。贤而多财，则损其志；愚而多财，则益其过。且夫富者，众人之怨也；吾既亡以教化子孙，不欲益其过而生怨。又此金者，圣主所以惠养老臣也，故乐与乡党宗族共飨其赐，以尽吾余日，不亦可乎！"于是族人说服。皆以寿终。

——（东汉）班固《汉书·疏广传》

10 性澹荣利

郄正字令先，河南偃师人也。祖父俭，灵帝末为益州刺史，为盗贼所杀。会天下大乱，故正父揖因留蜀。揖为将军孟达营都督，随达降魏，为中书令史。正本名纂。少以父死母嫁，单茕只立，而安贫好学，博览坟籍。弱冠能属文，入为秘书吏，转为令史，迁郎，至令。性澹于荣利，而尤耽意文章，自司马、王、扬、班、傅、张、蔡之俦遗文篇赋，及当世美书善论，益部有者，则钻凿推求，略皆寓目。自在内职，与宦人黄皓比屋周旋，经三十年，皓从微至贵，操弄威权，正既不为皓所爱，亦不为皓所憎，是以官不过六百石，而免于忧患。

——（西晋）陈寿《三国志·蜀书·郄正传》

11 彭祖养寿

彭祖者，姓钱，名铿，帝颛顼之玄孙。至殷末世，年七百六十岁而不衰老。少好恬静，不恤世务，不营名誉，不饰车服，唯以养生治身为事。殷王闻之，拜为大夫，常称疾闲居，不与政事。……请问延年益寿之法，彭祖曰："……养寿之道，但莫伤之而已。夫冬温夏凉，不失四时之和，所以适身也。美色淑姿，幽闲娱乐，不致思欲之惑，所以通神也。车服威仪，知足无求，所以一其志也。八音五色，以玩视听，所以导心也。凡此皆以养寿，而不能斟酌之者，反以速患，古之至人，恐不才之子，为识事宜，流遁不还，故绝其源也。故有上士别床，中士异服。服药千裹，不如独卧。五色令人目盲，五味令人口爽，苟能节宣其宜适，抑扬其通塞，不减年算，而得其益。凡此之类，譬犹水火，用之过当，反为害耳，人不知其经脉损伤，血气不足，内理空疏，髓脑不实，体已先病，故为外物所犯，因风寒酒色以发之耳。若本充实，岂当病耶？凡远思强记伤人，忧恚悲哀伤人，情乐过差伤人，忿怒不解伤人，汲汲所愿伤人，戚戚所患伤人，寒暖失节伤人，阴阳不交伤人，所伤人者甚众，而独责于房室，不亦惑哉？”

——（东晋）葛洪《神仙传》

12 世外桃源

晋太元中，武陵人捕鱼为业。缘溪行，忘路之远近。忽逢桃花林，夹岸数百步，中无杂树，芳草鲜美，落英缤纷。渔人甚异之，复前行，欲穷其林。林尽水源，便得一山，山有小口，仿佛若有光。便舍船，从口入。初极狭，才通人。复行数十步，豁然开朗。土地平旷，屋舍俨然，有良田美池桑竹之属。阡陌交通[①]，鸡犬相闻。其中往来种作，男女衣着，悉如外人。黄发垂髫，并怡然自乐。见渔人，乃大惊，问所从来。具答之。便要还家，设酒杀鸡作食。村中闻有此人，咸来问讯。自云先世避秦时乱，率妻子邑人来此绝境，不复出焉，遂与外人间隔。问今是何世，乃不知有汉，无论魏晋。此人一一为具言所闻，皆叹惋。余人各复延至其家，皆出酒食。停数日，辞去。此中人语云：“不足为外人道也。”既出，得其船，便扶向路，处处志之。及郡下，诣太守，说如此。太守即遣

---

① 阡陌交通：田间交错相通。

人随其往，寻向所志，遂迷，不复得路。

南阳刘子骥，高尚士也，闻之，欣然规往。未果[①]，寻病终，后遂无问津者。

——（东晋）陶渊明《桃花源记》

13 五柳先生

先生不知何许人也，亦不详其姓字，宅边有五柳树，因以为号焉。闲静少言，不慕荣利。好读书，不求甚解；每有会意，便欣然忘食。性嗜酒，家贫不能常得。亲旧知其如此，或置酒而招之；造饮辄尽[②]，期在必醉。既醉而退，曾不吝情去留。环堵萧然，不蔽风日；短褐穿结，箪瓢屡空，晏如也。常著文章自娱，颇示己志。忘怀得失，以此自终。

赞曰：黔娄之妻有言："不戚戚于贫贱，不汲汲于富贵。"其言兹若人之俦乎？衔觞[③]赋诗，以乐其志，无怀氏之民欤？葛天氏之民欤？

——（东晋）陶渊明《五柳先生传》

14 知足得贵

和熹邓皇后，讳绥，太傅禹之孙也，选入宫为贵人。恭肃小心，动有法度，帝深嘉爱焉。及后有疾，特令后母兄弟入亲医药，不限以日数。后言于帝曰："宫禁至重，而使外舍久在内省，上令陛下有幸私之讥，下使贱妾获不知足之谤。上下交损，诚不愿也。"帝曰："人皆以数入为荣，贵人反以为忧，深自抑损，诚难及也。"每有宴会，诸姬贵人竞自修整，簪珥光彩，袿裳鲜明；而后独省，省作着素，装服无饰。阴后以巫蛊事废，立为皇后。是时，方国贡献，竞求珍丽之物，自后即位，悉令禁绝，岁时但

① 未果：没有实现。

② 造饮辄尽：去喝酒就喝个尽兴。造，往，到；辄，就。

③ 觞：酒杯。

供纸墨而已。

——（南朝·宋）范晔《后汉书·皇后纪》

15 得陇望蜀

岑彭、吴汉围隗嚣于西城，公孙述将李育守上邽，帝留盖延、耿弇围之。车驾东归，敕彭书曰："两城若下，便可将兵南击蜀虏。人苦不知足，即平陇，复望蜀。每一发兵，头须为白。"

——（南朝·宋）范晔《后汉书》

16 富贵已极不可复加

兴字君陵，光烈皇后母弟也，为人有膂力。建武二年，为黄门侍郎，守期门仆射，典将武骑，从征伐，平定郡国。兴每从出入，常操持小盖，障翳风雨，躬履涂泥，率先期门。光武所幸之处，辄先入清宫，甚见亲信。虽好施接宾，然门无侠客。与同郡张宗、上谷鲜于裒不相好，知其有用，犹称所长而达之；友人张汜、杜禽与兴厚善，以为华而少实，但私之以财，终不为言：是以世称其忠平。第宅苟完，裁蔽风雨。

九年，迁侍中，赐爵关内侯。帝后召兴，欲封之，置印绶于前，兴固让曰："臣未有先登陷阵之功，而一家数人并蒙爵土，令天下觖望，诚为盈溢。臣蒙陛下、贵人恩泽至厚，富贵已极，不可复加，至诚不愿。"帝嘉兴之让，不夺其志。贵人问其故，兴曰："贵人不读书记邪？'亢龙有悔。'夫外戚家苦不知谦退，嫁女欲配侯王，取妇眄睨公主，愚心实不安也。富贵有极，人当知足，夸奢益为观听所讥。"贵人感其言，深自降挹，卒不为宗亲求位。十九年，拜卫尉，亦辅导皇太子。明年夏，帝风眩疾甚，后以兴领侍中，受顾命于云台广室。会疾瘳，召见兴，欲以代吴汉为大司马。兴叩头流涕，固让曰："臣不敢惜身，诚亏损圣德，不可苟冒。"至诚发中，感动左右，帝遂听之。

——（南朝·宋）范晔《后汉书·阴识传》

17 老宜休息

虞玩之，字茂瑶，年老有疾，请退，表曰：“四十仕进，七十悬车，壮即驱驰，老宜休息，知足不辱，臣知足矣。”

——（梁）萧子显《南齐书》

18 蚊有知足

白鸟，蚊也。齐桓公卧于柏寝，谓仲父曰：“吾国富民殷，无余忧矣。一物失所，寡人犹为之于悒悒。今白鸟营营，饥而未饱，寡人忧之。”因开翠纱之帱，进蚊子焉。其蚊有知礼者，不食公之肉而退；其蚊有知足者，嘴公而退；其蚊有不知足者，遂长嘘短吸而食之，及其饱也，腹肠为之破溃。公曰：“嗟乎！民生亦犹是。”乃宣下齐国，修止足之鉴，节民玉食，节民锦衣，齐国大化。

——（梁）萧绎《金楼子·立言》

19 商山四皓

汉高帝嬖于戚姬，欲以赵王如意易太子盈，大臣不能争。吕后危之，谋于留侯张良。良曰：“夫有非常之人，然后成非常之事。良闻商洛山遁者四人，曰夏黄公、角里先生、东园公、绮里季。上尝召不能致。今太子实能自卑以求之，四人且来，来而实太子，此善助也。”吕后如良计，遣吕泽迎之。

四人始耻之，既而相谓曰：“刘季大度，又知所以高我，求我不得，惭己而已矣。吕雉女子，性复惨忍，其子盈不立，必迫于危。危而求我，安危卜于我也。求我不得，必加祸于我，姑俞之可也。”乃来。

一日偕太子进。高祖见而问之，四人咸自名，帝愕然曰：“吾尝求之而不从吾，何谓从太子?”四人曰：“陛下慢人，我义不受辱。太子尊人，我即以宾游。”帝谢之，指谓戚姬曰：“太子羽翼成矣，不可摇也。”

吕后德之，将尊爵之。四人相谓曰："我之来，远祸也，非欲于心也。盈立则如意黜，吕雉得志则戚姬死。今我惧祸，成盈而败如意，欢吕后而愁戚姬，所谓废人而全己，殆非杀身成仁者也。复将忍耻，爵于女子之手，以立于廷，何异贼人夕入人室，得金而矜富者耶?"乃复隐商山。吕后不能留。张良亦悟，于是屏气绝谷而退居尔。

——（唐）无能子《无能子·商隐说》

20 不退见杀

范蠡佐越王勾践，灭吴杀夫差，与大夫种谋曰："吾闻阴谋人者，其祸必复。夫姑苏之灭，夫差之死，由吾与子阴谋也。况王之为人也，可与共患，不可共乐；且功成、名遂、身退，天之理也。吾将退，子其偕乎?"

大夫种曰："夫天地之于万物也，春生冬杀，万物岂于冬杀而反祸天地乎？吾闻圣人不贵乎独善，而贵乎除害成物。苟成于物，除害可也。是以黄帝杀蚩尤，舜去四凶。我今除吴之乱，成越之霸，亦成物除害尔，何祸之复我哉？况王方以灭吴德子与我，必相始终，子无遽于退也!"

范蠡曰："不然，夫天地无心，且不自宰，况宰物乎？天地自天地，万物自万物，春以和自生，冬以寒自杀，非天地使之然也。圣人虽有心，其用也体乎天地。天地虽无心，机动则应，事迫则顺，事过则逆，除害成物，无所憎爱。故害除而无祸，物成而无福。今王以怨吴之心，禄我与子以取其谋。我与子利其禄而谋吴，以灭人为功，以报禄我者。人之奸也，自谓天地之生杀，圣人之除害成物，不其欺耶?"大夫种不悦，疑之不决。

范蠡竟辞勾践，泛扁舟于五湖，俄而越杀大夫种。

——（唐）无能子《无能子·范蠡说》

21 梦悟窒欲

开元七年，道士有吕翁者，得神仙术，行邯郸道中，息邸舍，摄帽弛带隐[1]囊而坐，俄见旅中少年，乃卢生也。衣短褐，乘青驹，将适于田，亦止于邸中，与翁共席而坐，言笑殊畅。

久之，卢生顾其衣装敝亵，乃长叹息曰："大丈夫生世不谐，困如是也!"翁曰："观子形体，无苦无恙，谈谐方适，而叹其困者，何也?"生曰："吾此苟生耳，何适之谓?"翁曰："此不谓适，而何谓适?"答曰："士之生世，当建功树名，出将入相，列鼎而食，选声而听，使族益昌而家益肥，然后可以言适乎。吾尝志于学，富于游艺，自惟当年青紫可拾。今已适壮，犹勤畎亩，非困而何?"言讫，而目昏思寐。时主人方蒸黍。翁乃探囊中枕以授之，曰："子枕吾枕，当令子荣适如志。"

其枕青瓷，而窍其两端，生俯首就之，见其窍渐大，明朗。乃举身而入，遂至其家。数月，娶清河崔氏女，女容甚丽，生资愈厚。生大悦，由是衣装服驭，日益鲜盛。明年，举进士，登第释褐，秘校，应制，转渭南尉，俄迁监察御史，转起居舍人知制诰，三载，出典同州，迁陕牧，生性好土功，自陕西凿河八十里，以济不通，邦人利之，刻石纪德，移节卞州，领河南道采访使，征为京兆尹。是岁，神武皇帝方事戎狄，恢宏土宇，会吐蕃悉抹逻及烛龙莽布支攻陷瓜沙，而节度使王君㚟新被杀，河湟震动。帝思将帅之才，遂除生御史中丞、河西节度使。大破戎虏，斩首七千级，开地九百里，筑三大城以遮要害，边人立石于居延山以颂之。归朝册勋，恩礼极盛，转吏部侍郎，迁户部尚书兼御史大夫，时望清重，群情翕习。大为时宰所忌，以飞语中之，贬为端州刺史。三年，征为常侍，未几，同中书门下平章事。与萧中令嵩、裴侍中光庭同执大政十余年，嘉谟密令，一日三接，献替启沃，号为贤相。同列害之，复诬与边将交结，所图不轨。制下狱。府吏引从至其门而急收之。生惶骇不测，谓妻子曰："吾家山东，有良田五顷，足以御寒馁，何苦求禄?而今及此，思短褐、乘青驹，行邯郸道中，不可得

① 隐：凭倚。

也！”引刃自刎。其妻救之，获免。其罹者皆死，独生为中官保之，减罪死，投驩州。数年，帝知冤，复追为中书令，封燕国公，恩旨殊异。生子：曰俭、曰传、曰位，曰倜、曰倚，皆有才器。俭进士登第，为考功员，传为侍御史，位为太常丞；倜为万年尉；倚最贤，年二十八，为左襄，其姻媾皆天下望族。有孙十余人。

两窜荒徼，再登台铉，出入中外，徊翔台阁，五十余年，崇盛赫奕。性颇奢荡，甚好佚乐，后庭声色，皆第一绮丽，前后赐良田、甲第、佳人、名马，不可胜数。

后年渐衰迈，屡乞骸骨，不许。病，中人候问，相踵于道，名医上药，无不至焉。将殁，上疏曰：“臣本山东诸生，以田圃为娱。偶逢圣运，得列官叙。过蒙殊奖，特秩鸿私，出拥节旌，入升台辅，周旋内外，锦历岁时。有忝天恩，无裨圣化。负乘贻寇，履薄增忧，日惧一日，不知老至。今年逾八十，位极三事，钟漏并歇，筋骸俱耄，弥留沈顿，待时益尽，顾无成效，上答休明，空负深恩，永辞圣代。无任感恋之至。谨奉表陈谢。”诏曰：“卿以俊德，作朕元辅，出拥藩翰，入赞雍熙。升平二纪，实卿所赖，比婴疾疹，日谓痊平。岂斯沈痼，良用悯恻。今令骠骑大将军高力士就第候省，其勉加针石，为予自爱，犹冀无妄，期于有瘳。”是夕薨。

卢生欠伸而悟，见其身方偃于邸舍，吕翁坐其傍，主人蒸黍未熟，触类如故。生蹶然而兴，曰：“岂其梦寐也？”翁谓生曰：“人生之适，亦如是矣。”生怃然良久，谢曰：“夫宠辱之道，穷达之运，得丧之理，死生之情，尽知之矣。此先生所以窒吾欲也。敢不受教！”稽首再拜而去。

——（唐）沈既济《枕中记》

22 人无完人

客有短吴起于魏武侯者，曰：“吴起贪不可用也。”武侯疏吴起。公子成入见曰：“君奚为疏吴起也？”武侯曰：“人言起贪，寡人是以不乐焉。”公子成曰：“君过矣，夫起之能，天下之士莫先焉。惟其贪也，是以来事君，不然君岂能臣之哉？且君自以为与殷汤、周武王孰贤？务光、伯夷天下之不贪者也，汤不能臣务光，武王不能臣伯夷，今有不贪如二人者，其肯为君臣乎？今君之国，东距齐，南距楚，北距韩、赵，西有虎狼之秦，君独以四战之地处其中，而彼五国顿兵坐视，不敢窥魏者何哉？以魏国有吴起以为将也。周《诗》有之曰：'赳赳武夫，公侯干城。'吴起是也。君若念社稷，惟起所愿好而予之，使起足其俗而无他求，坐威魏国之师，所失甚小，所得甚大。乃欲使之饭粝茹蔬被短褐步走以供使令，起必去之。起去，而天下之如起者，却行不入大梁，君之国空了。臣窃为君忧之。"武侯曰："善。"复进吴起。

——（明）刘基《郁离子》

23 妄心

一市人贫甚，朝不谋夕。偶一日拾得一鸡卵，喜而告其妻曰："我有家当矣。"妻问安在，持卵示之，曰："此是。然须十年，家当乃就。"因与妻计曰："我持此卵，借邻人伏鸡乳之，待彼雏成，就中取一雌者，归而生卵，一月可得十五鸡，两年之内，鸡又生鸡，可得鸡三百，堪易十金。我以十金易五牸，牸复生牸，三年可得二十五牛，牸所生者，又复生牸，三年可得百五十牛，堪易三百金矣。吾持此金举责，三年间，半千金可得也。就中以三之二市田宅，以三之一市僮仆，买小妻。我乃与尔优游以终余年，不亦快乎？"

妻闻欲买小妻，怫然大怒，以手击卵碎之，曰："毋留祸种！"夫怒，挞其妻。乃质于官，曰："立败我家者，此恶妇也，请诛之。"官司问："家何在？败何状？"其人历数自鸡卵起，至小妻止。官司曰："如许大家当，坏于恶妇一拳，真可诛。"命烹之。妻号曰："夫所言皆未然事，奈何见烹？"官司曰："你夫言买妾，亦未然事，奈何见妒？"妇曰："固然，第除祸欲早耳。"官笑而释之。

——（明）江盈科《雪涛小说》

24 乐享清福

胡九韶字凤仪，江西金溪人。自少从学康斋。家甚贫，课儿力耕，仅给衣食。每日晡，焚香谢天一日清福。其妻笑之曰：“齑粥三厨，何名清福？”先生曰：“幸生太平之世，无兵祸；又幸一家乐业，无饥寒；又幸榻无病人，狱无囚人，非清福而何？”康斋奔丧金陵，先生同往，凡康斋学有进益，无不相告。故康斋赠之诗云：“顽钝淬磨还有益，新功频欲故人闻。”语学者曰：“吾平生每得力于患难。”先生曰：“惟先生遇患难能进学，在他人则隳志矣。”成化初卒。

——（清）黄宗羲《明儒学案》卷二

25 张英归田

张英，字敦复，江南桐城人。康熙六年进士，选庶吉士。父忧归，服阕，授编修，充日讲起居注官。累迁侍读学士。……英自壮岁即有田园之思，致政后，优游林下者七年。为《聪训斋语》《恒产琐言》，以“务本力田，随分知足”诰诫子弟。四十七年，卒，谥文端。

——赵尔巽等《清史稿》

主要参考文献

一　各类古籍

《群书治要》（上下册），团结出版社 2012 年版。

《群书治要译注》（全八册），中国书店 2013 年版。

《群书治要》学习小组译注：《群书治要考译》（全四册），团结出版社 2011 年版。

《群书治要精华录》（全三册），中国华侨出版社 2013 年版。

《群书治要》，北京理工大学出版社 2013 年版。

《群书治要校正本》（线装本，二十册），中国书店 2014 年版。

《群书治要》（影印本，全三册），（台湾）世界书局 2012 年版。

《二十四史》（简体横排精装），中华书局出版 2017 年版。

班固：《汉书》，中华书局 1962 年版。

程树德：《论语集释》，中华书局 1990 年版。

陈立撰，吴则虞点校：《白虎通疏证》，中华书局 1994 年版。

陈寿：《三国志》，中华书局 1959 年版。

杜佑：《通典》，中华书局 1988 年版。

杜预：《春秋左传集解》，上海人民出版社 1977 年版。

范晔：《后汉书》，中华书局 1965 年版。

房玄龄等：《晋书》，中华书局 1974 年版。

郭庆藩辑，王孝鱼整理：《庄子集释》，中华书局 1961 年版。

郭象注，成玄英疏，曹础基校：《庄子注疏》，中华书局 2011

年版。

高亨注译：《商君书注译》，中华书局1974年版。

国学整理社编：《诸子集成》，中华书局2006年版。

胡培翚撰，段熙仲点校：《仪礼正义》，江苏古籍出版社1993年版。

黄怀信等：《逸周书汇校集注》，上海古籍出版社1995年版。

韩婴撰，许维遹校：《韩诗外传集释》，中华书局1980年版。

桓谭注，朱谦之校辑：《新辑本桓谭新论》，中华书局2009年版。

蒋礼鸿：《商君书锥指》，中华书局1986年版。

梁启雄：《韩子浅解》，中华书局1960年版。

焦循撰，沈文倬点校：《孟子正义》，中华书局1987年版。

李学勤主编：《十三经注疏》（标点简体本），北京大学出版社1999年版。

李昉等编：《太平广记》，上海古籍出版社1990年版。

李林甫等撰，陈仲夫点校：《唐六典》，中华书局1992年版。

李昉等辑：《太平御览》（影印本），中华书局1960年版。

刘文典撰，冯逸、乔华点校：《淮南鸿烈集解》，中华书局1989年版。

刘餗：《隋唐嘉话》，中华书局1979年版。

刘知几撰，浦起龙通释：《史通》，上海古籍出版社2015年版。

刘宝楠撰，高流水点校：《论语正义》，中华书局1990年版。

刘昫等：《旧唐书》，中华书局1975年版。

陆游：《老学庵笔记》，中华书局1979年版。

黎翔凤撰，梁运华整理：《管子校注》，中华书局2004年版。

欧阳修、宋祁等：《新唐书》，中华书局1975年版。

欧阳询撰，汪绍楹校：《艺文类聚》，上海古籍出版社1999年版。

皮锡瑞：《今文尚书考证》，中华书局1989年版。

阮元校刻:《十三经注疏》(影印版),中华书局1980年版。

阮元校刻:《十三经注疏》(影印版),台湾艺文印书馆2012年版。

苏舆撰,钟哲点校:《春秋繁露义证》,中华书局1992年版。

宋濂等:《元史》,中华书局1976年版。

孙诒让撰,孙以楷点校:《墨子间诂》,中华书局1986年版。

孙诒让撰,王文锦、陈玉霞点校:《周礼正义》,中华书局1987年版。

孙希旦撰,沈啸寰、王星贤点校:《礼记集解》,中华书局1989年版。

孙星衍:《尚书今古文注疏》,中华书局1986年版。

沈约:《宋书》,中华书局1974年版。

司马迁:《史记》,中华书局1975年版。

唐明皇注,邢昺疏,金良年整理:《孝经注疏》,上海古籍出版社2009年版。

脱脱等:《宋史》,中华书局1977年版。

王弼著,楼宇烈校释:《王弼集校释》,中华书局1980年版。

王谠:《唐语林》,古典文学出版1957年版。

王利器校注:《盐铁论校注》,中华书局1992年版。

王明校注:《无能子校注》,中华书局1981年版。

王先慎:《韩非子集解》,中华书局2013年版。

王先谦撰,沈啸寰、王星贤点校:《荀子集解》,中华书局1988年版。

王弼注,楼宇烈校释:《老子道德经注》,中华书局2011年版。

王聘珍撰,王文锦点校:《大戴礼记解诂》,中华书局1983年版。

王世舜:《尚书译注》,四川人民出版社1982年版。

魏收:《魏书》,中华书局1974年版。

魏徵、令狐德棻等:《隋书》,中华书局1973年版。

萧子显：《南齐书》，中华书局 1972 年版。

徐勇注译：《尉缭子吴子》，中州古籍出版社 2010 年版。

徐志锐：《周易大传新注》，齐鲁书社 1988 年版。

徐元诰撰，王树民，沈长云点校：《国语集解》，中华书局 2002 年版。

徐干撰，孙启治校：《中论解诂》，中华书局 2014 年版。

荀悦撰，黄省曾注，孙启治校：《申鉴注校补》，中华书局 2012 年版。

许维遹撰，梁运华整理：《吕氏春秋集注》，中华书局 2017 年版。

许富宏：《慎子集校集注》，中华书局 2013 年版。

许慎：《说文解字》（影印版），中华书局 1963 年版。

姚思廉：《梁书》，中华书局 1973 年版。

姚思廉：《陈书》，中华书局 1972 年版。

杨伯峻：《列子集释》，中华书局 1979 年版。

颜之推：《颜氏家训》，中华书局 2011 年版。

张英、张廷玉：《父子宰相家书：聪训斋语澄怀园语》，北京师范大学出版集团、安徽大学出版社 2015 年版。

张文治编：《国学治要》，中华书局 2012 年版。

张沛：《中说校注》，中华书局 2013 年版。

张廷玉等：《明史》，中华书局 1974 年版。

朱谦之：《老子校释》，中华书局 1984 年版。

赵尔巽等：《清史稿》，中华书局 1976 年版。

曾国藩、唐浩明点评：《唐浩明点评曾国藩家书》，华东师范大学出版社 2016 年版。

曾国藩：《曾文正公家训》，中国书店 2011 年版。

曾国藩：《曾文正公家书》，中国书店 2011 年版。

左宗棠：《左文襄公家书》，中国书店 2015 年版。

二 现代论著

陈明主编:《中华家训经典全书》,新星出版社2015年版。

姬昌、刘邦、诸葛亮等著:《教子名文十六篇》,安徽大学出版社2015年版。

匡济编著:《历代名人的家风家训》,中国方正出版社2016年版。

罗国杰主编:《中国传统道德》(五卷本),中国人民大学出版社1995年版。

申远初选注:《元明清文选》,太白文艺出版社2004年版。

王艳峰:《中华传统美德文言类纂》,黑龙江人民出版社2015年版。

夏伟东:《勤劳·节俭·廉洁》,中国青年出版社1997年版。

肖群忠:《中国道德智慧十五讲》,北京大学出版社2008年版。

喻岳衡编著:《历代名人家训》,岳麓书社2003年版。

殷明主编:《中华传统美德警句名言》,中共中央党校出版社2013年版。

邹博主编:《中华传世家训》(全四册),线装书局出版社2011年版。

《中华传统美德格言》编写委员会:《中华传统美德格言》,人民教育出版社2002年版。

后　记

2017年伊始，中共中央办公厅、国务院办公厅印发了《关于实施中华优秀传统文化传承发展工程的意见》，“中华传统美德”作为其三大“主要内容”之一。《意见》指出：“中华优秀传统文化蕴含着丰富的道德理念和规范，如天下兴亡、匹夫有责的担当意识，精忠报国、振兴中华的爱国情怀，崇德向善、见贤思齐的社会风尚，孝悌忠信、礼义廉耻的荣辱观念，体现着评判是非曲直的价值标准，潜移默化地影响着中国人的行为方式。传承发展中华优秀传统文化，就要大力弘扬自强不息、敬业乐群、扶危济困、见义勇为、孝老爱亲等中华传统美德。”为了深入挖掘中华传统文化所蕴含的道德资源，我们将中华传统美德归纳为十个德目，从浩瀚的中国古代典籍当中精选相关的文献，每部分设置导读、经典名篇、历史典故等三个部分，旨在为相关领域的学者和有兴趣的读者提供基础性文献。

本书是多位学者集体合作完成的，由杨正权教授、谢青松研究员和王颢博士（玉溪师范学院文学院教师）设计全书提纲，初稿各章编撰分工如下：

一　公忠爱国　王颢、杨正权

二　廉洁奉公　张升、王颢

三　仁义礼让　马超、王颢

四　明理诚信　马超、张升

五　自强不息　赵娟、宁发金

六　勤劳俭朴　赵娟、宁发金

七　孝亲尊师　李雪、谢青松

八　勤学笃行　王颢、谢青松

九　内省改过　张升、王颢

十　知足常乐　李雪、杨正权

书稿完成后又进行了多次重大调整和修改，其中，各章导读部分由谢青松在各章编者提供的初稿的基础上撰写而成，各章经典名篇部分均由王颢选定并撰写提要，全书注释工作由祁萍、张升、谢青松完成，最后统稿由杨正权、谢青松完成。

本书系云南省道德研究院的研究成果，得到了云南省文明办的资助，同时也是云南省“中华传统道德与当代云南道德建设”创新团队的研究成果。

在此，衷心感谢参与本书编纂和编辑工作的所有成员，这部文献选编是我们学术合作的结晶，更是同事、朋友、师生之间情谊的见证。

编者

2019 年 10 月 8 日